D1748164

Heinrich Müller

ALBRECHT DÜRER · WAFFEN UND RÜSTUNGEN

VERLAG PHILIPP VON ZABERN · MAINZ AM RHEIN

Heinrich Müller

ALBRECHT DÜRER
WAFFEN UND RÜSTUNGEN

herausgegeben vom Deutschen Historischen Museum

216 Seiten mit 36 Farb- und 179 Schwarzweiß-
abbildungen

Dieses Buch wurde im Sommer 2002 herausgegeben
vom Deutschen Historischen Museum
Unter den Linden 2, 10117 Berlin

Die Buchhandelsausgabe erscheint im Verlag
Philipp von Zabern

Umschlag: Ein Reiter im Harnisch, 1498, s. Seite 92

Frontispiz: Gefangennahme Christi, 1504, s. Seite 54

Gestaltung: Lothar Bache, Verlag Philipp von Zabern

Gesetzt aus der: A Garamond und Futura

Die Deutsche Bibliothek – CIP-Einheitsaufnahme

Müller, Heinrich: Albrecht Dürer, Waffen und
Rüstungen / Heinrich Müller. Hrsg. vom Deutschen
Historischen Museum. – Mainz : von Zabern, 2002
ISBN 3-86102-121-8 (Museumsausgabe)
ISBN 3-8053-2877-X (Buchhandelsausgabe)

© 2002 by Deutsches Historisches Museum
ISBN 3-86102-121-8 (Museumsausgabe)
ISBN 3-8053-2877-X (Buchhandelsausgabe)
Alle Rechte, insbesondere das der Übersetzung in
fremde Sprachen, vorbehalten. Ohne ausdrückliche Ge-
nehmigung des Verlages ist es auch nicht gestattet, dieses
Buch oder Teile daraus auf photomechanischem Wege
(Photokopie, Mikrokopie) zu vervielfältigen oder unter
Verwendung elektronischer Systeme zu verarbeiten und
zu verbreiten.
Gesamtherstellung: Verlag Philipp von Zabern
Printed on fade resistant and archival quality paper
(PH 7 neutral) · tcf

INHALTSVERZEICHNIS

Vorwort	7
Einleitung	9
Geschützdarstellungen und Dürers Geschützkonstruktion	13
„Große Kanone" ? Ein untaugliches Feldgeschütz !	13
Gedächtnissäule auf den Sieg über „mechtig leut"	19
Dürers Festungsgeschütz eine hervorragende Konstruktion	23
Bogen und Armbrust	31
Pfeil und Bogen als Gestaltungsmittel	31
Einzigartige Detailkenntnisse bei Bogenformen	33
Armbrustbolzen im Munde	39
Griffwaffen für Hieb und Stoss	43
Schwerter	43
Schweizerdegen in Buchillustrationen	43
Kampf der Engel mit Anderthalbhändern	46
Schwerter in vielerlei Gestalt	50
Kleiner Fehler beim Reichsschwert	56
Dolche	59
Trug Albrecht Dürer bei der Arbeit einen Dolch ?	61
Bauernwehren mit beschädigten Scheiden	62
Dekorentwürfe für Rüstungsteile und Waffen	69
Verzierungen für Silbernen Harnisch	69
Schwertklingen mit Verzierungen nach Werken Albrecht Dürers	74
Ätzdekor auf einer Ungarischen Tartsche	84
Verzierungen von Griffwaffenscheiden	86
Spätgotische und Renaissanceharnische	89
Rüstungen im „Ritter vom Turn"	90
Dz ist dy rustung Zw der czeit Im tewczschlant gewest	92
Heilige im Harnisch mit Kostüm	98
Eigenwillige Gestaltung von Harnischen	101
Der Roßharnisch mit dem geflügelten Drachen	109
Ottoprecht mit der phantasievollen Rüstung	113

Turnierrüstungen, Helme und Schilde — 117

„Stechhelme in drei Ansichten" — 117

Variationen bei Stechhelmen für Wappen — 120

Holzschnitte zu Turnieren für den „Freydal" — 124

Mit Fachkenntnis oder Phantasie gestaltete Helme — 130

Tartschen, Pavesen, Faust- und Rundschilde — 138

Waffen und Rüstungen von Fussknechten — 149

Idealisierte Landsknechte — 149

Kriegsknechte in Passionsszenen — 154

Rüstungen und gesteppte Waffenröcke von Fußknechten — 157

Entwürfe von Trophäenträgern für den Triumphzug Maximilians I. — 162

Stangen- und Schlagwaffen — 167

Vierzig verschiedene Helmbartentypen in Dürers Werken — 167

Stangenwaffen als gestalterisches Element — 172

Zwischen typischen Waffen seltene Exemplare — 178

Literaturverzeichnis — 185

Glossar – Fachwörter der Historischen Waffenkunde — 195

Abbildungsverzeichnis — 202

Personen- und Ortsregister — 212

Bildnachweis — 215

VORWORT

Das Deutsche Historische Museum hat die vorliegende Publikation zum Druck befördert und in ihrer Entstehung mit großer Aufmerksamkeit begleitet, weil darin aufgezeigt wird, wie durch vergleichende Studien zwischen Werken der bildenden Kunst und der Welt der Dinge Forschungsergebnisse überzeugend bereichert werden können. Häufig genug sind in der Vergangenheit wissenschaftliche Untersuchungen entstanden, die das hochattraktive Angebot eines Abgleichs von bildlicher Darstellung und Realienüberlieferung, das gerade die deutsche Museumslandschaft mit ihren überreichen Beständen offeriert, nicht oder zu wenig wahrgenommen haben. Glücklicherweise zeigt sich in dieser Hinsicht in jüngerer Zeit, in der die Sammlungen der Museen allgemein wieder stärker in die Aufmerksamkeit der Öffentlichkeit und der Forschung rücken, eine Tendenz der Umkehr, von der auch dieses Buch ein erfreuliches Zeugnis ablegt.

Waffen und Rüstungen aus dem 15. und 16. Jahrhundert haben international in beachtlicher Zahl als Zeugnisse der Geschichte den Weg in die Gegenwart gefunden. Leider führen diese Bestände heute oft ein Schattendasein in Depots oder werden nach kurzer Darbietung viel zu schnell wieder den interessierten Blicken der Besucher entzogen. Im Deutschen Historischen Museum sind sie der älteste Teil der Sammlungen und entstammen dem Bestand des Berliner Zeughauses, der bis ins Mittelalter zurückreicht. Derartige Rüstungs- und Waffensammlungen stellen Vorformen der Geschichtsmuseen dar, bezeugen sie doch in ihrer Sachüberlieferung historische Persönlichkeiten, Ereignisse und eine „heroische" Landesgeschichte, die in ihrer Inszenierung weit über die Darstellung von Trophäen und Siegeszeichen hinausgeht. Bedauerlicherweise kann das Deutsche Historische Museum aus Raummangel nicht all seine Stücke aus dem Mittelalter und der Renaissance permanent sichtbar machen. Um so glücklicher schätzt sich das Haus, dass es bald mit Eröffnung der Dauerausstellung immerhin große Teile der über Jahrhunderte hinweg aufgebauten und bewahrten Waffen- und Rüstungssammlungen des Berliner Zeughauses als einen besonders traditionsreichen und wertvollen Kern der eigenen Kollektionen wird zeigen können. Unersetzlich sind darüber hinaus Veröffentlichungen wie das vorliegende Buch, welche die bestehenden Schausammlungen gleichsam als Museum auf dem Papier erweitern, indem sie deponierte Objekte in den Kontext zurückholen und außerdem die verdienstvollen Ergebnisse der wissenschaftlichen Arbeit von langjährigen Kuratoren eingängig und hervorragend illustriert weitervermitteln.

Wie wertvoll Harnische, Helme, Schilde und Waffen für die kunstgeschichtliche Forschung sein können, dokumentiert dieses Buch durch Vergleich von entsprechenden Exponaten aus Museen in Berlin sowie auch in Dresden, London, Nürnberg und Wien mit Werken Albrecht Dürers. Mittels der Betrachtung der Rüstungen und Waffen nicht nur als Gebrauchsgerätschaften, sondern auch als künstlerisch gezielt eingesetzte Zeichen, beispielsweise für die Stärke eines Gemeinwesens oder als Symbole wehrhafter Freiheit, gelingt es, zahlreiche Schöpfungen des berühmten Nürnberger Malers und Stechers neu zu interpretieren, wissenschaftliche Aussagen zu ergänzen oder zu korrigieren. Zwei Schwertklingen des Deutschen Historischen Museums mit Ätzarbeiten nach Vorlagen Albrecht Dürers werden zum ersten Mal vom Autor ausführlich untersucht und damit neue Aspekte zu zwei im Zweiten Weltkrieg zerstörten Gemälden im Rathaussaal zu Nürnberg aufgezeigt. Das Faszinierende ist, das aus diesem Abgleich von Realien mit Kunstwerken nicht allein interessante Ergebnisse zu einzelnen Details von Dürers Bildern zu schöpfen sind, sondern auch das Wissen zum Gesamtschaffen des Künstlers erweitert werden kann.

Das reiche Vorkommen von Waffen verschiedenster Art im Schaffen Albrecht Dürers und die hohe Detailgenauigkeit, die nicht nur seine Entwürfe für Kanonen zeigen, sind zweifellos Merkmale, die das Oeuvre dieses Künstlers für eine Untersuchung der vorliegenden Art besonders prädestinieren. Dabei darf jedoch nicht übersehen werden, dass die künstlerische und handwerkliche Auseinandersetzung mit Waffen kein Phänomen ist, das auf die Person Dürers allein konzentriert blieb. Die scharfe Trennung zwischen Handwerk, bildender Kunst, Mechanik, Architektur, die uns heute so vertraut erscheint, existierte im 15. und 16. Jahrhundert nicht. Noch bis weit ins 19. Jahrhundert hinein waren Maler stattdessen in Personalunion häufig zugleich kompetente Kupferstecher, Kartographen, Konstrukteure, Architekten, Entwerfer, Innenarchitekten, Festungsbauer und anderes mehr. Die umfangreiche Detailkenntnisse, die es sich dazu in möglichst vielen Berufssparten aneigneten galt, flossen wie selbstverständlich in die Kunstwerke ein oder wurden gezielt eingebracht. Albrecht Dürer stand in seiner intensiven Auseinandersetzung mit den facettenreichen Erscheinungen der Natur und Technik, darunter eben auch die zeitgenössische Waffentechnik, selbst bereits in der Tradition des „uomo universale"-Anspruchs der italienischen Renaissance, der Selbstforderung nach umfassender Bildung und umfassendem Interesse des Künstlers. Keiner hatte vor Dürer dieses Ideal so intensiv verfolgt, wie Leonardo da Vinci, von dem bekanntermaßen ebenfalls viele Entwürfe zu Rüstungen und Waffen erhalten sind. Die Vorstellung von einer strengen Hierarchie und Scheidung der Künste, die vor allem in den klassizistischen Theorien des 17. und 18. Jahrhunderts geformt wurde, konnte das 19. Jahrhundert durch den Gegenentwurf des Gesamtkunstwerkes und die universelle Geltung der Entwurfskunst abbauen. In einer verhängnisvollen Gegenbewegung im Laufe des 20. Jahrhunderts hat sich die Gattungshierarchie allerdings wieder etablieren können und verstellt heute den Blick auf die Wirklichkeit des Kunstschaffens in der unglücklichsten Weise.

Für seine Untersuchungen standen dem Autor Heinrich Müller, der lange Jahre als Kurator der Sammlungen wirkte, insbesondere die reichen Bestände des Berliner Zeughauses zur Verfügung. Zahlreiche Stangenwaffen im Werk Albrecht Dürers ließen sich anhand von etwa 1000 Exemplaren im Museum überprüfen, Schwert- und Dolchtypen bestätigen die genaueste Wiedergabe durch den Künstler, Rüstungsteile aus der Zeit der Gotik und Renaissance ließen erkennen, ob der Künstler in Tradition oder schöpferisch gestaltete. Mein Dank gilt all jenen Mitarbeitern des Deutschen Historischen Museums, die das gelungene Unternehmen von Herrn Müller mit Rat und Tat unterstützt haben. Ausdrücklich seien an dieser Stelle Herr Gerhard Quaas als jetziger Sammlungsleiter für den Waffen- und Rüstungsbestand des DHM sowie Frau Gabriele Kronenberg, die die Publikation mit ihrem Sachverstand im Bereich Druck und Veröffentlichung intensiv begleitet hat, genannt.

Hans Ottomeyer
Generaldirektor

EINLEITUNG

Unendlich viele Gemälde und Graphiken enthalten Motive, in denen Waffen und Rüstungsteile Inhalt und künstlerische Gestaltung mitbestimmen. Die Waffe ist beziehungsreich in Werke der bildenden Kunst einbezogen, wie selten ein Gegenstand. Sie kann den Hauptinhalt charakterisieren, in Nebenhandlungen erscheinen oder als dekoratives Element eingesetzt sein. Im einzelnen kennzeichnet sie kriegerische Handlungen, den Zweikampf, die Gefahr, das Chaos, die Unterdrückung, die Gewalt, die Grausamkeit, die Hinterlist und den Mord. Sie ist Instrument der Gewalt, der Rache, der Marter, des Zwanges, der Aggressivität und der Zerstörung. Der Mensch wird durch sie charakterisiert als kampfbereit, kampfstark, entschlossen, überlegen gegen andere aber auch in seinem Bemühen, Menschen zu schützen, das Böse abzuwehren oder zu vernichten. Waffe und Rüstung kennzeichneten über Jahrhunderte hinweg die gesellschaftliche Stellung des Trägers und seine Rangordnung. Sie unterstreichen bestimmte modische Tendenzen, die Repräsentation, die Pose und den Reichtum des Dargestellten. Attributiv steht die Waffe für scharf, spitz, schneidend, durchbohrend, kräftig, wuchtig, drohend, bewahrend, hütend, verletzend, herausfordernd, qualvoll und grausam.

Viele dieser im menschlichen Denken und Handeln so tief verwurzelten Aspekte sind in zahlreichen Werken Albrecht Dürers ausdrucksstark gestaltet. Die hohe Zahl von differenzierten Waffen und Rüstungen, ihre detailgetreue oder individuell durch den Künstler ersonnenen und gestalteten Typen und Formen waren Anlaß zu diesen Untersuchungen. Sie ergaben, daß Albrecht Dürer gegenüber vielen anderen Künstlern seiner Zeit eine umfassende Kenntnis über Kriegs-, Jagd- und Turnierwaffen besaß. Das Thema Rüstungen und Waffen in seinem Werk wurde bisher nicht speziell untersucht, wie der umfangreichen Bibliographie von Matthias Mende zu entnehmen ist.[1] Über 800 derartige Gegenstände sind in Dürers Zeichnungen, Holzschnitten, Kupferstichen und Gemälden enthalten. Allein diese hohe Zahl rechtfertigt eine spezielle Untersuchung aus der Sicht des Waffenhistorikers. Dabei können die unendlich vielen Beiträge in der Dürerforschung zum Gesamtwerk und zu einzelnen Kunstwerken aus Mangel an Übersicht und Kenntnissen insgesamt nicht berücksichtigt werden. Eine Gegenüberstellung von ausgewählten Werken Dürers mit Abbildungen von originalen Rüstungen und Waffen soll helfen, die herausragenden Kenntnisse des Künstlers auf diesem Gebiet, seine detailgetreue Wiedergabe aber auch seine freischöpferische Gestaltung zu erkennen. Dürer lebte in einem Zentrum der Waffenproduktion. Die Stadt Nürnberg besaß ein Zeughaus mit umfangreichem Kriegsmaterial. Beides nutzte er für sein künstlerisches Schaffen, wie an vielen Beispielen aufgezeigt werden soll.

Nur für die Frühzeit seiner künstlerischen Tätigkeit ist bei ihm noch keine individuelle Formensprache bei Waffen und Rüstungsteilen ersichtlich.[2] Ab 1495/96 lassen sich für entsprechende Motive bevorzugte Typen von Hieb- und Stoßwaffen mit Variationen der Einzelteile sowie mannigfaltige Formen des Körperschutzes feststellen. Dürer wählte in vielen Fällen zielgerichtet Waffen und Rüstungen aus, die in handwerklich-künstlerischer Formensprache vom spätgotischen Stil geprägt waren. Das gilt besonders für Harnische, die nach dem Schlankheitsideal der Zeit die Vertikale betonten, bei denen die Flächen durch Linien aufgegliedert und die Ränder zackenförmig verziert waren. Diese Rüstungen ließen sich beispielsweise besser als die Frührenaissanceharnische mit ihren gerundeten, bauchigen Formen in Kupferstiche mit dichtgedrängter Linienführung einordnen. „Für Dürer war die Linie die Form, in der er vorzustellen gezwungen war" (Wölfflin).[3] Bei Aufträgen für Kaiser Maximilian I., für die vom kaiserlichen Hof teilweise Vorgaben erfolgten, gestaltete er Waffen und Rüstungen vorwiegend im Renaissancestil, die auch waffentechnisch den neuen Bedingungen im Kriegswesen entsprachen.

Wendelin Boeheim, der Altmeister und Mitbegründer der Historischen Waffenkunde, sprach Dürer einen Einfluß auf den Stil der Nürnberger Harnischkunst zu.[4] Hierzu können jedoch nur Mutmaßungen angestellt werden. Daß Dürer im Gespräch Handwerker zu einzelnen Gestaltungen angeregt haben kann, darf als sicher gelten, wie seine eigene Geschützkonstruktion und der Holzschnitt Gedächtnissäule auf den Sieg über „mechtig leut" beweisen.[5] Dürer nahm als Vorbild für das Kanonenrohr auf diesem Holzschnitt in seinem Werk „Vnderweysung der messung…, 1525, ein Geschützrohr aus der Werkstatt des berühmten Nürnberger Stückgießers Endres Pegnitzer d.Ä.[6] Die neuartige wohlproportionierte Oberflächengestaltung dieses Kanonenrohres dürfte nicht ohne Einfluß Dürers entstanden sein. Sein Werk über die Meßkunst sollte nicht nur Malern, sondern auch Goldschmieden, Bildhauern,

Steinmetzen, Schreinern und anderen Handwerkern dienlich sein.

Der Geistliche Lorenz Behaim (1457–1521), zeitweise auch Festungsingenieur bei Kardinal R. Borgia in Rom, hatte für Dürer eine Nativität (Horoskop) berechnet. Er bemerkt dazu in einem Brief vom 23. Mai 1507 an Willibald Pirckheimer, daß Dürer sich besonders an Waffen erfreue.[7] Die Bemerkung im Schreiben: „...ich glaube, ich habe sie gut gestellt, weil alles zusammenstimmt", läßt den Schluß zu, daß Dürer wirklich an Waffen sehr interessiert war.

Worin liegen die Ursachen für dieses besondere Interesse? Als Goldschmied ausgebildet und deshalb vertraut mit Werkzeugen und handwerklichen Techniken und der Aufgabe, zweckvolle und formschöne Gegenstände herzustellen, hatte er einen geschulten Blick für die von spezialisierten Waffenschmieden geformten zweckgebundenen Waffen und Rüstungen. Mehr als viele andere Gegenstände der materiellen Produktion war die Waffe durch das Verhältnis von Zweck und Form bestimmt. Der Kampf um Leben und Tod in Schlachten und Gefechten verlangte von Waffenhandwerkern, dieses Verhältnis an ihren Produkten bis zur höchsten Präzision auszubilden. So abstoßend es klingen mag, hierdurch entstanden proportionale und harmonisch wirkende Zweckformen. Das verdeutlichen überzeugend die Schwerter auf mehreren Holzschnitten der Apokalypse. Auch für die Proportionsstudien Dürers waren Harnische, die den körperlichen Proportionen des Trägers angepaßt waren, ohne Zweifel von großem Interesse.

Ein weiterer Aspekt, den Heinrich Wölfflin anmerkt, dürfte die Vorliebe Dürers für Waffen und Rüstungen als Gestaltungselement unterstreichen. „Was am stärksten zu ihm gesprochen hat, ist das Metallisch-Blanke. Ich meine nicht nur wirkliches Metall, auch Seide und Federn und weiches Haar haben ja etwas Metallisches. Es sind lauter Dinge, wo das widerstrahlende Licht zum Glanzlicht sich sammelt."[8] Auch durch Farbkontraste zwischen Metallisch-Blankem, wie bei der Kombination von Harnisch und Kostüm auf den Seitenflügeln des Paumgartner Altars, nuancierte er die Wirkung des blanken Metalls mit einem kräftigen Rot. Für die Historische Waffenkunde ergibt sich die Frage, ob Dürer mit dieser Harnisch-Kostüm-Kombination Plattner anregte, durch Treibarbeit Kostümharnische, beispielsweise nach dem Vorbild der geschlitzten Landsknechtskleidung mit Puffärmeln zu fertigen.

Dürer vermied es, weil das nicht seinen humanistischen Vorstellungen und künstlerischen Absichten entsprach, vielfältig den grausamen Gebrauch von Waffen in Kriegsszenen darzustellen. Trotzdem bestätigen insbesondere seine Befestigungslehre und auch einige künstlerische Darstellungen, daß er von der Notwendigkeit der wehrhaften Verteidigung des Landes überzeugt war. Hierin wurde er insbesondere durch die Türkengefahr bestärkt. Den Ungarn drohte eine Invasion und das beunruhigte den Künstler ohne Zweifel, denn der Vater stammte aus diesem Land.[9] Albrecht Dürer weilte 1518 während des Reichstages in Augsburg, auf dem vor allem Verteidigungsfragen gegen die Türkeninvasion behandelt wurden. Enge freundschaftliche Bindungen hatte er zu Willibald Pirckheimer, der zeitweilig oberster Feldhauptmann der Stadt Nürnberg war. Er dürfte das Interesse des Künstlers für Bewaffnung und Stadtverteidigung beflügelt haben, wie das gemeinsam erstellte Fecht- und Ringerbuch und Dürers Schrift zum Befestigungswesen bestätigen.

Um Waffen kennenzulernen und zu skizzieren konnte er Studien im Nürnberger Zeughaus, auf Festungsanlagen und nicht zuletzt in den Werkstätten der Sarwürker, Plattner und Helmschmiede, der Schwertfeger, Armbrust- und Büchsenmacher oder der Stückgießer betreiben. Sein Interesse und seine Schaffenskraft können daran gemessen werden, daß in seinem Werk beispielsweise 40 verschiedene Klingenformen von Helmbarten enthalten sind. Sie lassen lückenlos die Entwicklung dieser Waffe vom 14. bis in die ersten Jahrzehnte des 16. Jahrhunderts erkennen.[10]

Waffen waren für Dürer nicht inhaltloses Beiwerk, sondern Mittel, um Inhalte auszudrücken oder zu verstärken. Was Wilhelm Waetzoldt allgemein über Dürers Verhältnis zum Gegenständlichen bemerkt, „...ihm sind auch die toten Dinge lebendig", gilt auch für Schwerter, Dolche, Stangenwaffen, Helme, Schilde und Rüstungen.[11] Er gab sich bei gleichartigen Themen nicht mit einer einmal ausgewählten Waffe zufrieden. Das zeigt beispielsweise ein Vergleich zwischen den verschiedenen Passionsfolgen. Immer wieder verstand er es, auch bei Rüstungen bis hin zu grotesken, kuriosen oder humorvollen Formen das Interesse neu zu wecken. So erheitert nicht nur die Szene im Gebetbuch Kaiser Maximilians I. mit dem Fuchs, der durch das Flötenspiel die Hühner anlocken will den Betrachter, sondern auch der geharnischte hl. Georg zu Pferd mit einem zuckerhutförmigen Helm und spärlicher Helmzimier mit winzigen Blättern.

Eduard Flechsig hat bereits 1931 angeregt, Forschungsergebnisse der Historischen Waffenkunde mehr als bisher in der Dürerforschung zu berücksichtigen.[12] Die Ausführungen über Rüstungen und Waffen im Werk Albrecht Dürers können vielleicht zu einer umfassenderen interdisziplinären Zusammenarbeit zwischen Kunsthistorikern und Spezialisten anderer Disziplinen und Wissensbereiche auch über andere Künstler anregen. Das Glossar im Anhang über Fachbegriffe der Historischen Waffenkunde soll es dem Kunsthistoriker erleichtern, waffentechnische Details genauer beschreiben zu können.

Die Untersuchungen ergaben auch für die Historische Waffenkunde überraschende Ergebnisse. Das Werk Albrecht Dürers konnte als herausragende Bildquelle, insbesondere für kulturgeschichtliche Zusammenhänge und Aspekte von Rüstungen und

Waffen erschlossen werden. Die Gegenstände sind im Werk des Künstlers nicht nur in ihrer äußeren Form Sachzeugen der Zeit. Indem sie einem Waffenträger zugeordnet oder in eine Szene eingebunden werden, erschließen sie den mannigfaltigen Beziehungsreichtum von Rüstungen und Waffen im Denken und Handeln von Menschen im gesellschaftlichen Umfeld.

Die Publikation erwuchs aus einer allgemeinen Beschäftigung mit dem Thema Waffe und Rüstung in Malerei und Graphik. Zahlreiche Gespräche mit meinem Freund, dem Kunstmaler und Graphiker Heinz Olbrich aus Altenburg, dem ich vielmals zu danken habe, und anschließende Ausarbeitungen förderten auch die Studien zum Werk Albrecht Dürers.

Während meiner Forschungsarbeit erhielt ich wichtige Anregungen durch den bekannten Dürer-Forscher, Herrn Prof. Dr. Fedja Anzelewsky, ehemaligem Direktor des Kupferstichkabinetts in Berlin. Ihm habe ich auch sehr herzlich zu danken für die Durchsicht meines Manuskriptes und für wichtige Korrekturen. Von weiteren Persönlichkeiten aus dem Kreis der Dürer-Forscher, den Herren Dr. Dr. Peter Strieder, Dr. Matthias Mende, Dr. Rainer Schoch und Dr. Johannes Willers, alle Nürnberg, erhielt ich Zuspruch und Hilfe. Die vorliegende Publikation konnte nur durch großzügige Unterstützung des Deutschen Historischen Museums erscheinen. Mein ganz besonderer Dank gilt Herrn Dr. Hans Ottomeyer, Generaldirektor des Museums, für die wohlwollende Förderung. Vielmals danken möchte ich auch dem stellv. Generaldirektor, Herrn Dr. Dieter Vorsteher, Frau Gabriele Kronenberg für die Bildbeschaffung und zielstrebige Zusammenarbeit mit dem Philipp von Zabern Verlag, den Herren Dr. Gerhard Quaas, Rainer Wiehagen vom Bereich Historische Waffen, dem Metallrestaurator, Herrn Michael Otto, sowie dem Fotografen des Museums, Herrn Arne Psille. Den Direktoren und Mitarbeitern zahlreicher Museen, Sammlungen und Bibliotheken des In- und Auslandes danke ich vielmals für Fotoaufnahmen und für die Rechte zur Veröffentlichung. Das gilt vor allem für den Direktor des Kupferstichkabinetts Berlin, Herrn Dr. Alexander Dückers, und seinen Mitarbeitern, insbesondere für Herrn Andreas Heese, durch deren Unterstützung eine sehr hohe Anzahl von Abbildungen der Berliner Sammlung in die Publikation aufgenommen werden konnten. Mein besonderer Dank gilt auch Frau Dr. Annette Nünnerich-Asmus und Herrn Lothar Bache vom Verlag Philipp von Zabern für das Engagement bei der Buchgestaltung.

Sehr dankbar bin ich meinem Schwiegersohn Manfred Ratzke für die Anleitung und Hilfe bei der Arbeit mit dem Computer sowie meiner Frau Elisabeth Müller, die nicht nur jahrzehntelang meine Fachpublikationen unterstützte, sondern auch nach meiner beruflichen Tätigkeit wohlwollend begleitete.

Heinrich Müller

Anmerkungen

1 M. Mende, Dürer-Bibliographie, 1971.
2 Siehe dazu insbesondere S. 181.
3 H. Wölfflin, 1963, S. 293.
4 W. Boeheim, 1897, S. 61–65.
5 Siehe Abschnitt S. 19.
6 Siehe hierzu S. 21.
7 Siehe H. Rupprich, Bd. 1, S. 254; Bd. 3, S. 455; Ausstellungskatalog Nürnberg, 1471 Albrecht Dürer 1971, S. 40, Nr. 37; P. Strieder, 1996, S. 47.
8 H. Wölfflin, 1963, S. 296.
9 Zum Thema Türkengefahr siehe auch Abschnitt über die „Nürnberger Kanone", S. 18.
10 Siehe S. 167.
11 W. Waetzoldt, 1936, S. 256.
12 E. Flechsig, Bd. 2, S. 406/07.

GESCHÜTZDARSTELLUNGEN UND DÜRERS GESCHÜTZKONSTRUKTION

„Große Kanone"? Ein untaugliches Feldgeschütz!

Im graphischen Schaffen Albrecht Dürers gehört die sogenannte „Große Kanone" von 1518 (M. 96) in Technik und künstlerischer Gestaltung zu den herausragenden Leistungen des Künstlers.[1] Trotzdem gibt es bis heute keine einheitliche Bezeichnung der Eisenradierung und keine überzeugende Erklärung zum Sinngehalt des Bildes, zur Bedeutung des Geschützes und zu der dargestellten Personengruppe. Aus der Sicht des Waffenhistorikers soll hier versucht werden, insbesondere zur Kanone, einiges zu erläutern und richtigzustellen. Der bekannte Dürer-Forscher Friedrich Winkler gibt seine Interpretation der Eisenradierung kurz mit folgenden Worten wieder:

„Von der Seite treten die Vertreter feindlicher Völker heran, um das Wunderwerk zu beschauen, das das Wappen von Nürnberg trägt, an der Spitze ein Orientale, dem der Künstler launig die eigenen Züge verliehen hat, wie sie Hans Schwarz eben in einer Medaille geformt hatte. Mit ihm sind ein Janitschare, ein Mann mit hohem Hut und andere aufgeboten, alle werden von dem bärbeißigen Wächter beäugt. Den Sinn des Werkes verstand jeder. Die Heimat im Schutz einer modernen Waffe, die die heidnischen Feinde neugierig betrachten."[2]

Zunächst muß festgestellt werden, daß es sich bei dem Geschütz keineswegs um eine „große Kanone", sondern um ein Geschütz mittleren Kalibers handelt, dessen etwa 2,50 Meter langes Rohr höchstens zwischen 2 bis 3 Tonnen wog. Als großes Geschütz dieser

*Abb. 1 **Nürnberger Kanone** (Die große Kanone), 1518. Eisenradierung. Berlin, DHM. Mit dem Geschütz vor dem friedlich im Grund liegenden Dorf wollte Albrecht Dürer vermutlich dazu auffordern, das ungarische Volk im Kampf gegen die Türken zu unterstützen. Die Gesichtszüge des wie ein Weiser im morgenländischen Gewand wirkenden Mannes vor der Gruppe ungarischer Krieger gleichen denen Albrecht Dürers. Die Eisenradierung gehört zu den beeindruckensten Landschaftsdarstellungen des Künstlers mit einer zugleich tiefen symbolischen Bedeutung.*

*Abb. 2 **Türkische Kanone**, Schraubstück, 1464 Bronze, Länge 530 cm, Kaliber 60 cm. London, Royal Armouries H. M. Tower of London.
Das Geschütz auf der Eisenradierung kann nicht, wie oft üblich, als „Die große Kanone" bezeichnet werden, die eine angeblich türkische Abordnung beeindrucken soll. Es war nur ein mittleres Geschütz von etwa drei Tonnen Gewicht, die abgebildete türkische Bronzekanone wiegt hingegen etwa 18,6 Tonnen. Mit 13 Riesengeschützen schoß die überlegene türkische Artillerie 1453 Breschen in die fünf Meter dicken Mauern von Konstantinopel.*

*Abb. 3 **Titelholzschnitt** des 1529 bei Christian Egenolph zu Straßburg gedruckten Feuerwerksbuches von 1420. Die von Dürer als Vorbild für seine Eisenradierung genutzte Kanone war ursprünglich ein Festungsgeschütz ohne Räder, die von ihm ergänzt wurden. Er wählte diese Kanone aus, weil sie sich wegen der vielgestaltigen Konstruktion besonders gut in die reiche lineare Gestaltung der Radierung einordnen ließ. Auf dem Holzschnitt ist das Nürnberger Festungsgeschütz mit den charakteristischen Merkmalen und ohne Räder abgebildet.*

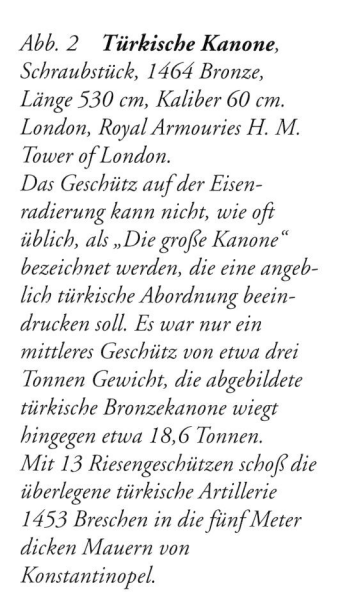

Zeit kann beispielsweise das auf dem Ehrenbreitstein in Koblenz aufbewahrte Bronzerohr „Vogel Greif" von 1528 mit einer Länge von 4,68 Metern und einer Masse von etwa 12,6 Tonnen bezeichnet werden.[3] Ein großes türkisches Geschütz von 1464, ein sogenanntes Schraubstück, aus zwei Teilen bestehend, hat eine Rohrmasse von etwa 17 Tonnen.[4]

Die Vorführung der Kanone als besonders groß und abschreckend hätte bei den angeblichen türkischen Betrachtern höchstens Heiterkeit hervorgerufen. Der an kriegstechnischen Fragen interessierte Albrecht Dürer hatte vermutlich Kenntnisse über die Schlagkraft der türkischen Artillerie. Einige Autoren wählten aus genannten Gründen als Bildunterschrift deshalb nur „Die Kanone" oder „Landschaft mit Kanone", noch besser wäre „Nürnberger Kanone", da das Rohr mit dem Wappen dieser Stadt und einem fliegenden Inschriftenband darüber gekennzeichnet ist. Bei der Kanone auf der Eisenradierung handelt es sich auch nicht um ein „modernes Geschütz". Der Grundtyp der Konstruktion stammt aus der Zeit um 1480.[5] Rohre mit verstärktem Mittelstück wurden seit dem zweiten Jahrzehnt des 16. Jahrhunderts allmählich von sich zur Mündung hin verjüngenden Rohren abgelöst, und diese Räderlafette mit Richthörnern war 1518 bereits veraltet. Wie Maximilian I. für die kaiserliche Artillerie, so ließ ab 1512 auch der Rat der Stadt Nürnberg Blocklafetten durch moderne Wandlafetten erneuern.[6] Weshalb wählte Albrecht Dürer trotzdem dieses Geschütz für seine Eisenradierung aus? Die Kanone gehörte höchstwahrscheinlich zu den Geschützen des Nürnberger Zeughauses, die vom Rat ausgewählt wurden, um als historische Sachzeugen der Stadt erhalten zu bleiben.[7]

Das Rohr mit dem klotzartigen Hinterstück, auf dem sich das Nürnberger Wappen befindet, die kunstvollen Verschneidungen mit Wulsten und Kehlungen an der Lafette sowie die Richthörner mögen zur Auswahl des Geschützes als Zeugnis für das Nürnberger Artilleriewesen geführt haben.

Albrecht Dürer interessierte sich speziell für Richtgeräte an Geschützen, wie seine Befestigungslehre mit dem Titel: „ETLICHE VNDERRICHT/ ZU BEFESTIGUNG DER STETT/SCHLOSZ/ VND FLECKEN", Nürnberg 1527, erkennen läßt. Er bildet am Schluß dieser Veröffentlichung ein Geschütz mit neuartiger Lafette und mit besonderen Höhen- und Seitenrichtgeräten ab.[8] Es ist anzunehmen, daß er sich vorher mit alten Richtgeräten an Geschützen beschäftigt hat. Nun werfen einige Details an der Kanone auf der Eisenradierung weitere Fragen auf. Die Lafettenräder sind für das Rohr und die kompakte Lafette viel zu schwach, die Räder der Protze haben sechs, die der Lafette sieben Speichen, die Buchsen an der Protze sind lang und konisch gearbeitet, wie im 15. Jahrhundert gebräuchlich, die der Lafette fast zylindrisch, wie seit den ersten Jahrzehnten des 16. Jahrhunderts bevorzugt. Im Wagen- und Lafettenbau war und ist es üblich, Speichen gegenständig einzusetzen, so daß sie sich gegenseitig abstützen. Deshalb waren 6, 8, 10 und 12 Speichen die Regel. Das Lafettenrad an Dürers Kanone ist also eine völlige Fehlkonstruktion.[9] Daß Dürer später mit den notwendigen Herstellungstechniken für den Lafettenbau vertraut war, beweist seine Geschützzeichnung in der Befestigungslehre von 1527. Das kräftige Rad besitzt hier 12 gegenständige Speichen, hat die notwendigen starken Beschläge und kräftige Eisennägel auf dem Felgenkranz.¹⁰

Wie bereits angeführt, fand Johannes Willers in Nürnberger Ratsverlässen Berichte über Neulafettierung Nürnberger Geschütze seit 1512 nach dem Vorbild des Artillerieparks Kaiser Maximilians I.¹¹ Das Dürersche Geschütz besaß zu diesem Zeitpunkt überhaupt keine Räder und es ist eindeutig zu verneinen, daß es bei dieser Umrüstung so schwache Räder mit nur sieben Speichen erhalten haben könnte. Selbst nur für die Aufbewahrung einer historischen Kanone als Zeugnis der Wehrhaftigkeit der Stadt Nürnberg hätten die schwachen Räder nicht genügt.¹² Daß das Geschütz im Nürnberger Zeughaus bis zur Entstehung der Eisenradierung ohne Räder aufbewahrt wurde und auch als Kanone im Gebrauch nie große Räder besessen hat, beweist meines Erachtens der Titelholzschnitt zur Veröffentlichung des Feuerwerksbuches von 1420 durch Christian Egenolph im Jahre 1529.¹³ Der Holzschnitt kann jedoch früher als 1529 und nicht erst unmittelbar für den Druck des Feuerwerksbuches entstanden sein. Im Vordergrund des Blattes liegt das Nürnberger Geschütz mit dem gleichen Block am Hinterstück, den Verschneidungen am Lafettenschwanz, der Handhabe mit Ring am Stoßboden und den Richthörnern. Dieses Geschütz und auch die anderen darüber angeordneten zeigen eine flüchtige, nicht immer detailgetreue Wiedergabe. Der Monogrammist „MF" (ligiert) scheint kein überragender Künstler gewesen zu sein, wie auch die ungelenke Handhabung der Ladeschaufel durch den Knecht beweist.¹⁴

Trotzdem dürfte es sich einwandfrei um das Geschütz auf der Dürerschen Radierung vor der Ergänzung mit Rädern handeln.¹⁵ Rohr und Lafette sind so außergewöhnlich, daß bereits Arthur Bechtold 1928 von einem „Kanonenindividuum" sprach, ohne das jedoch näher zu erläutern.¹⁶ Diese Individualität besteht neben der kunstvoll gearbeiteten Lafette in der Konstruktion des Hinterstückes des Kanonenrohres. Es gab zahlreiche Geschütze, die am Stoßboden eine Handhabe mit Ring zum Heben in der Lafette besaßen, jedoch dürfte die Kanone auf der Eisenradierung die einzig nachweisbare sein, bei der hinter dem Stoßboden des runden Kanonenrohres ein großer kantiger Block ruhte, an dem sich eine Handhabe mit Ring befand.

Derartige kantige Blöcke aus Holz dienten ursprünglich als Puffer zwischen Rohr und Richthörnern zum Abfangen des Rückstoßes. Beim genannten Nürnberger Geschütz war der metallene Block direkt mit dem Rohr verbunden und beide wurden mit der Handhabe am Stoßboden zur Einstellung der Höhenrichtung gehoben. Ein Eisenstab, durch Löcher in den Richthörnern geschoben, stabilisierte die gewünschte Höhenrichtung. Ob es sich bei dem Block mit Handhabe um eine spezielle Nürnberger Konstruktion handelt, kann zumindest angenommen werden.¹⁷ Das Geschütz ohne Räderlafette gehörte zum Typ der sogenannten „Notbüchsen", die innerhalb von Festungen oder auf Karren als leichte Feldgeschütze eingesetzt wurden. Für Nürnberg wird dieser Geschütztyp in Quellen für das 15. Jahrhundert mit Standort in Zwingern, auf Türmen und in Zeughäusern mehrfach genannt.¹⁸ Durch das Richten des Geschützes von erhöhtem Standort auf tiefer liegende Ziele bestand die Gefahr, daß die Kanone nach vorn Übergewicht bekam. Zum Ausgleich des Schwerpunktes diente der kantige Klotz hinter dem Rohr, der in diesem Falle aus Metall bestand. Eine

Notbüchse im „Mittelalterlichen Hausbuch" von 1480 besitzt deshalb ein längeres verstärktes rundes Hinterstück.[19] Die hochliegenden Schildzapfen (Drehzapfen am Mittelstück) des Nürnberger Rohres, die eine größere Neigung des Rohres zum Schießen auf tiefer liegende Ziele ermöglichen und die kräftigen Eisenbänder über den Schildzapfen, die das Rohr sicher in der Lafette hielten, bestätigen den Einsatz als Festungsgeschütz. Aus der aufgezeigten ursprünglichen Zweckbestimmung der Kanone auf der Eisenradierung geht hervor, daß zum Geschütz keine Protze für den Transport gehörte. Das bestätigt auch der Titelholzschnitt zum Feuerwerksbuch, denn der Lafettenschwanz besitzt hier kein Protzenloch für den Protzennagel zur Verbindung von Geschütz und Protze. Da Albrecht Dürer die Kanone jedoch in freiem Feld fahrbereit aufstellen wollte, zeichnete er ein Protzenloch für die Radierung ein und verband beide Geschützteile miteinander.

Aus bildgestalterischen, kompositorischen Gründen verzichtete Albrecht Dürer meines Erachtens auf eine Pferdebespannung und setzte die Protze unmittelbar an den linken Rand des Bildes. Dadurch konnte er Vorder- und Hintergrund in den Größenverhältnissen harmonischer aufeinander abstimmen und erreichte eine freie Sicht auf Dorf und Landschaft. Die gleiche Randstellung zeigt auch die Personengruppe rechts im Bild. Eine Scheu, vor das Geschütz Pferde zu spannen – wie vermutet wurde – um die Szene zu beleben, dürfte er wohl kaum gehabt haben.[20] Seine Körperstudien über Pferde und seine Pferdedarstellungen bestätigen seine Könnerschaft auf diesem Gebiet.

Dürer könnte durch die artilleristisch untüchtige Kanone auf der Eisenradierung, die er aus einer Notbüchse der Stadtverteidigung in ein Feldgeschütz umwandelte, Kritik und vielleicht auch Spott von Stückgießern und Büchsenmachern heraufbeschworen haben. Das Gemälde eines unbekannten Malers zur Schlacht bei Orsza im Jahre 1514 im Nationalmuseum Warschau gibt zumindest Anlaß zu dieser Vermutung.[21] Das Gemälde hat bei polnischen Wissenschaftlern wegen der Gleichartigkeit des Geschützes mit dem auf der Eisenradierung von Dürer zu unterschiedlichen Deutungen geführt.[22]

Wenn sich auch die Geschütze auf beiden Kunstwerken in einigen Details unterscheiden, so ist doch ohne Zweifel, daß es sich um die gleiche Kanone handelt. Wer hat nun die Vorlage des anderen benutzt?[23] Da Albrecht Dürer sein Kanonenrohr mit dem Nürnberger Wappen kennzeichnete, kann schwerlich angenommen werden, daß er als Vorbild eine Kanone aus der Schlacht bei Orsza wählte, in der sich polnisch-litauische und russische Heere gegenüberstanden.

Der polnische Kunsthistoriker Jan Białostocki hat bereits 1969 neben vielen anderen Argumenten insbesondere malerische Unzulänglichkeiten auf dem Gemälde herausgestellt, die beweisen, daß die Dürersche Eisenradierung dem Maler der genannten Schlachtszene als Vorlage diente.[24] Die nach rechts gedrehte Achsstellung der Protze entspricht nicht der Zugrichtung der Männer an der Deichsel. Białostocki weist auch auf den unrealistischen Standort des Büchsenmeisters hin. Sein Körper, mit weit vorgestelltem Bein, steht unmittelbar vor dem rechten Rad der Protze. Hinzugefügt werden kann, daß der Maler die von der Eisenradierung Dürers übernommene Stellung der vorderen Räder auf die Richtung der Brücke übertrug. Er mußte diese dadurch konstruktiv bogenförmig anordnen, wodurch ein Teil der Brückenbohlen konisch zugeschnitten werden mußte. Der Maler versucht auch, durch kürzere Bohlen am Ende der Brücke diese Kurvenform auszugleichen.

Das Geschütz auf dem Gemälde ist jedoch keine reine Kopie und dem anonymen Künstler müssen umfangreiche Kenntnisse über Waffen und Rüstungsteile zuerkannt werden.[25] Das trifft auch auf die Kanone im Vordergrund des Gemäldes zu. Er korrigierte das Vorbild und veränderte es, damit es innerhalb der Schlachtszene für einen artilleristischen Einsatz geeignet war. Zofia Stefańska hat als Waffenhistorikerin ebenfalls Mängel an der Kanone Albrecht Dürers erkannt und die bessere Konstruktion als Feldgeschütz auf dem Gemälde herausgestellt. Der Autorin darf auch zugestimmt werden, daß der Geschütztyp von etwa 1480 um 1514 im Gefecht durchaus noch einsatzfähig war. Aus eigener Kenntnis oder durch Ratschläge von Artilleristen nahm der Künstler des Gemäldes folgende Veränderungen am Dürer-Geschütz vor: Die Räder und Beschläge gestaltete er kräftiger, den Speichen und Buchsen gab er die gleiche Zahl bzw. Form. Er ergänzte beispielsweise auch einen Zugring an der Lafettenwand vor dem Rad der Lafette.[26] Der Maler mußte bei der Vielzahl der kämpfenden Männer, der Waffen und Rüstungsteile die Arbeiten weitgehend im Atelier verrichten und eine Geschützvorlage konnte ihm gute Dienste leisten.[27]

Das Gemälde bestätigt auch die notwendige Korrektur der Bezeichnung „Die große Kanone" für die Eisenradierung. Zum Transport auf leicht ansteigender Brücke hätten für eine großkalibrige Kanone nicht nur etwa 10 Männer ausgereicht, sondern wären 12 oder mehr Pferde erforderlich gewesen.

Um den Sinngehalt der Eisenradierung von Albrecht Dürer zu ergründen, müssen vor allem die dargestellte Personengruppe und die Einzelpersonen gedeutet werden. Die Gruppe rechts im Bild wird häufig als türkische Abordnung bezeichnet. Sie soll auf die Gefahr einer türkischen Invasion hinweisen. Die Szene läßt aber keine feindliche Gegenüberstellung erkennen. Der Anführer besitzt keine Waffe, der rechts hinter ihm stehende Bogenschütze trägt seinen Bogen in einer großen Bogentasche und hält seine Waffe nicht im Anschlag.[28] Die Hand an der Griffwaffe bedeutet nicht ohne weiteres eine Geste der Kampfbereitschaft. Auf Porträtdarstellungen ist diese Handhaltung häufig künstlerisches Mittel, um zu verhindern, daß die Hände kraftlos herunterhängen.

Abb. 4 **Schlacht bei Orsza** zwischen polnisch-litauischen und russischen Truppen, 1514. Unbekannter Meister, Öl auf Holz. Warschau, Muzeum Narodowe.
Das in die Schlachtszene aufgenommene Geschütz wurde nach dem Vorbild der Kanone auf der Eisenradierung Dürers gemalt. Der Künstler verbesserte jedoch einige Details, insbesondere an den Lafettenrädern. Durch die gleiche Stellung der Vorderräder, wie in Dürers Werk, stimmen diese jedoch nicht mit der Zugrichtung der Männer überein.

GESCHÜTZDARSTELLUNGEN

Abb. 5 **Zehn ungarische Lanzenreiter**. *Holzschnitt aus: Der Einzug Kaiser Karls V. in Augsburg 1530, Bl. 4. Jörg Breu d.Ä., 1530. Braunschweig, Herzog Anton Ulrich-Museum. Mehrere Reiter tragen hohe zylindrische Hüte, wie ein Krieger auf Dürers Eisenradierung und auch wie andere ungarische Krieger in seinen Werken. Die Hüte bestätigen, daß es sich bei der Gruppe auf der Eisenradierung nicht um Türken, sondern um Ungarn handelt.*

Abb. 6 **Gedächtnissäule auf den Sieg über „mechtig leut".** *Holzschnitt aus Dürers Werk „Vnderweysung der messung…", 1525. Berlin, Deutsches Historisches Museum. Albrecht Dürer wählte als Hauptbestandteile für eine Siegessäule zwei Geschützrohre aus. Das Kanonenrohr entsprach in seiner Form einer architektonischen Säule. Mehrere Details lassen erkennen, daß er als Vorbilder Rohre aus der Werkstatt des berühmten Nürnberger Stückgießers Endres Pegnitzer d.Ä. auswählte. Handwerkern gab der Künstler mit dem Holzschnitt ein Beispiel, wie Gegenstände harmonisch zu einem Ensemble vereinigt werden können.*

Der rechte Unterarm des gelassen blickenden Büchsenmeisters mit Hellebarde ruht auf dem Rohr. Sein Körper ist halb von der Gruppe weggedreht. Jan Białostocki glaubt in dem Mann am Geschütz den Höfling und Freund Kaiser Maximilians I., Kunz von der Rosen, der auch im „Triumphzug" dargestellt ist, zu erkennen.[29]

Es ist bereits durch Autoren darauf hingewiesen worden, daß es sich nicht um eine türkische, sondern um eine ungarische Abordnung handelt.[30] Dem kann nur beigepflichtet werden. Der Bogenschütze trägt die typische Tracht mit Verschnürungen der Kumanen, einer in Ungarn lebenden Volksgruppe. Der geschätzte ungarische Waffenhistoriker Janos Kalmár unterstützte diese Deutung: „Albrecht Dürer stellt auf der rechten Seite seiner Radierung „Die Kanone" aus dem Jahre 1518 eine Gruppe ungarischer Männer dar. Am Gürtel eines Mannes hängt ein Köcher mit verzierter Oberfläche, darin ist ein zeitgenössischer ungarischer Bogen in zeitgetreuer Darstellung zu sehen."[31] Kalmár bemerkt aber, daß türkische und ungarische Köcher sich in der Form glichen. Das Wams mit den Verschnürungen und der Hut mit wulstartigem unterem Rand entsprechen den Kleidungsstücken, die Dürer für die Charakterisierung der „Ungarischen Trophäe" im „Triumphzug Kaiser Maximilians I." wählte.[32] Auch auf der Brust eines Teilnehmers der ungarischen Abordnung im „Triumphzug" sind die typischen Verschnürungen zu erkennen.[33]

Ein Holzschnitt von Jörg Breu d.Ä., „Zehn ungarische Lanzenreiter", von 1530, bestätigt auch die hohen zylindrischen Hüte mit Wulstrand, aber auch für drei Reiter eine ähnliche Kopfbedeckung wie sie der Führer der Gruppe trägt. Sie und das Gewand waren vor allem Ausgangspunkt dafür, den Anführer und die folgenden Männer als Türken zu deuten.[34] Was veranlaßte aber Albrecht Dürer, den Anführer der Gruppe mit dem eigenen Antlitz darzustellen? Das Gesicht entspricht dem Dürers auf einer Medaille von Hans Schwarz.[35] Dürers Vater stammte aus Ungarn. Sein Sohn stellte sich auf dem Bild als Interessenvertreter des ungarischen Volkes dar. Ungarn war in dieser Zeit durch eine nahende Invasion der Türken bedroht. Die Bedrohung muß Dürer veranlaßt haben, diese Eisenradierung zu gestalten. Auf dem Reichstag in Augsburg 1518 war die Türkengefahr das zentrale Thema. Dürer porträtierte während dieser Zusammenkunft Kaiser Maximilian und dürfte sich für die Probleme der Türkengefahr sehr interessiert haben, „…und so ist die im gleichen Jahr entstandene Eisenradierung sein mahnender und zugleich beruhigender Beitrag zur Türkenabwehr."[36]

Der Hintergrund mit dem idyllischen, in friedlicher Landschaft gelegenen aber nun bedrohten fränkischen Dorf bestätigt diese Sinndeutung.[37] Albrecht

Dürer wollte mit seiner äußerst bildwirksamen Eisenradierung darauf hinwirken, das ungarische Volk im Kampf gegen die Türken zu unterstützen. Der Fuhrknecht mit vorwärts weisender Peitsche deutet den Aufbruch an. Der Landsknecht im unteren Grund mit geschulterter Hellebarde weist auf den notwendigen Schutz auch deutscher Siedlungen hin. Wie wichtig Dürers Appell im Jahre 1518 war, zeigt die vernichtende Niederlage des kleinen ungarischen Heeres in der Schlacht bei Mohács 1526 gegen die türkischen Truppen Sultan Suleiman II. Bereits 1529 standen türkische Heere vor Wien.

Karl Adolf Knappe erläuterte in einer kurzen Beschreibung die Eisenradierung wie folgt: „Kanone und orientalische Kriegsleute scheinen, wie der dicke Baum, nur Vordergrundstaffage zu sein, um der weit hingebreiteten Landschaft mehr Tiefe zu verleihen."[38] Bei dieser Erklärung kämen der Kanone und der Personengruppe keine nennenswerte Bedeutung für den Bildgehalt zu. Dann hätte aber Albrecht Dürer wohl kaum den Anführer der Gruppe mit seinem eigenen Antlitz versehen. Ohne Zweifel wählte Albrecht Dürer auch wegen seiner äußeren Form gerade dieses Geschütz für seine Eisenradierung aus, nämlich ein vielgliedriges Kanonenrohr mit kantigem Klotz am Bodenstück und mit „hebhaken" in Form von Tierköpfen, wie sie ähnlich die erhaltene Doppelte Feldschlange der „Drache" von 1514 im Historischen Museum der Stadt Basel besitzt.[39] Die reich durch Kehlungen und Wulste verzierte Lafette sowie Bogen und Streben der Richthörner ermöglichten vor dem großen, tief hinabreichenden hellgetönten Hausdach eine der Radiertechnik angepaßte variantenreiche Strich- und Punktzeichnung. Über alle unterschiedlichen Detailbewertungen und Deutungsversuche hinweg, bleibt dieses graphische Blatt Albrecht Dürers eine bewundernswerte künstlerische Leistung.

Die militärtechnischen Mängel an der Kanone auf der Eisenradierung hat Dürer, vielleicht auch dadurch, daß er Ratschläge seines Freundes Willibald Pirckheimer berücksichtigte, durch eine beachtenswerte Neukonstruktion eines Geschützes, veröffentlicht in seiner Befestigungslehre, wettgemacht.[40]

Gedächtnissäule auf den Sieg über „mechtig leut"

Albrecht Dürer hat in das 3. Buch seines Werkes „Vnderweysung der messung mit dem zirckel un richtscheyt..." von 1525 den Holzschnitt zur Errichtung eines Siegesdenkmals aufgenommen, das aus zwei Geschützrohren, einer Glocke und Rüstungsteilen besteht.[41] Auf einem breiten mehrfach gegliederten Unterbau mit aufgesetztem Podest ruht zunächst ein Mörser, dessen Schildzapfen auf zwei schmalen Seitenwänden, anstelle einer Schleife (Lafette), ruhen. Auf der Mündungsfläche des Mörsers steht senkrecht ein Kanonenrohr, darauf eine umge-

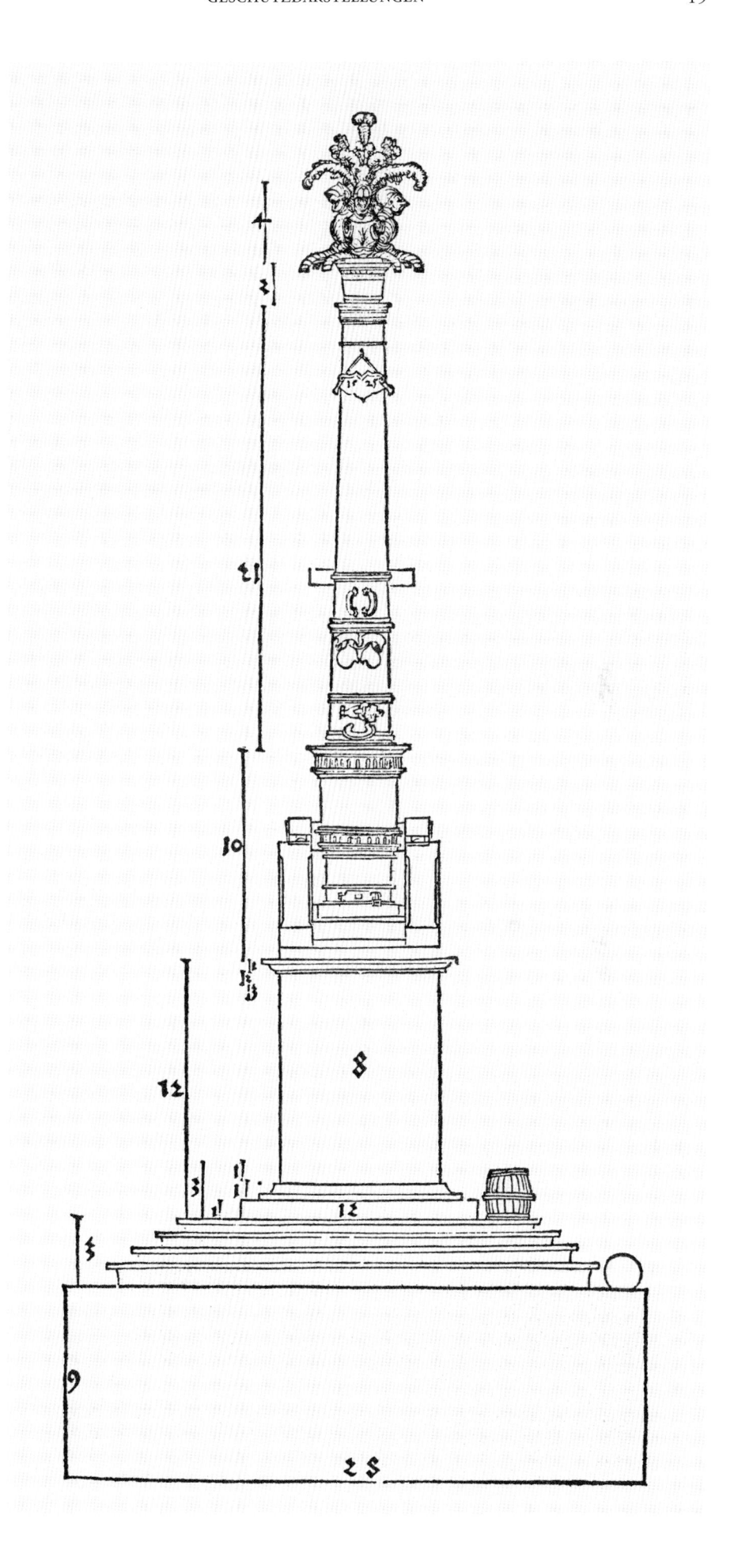

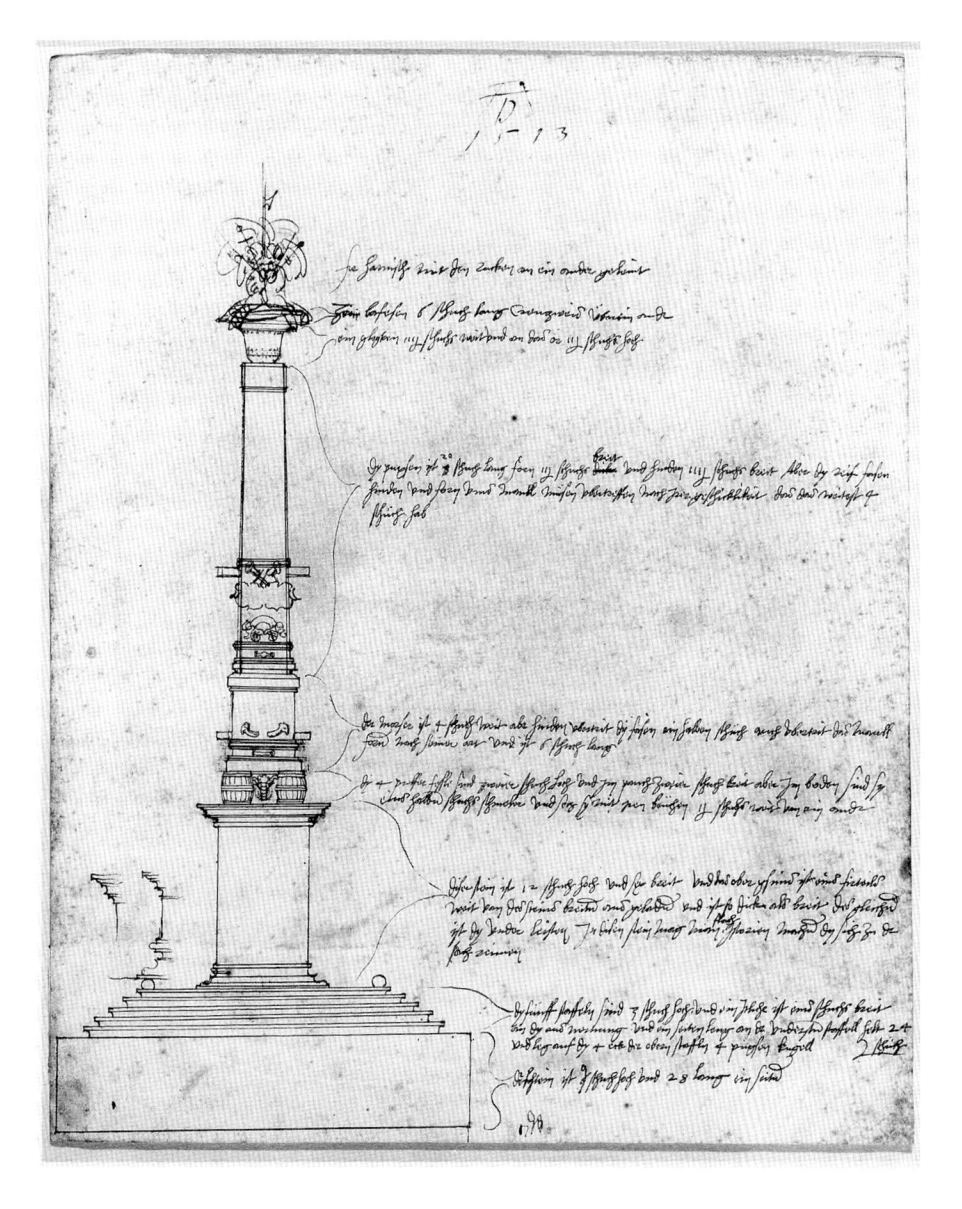

Abb. 7 Entwurf zur Gedächtnissäule.
Federzeichnung, um 1525.
Bamberg, Staatsbibliothek.
Der Entwurf läßt strenge mathematische Gestaltungsprinzipien an einem jedoch veralteten Geschützrohr erkennen. Der Vergleich mit der endgültigen Ausführung bestätigt Dürers späteres Studium an neuesten Geschütztypen.

starcke buchsen", entsprach im Aufbau vom Mündungskopf bis zum Bodenstück den Proportionen einer architektonischen Säule mit Kapitell und Basis. Architekturbücher enthalten deshalb manchmal als Anhang Aufrisse von Geschützrohren.[42]

Zu dem Holzschnitt ist eine Entwurfszeichnung überliefert, die der Künstler für den Druck der Siegessäule in der „Vnderweysung" erheblich veränderte (W. 935). Bei einem Vergleich der Ideenskizze mit dem Holzschnitt wird deutlich, daß Dürer vor der endgültigen Ausführung genaue Studien an neuartigen Geschützrohren vornahm. Wie allein die Gestaltung der Oberflächengliederung vermuten läßt, hat er diese Informationen bei dem von seinen Auftraggebern hochgeschätzten Nürnberger Stückgießer Endres Pegnitzer d.Ä. erhalten.[43] Dieser hervorragende Meister gliederte die Oberflächen seiner größeren Bronzegeschützrohre als einer der ersten durch Friese (Querprofile) in harmonisch zueinander proportional ausgewogene Felder: Hals, langes Feld, Zapfenfeld, Bodenfeld und Zündfeld. Noch in den ersten Jahrzehnten des 16. Jahrhunderts bevorzugten viele Stückgießer Bronzerohre mit geringerer oder größerer Unterteilung der Oberfläche, selbst mit 10 bis 11 Querprofilen.

Welche weiteren konstruktiven und gestalterischen Details der von Endres Pegnitzer d.Ä. gegossenen Geschützrohre sprechen für ein Vorbild zum Holzschnitt der Siegessäule von Albrecht Dürer? Erhaltene Geschützrohre dieses Stückgießers befinden sich heute noch im Germanischen Nationalmuseum Nürnberg, im Deutschen Historischen Museum Berlin (Zeughaus-Sammlung) und im Thüringer Landesmuseum Heidecksburg in Rudolstadt (Fürstliches Zeughaus Schwarzburg).[44] Im Geschützbuch Kaiser Karls V. sind weitere Geschützrohre Pegnitzers abgebildet.[45] Der Nürnberger Stückgießer verzichtete, wie Originalrohre und Zeichnungen erkennen lassen, bei Bronzegeschützrohren auf aufwendigen Dekor, wie es beispielsweise in der Maximilianischen Artillerie und auch später vielfach noch üblich war, wenn ein Auftraggeber es nicht ausdrücklich wünschte. Er verzierte seine Rohre vorwiegend durch Rundfriese. Seine Gießerinschrift brachte er auf dem langen oder dem Bodenfeld in einem fliegenden Band, mit dem Jahr des Gusses versehen, in folgender Weise an: „E. P. 1522 G. M." (Endres Pegnitzer... Goß Mich". Diese Meisterbezeichnung stand manchmal unmittelbar über dem Wappen des Auftraggebers, wodurch er seinen Stolz als gefragter bürgerlicher Stückgießer deutlich zum Ausdruck brachte. Bei sehr kleinen Rohren verzichtete er auf die Meisterbezeichnung, nicht aber auf die Jahreszahl. Wie auf zwei Kartaunen im Geschützbuch Kaiser Karls V., steht auf dem Holzschnitt der Siegessäule das Gußjahr (1525) auf dem langen Feld des Rohres. Als Henkel bevorzugte der Meister die Bügelform, manchmal als gedrehte Stricke oder plastisch geformte sich schnäbelnde Vogelköpfe. Auf dem Holzschnitt sind es glatte Bügelhenkel.

kehrte Glocke, deren offene Seite durch zwei „bafesen" (Pavesen = Fußkampfschilde) bedeckt werden sollte, wie Dürer es im Entwurf (W. 935) vorsah und hier handschriftlich vermerkte. Auf dem Holzschnitt sind die Pavesen jedoch nicht zu erkennen. Auf ihnen stehen vier mit den Rücken nach innen gekehrte Dreiviertelharnische (ohne Unterbeinzeug) mit großen Federbüschen auf den Helmen. Zum Aufbau auf der Glocke vermerkt Dürer: „... vnd leg zwo bafesen kreutzweyß darauf, vnd setz vier harnisch mit den rucken an einander auf die bafesen, also das auf den vier ortenn jr beingwand vber die bafesen hangen...".

Dürer geht bei seinem Entwurf davon aus, daß ein starker Gegner, er nennt ihn „mechtig leut", besiegt wurde. Aus „irem zeug", das erobert wurde, werde dann „soliche seulen" aufgerichtet. Unter Zeug sind Waffen und alles Kriegsgerät zu verstehen, das in Friedenszeiten in Zeughäusern gelagert wurde. Dürer benutzt bewußt den Ausdruck Säule für das Denkmal. Das Kanonenrohr, er nennt es „ein grosse

Eine ganz eindeutige Übereinstimmung zwischen einem von Pegnitzer gegossenen Rohr und dem Holzschnitt besteht bei einer Handhabe hinter dem Zündloch auf dem Bodenstück zum Heben des Rohres beim Richten und zum Dirigieren beim Einlegen oder Herausnehmen mit Hilfe eines Flaschenzuges aus der Lafette. Das von Pegnitzer für die Stadt Augsburg 1522 gegossene Rohr besitzt eine kantige, das Kanonenrohr der Siegessäule eine gerundete Handhabe.[46] Vielleicht war es ein gelegentlicher Versuch des Nürnberger Stückgießers, von dem auch Dürer Kenntnis erhielt, denn die anderen bekannten Bronzegeschützrohre des Meisters besitzen dieses Detail nicht. Verfasser konnte sie aber auch nicht bei anderen Geschützrohren des 16. Jahrhunderts feststellen. Ein Vergleich zwischen Details der Entwurfsskizze und dem Holzschnitt der Siegessäule soll den Nachweis der Studien von Dürer an originalen Geschützrohren der Pegnitzer Werkstatt verstärken.

Die Unterschiede werden zum besseren Vergleich nachstehend gegenübergestellt:

Entwurfszeichnung:	Holzschnitt:
Breiter verstärkter Mündungskopf, kein Mündungsgesims	Durch Mündungsfriese, Hals und Halsband gegliedert
Langes Feld ohne Kartusche für Kennzeichnung mit Jahreszahl bzw. Meisterbezeichnung	Kennzeichnung mit Jahreszahl 1525
Veraltete Hebhaken in Pilzform - Rückgriff auf Eisenradierung „Nürnberger Kanone", 1518, Hebhaken bereits ebenfalls veraltet	Bügelhenkel wie bei Pegnitzer üblich[47]
Kein hinten durch Querprofile abgegrenztes Zapfenfeld	Abgegrenztes Zapfenfeld
Kartusche (Schrifttafel) unmittelbar hinter den Hebhaken, darunter Schriftband und die beiden Nürnberger Wappen	Zwei Wappen mit je einem fliegenden Band darüber auf dem Bodenfeld
Schmales Zündfeld mit Zündloch.	Breites Zündfeld mit Zündloch und Zündlochdeckel.

Dieser ausführliche Vergleich beweist eindeutig, daß Albrecht Dürer nach der Entwurfsskizze genaueste Studien an einem Geschützrohr von Endres Pegnitzer betrieben oder direkt Einfluß auf die Form der Kanonenrohre dieser Werkstatt genommen hat. Dürer veränderte auch die Bekrönung des Denkmals. Auf der Entwurfsskizze hatte er in die umgekehrte Glocke eine senkrecht stehende Helmbarte, zwei sich

Abb. 8 **Halbe Schlange** *des Markgrafen Kasimir von Brandenburg-Ansbach-Bayreuth. Bronzerohr von Endres Pegnitzer d.Ä., Nürnberg, 1526. Berlin, Deutsches Historisches Museum, Zeughaussammlung. Grundtyp der von Endres Pegnitzer d.Ä. gegossenen Geschützrohre mit harmonischer, nach bestimmten Proportionen gegliederter Oberflächenstruktur mit Halsband, langem Feld, Zapfenfeld, Bodenfeld und Zündfeld wie auf Dürers Holzschnitt, Abb. 6.*

Abb. 9 **Detail von Abb. 8** *mit charakteristischen Hochrechteckmustern im Rundfries, wie sie auch auf dem Mörser der Gedächtnissäule erkennbar sind.*

Abb. 10 **Kartaune der Stadt Augsburg.** *Bronzerohr von Endres Pegnitzer d.Ä., Nürnberg 1522. Geschützbuch Kaiser Karls V., f. 55 b. Wolfenbüttel, Herzog August Bibliothek.*
Daß Geschützrohre Endres Pegnitzers Vorbild für Dürers Gedächtnissäule waren, geht auch aus dem Handgriff auf dem Ende des Hinterstückes – bisher sonst nicht nachweisbar – hervor.

kreuzende, schräg gestellte Schwerter gesetzt. Die drei Waffen sind umgeben von unregelmäßigen Strichen. „Die Glocke ist spielerisch mit mehreren A D verziert, Dürers Initialen."[48] In der Entwurfsskizze gibt Albrecht Dürer handschriftlich genaue Maße für die einzelnen Bauteile an. Das Rohr soll 20 Schuh lang (ein Nürnberger Stadtschuh entspricht etwa 30,4 Zentimetern) vorn drei und hinten vier Schuh breit, die „Reifen" (Querprofile) jedoch breiter sein.

Der Zusammenhang mit seinen Studien zu Maßverhältnissen wird hier bereits deutlich.

Auch der hängende Mörser, er soll vier Schuh weit und sechs Schuh hoch sein, ist in der Entwurfsskizze konstruktiv und in der Gliederung flüchtig ausgeführt worden. Er besitzt ebenfalls pilzförmige Hebhaken, die im Holzschnitt fehlen. Der Flug – in ihm lagert das Geschoß – und der Pulversack sind im Durchmesser gleich, in der Ausführung des Siegesdenkmals hat dieser einen geringeren Durchmesser. Auch die Gliederung in Felder entspricht im Holzschnitt mehr dem zeitgenössischen Vorbild. Über die technischen Details an einem „werf mörser mit seiner laden" (Schleife, Lafette) kannte Dürer sich aus, wie Erläuterungen von ihm in der „Vnderweysung" erkennen lassen. Für „das maul" (Mündung) sollte eine größere Ausladung (Mündungskopf) „von der zierd vnd starck wegen" gewählt werden. Die Belastung der Geschützwandung war an der Mündung wegen des Luftwiderstandes, auf den das Geschoß traf, besonders groß. Deshalb wurde das Rohr vorn durch einen Mündungskopf mit Rundfriesen „von der zierd…wegen" verstärkt. Die in der Entwurfszeichnung unterhalb des Mörsers postierten vier „bulfer dunnen" (Pulverfässer) hat Dürer im Holzschnitt auf vier Ecken der obersten „staffel" des Sockelteiles versetzt. Vier „büchsen kugeln" lagern nun in den Ecken des untersten Sockels.

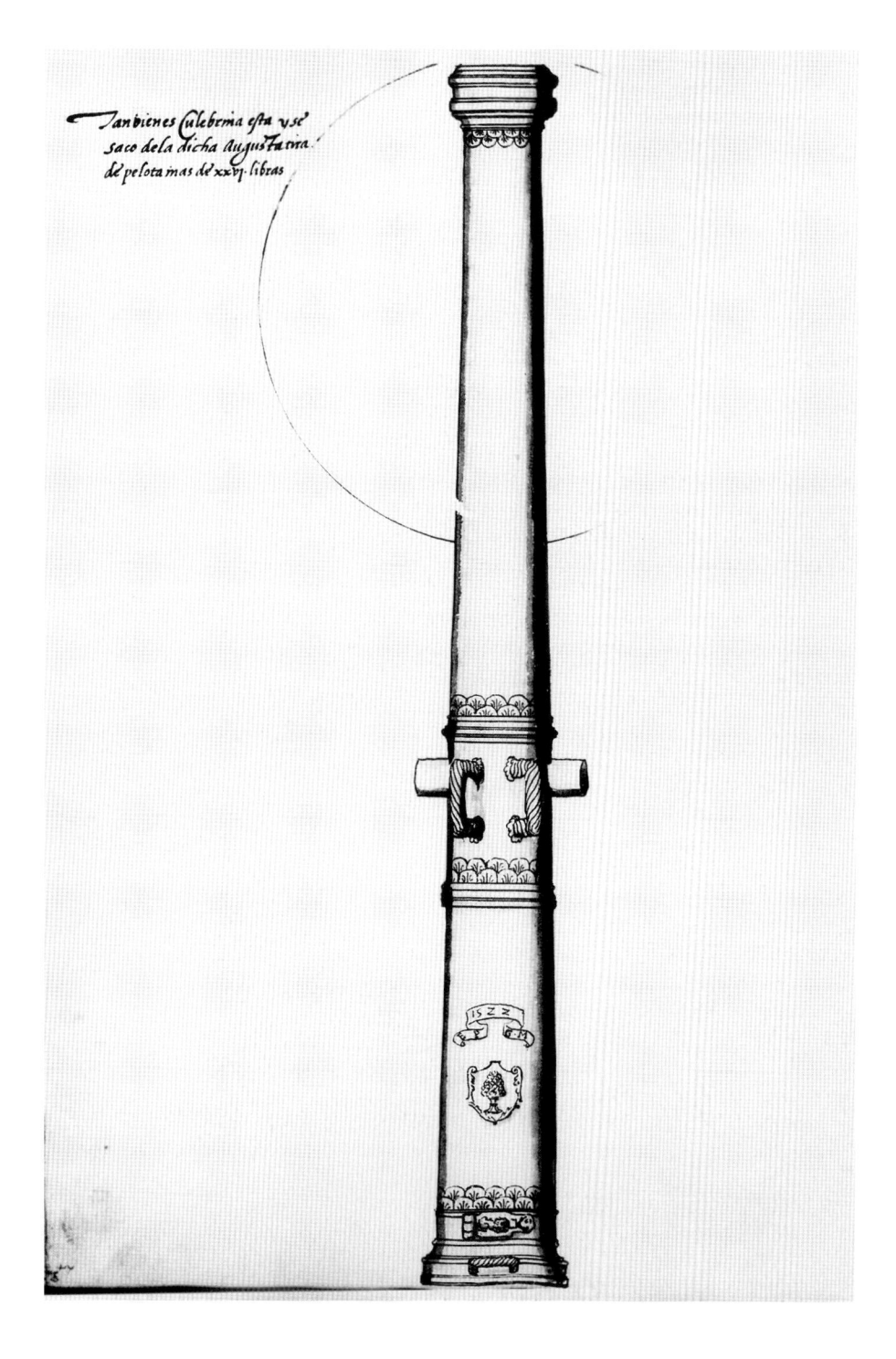

Vom Künstler ist ferner eine Silberstiftzeichnung „Ein Mörser" von 1520/21 (W. 783) überliefert. Zwar stimmt dieses Geschütz nicht völlig mit dem Mörser des Siegesdenkmals überein, jedoch sind beide durch gleiche dekorative Rundfriese mit hochstehenden Rechtecken verziert. Die beiden Originale der Halben Schlangen des Markgrafen Kasimir von Brandenburg-Ansbach-Bayreuth, von Pegnitzer 1526 gegossen, die sich in Nürnberg und Berlin befinden, besitzen am Mündungskopf, zwischen zwei Querprofilen hinter dem Zapfenfeld und am Bodenstück die gleichen Rundfriese mit hochrechteckigen Mustern. Auch diese Verzierungen in Dürers Zeichnung weisen auf Vorbilder von Pegnitzer Rohren hin, selbst wenn man bedenkt, daß die Kanonenrohre erst 1526 gegossen wurden, denn der Stückgießer kann die Muster auch schon früher verwendet haben.

Die Zeichnung „Ein Mörser" befindet sich auf der Rückseite eines anderen Blattes (W. 782) des Silberstiftskizzenbuches, das Dürer während der niederländischen Reise benutzte.[49] Es wird in der Literatur vermutet, daß Dürers eigenhändige Notiz in seinem Tagebuch der Niederländischen Reise zum 6. Juni 1521: „Und ich bin in Popenreuthers Haus gewest, des Büchsengießers, und hab wunderlich Ding bei ihm funden",[50] Anlaß für die Entstehung dieser Silberstiftzeichnung gewesen sei. Hans Popenreuther aus Köln (gest. 1534) war Stückgießer in Mecheln und Geschützmeister Kaiser Karls V. Nach einer anderen Meinung soll die Silberstiftzeichnung bereits vorher in Antwerpen gefertigt worden sein.[51] Die Übereinstimmung in dem Dekor der Rundfriese und die Gleichheit mit Pegnitzer Kanonenrohren läßt jedoch auch den Schluß zu, daß Dürer den Mörser nach seiner Rückkehr aus den Niederlanden auf die Rückseite des anderen Blattes gezeichnet hat. Für die

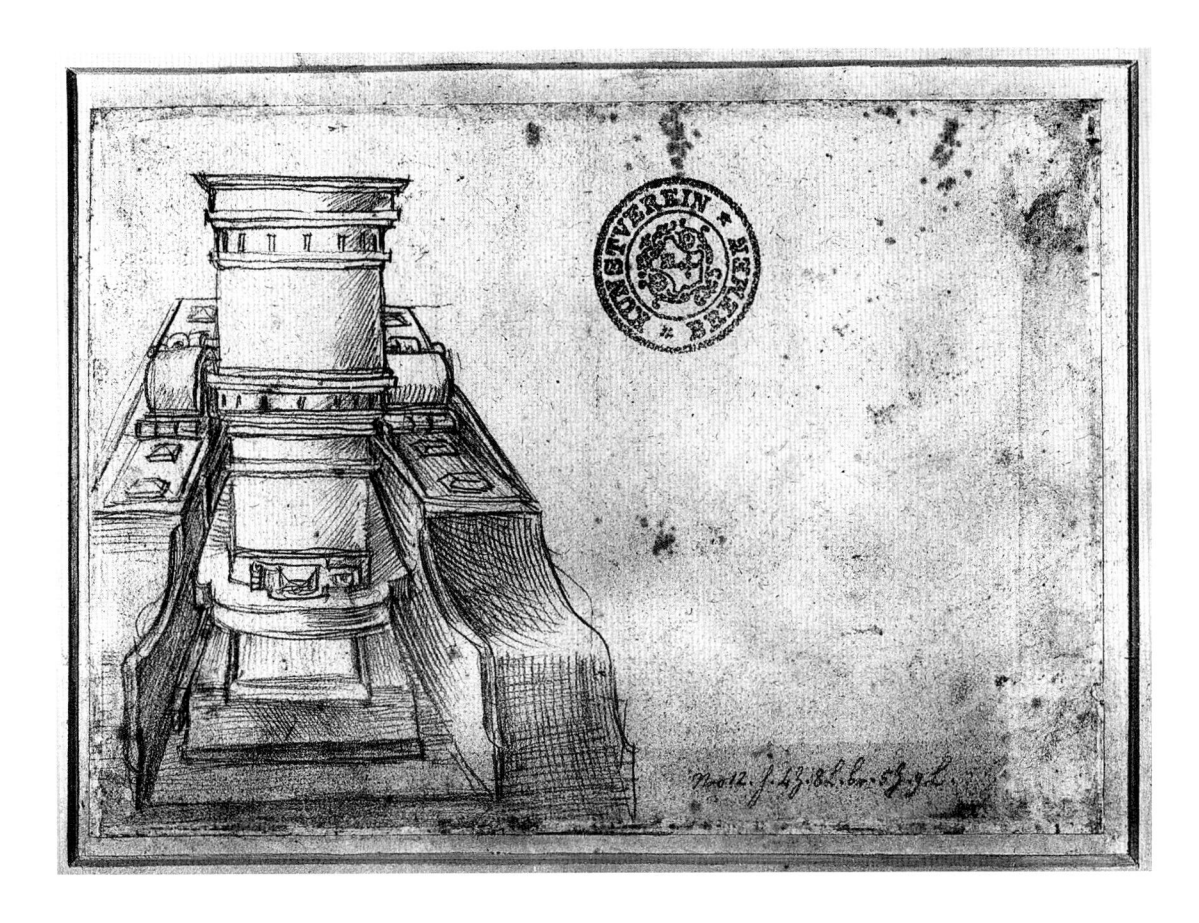

Abb. 11 **Ein Mörser**. *Silberstiftzeichnung, 1520/21. Bremen, Kunsthalle. Die Rundfriese mit Rechteckmotiven sind auch, wie auf der Kanone von Abb. 8./9, auf diesem Geschütz erkennbar, das höchstwahrscheinlich von Dürer nicht bei Hans Popenreuter in Mecheln, wie angenommen, sondern nach einem Originalrohr Pegnitzers gezeichnet wurde.*

Siegessäule veränderte der Künstler den Mörser nur geringfügig, indem er das schmale glatte Feld hinter der Mündungsfläche wegließ und das Querprofil hinter dem Rundfries in Höhe der Schildzapfen näher an den Fries heransetzte. Die Schleife (Lafette) mit den tief geschweiften Seitenwänden, in der der Mörser ruht, wandelte Dürer in ein Trägergestell mit vorn senkrecht verlaufenden Stirnwänden um.

Gegenüber der ersten Entwurfszeichnung stimmen bei der Silberstiftzeichnung und dem Holzschnitt der Siegessäule Konstruktion und äußere Gestaltung der Geschützrohre mit zeitgenössischen Formen überein und können mit hoher Sicherheit Vorbildern der Nürnberger Geschützwerkstatt Endres Pegnitzers d.Ä. nachempfunden sein. Ob Dürers „Vnderweysung der messung..." Einfluß auf die Formgestaltung von Bronzegeschützrohren der Gießhütte Pegnitzers hatte oder der Künstler dem Stückgießer Vorlagen für den Guß lieferte, läßt sich schwerlich nachweisen. Die Formgebung der Rohre durch Pegnitzer war gegenüber dem anderen zeitgenössischen berühmten Nürnberger Gießer, Peter Mulich, von dem neuen Bemühen der Renaissancekünstler nach harmonischen Proportionen auch bei materiellen Gegenständen geprägt. Weil Albrecht Dürer die äußere Form der Geschützrohre, wie bei Gegenständen überhaupt, nach bestimmten Maßverhältnissen festlegte, derartige Rohre bereits in der Werkstatt von Endres Pegnitzer vorfand oder mit diesem Stückgießer gemeinsam festlegte, konnte er eine aus vielen Elementen zusammengestellte harmonisch wirkende Siegessäule entwerfen. „Für Dürer war die ästhetische Wirkung gewisser Zahl- und Größenverhältnisse so sehr Dogma, daß er fest überzeugt war, dieselben üben die von ihm beabsichtigte Wirkung aus, ganz abgesehen davon, in welcher konkreten Gestalt und Form sie in Erscheinung treten" (H. Staigmüller).[52]

Dürers Festungsgeschütz eine hervorragende Konstruktion

In seiner Schrift „Etliche vnderricht zu befestigung der Stett Schlosz vnd flecken", Nürnberg 1527, bildet Albrecht Dürer am Schluß Konstruktionszeichnungen eines schweren Geschützes, vermutlich einer Halben Kartaune, ab.[53] Ein Bronzerohr ruht in zwei Lafettenwänden ohne Räder, ein Rad und die Lafettenwände mit Achse sind in einer Aufsicht dargestellt.[54] Der Künstler erläutert in seiner Abhandlung ausführlich zahlreiche Details der Befestigungsanlagen, darunter Geschützstände für hunderte von Kanonen. Zwar nennt er auch die verschiedenen Geschütztypen, bildet aber im Schlußteil seiner Arbeit mit einem Holzschnitt nur eine Kanone für die Verteidigung einer Befestigung ab.[55]

Daraus allein kann schon der Schluß gezogen werden, daß es sich um eine besondere Konstruktion handelt. Das geht aus den ausführlichen auf-

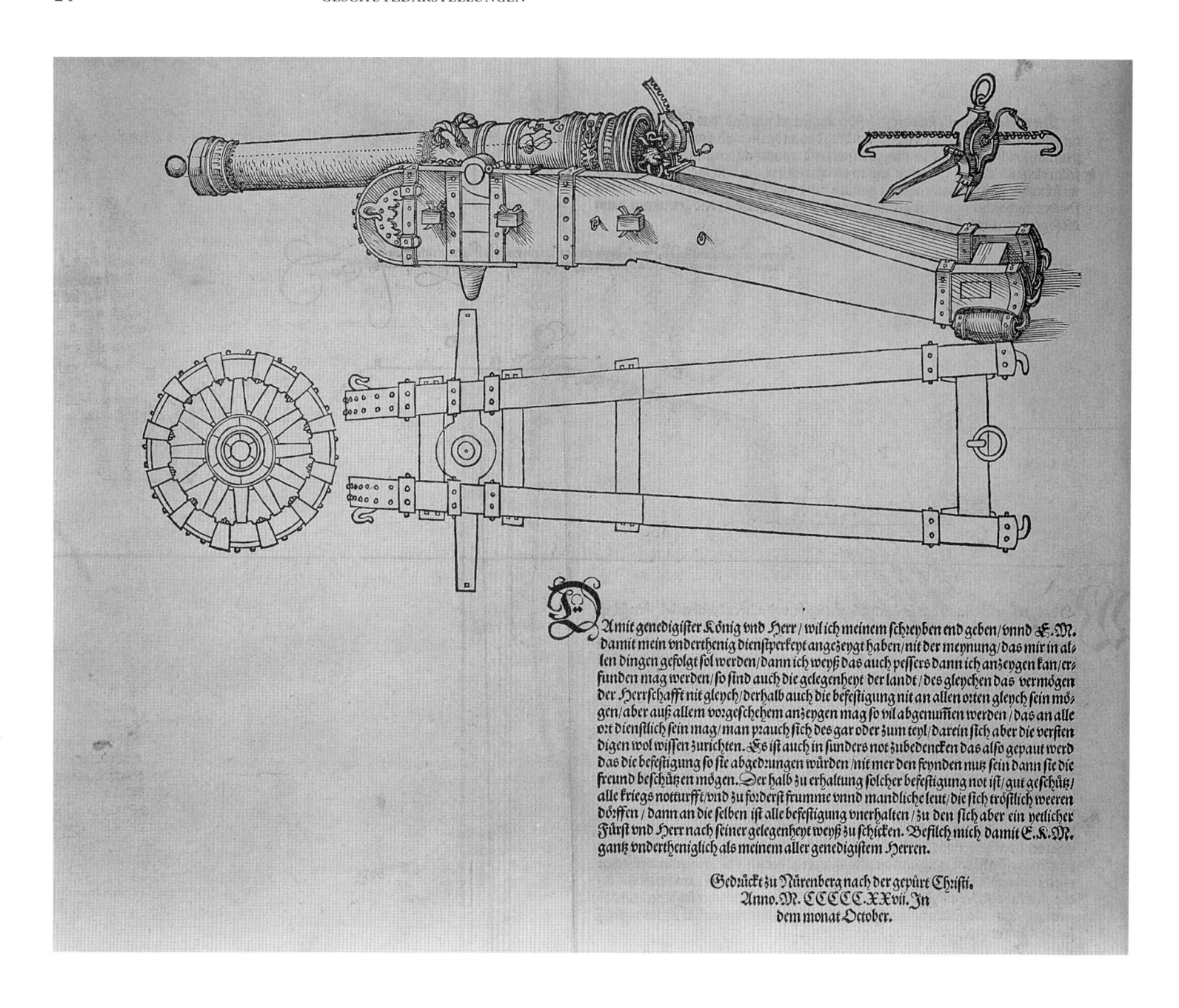

Abb. 12 Kartaune als Festungsgeschütz in Wandlafette. *Konstruktion von Albrecht Dürer. Holzschnitt aus seinem Buch „Etliche vnderricht zu befestigung…", Nürnberg 1527. Berlin, Deutsches Historisches Museum.*
Wie Leonardo da Vinci zeigte auch Albrecht Dürer großes Interesse für das Kriegswesen. Er konstruierte ein Geschütz mit neuartiger Drehvorrichtung, um die Seitenrichtung zu verändern, ohne daß die Räder sich bewegten. Aus Armbrustwinden entwickelte er Winden, um die Höhen- und Seitenrichtung genauestens einstellen zu können.

schlußreichen Erläuterungen Dürers zur Kanone eindeutig hervor:

„Wo das groß geschoß auff den schutten[56] gelegert wirdt, vnd alweg daselben beleyben sol, ist nit not das dem selben so höhe reder gemacht als denen so vber land geführt werden. Nidere reder an den püchsen auf der schüt, sind meines bedunckes fortelhafftiger weder die hohen, dann die püchsen sind dest leychtlicher zuladen, vn(d) lauffen auch von dem herten stoß nit so weyt hindersich, dann der vberschlag der reder treybet die wag nit so gwaltig in nideren als in den hohen, doch mach ein yetlicher das jm am nützten vnd gefellig sey."

Der Text zu dem Geschütz steht auf Bl. F 2 hinter einem Holzschnitt mit einer schematischen Darstellung der Abfolge der einzelnen Abschnitte des Verteidigungsgürtels einer Stadt: A. Turm und Mauer, B. Graben und Brücke, C. Absatz der „schüt", D. Flacher Erdabschnitt, die „schüt", E. Gemauerte Grabenwand (Escarpe) und gemauerte Brustwehr, F. Graben, G. Streichwehr im Graben. Das Geschütz, das Dürer beschreibt, sollte auf der „schüt" postiert werden. Im vorhergehenden Text steht dazu folgender Satz: „Die schüt so gegen der stat hinder dem prust meuerlein nicht auff gemauert werden…" Das im Holzschnitt dargestellte Geschütz stand also nicht auf steinernem Untergrund, sondern auf einem aufgeschütteten Boden. Das ist für die Beurteilung einzelner Konstruktionsdetails der Kanone wichtig.

In dem oben zitierten Abschnitt schlägt Dürer also für die Befestigungen kleinere Lafettenräder als für Feldgeschütze vor, weil dadurch die Rohrmündung tiefer zu liegen kommt und somit das Laden erleichtert wird. Auch wird das Geschütz durch den harten Rückstoß bei kleineren Rädern nicht so weit zurückgetrieben. Dürer überläßt es jedoch den Verantwortlichen sich dafür oder dagegen zu entscheiden. Weiter heißt es im „vnderricht„: „Mein Meynung ist auch das ein winden die darzu gemacht sey, neben die püchsen hinden auff die laden gesetzt werde, die man weg thue wenn man will, damit die püchsen auff das genauest vnd leychtest gericht werden, vnnd die schüß gewiß geschehen mögen..." Diese Zahnstangenwinde sollte also die Höhenrichtung des Rohres einstellen helfen. Sie hatte etwa die Form von Winden zum Spannen von Armbrüsten, jedoch keine gerade, sondern eine gebogene Zahnstange.[57] Bei schweren Geschützen wurde die Höhe meistens durch Keile eingestellt, die ein Stückknecht zwischen Bodenstück des Rohres und einem darunter liegenden Querriegel, der mit anderen Riegeln zusammen die Lafettenwände miteinander verband, eintrieb. Die Zahnstangenwinde ließ eine feinere Einstellung zu und schloß eine Beschädigung von Rohr und Querriegel durch Keile aus. Ein Haken am Boden des Gehäuses der Winde verband diese mit einer Öse am Stoßboden des Geschützes oberhalb des plastischen Löwenkopfes mit Ring im Maul. Der Büchsenmeister konnte die Zahnstangenwinde also an- und abmontieren. Mit einer Kurbel ließ sich die Zahnstange nach oben und unten bewegen und dadurch wurde die Mündungshöhe, die die Reichweite des Geschosses mitbestimmte, verändert. Ob die an einer Lafettenwand aufgesetzte Winde mit einem seitlichen Arm der Zahnstange unterhalb des Stoßbodens zusätzlich zur Arretierung am Stoßboden ansetzte, ist nicht erkennbar.

Nachdem Dürer die Einstellung der Höhenrichtung erläutert hat, beschreibt er ausführlich, wie die Seitenrichtung des Geschützes leichter eingestellt werden kann: „...des gleychen sol die laden hinden auff der erden auff yetlicher seyten der zweyer höltzer, ein ablange waltzen haben, auff das sie bald zu bewegen sey, auff welche seyten man will. Darzu werde auch ein winden gepraucht die sunderlich darzu gemacht sey auff das die püchsen leychtlich vnd gantz gewiß auff welche seyten man will, gezogen mög werden, vnd auf das die laden mit der püchsen leychtlich zu bewegen sey, sol sie do sie auff der axt ligt auff das sterckest vber zwerch mit eysen beschlagen werden, vnd vnden in der mitt einen runden eyßnen starcken zapffen haben, nach dem die püchs schwer ist, darzu sol die axt geschmidt werden mit einem runden loch, das vnden nit gar durch gee, darein der zapff gerecht sey, vnd bede teyl wol abgetrehet, also das sie gern in einander vmbgeend, welcher solchs recht in das werck pringt, wurdet seinen nutz wol finden. Soliche mein meynung hab ich im auffreißen ein wenig angezeygt."

Dieser Abschnitt läßt erkennen, welche vorzüglichen technischen Kenntnisse Albrecht Dürer sich in der Zeit der Beschäftigung mit der Befestigungskunst angeeignet hatte und wie vertraut er mit waffentechnischen Einzelheiten war. Um die Seitenrichtung einzustellen, mußte allgemein die Lafette mit dem Rohr je nach Richtungswunsch insgesamt eingeschwenkt werden. Bei großen Geschützen war das nicht leicht, geschah mit der Kraft mehrerer Männer, die auch Hebestangen und Zugseile ansetzten. Dürer wollte diese Arbeit einmal durch zwei unten seitlich am Lafettenschwanz angebrachte walzenartige Rollen erleichtern. Eine speziell für den Zweck gefertigte Winde sollte außerdem die Richtung verändern helfen. Bei dieser Winde verläuft die Zahnstange nicht senkrecht, sondern waagerecht durch das Gehäuse und sie ist an den Enden zu zwei Klauen umgebogen. In sie wurden Zugseile eingelegt. Zwei dornartige Füße und eine spitzauslaufende längere Stange an der großen Winde, ins Erdreich gestoßen, dienten als Widerlager. Hinten in den Schmalflächen der Lafettenwände steckt je ein nach den Außenseiten gebogener Haken, in den das Seil eingelegt wurde.

Albrecht Dürer hatte 1527 in einer Skizze, in Anlehnung an Armbrustwinden, vier Winden zum Richten von Geschützen entworfen.[58] Die Winde links im Bild mit je einer Klaue an den Enden der Zahnstange stimmt mit der für die Seitenrichtung vorgeschlagenen in dem Holzschnitt des Werkes „Etliche vnderricht..." überein. Auch die beiden rechts im Bild übereinander angeordneten Exemplare mit je einer Klaue, bei denen die Kurbel unmittelbar an einem Ende des Gewindes angebracht ist, waren Entwürfe zum Zug für die Einstellung der Seitenrichtung, das lassen die spitzen Windenfüße an der

Abb. 13 **Profilzeichnung des Verteidigungsgürtels einer Stadt**. *Holzschnitt aus Dürers Buch „Etliche vnderricht zu befestigung...", Nürnberg 1527. Auf der „schüt" D – aufgeschütteter Erdwall – sollten die von Dürer konstruierten Geschütze stehen.*

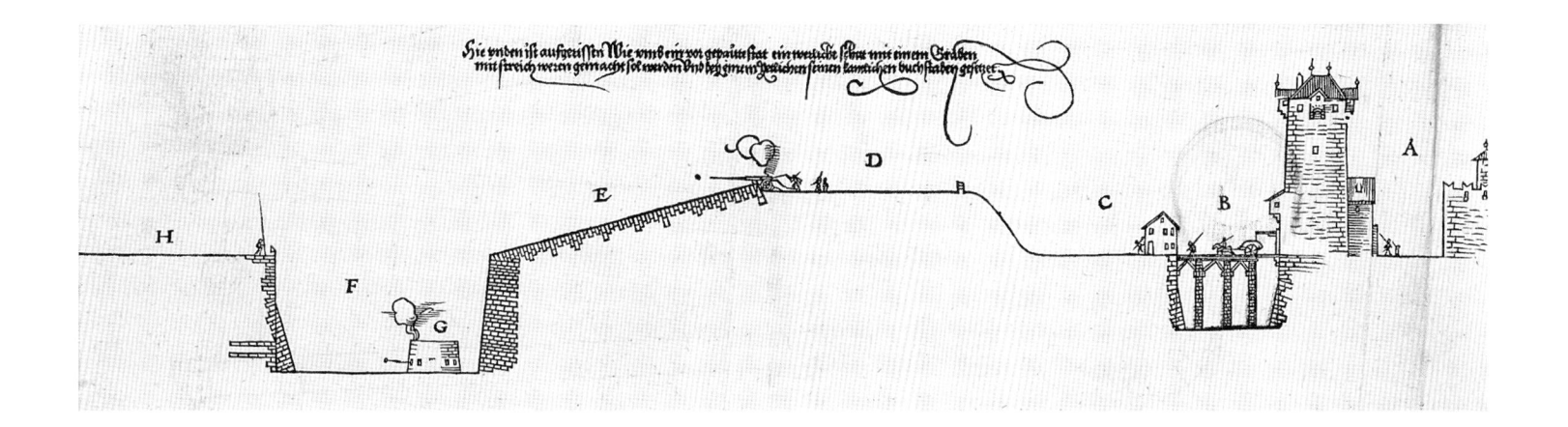

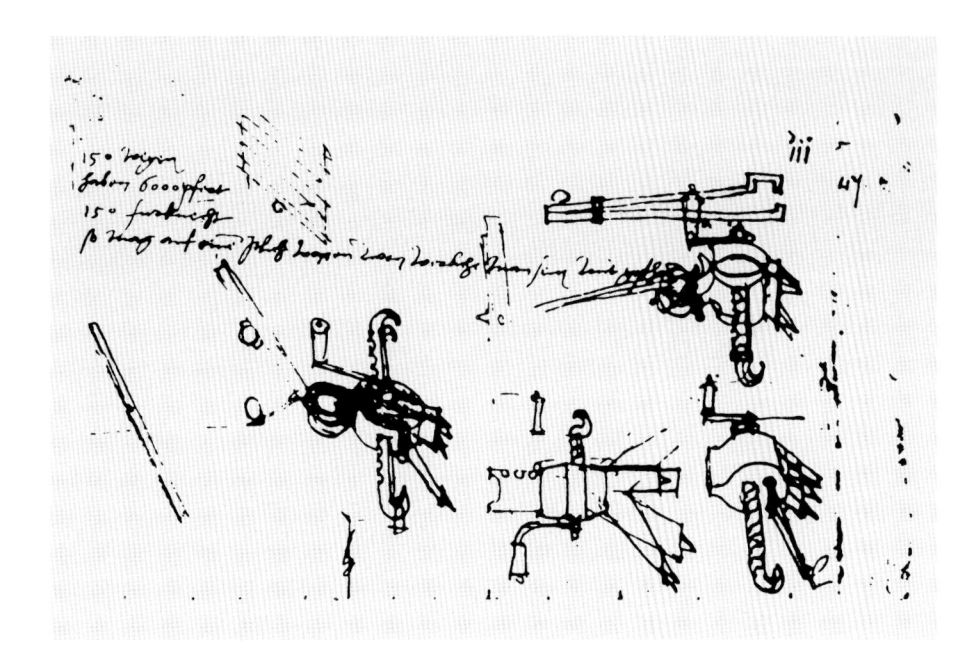

Abb. 14 **Entwurfsskizzen für Geschützwinden** *zu Dürers Festungsgeschütz, 1527. London, The British Library, Department of Manuscripts.*
Die vier Winden lassen erkennen, daß Dürer mehrere Versuche unternahm, um geeignete Geschützwinden zu konstruieren.

Abb. 15 **Entwurfszeichnung eines Geschützes.** *Dresdener Skizzenbuch von Albrecht Dürer. Dresden, Sächsische Landesbibliothek.*
Dürer schlug vor, für Festungsgeschütze kleinere Räder als für Feldgeschütze zu verwenden, da sie dann leichter zu laden seien und durch den Rückstoß nicht so weit zurückgetrieben werden. In der Entwurfsskizze zeichnete er das kleinere in das größere Rad hinein. Die Achse für die Drehvorrichtung ist bereits in der Skizze enthalten.

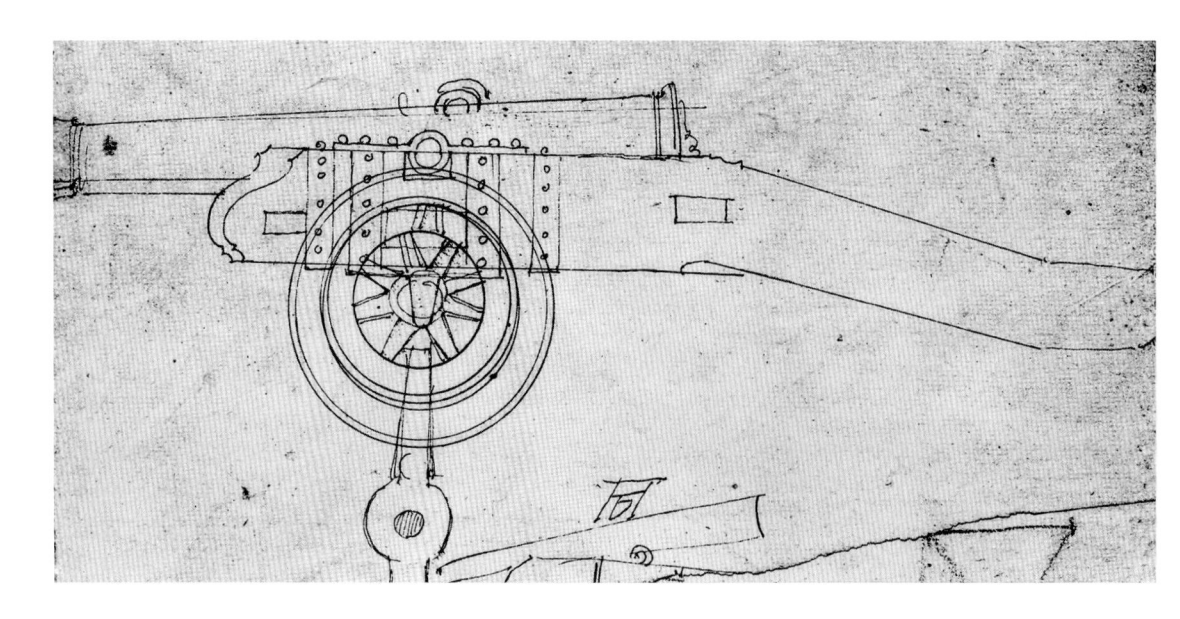

rechten Seite erkennen. Die mittlere Zeichnung ist hingegen ein Entwurf für eine Winde, mit der die Höhenrichtung eingestellt werden sollte. Die Aushöhlung an der Stirnfläche der ungewöhnlich breiten Zahnstange war geeignet, unter die Handhabe am Stoßboden eines Geschützes gesetzt zu werden und durch Drehen der Kurbel das Rohr anzuheben oder zu senken. Der Haken an der Seite sollte zur Verankerung an der Lafettenwand, das Dreibein mit Endspitzen zum Aufstellen auf den Richtriegel zwischen den Lafettenwänden dienen. Bei der endgültigen Ausführung auf dem Holzschnitt sitzt die Zahnstange jedoch nicht unter einer Handhabe am Stoßboden, sondern ein Haken am Zahnstangengehäuse greift in einen Ring am Stoßboden.

Damit die Lafettenwände mit dem Rohr („laden mit der püchsen") noch leichter bewegt werden können, sollen die Räder sich nicht mitdrehen, sondern auf der Stelle stehen bleiben können. Die Lafette wird unten am Drehpunkt in der ganzen Breite mit Eisen beschlagen, damit sie auf der Achse leichter unbeschädigt bewegt werden kann. In der Mitte erhält die Platte einen gerundeten kegelförmigen Zapfen, der paßgerecht in eine geschmiedete Aushöhlung der Achse hineinragt. Das war ohne Zweifel eine hervorragende Idee nicht nur zur leichteren Handhabung beim Seitenrichten, sondern auch zur Schonung der Räder, die durch das schwere Gewicht des Geschützes oft in das Erdreich gedrückt wurden und dadurch das seitliche Richten nur mit großer körperlicher Anstrengung der Stückknechte möglich war. Die stehenbleibenden Räder ermöglichten zwar beim Schwenken der Lafettenwände mit dem Rohr den Schußwinkel der Seitenrichtung nur gering zu verändern, aber je weiter das Ziel entfernt war, umso größer wurde das Gelände, in dem Ziele mit dem Geschoß getroffen werden konnten. Für einen wirkungsvollen Beschuß der Belagerer mußten die Anzahl der Geschütze auf der „schüt" insgesamt und ihr Schußfeld abgestimmt werden.

Im letzten Satz betont Dürer, daß er nach seiner „meynung" (Vorstellung) den Aufriß von dem Geschütz angefertigt hat. Die oben erwähnten Argumente und dieser Satz lassen den Schluß zu, daß Albrecht Dürer diese Neuerungen für Festungsgeschütze selbst entwickelte. Für seine Konstruktion verwendete er die neu eingeführte Wandlafette; auf sie übertrug er seine Vorschläge. Die kräftige Radkonstruktion mit starken Eisenbeschlägen, alle Lafettenbeschläge, die Zughaken vorn seitlich an den Lafettenwänden sowie der Ring auf dem Schwanzriegel in der Zeichnung bestätigen die genauen Kenntnisse Dürers im Geschützwesen. Wie bei dem Siegesdenkmal in der „Underweysung der messung..." kann als Vorbild für das Geschützrohr mit den Winden auch ein Original aus der Werkstatt Endres Pegnitzers d.Ä. angenommen werden. Hierfür sprechen die strickförmig gedrehten Henkel, die schräggestellten Wappenschilde mit fliegenden Bändern darüber, sowie die Rundfriese am Mündungskopf und Bodengesims, die zwar flüchtig gezeichnet sind, aber doch ein Band mit hochstehenden Rechtecken andeuten sollen.

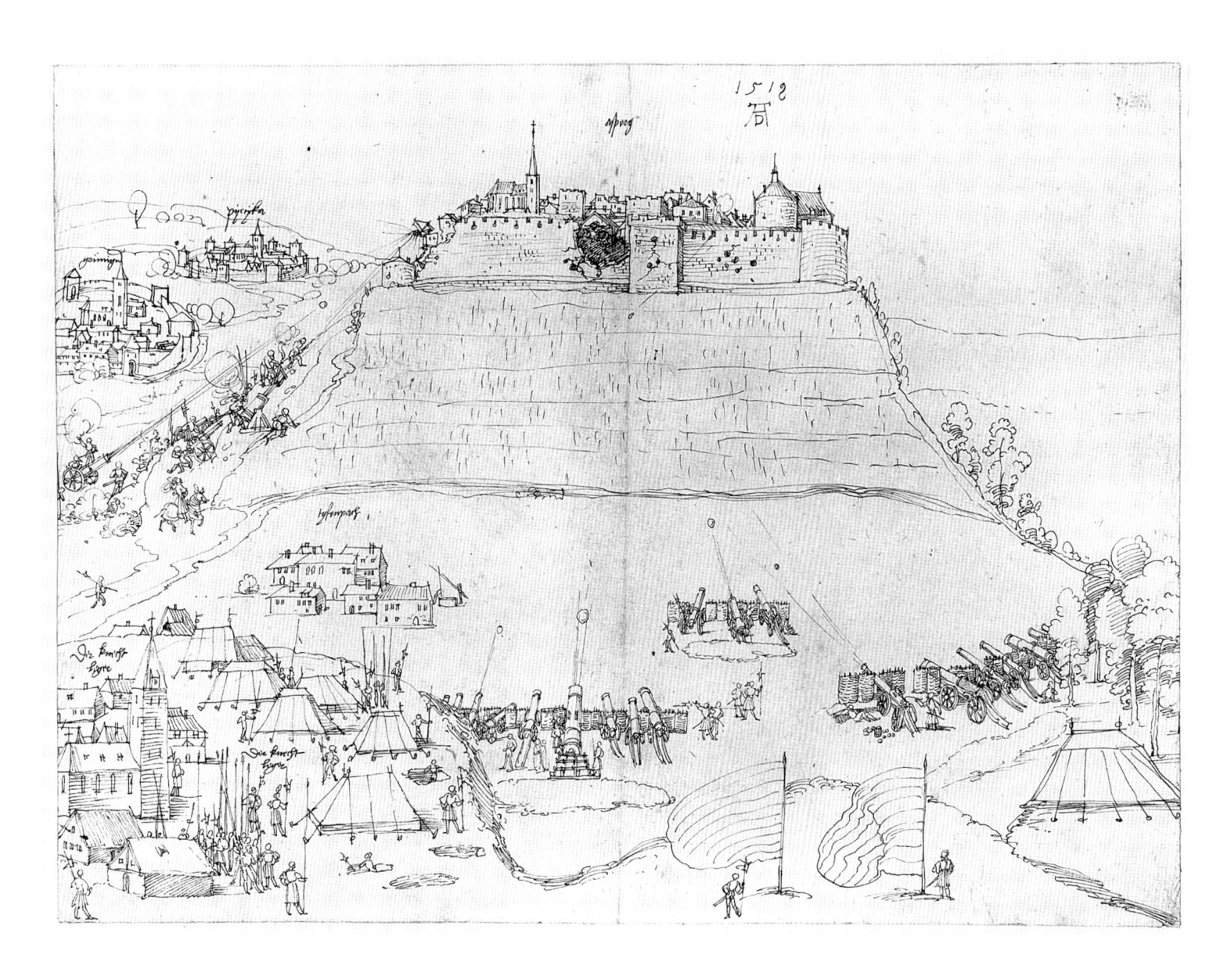

Ob die Vorschläge Dürers zum leichteren Richten der Geschütze in der Nürnberger oder in anderen Festungsartillerien insgesamt Nachahmung fanden, ist dem Verfasser nicht bekannt. Auf einem Holzschnitt mit dem Monogramm „NM" (ligiert; Niclas Meldemann?), um 1535, sind zwei Stückknechte dabei, Kartaunen mit Pulver bzw. einer Kugel zu laden.[59] Am Lafettenschwanz beider Geschütze sind die von Dürer vorgegebenen walzenartigen Rollen angebracht. Es läßt sich nicht feststellen, ob auch die Achse eine Drehvorrichtung besitzt. Richtgeräte sind nicht abgebildet.

Eine Zeichnung Dürers von einem Geschütz im Dresdener Skizzenbuch beweist weiterhin, daß die Geschützkonstruktion als eine persönliche Entwicklung des Künstlers zu werten ist.[60] Er zeichnete nämlich bei der Lafette ein kleineres in ein größeres Rad hinein: das größere für ein Feld-, das kleinere für ein Festungsgeschütz, wie er es in seinem oben angeführten Text vermerkte. Statt der Buchse für die Achse hat Dürer an dieser Stelle den konischen Drehzapfen zwischen den Radspeichen eingefügt. Daß er zum Zeitpunkt, als er diese Zeichnung anfertigte, bereits diese Drehkonstruktion gedanklich erarbeitet hatte, beweist auch die senkrecht stehende, in der Mitte erweiterte Achse mit dem Loch für den Zapfen. Robert Bruck bezeichnet in der Erklärung zu der Zeichnung des Skizzenbuches das Geschütz als „eine Kanone mit einer Hebevorrichtung zum leichteren Richten des Rohres..." Das ist nicht richtig gedeutet. Die neben dieser senkrecht stehenden Achse sehr flüchtig gezeichnete unregelmäßige lange Linie deutet meines Erachtens die genannte „schüt" an, auf der das Geschütz stehen sollte. Das nach unten gerichtete schemenhaft gezeichnete kleine Rohr hat zwar zu tief angeordnete Schildzapfen und der Stoßboden ist nicht konvex, sondern konkav gezeichnet, trotzdem kann

*Abb. 16 **Belagerung von Hohenasperg**, 1519. Federzeichnung. Berlin, Staatliche Museen Preußischer Kulturbesitz Kupferstichkabinett.*
Dürer war kurze Zeit auf der Rückreise von Zürich nach Nürnberg Augenzeuge der Belagerung. Nur einen Teil der Zeichnung führte er vor Ort aus. Es bleibt zweifelhaft, ob er später selbst die völlig untüchtigen Geschütze mit vier Rädern, zum Teil Kugeln verschießend, nachgetragen hat.

es nicht als Hebelarm gedeutet werden. Auch der Löwenkopf am Stoßboden ist als Verzierung erkennbar. Er füllt hier noch den ganzen Stoßboden aus, während er in der endgültigen Ausführung auf dem Holzschnitt verkleinert wurde.

Es kann geschlußfolgert werden, daß zum Zeitpunkt der Entstehung der Zeichnung im Skizzenbuch Dürer noch keine Vorstellung über das Richten mit Zahnstangenwinden und Rollen am Lafettenschwanz hatte, da es hierzu keine Einzeichnungen gibt.

Nach der Würdigung der militärtechnischen Kenntnisse des Künstlers fällt es vom waffengeschichtlichen Gesichtspunkt aus gesehen schwer, die zahlreichen Geschütze auf der Federzeichnung „Belagerung des Hohenasperg" (W. 626) als von Dürers Hand skizziert, anzuerkennen.[61] Auf der Rückreise von einem Besuch in Zürich war Dürer 1519, gemeinsam mit Willibald Pirckheimer und Martin Tucher, Zeuge einer Belagerung der württembergischen Landesfestung Schloß Hohenasperg bei Ludwigsburg durch das Bundesheer unter Führung von Georg von Frundsberg geworden. Während die Festung Herzog Ulrichs von Württemberg, in der eine große Bresche erkennbar ist, sorgfältig gezeichnet ist, sind der hohe Berg und das Umfeld mit den Belagerern sehr flüchtig skizziert. Es ist deshalb geschlußfolgert worden, daß Dürer vieles in der Zeichnung später aus der Erinnerung hinzufügte. Hier sollen nur die Geschützstellungen erörtert werden. Die meisten Geschütze stehen zum Schutz gegen Beschuß aus der Festung hinter Schanzkörben, einige mit den Rädern unrichtig auch vor den Körben. Das Ungewöhnliche besteht darin, daß alle, bis auf ein sogenanntes Legstück, das auf der Erde ruht, mit vier Rädern ausgestattet sind. Dabei handelt es sich nicht um Räder einer Protze oder um Räder, die am Lafettenschwanz zum Transport befestigt wurden. Es sind vielmehr Lafetten mit vier Rädern, bei denen der Lafettenschwanz hinten herausragt. Eine meines Wissens nicht vorkommende Form für Feld- oder Belagerungsgeschütze. Lediglich bei vierrädrigen Wagen oder Karren waren kleinere Geschütze, jedoch in völlig anderer Weise, montiert. Vierrädrige Geschütze wären durch die Pulverexplosion besonders weit zurückgeworfen worden und oft genug umgestürzt. Geschütze, aus denen Kugeln abgefeuert wurden, stehen in der Zeichnung unverändert hinter den Schanzkörben. Wie stark der Rückstoß sein konnte, läßt das große Legstück mit einem Rückstoßlager erkennen. Hinter dem Rohr sind Holzpfähle in den Boden getrieben und zwischen ihnen in mehreren Reihen Querbalken zum Abfangen des Rückstosses gelegt. Die Montage von vier Rädern an den Geschützen und weitere zeichnerische Unzulänglichkeiten, wie die seltsam geformten Fahnen, lassen vermuten, daß verschiedene Ergänzungen in dem Werk nicht von Dürer ausgeführt wurden.

Anmerkungen

1 Siehe Konkordanz der Werkverzeichnisse Dürers im Anhang.
2 F. Winkler, 1957, S. 258.
3 Siehe R. Lusar, S. 40–42; V. Schmidtchen, 1977, S. 55–57; R. Wirtgen, S. 1504–1507.
4 Siehe H. L. Blackmore, S. 172, Abb. Taf. 3; A. Deroko, Taf. 19, 20, 22–24.
5 Zur Datierung siehe A. Bechtold, S. 113 (er nennt 1450–80); J. K.W. Willers, 1976, S. 72 (nennt 1480); Z. Stefánska, S. 359–366 (nennt im Vergleich mit dem Geschütz auf einem Warschauer Gemälde als Zeit 1505–1510.
6 Siehe J. K.W. Willers, 1976, S. 73.
7 Ebenda, S. 73.
8 Siehe S. 24 im folgenden Text.
9 Dieser Fehler ist nicht nur in Dürers Eisenradierung festzustellen, auch in zeitgenössischen Bilderhandschriften sind Räder mit 7, 9 und 11 Speichen gezeichnet, beispielsweise in den Codices 222 und 599 der Staatsbibliothek München und in den Zeugbüchern Kaiser Maximilians I. Siehe Quellen zur Geschichte der Feuerwaffen, Taf. 55, 72/73, 77, 90 und 91.
10 Siehe S. 24.
11 J. K. W. Willers, 1976, S. 73: „Seit 1512 wurde nämlich die Nürnberger Artillerie reformiert, wobei alte Geschütze teils umgegossen, teils mit neuen Lafetten versehen, also in ihrer alten Form zerstört wurden." Ein ehemaliges Schießgestell für die Kanone auf der Eisenradierung könnte zu dem Zeitpunkt vernichtet worden sein.
12 Eine notwendige Umlagerung des Geschützes ohne Räder hätte im Zeughaus auch mit fahrbarem Flaschenzug oder auf Rollen erfolgen können.
13 Titel der Veröffentlichung: Büchsenmeysterei. Von Gschoß/Büchsen/Puluer/Salpeter vnd Feurwerck. Wie mann solichs eigentlich zürichten sol. Was dabei einem Büchsenmeyster vnd Schützen zuwissen nötig. Inhalt eins beigelegten Registers darüber. Zu Straßburg bei Christian Egenolphen. Siehe W. Hassenstein, 1941, S. 90.
14 Zum Künstler siehe: Die Monogrammisten von G.K. Nagler, Bd. 4, S. 553, Nr. 1775 und 1776. Zu Christian Egenolph siehe Nagler, Bd. 1, S. 1028, Nr. 2481; Thieme/Becker, Bd. 10, Leipzig 1914, S. 369.
15 Auf dem Titelholzschnitt ist nur die hintere Hälfte des Geschützes abgebildet. Als Übereinstimmungen mit der Kanone auf der Eisenradierung seien hervorgehoben: Gleichartiger Lafettenblock mit Wulsten und Kehlungen, rechteckiger Block hinter dem Stoßboden, daran flache Handhabe mit Ring, anschließender eckiger Metallbeschlag, hochliegende Schildzapfen, Richthörner, Hebezapfen in Form von Tierköpfen, jedoch mit aufgerissenem Rachen. Es fehlen auf dem Titelholzschnitt: das Nürnberger Wappen und das Protzenloch sowie ein Achsenlager. Eine Nachahmung der Kanone auf der Eisenradierung Dürers ist das Geschütz, das in den Beiträgen zur Geschichte, der Handfeuerwaffen, Taf. 4, Abb. 29 zwischen S. 80/81, von O. Baarmann abgebildet wird.
16 A. Bechtold, S. 113. Er hält den Block hinter dem Stoßboden des Rohres für einen Werkzeugkasten. Hierfür wäre aber keine so kräftige Handhabe mit Ring erforderlich gewesen; es sind auf der Eisenradierung und auf dem Titelholzschnitt auch keine Scharniere und kein Verschluß zu erkennen.
17 Das Interesse Albrecht Dürers am Geschützwesen bestätigen auch seine Besuche auf drei Schießplätzen in Antwerpen und des Geschützgießers Hans Popenreuter in Mecheln während seiner Reisen in die Niederlande und seine „Siegessäule", siehe S. 19 u. 22 im folgenden Text.
18 Siehe B. Rathgen, S. 259. In der Artillerie Kaiser Maximilians I. gab es um 1500 ebenfalls Notbüchsen, die auf Bockgestellen ruhten. Siehe auch Codex icon. 222 der

19 Abb. siehe Hausbuch, S. 49b; H. W. Prinzler, S. 115.
20 Siehe Z. Stefańska.
21 Ebenda.
22 Siehe Z. Stefańska; Jan Białostocki, S. 276–281. Für die Übersendung einer Kopie der Arbeit von Z. Stefańska habe ich Herrn Direktor Zbigniew Swiecicki vom Muzeum Wojska Polskiego in Warschau, für die Übersetzung beider Arbeiten Herrn Rechtsanwalt Heinz Korbe, Berlin, zu danken. Farbige Abb. siehe auch H. Müller, 1979, S. 57.
23 Für die Zeitbestimmung des Warschauer Gemäldes wird von Z. Stefańska eine Quelle aus dem Jahre 1515 über das Vorhandensein eines Gemäldes zur Schlacht bei Orsza in einem Franziskanerkloster herangezogen, das mit dem erhaltenen Bild identisch und somit vor 1518 entstanden sein könnte. J. Białostocki geht bei der Datierung davon aus, daß die Eisenradierung das Vorbild für den Maler war und das Gemälde um 1520 entstanden sein kann.
24 J. Białostocki vermerkt, daß auch berühmte Maler Details kopiert haben und bescheinigt dem Künstler des Warschauer Gemäldes, daß er mit Talent viele Einzelheiten der Bewaffnung erfaßt hat.
25 Die Massenszenen auf dem Gemälde mit den Typen der Waffen, Rüstungsteile usw. wurden in einer umfangreichen Studie mit dem Titel: The Battle of Orsha von Z. Zygulski, Jr., wissenschaftlich untersucht.
26 Hingewiesen sei auch auf die kräftigen eisernen Radbeschläge mit den Laschen an den Innenseiten der Felgen zum Vernieten der Bänder. Auf der Eisenradierung sind sie hingegen schmal und an der Innenseite flach.
27 J. K. W. Willers, 1976 S. 74, weist darauf hin, daß beispielsweise der Nürnberger Geschützgießer und Festungsbaumeister Matern Harder (gest. 1525) Verbindungen zum König von Polen hatte.
28 Der vierte Mann in der Gruppe trägt eine Streitaxt, die in dieser mitteleuropäischen Form um 1518 nicht zur Bewaffnung der türkischen Fußtruppen gehörte. Für Auskünfte über türkische Bewaffnung und Bekleidung danke ich Herrn Dipl.phil. Holger Schuckelt, Dresden. Da sich die Kleidung von türkischen und ungarischen Kriegern sehr ähnelte, könnte der Bogenschütze nach H. Schuckelt auch als Janitschare gedeutet werden. Die Janitscharen trugen jedoch eine andere Kopfbedeckung.
29 J. Białostocki, S. 281, siehe dazu E. Panowsky, 1942, S. 8–18.
30 Bereits durch E. Heyk, S. 91. Andererseits wird die Gruppe auch in jüngster Zeit noch als türkische bezeichnet, wie beispielsweise im Katalog „Im Lichte des Halbmonds", S. 77. W. Waetzoldt, 1936, S. 325, meint, daß der Anführer wohl ein gefangener Türke sei; F. Anzelewsky, 1980, S. 188, meint, daß sich „durch das Kostüm verschiedene Völkergruppen unterscheiden" lassen.
31 J. Kalmár, S. 136. Für die Übersetzung des ungarischen Textes danke ich Frau Dr. Kati Rákózi, Budapest. Den Hinweis auf die Kumanen verdanke ich Herrn Prof. Dr. Fedja Anzelewsky.
32 Siehe W. 697 und auch den Holzschnitt von Hans Schäufelein im Theuerdank (Oldenbourg 598) – den Hinweis darauf verdanke ich Frau Renate Kroll, Berlin.
33 Hinweis und Abb. bei J. Kalmár, S. 321. Auch ein ungarischer Reiter im „Weisskunig" trägt den Hut mit dicker Randwulst.
34 Siehe M. Geisberg/W.L. Strauss, 1974. Einen ähnlichen zugespitzten Hut mit umschlungenem Band trägt auf der Federzeichnung „Reiter mit Landsknecht" (W. 50) von Albrecht Dürer auch der Reiter. Das Gewand des ersten Mannes in der Gruppe auf der Eisenradierung ist ein Rückgriff auf den mittleren Mann von Dürers Federzeichnung „Drei Orientalen" (siehe W. 78), Kopie nach einer Zeichnung von Gentile Bellini. Während die drei Dargestellten einen Turban tragen, hat Dürer auf der Eisenradierung dem Mann mit seinem Antlitz eine andere Kopfbedeckung zugeordnet, weil er keinen Türken darstellen wollte. Siehe auch „Orientale zu Pferd" (W. 79).
35 Siehe F. Winkler, 1957, S. 258. Abb. siehe P. Strieder, 1996, S. 8.
36 Siehe Vortrag Dr. Pappenheim, S. 17.
37 Siehe auch O. Mitius, S. 141. In der Landschaft liegt das Dorf Kirchehrenbach bei Forchheim, dahinter der Höhenzug der Ehrenburg.
38 Siehe K. A. Knappe, Bd. 1, S. 29.
39 Siehe W. Schneewind, S. 37ff, Abb. 3; H. Müller, 1968, S. 92–94, Abb. 83–86.
40 Zu Pirckheimers militärischen Aktivitäten siehe J.K.W. Willers, 1976.
41 Vollständiger Titel: Vnderweysung der messung mit dem zirckel und richtscheyt, in linien ebnen und gantzen corporen, durch Albrecht Dürer zusammen gezogen und zu Nutz allen Kunstliebhabenden mit zugehörigen Figuren in Truck gebracht im Jar MDXXV, Nürnberg bei Hieronymus Andreae. Holzschnitt 235 mm hoch; M. XXVI und P. 361. Strieder, 1996, S. 42, weist darauf hin, daß es sich bei dem Denkmalentwurf um „…eine moderne Form des (antiken) Tropaions, das aus erbeuteten Waffen an der Stelle der Schlacht aufgerichteten Siegeszeichen…" handelt. In seiner „Vnderweysung" nimmt Dürer bei Vorschlägen für Handwerker zur Konstruktion der Verdoppelung bei Würfeln auf den Geschützguß bezug: „…aus dieser kunst kan man puxen (Büchsen = Geschützrohre) und kloken (Glocken) giessen, die sich vergrössern und dupliren, wie man wil, vnd doch alweg jr gewicht behalten…" Das ist ein Beleg für sein Interesse am Bronzegeschütz- und Glockenguß.
42 Siehe H. Müller, 1968.
43 Ein kurzer Hinweis darauf bereits bei Erich Egg, S. 107, ohne die Einzelheiten der Übereinstimmung zu erläutern. Zum Stückgießer Pegnitzer siehe Quellen zur Geschichte der Feuerwaffen, S. 64/65, Tafel A CXVI–CXVII; Neuhaus, 1933, S. 128–161; H. Müller, 1968, S. 62/63. Zur Entwurfsskizze siehe H. Rupprich, Bd. 3, S. 344 und Tafel 73.
44 Zum Nürnberger und Berliner Rohr siehe A. Neuhaus ; H. Müller, 1968, S. 62/63; zu den Rohren in Rudolstadt C.A. Ossbahr, S. 59, Nr. 857–860; A. Neuhaus und H. Müller, S. 69 und 74.
45 Handschrift Herzog August Bibliothek, Bl. 11b, 16b, 26b, 54b und 55b. Zahlreiche Abb. aus dem Geschützbuch auch in Quellen zur Geschichte der Feuerwaffen, in E. Egg und H. Müller, 1968.
46 Geschützbuch Karls V., Bl. 55b, auch bei E. Egg, Abb. 56.
47 Pilzförmige Hebhaken bevorzugte beispielsweise der Stückgießer Martin Bete, der zahlreiche Bronzerohre für Landgraf Philipp von Hessen (1509–1567) goß, siehe Geschützbuch Karls V., Bl. 29a, 36a und 37b; Abb. auch in Quellen zur Geschichte der Feuerwaffen, Tafel CXVIII–CXIX und H. Müller, 1968, S. 133.
48 Siehe M. Mende, 2000, S. 404/05.
49 Silberstiftzeichnung „Frauenkopf mit aufgelöstem Haar und gekrönte weibliche Gestalt", W. 782.
50 Siehe H. Rupprich, Bd. 1, S. 173.
51 Siehe F. Winkler, erläuternder Text zu W. 783.
52 H. Staigmüller, S. 30/31. Zitiert nach: Albrecht Dürer 1471, München 1971, S. 350, Nr. 638.
53 Siehe M. Jähns, Bd. 1, S. 783f; W. Waetzoldt, 1916; A. v. Reitzenstein, 1971, S. 178–192; A. Dürer, Etliche Underricht…, Faksimileausgabe Dietikon-Zürich 1971, mit Kommentar von Alvin E. Jaeggli, er behandelt hier auch ausführlich „Dürers Interesse am Geschützwesen, S. 133–138; weitere Faksimileausgaben: Unterschneidheim 1969 und Richmond 1972; H. Schnitter, S. 445–453.
54 H. Neumann, 1994, S. 289, bezeichnet diese Aufsicht fälschlicherweise als „Grundriß des Elevations- und Protzwagens". 2. Aufl., Bonn 1994, S. 289.

55 Zu den Geschütztypen siehe Alvin E. Jaeggli, S. 133.
56 Groß geschoss = großes Geschütz. Schutten, Mehrzahl von Schütte = Erdwall mit oberer Plattform, danach folgt die vordere gepflasterte Abschrägung.
57 Albrecht Dürer hat das Spannen einer Armbrust mit Zahnstangenwinde auf dem Holzschnitt „Das Martyrium des hl. Sebastian", um 1495, dargestellt (M. 196, als Dürer-Schule bez.); siehe auch unter Armbrust, S. R. Cederström, S. 258, bildet eine Zahnstangenwinde zum Spannen der Armbrust ab, die umgearbeitet wurde und der Winde zur Einstellung der Seitenrichtung von Albrecht Dürer ähnelt.
58 Siehe H. Rupprich, Bd. 3, S. 422, Tafel 94; St. 1527/29, Winch for aiming a cannon. Eine Zahnstangenwinde mit zwei beweglichen Zughaken siehe M. Troso, Seite 154.
59 Abb. siehe H. Neumann, 1994, S. 291. Eine ähnliche Lafette zum Einschwenken des Rohres, ohne daß die Räder bewegt wurden, wird im Kriegsbuch des Reinhart von Solms, 1556, abgebildet, siehe Quellen zur Geschichte der Feuerwaffen, Tafel CXXXII–CXXXIII. Ob Anregungen von Dürers Entwurf hierfür vorlagen, ist nicht bekannt.
60 Das Skizzenbuch von Albrecht Dürer in der Königl. Öffentl. Bibliothek zu Dresden, hrsg. von Robert Bruck, Straßburg Elsaß 1905, Tafel 143 (181 b); siehe auch H. Rupprich, Bd. 3, S. 423, Tafel 94. Hier falsch bezeichnet: „Kanone mit einer Hebevorrichtung zum leichten Richten des Rohres."
61 Zur Federzeichnung siehe F. Anzelewsky, 1980, S. 205, Abb. 194; Anzelewsky/H. Mielke, 1984, S. 96, Nr. 92. W. Waetzoldt, an militärischen Dingen in Dürers Werk sehr interessiert, meinte (1936, S. 325), daß nicht nur die Bauten der Festung, sondern auch „die Stellungen der Belagerer und ihre Artillerie historisch getreu gezeichnet" seien.

BOGEN UND ARMBRUST

Pfeil und Bogen als Gestaltungsmittel

Für bildliche Darstellungen, in denen Spannungsmomente der Gefahr und Bedrohung ausgedrückt werden sollten, verwendeten Künstler des Mittelalters und der Renaissance oft einen Schützen mit gespanntem Bogen und aufgelegtem Pfeil. Unter den damals üblichen Handfernwaffen – Bogen, Armbrust und Handfeuerwaffe – eignete sich der blitzschnell zu handhabende Bogen mit deutlich sichtbarem Pfeil am besten für derartige Bildmotive. Die Armbrust mußte umständlich mit einer Winde gespannt, in die Handbüchse Pulver und Bleikugel mit Hilfe eines Ladestocks geladen und das Pulver mit einer glimmenden Lunte gezündet werden. Der im Anschlag auf ein Lebewesen gerichtete Pfeil konnte ein hohes Maß an Gefühlen der Angst, des Mitleids aber auch der Genugtuung, der Schadenfreude und der Mordlust hervorrufen.

In 35 verschiedenen Werken verwendete Albrecht Dürer den Bogen als Gestaltungsmittel und in weiteren neun den Pfeil als Symbol oder als Attribut des heiligen Sebastian. Nur einmal, auf dem Holzschnitt „Das Martyrium des heiligen Sebastian" von 1495 (Abb. 31) ist neben einem Bogenschützen ein Schütze beim Spannen der Armbrust dargestellt.[1] Lediglich zweimal findet man in Dürers Werken eine Handbüchse, einmal von einem Krieger auf der Schulter getragen auf dem Holzschnitt Ritter und Soldaten (Hütt, S. 1817) ein weiteres Mal in der böhmischen Trophäe (Abb. 176), also nicht als Waffe, die auf einen Gegner gerichtet ist.

Vor allem für Themen, die den christlichen Glauben und die antike Mythologie betrafen, verwendete Dürer Bogen und Pfeil. Als religiöse Bildmotive sind zu nennen: der heilige Sebastian, ein apokalyptischer Reiter, ein Engel beim Kampf des heiligen Michael gegen den Drachen (Apokalypse), eine Randzeichnung im Gebetbuch Kaiser Maximilians und als Waffe eines Wächters am Grabe Christi ein orientalischer Bogenschütze.

Unter den mythologischen Bildinhalten sind zu erwähnen: Herkules im Kampf gegen die stymphalischen Vögel, gegen die Molioniden und gegen Nessus sowie Apollo und Amor. Je einmal stellt Dürer einen reitenden ungarischen und einen orientalischen, dreimal weitere abendländische Bogenschützen, darunter einen irischen, als Einzelkrieger dar. Einen gespannten Bogen mit aufgelegtem Pfeil hält auch „Der reitende Tod" auf dem Scheibenriß von 1502 (Abb. 20) im Anschlag auf ein nicht sichtbares Opfer. Auf einem Schild, Ungarische Tartsche oder Flügeltartsche genannt, Kaiser Maximilians I. in der Wiener Hofjagd- und Rüstkammer des Kunsthistorischen Museums, ist innerhalb des geätzten Dekors nach Entwürfen von Albrecht Dürer ebenfalls der reitende Tod mit Bogen im Anschlag dargestellt.[2]

In Konstruktion, Form und Handhabung des Bogens und der Pfeile sowie bei der Ausstattung des Schützen mit Bogen- und Pfeilköcher lassen sich bei Albrecht Dürer zahlreiche Unterschiede und damit auch umfangreiche Kenntnisse des Künstlers auf diesem Waffengebiet feststellen. Die früheste Darstellung mit einem Bogenschützen befindet sich auf seinem Holzschnitt „Venusnarren" in Sebastian Brants „Das Narrenschyff", Basel 1494.[3] Amor hält mit verbundenen Augen einen gespannten Bogen mit Pfeil im Anschlag. Sehr treffend hat Dürer die falsche Handhabung wiedergegeben. Nichts sehend, setzt Amor den Pfeil nicht in der Mitte der Sehne auf, wie es üblich ist, und der Pfeil liegt zum sicheren Zielen mit der Spitze nicht auf der linken Hand auf, sondern darunter. Der Bogen ist von einfacher Konstruk-

*Abb. 17 **Venusnarren**.*
Holzschnitt in Sebastian Brant,
Das Narrenschyff, Basel 1494.
Berlin, Staatliche Museen
Preußischer Kulturbesitz, Kupferstichkabinett.
Dem Amor sind die Augen
verbunden. Dürer läßt ihn deshalb
Fehler bei der Handhabung des
Bogens machen: der Pfeil liegt
unterhalb und nicht oberhalb der
linken Hand und das Pfeilende
ruht nicht in der Mitte der Sehne.

Abb. 18 **Kreuztragung Christi**.
Holzschnitt der Albertina Passion, um 1495. Wien, Graphische Sammlung Albertina.
Viele Details in Dürers Werken vermitteln Kenntnisse, die durch erhaltene Originale nicht mehr vermittelt werden können. Wie auf Abb. 17 ist auch beim Bogenschützen rechts am Bildrand der hölzerne Köcher zum Schutz gegen Witterungseinflüsse mit langborstiger Dachsschwarte überzogen, deren Borsten bei erhaltenen Köchern zum großen Teil herausgefallen sind.

tion, am verdickten Handgriff etwas eingezogen und mit nur leicht angewinkelten Sehnenlagern. Der Pfeil hat eine bärtige Eisenspitze – von Dürer bevorzugt – jedoch keine Befiederung, die zur Flugstabilisierung des Geschosses beitrug. Pfeilköcher sind gegen Austrocknen und gegen Nässe mit Pergament überzogen und auf der Vorderseite zusätzlich mit Dachs- oder Wildschweinschwarte bedeckt. Drei Pfeil- und ein Bolzenköcher in Werken Albrecht Dürers (M. 111, 124 und 196) vermitteln einen Eindruck vom wirklichen Aussehen derartiger Köcher. Bei den wenigen erhaltenen Originalen sind nur Borstenreste der Schwarte von Dachs oder Wildschwein erhalten. Von Dürer detailgetreu dargestellt, lassen die vier Köcher die ursprüngliche Form mit der Dichte und mit den über die Ränder der Holzkörper hinausragenden langen Borsten deutlich erkennen.[4] Im Köcher des Amor steckt offensichtlich ein Pfeil mit verdicktem Kopf, der für die Vogeljagd benutzt wurde, um das Gefieder nicht zu verletzen.

Die Bogen des apokalyptischen Reiters, um 1498 (Abb. 42), und des Engels beim Kampf Michaels mit dem Drachen, um 1498 (Abb. 151), gleichen der Waffe des Amor, jedoch haben die Pfeile hier flugstabilisierende Federn. Der apokalyptische Reiter hält den Bogen nicht in der Schußhaltung, um gezielt über die Pfeilspitze hinweg einen einzelnen zu treffen, sondern zu tief. Dürer läßt ihn bewußt symbolisch auf eine Menschenmenge schießen. Der Engel hingegen richtet sein Geschoß gezielt gegen den Kopf eines Ungeheuers. Beim reitenden Tod auf dem Scheibenriß von 1502 (Abb. 20) darf man wiederum die unübliche Haltung des Bogens über dem Schädel so deuten, daß der Tod immer trifft, welche Handhabung er auch wählt. Gestalterisch überbrückt der hoch erhobene Bogen zugleich den freien Raum zum Schriftband.

Die wenigen Beispiele verdeutlichen bereits, wie Dürer die Handhabung der Waffe auf die Bildhandlung abstimmte. Auch der Bogenschütze auf dem Holzschnitt „Das Martyrium des heiligen Sebastian", um 1495 (Abb. 31), führt den gleichartigen Bogen, der Pfeil hat aber eine lanzettförmige Eisenspitze, die für Kriegsbolzen bevorzugt wurde, weil sie Rüstungsteile besser durchschlug.[5] Auch er zielt über die Pfeilspitze hinweg auf sein Opfer. Da die Befiederung beim Vorschnellen der Pfeile die linke Hand verletzen konnte, trugen manche Bogenschützen einen Bogenring aus Bein oder Holz, andere einen Lederhandschuh, auch wegen der zurückschnellenden Sehne. Dürer scheint auf dem Holzschnitt auch eine derartige Einzelheit beachtet zu haben. Bei der Erhöhung an der linken Hand des Schützen unterhalb der Pfeilspitze könnte es sich um einen Bogenring handeln. Die Pfeile stecken mit der Spitze nach oben im Köcher – auch die der Armbrustbolzen des anderen Schützen. Nur ein weiteres Mal ist das in Dürers Werken noch der Fall. Auf dem Holzschnitt „Die Anbetung der Könige" aus dem Marienleben, um 1503 (M. 199), trägt ein orientalischer Reiter sie in gleicher Weise, auf allen anderen Darstellungen stehen die Pfeilenden oben im Köcher, wie es zum Auflegen auf Bogensehne oder Armbrustsäule griffgerecht war. Da die meisten Bogenköcher wesentlich kürzer als die Pfeile waren, konnten die Federn beim schnellen Ergreifen nicht so leicht beschädigt werden. Standen die Pfeilspitzen im Köcher oben, bestand die Gefahr, daß die zugreifende Hand sich verletzte.

BOGEN UND ARMBRUST 33

Abb. 19 **Armbrustbolzen** *mit Stichbolzen und im Zain eingesetzten Holzfedern;* **Zahnstangenwinde** *mit gotischen Maßwerkeinlagen aus Messing;* **Armbrust** *mit Bogen aus zusammengeleimten Schichten von Bein, Fischbein und Tiersehnen;* **Köcher** *mit in Eisen getriebenem Blattwerk und Löwen – von den Borsten nur Reste erhalten – deutsch, um 1500. Berlin, Deutsches Historisches Museum, Zeughaussammlung.*

Abb. 20 **Scheibenriß mit reitendem Tod***, 1502. Federzeichnung. Hannover, Niedersächsisches Landesmuseum. Der Tod braucht nicht zu zielen. Symbolisch können die Pfeile seines hoch erhobenen Bogens jeden treffen; sein Köcher ist prall gefüllt.*

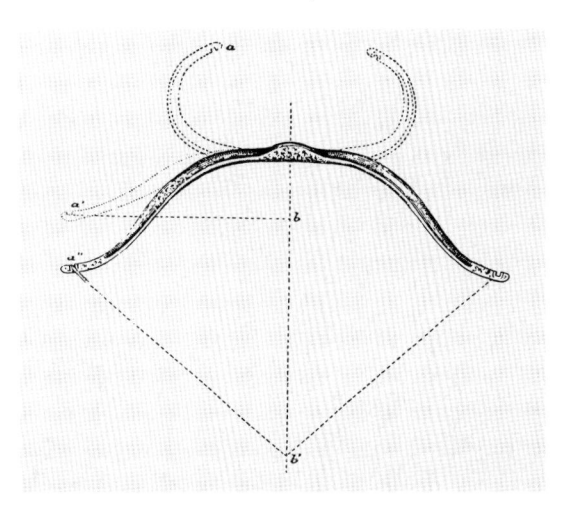

Abb. 21 **Komposit- oder Reflexbogen***, türkisch, 16. Jahrhundert. a: Bogen ohne Sehne; a' b: Bogen mit aufgelegter Sehne; a'' b: gespannter Bogen (Nach W. Boeheim, 1890). Der Bogen bestand aus miteinander verleimten Holz-, Horn- und Sehnenschichten. Bei aufgelegter Sehne stand der Bogen ständig unter Spannung, die durch Zurückziehen der Sehne erhöht wurde.*

Einzigartige Detailkenntnisse bei Bogenformen

Während Fußkämpfer, wie die berühmten englischen Bogner, Langbogen von 170 bis 180 Zentimeter Bogenweite bevorzugten, konnten wesentlich kür-

Abb. 22 **Ungarischer Bogenschütze**, *1494/95. Federzeichnung. Mailand, Biblioteca-Pinacoteca Ambrosiana.*
Wattiertes, gestepptes Wams, Bogen- und Säbelform sprechen für einen ungarischen, nicht orientalischen Reiter, wie die Federzeichnung oft bezeichnet wird. Dürer hat hier treffend die taktische Variante des Schießens im Wegreiten dargestellt.

Abb. 23 **Orientalischer Bogenschütze**, *1494/95. Federzeichnung. Mailand, Biblioteca-Pinacoteca Ambrosiana.*
Der Schütze führt den typischen bemalten türkischen Reflexbogen mit kräftigen Sehnenlagern aus zwei Kerben, das Zaumzeug ist reich verziert, ein Merkmal für orientalische Reiter. Vermutlich als Gegner des ungarischen Bogenschützen gedacht; deshalb wurde er auf der Zeichnung zum Linkshänder.

zere Waffen zu Pferde besser gehandhabt werden. Der Langbogen bestand vorwiegend aus einem Stück Eibenholz, der kürzere Reiterbogen war ein Kompositbogen, zusammengesetzt aus verleimten Holz-, Horn und Sehnenschichten.[6] Ohne Sehne hatte er eine konkave, bei aufgelegter Sehne eine konvexe Krümmung, so daß er in dieser Form, ohne Zurückziehen der Sehne, bereits unter hoher Spannung stand.

In zwei Zeichnungen von Bogenschützen (W. 80, 81) hat Albrecht Dürer nicht nur diese Bogenform, sondern auch im Vergleich beider Reiter zueinander gleichzeitig die Kampfweise und Handhabung des Bogens dargestellt.[7] Der eine richtet beim schnellen Anreiten seinen Bogen am Pferdekopf vorbei nach vorn, der andere Schütze schießt noch beim Abschwenken und Wegreiten mit Rückwärtsdrehung des Oberkörpers nach hinten auf den Feind. Der „Bogenschütze nach rückwärts schießend" (W. 80) ist nicht, wie meistens bezeichnet, ein orientalischer, sondern ein ungarischer Krieger. Das erkannte bereits Eduard Flechsig.[8]

Einige Hinweise sollen das unterstreichen. Die wattierte Kleidung, die Verschnürung des Wamses, die oberhalb der rechten Hand sichtbar wird, der Säbelgriff mit der Fangschnur, den Dürer auch in der Ungarischen Trophäe von 1518 (Abb. 179) einzeichnete und mit Einschränkung auch die zylindrische Kopfbedeckung sind deutliche Merkmale für ungarische Reiter. Auch die Bogenformen der beiden Schützen unterscheiden sich. Der doppeltgeschwungene Bogen des orientalischen Reiters hat kräftigere Ohren (Sehnenlager) an den Enden mit je zwei Kerben. Der mehrfach geschwungene Bogen des ungarischen Schützen läuft schlank, leicht abgewinkelt aus und hat nur je ein Sehnenlager. Die geknoteten Bänder auf der Pferdedecke und am Pferdehals dieses Reiters befinden sich als Kennzeichen, neben den anderen genannten Merkmalen, auch auf dem Holzschnitt „Ungarische Lanzenreiter", 1530, von Jörg Breu d.Ä.[9] Ob Dürer die beiden reitenden Bogenschützen mit allen diesen detailgetreuen Einzelheiten von dem Werk eines anderen Künstlers nachzeichnete, wie vermutet wird, kann vom waffengeschichtlichen Gesichtspunkt aus bezweifelt werden.[10] Dürer besaß, wie kaum ein anderer Künstler seiner Zeit, umfangreiche waffentechnische Kenntnisse für eine so genaue Differenzierung. Vielleicht hat er die beiden Reiter gezeichnet, um sie später einmal als Gegner in ein anderes Werk aufzunehmen, das sich auf die Türkengefahr für Ungarn beziehen sollte, wie er es in anderer Form in der Eisenradierung „Die Nürnberger Kanone" von 1518 (Abb. 1) tat.[11] Durch die Gegenüberstellung wurde der orientalische Reiter zum Linkshänder. Mit Kompositbogen waren insbesondere orientalische, ungarische, aber auch hunnische, tatarische und polnische Reiter bewaffnet. Vereinzelt führten auch Aufgebote von Fußkämpfern, wie in der Stadt Venedig, einen Kompositbogen.[12]

Für mehrere Werke Dürers lassen sich Anregungen von italienischen Künstlern, die er vorwiegend während seiner Italienreisen empfing, feststellen. Auf dem Kupferstich „Apollo und Diana" (Abb. 24), ist Apollo als Bogenschütze dargestellt. Die Kenntnis des gleichnamigen Kupferstiches von Jacopo de'Barbari, der von 1500 bis 1503 in Nürnberg lebte, kann hier vorausgesetzt werden.[13] Bogen und Handhabung der Waffe sind jedoch unterschiedlich. Bei de'Barbari handelt es sich um einen viel größeren Bogen, am Handgriff schlank, mit geringer Abwinkelung der Bogenenden, im Kupferstich von Dürer um einen am Handgriff anschwellenden, an den Bogenenden stark abgewinkelten Reflexbogen. Sehr unterschiedlich ist die Phase der Handhabung des Bogens. Bei Dürer hat Apollo beide Arme ausgestreckt und ist im Begriff, die Sehne zurückzuziehen, den Oberkörper hat er deshalb nach rückwärts geneigt, der Pfeil ruht zwischen Zeige- und Mittelfinger. Auf dem Kupferstich des italienischen Künstlers hat Apollo den Bogen bereits gespannt, der Pfeil liegt auf der linken Hand auf, der Körper ruht auf dem linken Standbein. Die Stellung des Apollo bei der Handhabung der Waffe ist ohne Zweifel im Dürerschen Werk ausdrucksstärker als bei de'Barbari.

Noch kraftvoller wirkt der Bogenschütze auf Dürers Gemälde „Herkules tötet die stymphalischen Vögel" (Abb. 25) aus dem Jahre 1500.[14] Standfest, mit weit gespreizten Beinen und vorgebeugtem Oberkörper hält er mit gestrecktem linken Arm den gespannten Bogen, sein Ziel über die Pfeilspitze anvisierend. Die Körperhaltung des Herkules basiert auf einer Gemäldevorlage Antonio Pollaiuolos „Raub der Dejanira", um 1480.¹⁵ Dürers Herkules wirkt jedoch kraftvoller. Bogen- und Pfeilköcher fehlen auf dem Gemälde des italienischen Künstlers. Der große Reflexbogen mit flach ausgearbeiteten Bogenarmen, zum Handgriff hin anschwellend, ist schwarz und rot bemalt und mit goldfarbenen Ornamenten verziert, wie es vorwiegend durch orientalische Bogen überliefert ist. Zum Schutz des Bogens gegen Witterungseinflüsse wurde die Bemalung mit Lack überzogen. Gegen die gefährlichen Vögel, die ihre Federn wie Pfeile abschießen konnten, bevorzugte Dürer den wirkungsvollen Pfeil mit scharfer lanzettförmiger oder rhombischer Spitze. Nicht nur der Bogen, auch Bogenköcher, Pfeilköcher und Pfeile sind kostbar gestaltet und verziert. Der Bogenköcher bildet einen wesentlichen Blickfang am Körper des Herkules. Er ist etwas zu groß geraten, da im allgemeinen ein Bogen zur Hälfte oder ein Drittel aus dem Köcher herausragte. Von außergewöhnlicher Art sind die Pfeilenden. Auf die hölzernen Pfeilschäfte sind hinten mit Tüllen schmale zylindrische Eisenröhrchen aufgesteckt, auf die durchsichtige rosafarbene Federn oder ovale Seidenblättchen montiert sind. Derartige, kostbare Pfeile wurden vermutlich nur von hochrangigen Personen als Geschosse auf der Jagd benutzt. Anregungen hierzu kann Dürer an einem fürstlichen Hof in Deutschland oder in Italien erhalten haben.

Beim Vergleich einer von Dürer angefertigten Vorzeichnung (Abb. 26) mit dem Gemälde, lassen sich in diesem beim Bogen und dem Zubehör deutliche Verfeinerungen erkennen.¹⁶ Den urwüchsigen naturhaften Bogen mit knochig wirkenden Endstücken der Bogenarme veränderte Dürer zum feingliedrigen Kompositbogen. Den flachen Bogenköcher verlängerte er, stattete ihn mit einer breiten Seitenfalte aus, so daß er plastischer wirkte. Statt des Schulterbandes dient nun ein um die Hüften gelegtes Band zum Tragen des Bogenköchers, der Pfeilköcher hängt an einem schmalen Schulterriemen. Die bärtige Pfeilspitze ersetzte Dürer durch eine schmale lanzettförmige. Auf der Vorzeichnung lassen die Endstücke der Pfeile im Köcher noch keine aufgeschobenen eisernen Röhrchen erkennen.

Wie wenig wirklichkeitsgetreu gegenüber dem Schützen auf dem Gemälde war hingegen das Geschehen auf dem Holzschnitt „Herkules im Kampf mit den Molioniden", um 1496 (M. 238).¹⁷ Die Keule in der rechten Hand haltend, trägt Herkules den einfachen Bogen und ein Bündel Pfeile hinter der linken Schulter, wobei unklar bleibt, wie sie am Körper befestigt sind. Pfeilspitzen und -enden sind sichtbar und leicht gefächert. Diese ungewöhnliche Trageweise ist wohl weniger realistisch, sondern als Variante einer belebenden Gestaltung der Szene zu werten. Noch einmal, 25 Jahre später, ist ein Bogenschütze mit einem gefächerten Bündel von Pfeilen, jetzt unter dem linken Arm tragend, von Dürer dargestellt. Diese Federzeichnung, mit Wasserfarben koloriert, mit dem Titel „Irische Kriegsleute und Bau-

Abb. 24 **Apollo und Diana**, *um 1503/04. Kupferstich. Berlin, Staatliche Museen Preußischer Kulturbesitz, Kupferstichkabinett. Der Kupferstich gleicht einer Darstellung von dem italienischen Künstler Jacopo de' Barbari, der von 1500 bis 1503 in Nürnberg lebte, jedoch unterscheiden sich Bogenform, Spannvorgang und Körperhaltung, die beim Dürerschen Schützen dynamischer wirkt.*

Abb. 25 **Herkules tötet die stymphalischen Vögel**, *1500. Öl auf Leinwand. Nürnberg, Germanisches Nationalmuseum. Die Gesamtausstattung des kraftvollen Schützen entspricht der eines hohen Würdenträgers der Renaissancezeit. Bogen und Pfeilköcher sind mit Ornamenten auf schwarz-rotem Grund bemalt. Von außergewöhnlicher Form sind die Pfeile mit eisernen Enden und rosafarbenen Federn oder Seidenblättchen zur Flugstabilisierung.*

Abb. 26 **Herkules tötet die stymphalischen Vögel**, *um 1500. Vorzeichnung zum Gemälde Abb. 25.*
Darmstadt, Hessisches Landesmuseum.
Der Vergleich mit dem Gemälde läßt erkennen, wie Dürer einen urwüchsigen Bogen mit knochigen Enden, eine flache Bogentasche und übliche Gebrauchspfeile in Luxusgegenstände umgestaltete.

ern", 1521 (W. 825), zeichnete er in den Niederlanden. In Antwerpen konnte er viele Leute in unterschiedlichster Kleidung betrachten.[18] Dürer hat die Zeichnung eigenhändig wie folgt beschriftet: „Allso gand dy krigsman in Irlandia hindr engelant – Also gend dy pawern in Irlandyen." Der Schütze ist nicht nur mit einem Langbogen, sondern auch mit einem Zweihänderschwert ausgerüstet. Es dürfen Zweifel angemeldet werden, daß er mit diesen beiden Waffen in ein Gefecht zog. Schwert und Bogen konnten jeweils nur mit beiden Händen gehandhabt werden. Ein umgehängter Bogen hätte im Kampf mit dem Schwert wesentlich behindert. Hinzu kommt, daß die unter dem linken Arm eingeklemmten Pfeile jede Handhabung einer Waffe unmöglich machten. Es sollte hier vielleicht nur vorgestellt werden, welche Waffen irische Krieger überhaupt trugen. Mit Harnisch und Zweihänder ausgerüstet, erhielten Söldner im allgemeinen doppelten Sold in den Fußkampfheeren Europas.[19] Die differenzierten Formen der Pfeilspitzen, für einen Krieger ungewöhnlich, dürfte Dürer kaum am irischen Kriegsmann vorgefunden, sondern aus eigener Kenntnis eingefügt haben. Deutlich erkennbar sind ein zylindrisches Eisen mit kleiner Spitze, eine bärtige, eine schmale rhombische, eine dreieckförmige und eine gabelförmige Pfeilspitze. Es sind Pfeile, wie sie für das Gefecht, (rhombische, dreieckige und bärtige Form) für Schützenfeste (zylindrische und rhombische Form) und für die Jagd (zylindrische, bärtige und Gabelform) benutzt wurden.[20]

Realistischer als der irische ist der Krieger auf der Federzeichnung „Bogenschütze" von 1500–1502 (Abb. 28), nur mit kräftigem Langbogen und einem Ohrendolch bewaffnet. Eine klare Unterscheidung des Bogentyps bei der Zuordnung an Bogenschützen bestimmter Länder durch Dürer bestätigen auch zwei Trophäen, wohl für den Triumphzug Kaiser Maximilians I. bestimmt (Abb. 179 und 181). In die französische Trophäe nahm er einen Langbogen, in

Abb. 27 **Irische Kriegleute und Bauern**, *1521. Aquarellierte Federzeichnung. Berlin, Staatliche Museen Preußischer Kulturbesitz, Kupferstichkabinett.*
Es ist zu bezweifeln, ob die Krieger wirklich mit diesen Waffen ausgerüstet waren. Der zweite Mann von links trägt ein Zweihänderschwert und einen Langbogen, beide Waffen sind mit zwei Händen zu handhaben. Die in ungewöhnlicher Trageweise unter dem Arm eingeklemmten Pfeile besitzen unterschiedliche Pfeilspitzen, entweder für den Krieg oder für die Jagd konstruiert.

*Abb. 28 **Bogenschütze**, 1500–1502. Federzeichnung. Ehemals Sammlung Oppenheimer; 1936 versteigert. Die Zeichnung läßt Einflüsse aus Italien erkennen. Die Kopfbedeckung erinnert an den Reisehut von Merkur und an Helme mit Flügeln in Werken von Dürer. Auch der Ohrendolch war besonders in Italien verbreitet.*

die ungarische einen Reflexbogen auf. Mit einem derartig kräftigen Bogen mit starker Schweifung der Bogenarme und einem Pfeil mit bärtiger Spitze stattete er auch auf der „Karte des nördlichen Sternhimmels", um 1515 (M. 260), den Schützen (Sagittarius) des Sternbildes in Form eines Kentauren aus. Die besondere Vorliebe des Künstlers für Pfeil und Bogen zeigt sich auch darin, daß er den Wilden Mann als Schildhalter in einem Bücherzeichen mit Ehewappen Pirckheimers (W. 329) nicht nur mit Keule, sondern auch mit einem Bogen, in einfachem Bogenköcher getragen, und mit prall gefülltem Pfeilköcher ausrüstete. Auf dem „Studienblatt mit Raub der Europa" (W. 87), das vermutlich während seines ersten Italienaufenthaltes 1495/96 entstanden ist, fallen bei dem Kompositbogen, den Apollo mit der linken Hand hält, die fast schneckenförmig eingerollten Bogenenden auf, die als eine italienische Formvariante gewertet werden können.[21]

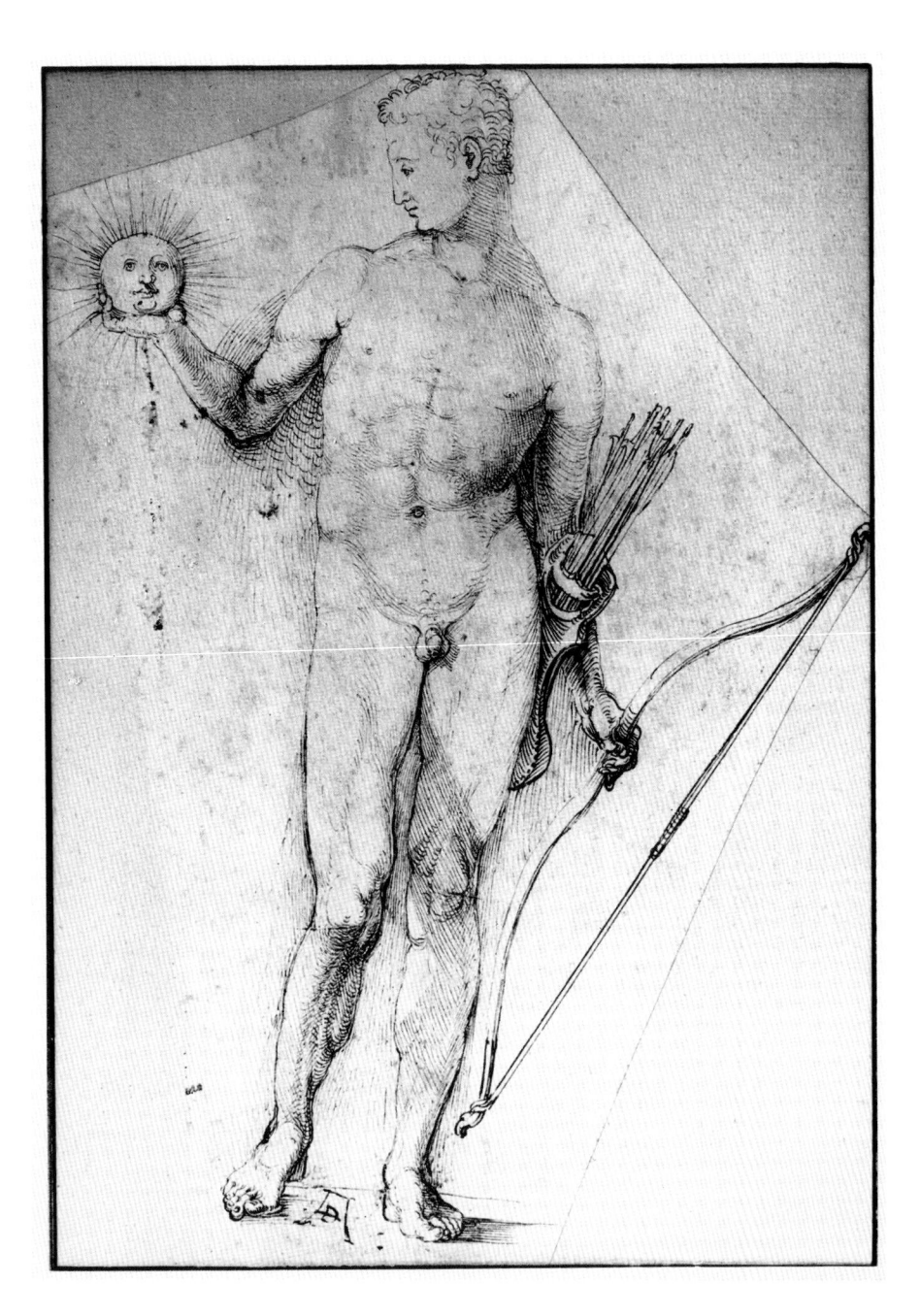

Durch die 35 Darstellungen von Bogenschützen in Dürers Werken werden, wie bei keinem anderen Künstler seiner Zeit, die differenzierten Konstruktionen, Formen der Waffe, der Pfeile, der Bogen- und der Pfeilköcher sowie auch der Handhabung der Waffe überliefert. Selbst kleine unscheinbare Details bemerkte der Künstler. Das sei noch an einem letzten Beispiel aufgezeigt. Die Sehne des Bogens, den der „Nackte Mann (Apollo)" (Abb. 29) in der linken Hand trägt, ist in der Mitte, die durch das ständige Aufsetzen der Pfeile sich abnutzte, mit einer umwickelten Hanfschnur verstärkt. Erhaltene Bogen, auch von Armbrüsten, bestätigen diese Sicherung für die Sehne. Fachgerecht differenzierte Dürer auch die unterschiedlichen Pfeilköcher, je nachdem ob sie von orientalischen, deutschen, französischen, oder ungarischen Kriegern oder von mythologischen Gestalten getragen werden. Einheimische Krieger führen Köcher mit Dachsfell.[22] Der Köcher in der Französischen Trophäe des Triumpfzuges (Abb. 181) ist aus Leder, der der Ungarischen Trophäe (Abb. 179) ebenfalls, aber in Lederschnitt verziert, beide ohne Fellbezug. Ein orientalischer Reiter trägt einen sehr kurzen, breit ausladenden, unten gerundeten Köcher. Die der mythologischen Gestalten der Antike – Apollo und Herkules – sind am Köchermund breit, an den Seiten konkav eingezogen und zum Boden hin wiederum erweitert (Abb. 29 und 25).

Armbrustbolzen im Munde

Künstlerische Darstellungen zum Martyrium des hl. Sebastian ermöglichen in vielen Fällen nicht nur Rückschlüsse auf die Handhabung des Bogens, sondern auch der Armbrust. Bei der Tötung eines an einen Baum festgebundenen Wehrlosen konnten die Waffenträger in ruhiger, konzentrierter Haltung und Pose, wie es ähnlich bei öffentlichen Hinrichtungen der Fall war, wiedergegeben werden. Der Pfeil, hier Symbol des gotteslästerlichen Strafgerichts gegen den christliche Gemeinden unterstützenden römischen Offizier unter Kaiser Diokletian, wurde im Mittelalter Attribut des hl. Sebastian, er selbst zum Nothelfer gegen die mörderische Pest. Gleichnishaft erscheint er deshalb als nackter, nur mit einem Schurz bedeckter Märtyrer mit Pfeilen gespickt, wie mit Pestbeulen bedeckt. 20 Pfeile und Armbrustbolzen stecken beispielsweise auf einem Holzschnitt von 1410/20 in seinem Körper.[23]

Eine verheerende Pestepidemie grassierte 1494 auch in Nürnberg und veranlaßte wohl hauptsächlich Albrecht Dürer zu einer Reise nach Italien. Es überrascht deshalb nicht, daß er 1495 einen Holzschnitt „Das Martyrium des heiligen Sebastian" (Abb. 31) gestaltete.[24] Er folgt in der Komposition Vorbildern, in denen ein Schütze seinen gespannten Bogen auf den Heiligen richtet und ein Armbrustschütze seine Waffe mit einer Zahnstangenwinde spannt.[25] Dieser gebückt stehende Scherge zieht mit der Winde die Sehne zurück, die dann hinter einer sogenannten Nuß – eine kleine drehbare Walze aus Bein – zu liegen kommt. An der Stirnfläche der Armbrustsäule (Schaft) ist noch, wie am Ende des 15. Jahrhunderts üblich, ein eiserner Steigbügel mit Stricken verankert, in den der Schütze als Widerlager gegen die Spannbewegung seinen linken Fuß setzt. Der Bolzenköcher liegt auf dem gewachsenen Boden. Das Dachsfell der Oberfläche ist so übergangslos mit dem Bewuchs des Bodens verwoben, daß der untere Teil als Gegenstand nicht mehr erkennbar ist. Die Armbrust hat an der Unterseite der Säule einen langen Stangenabzug. Da durch Arm- und Handbewegungen der Abzug leicht unbeabsichtigt ausgelöst werden konnte – vorwiegend beim Herausnehmen des Bolzens aus dem Köcher – nahm der Schütze vor dem Spannen einen Bolzen aus dem Köcher und legte ihn quer in den Mund. Die Bolzenspitze weist in Darstellungen immer nach links, weil die rechte Hand den Bolzen auf die Bolzenrinne der Säule auflegen und eine Bolzenklemme darüberstreifen mußte.[26] Der gesamte Vorgang der Handhabung einer Armbrust – Spannen mit Winde, Auflegen eines Armbrustbolzens und Armbrust im Anschlag – wird durch drei Schützen auf dem Altargemälde „Martyrium des hl. Sebastian" von Hans Holbein d.Ä., 1516, dargestellt[27] (Abb. 32). Der die Armbrust spannende Schütze mit Bolzen im Munde kniet auch hier wegen des technisch interessanten Vorgangs im Vordergrund des Bildes. Vom waffengeschichtlichen Gesichtspunkt lassen sich jedoch zwischen Dürers und Hohlbeins Darstellung einige wesentliche Unterschiede bei der Armbrust und bei der Handhabung der Waffe feststellen. Die Armbrust besitzt auf dem Dürerschen Holzschnitt einen aus Schichten von Horn, Fischbein und Tiersehnen zusammengesetzten Bogen, auf dem Holbeinschen Gemälde besteht er aus Stahl.[28] Dieses Material löste den Hornschichtbogen seit der zweiten Hälfte des 15. Jahrhunderts immer mehr ab. Beide Bogen waren so starr, daß sie nur mit Winden gespannt werden konnten. Der Steigbügel ist bei der Armbrust auf dem Gemälde Holbeins durch einen kleinen eisernen Ring zum Aufhängen der Waffe ersetzt. Deshalb stellt der Schütze seinen linken Fuß beim Spannen zum Abstützen quer zum Bogen. Dürer hat den Vorgang des Spannens der Armbrust mit Hornbogen im Bild festgehalten, wie er um 1495 wohl weitgehend noch von Schützen ausgeführt wurde. Holbein vermittelt hingegen die Praxis der Handhabung, wie sie sich in den ersten Jahrzehnten des 16. Jahrhunderts zunehmend durchsetzte.[29]

Das Martyrium spielt sich auf dem Dürerschen Holzschnitt vor einer Landschaft mit Stadtansicht, im Mittelfeld mit nur drei zuschauenden Personen, ab. Einige Jahre später fehlen auf den Kupferstichen „Der heilige Sebastian an der Säule", um 1498/99 (M. 61) und „Der heilige Sebastian am Baum", um 1500–1502 (M. 62), die Schützen.[30] In beiden Fällen ist der Körper von vier Pfeilen getroffen. Die Pfeilrichtungen im Körper lassen erkennen, daß Sebastian auf dem zuerst genannten Kupferstich von zwei Seiten, beim zweiten nur von einer Seitenstel-

Abb. 29 **Apollo**, um 1500. Federzeichnung. Zürich, Kunsthaus.
Die Bogensehne wurde an der Stelle, an der der Schütze den Pfeil aufsetzte, besonders beansprucht. Dürer, der oft kleine wichtige Details an Waffen berücksichtigte, zeigt hier in der Mitte der Sehne die Umwicklung, die die Sehne vor Abnutzung schützte.

Abb. 30 **Heiliger Sebastian**, wohl Bayern, um 1410–1420. Holzschnitt. München, Staatliche Graphische Sammlung.
Der Pfeil war Attribut des hl. Sebastian und er selbst galt als Nothelfer gegen die gefährliche Pest. 20 Pfeile und Armbrustbolzen markieren wie Pestbeulen seinen Körper. Der rechte Schütze spannt mit Hilfe seiner Körperkraft und eines Spanngürtels die Armbrust.

*Abb. 31 **Das Martyrium des hl. Sebastian**, 1495. Holzschnitt. Berlin, Staatliche Museen Preußischer Kulturbesitz, Kupferstichkabinett.*
1494 wurde die Bevölkerung Nürnbergs von der Pest heimgesucht, was Dürer vermutlich zu dieser Darstellung veranlaßte. Er stellte wegen des technisch interessanten Vorganges den Schützen, der seine Armbrust mit der Winde spannt, in den Bildvordergrund. Dieser steckte vor dem Spannen einen Bolzen in den Mund, um zu vermeiden, daß sich beim Herausnehmen desselben aus dem Köcher nicht der Abzugsmechanismus auslöste.

lung der Schützen aus beschossen wurde. Wenn auch italienische Einflüsse bei der Darstellung des hl. Sebastian von Dürer zum Verzicht auf Schützen beigetragen haben, so kann auch der von Martin Schongauer stammende Holzschnitt des hl. Sebastian von etwa 1490, den Dürer vermutlich kannte, als Vorbild gewirkt haben.[31] Dieser Künstler verzichtete hier ebenfalls auf Bogen- und Armbrustschützen. Das gleiche gilt für Dürer bei der Randzeichnung zum Gebetbuch Kaiser Maximilians (fol 8 r).

Einige italienische Maler verzichteten ganz auf die Darstellung des Martyriums, wie beispielsweise Giovanni Antonio Boltraffio. Auf seinem Gemälde, ganz ohne Schergen, geschaffen zwischen 1482 und 1499, ist nichts von einem gepeinigten Körper mehr zu erkennen.[32] Der jugendliche zarte Jüngling mit reichem gelocktem Haar und edelsteingefaßtem Stirnband trägt ein kostbares Gewand. Nur ein Heiligenschein und ein langer Pfeil in der linken Hand weisen auf den heiligen Sebastian hin.

Abb. 32 **Martyrium des hl. Sebastian**. *Mitteltafel des Sebastianaltars von Hans Holbein d.Ä., 1516. München, Alte Pinakothek.*
Hans Holbein nutzt die Szene des Martyriums, um drei Phasen der Handhabung der Armbrust darstellen zu können: das Spannen mit Winde, das Auflegen des Bolzens auf die Bolzenrinne des Schaftes und den Anschlag beim Schießen.

Eine besondere Variante Dürers, um den Heiligen zu kennzeichnen, zeigt ein Seitenflügel des Dresdener Altars von 1496 (A. 40).[33] Über Sebastian mit nacktem Oberkörper trägt ein schwebender Engel auf seinem Schoß ein Bündel Pfeile als Attribut des Heiligen. Zweimal verwendete Dürer den Pfeil als Attribut oder Symbol in anderer thematischer Zuordnung. Auf dem Holzschnitt „König David im Gebet" von 1499 erscheint der Erzengel Michael mit links geschultertem Schwert und in der rechten Hand einen überlangen Pfeil mit bärtiger Spitze haltend.[34] Als Zeichen des vernichtenden Blitzes trägt Jupiter auf einer Federzeichnung (W. 149) in der rechten Hand einen kräftigen Pfeil mit bärtiger Spitze, wurfbereit nach unten gerichtet. Mehrere Männer in skizzenhaft angedeuteten antikisierenden Rüstungen (Muskelpanzer) liegen getroffen leblos auf der Erde. Wie bei vielen anderen Waffentypen, schöpfte Dürer auch beim Bogen aus dem ganzen Formenreichtum seiner Zeit und variierte diese Waffe in Konstruktion und Gebrauch je nach künstlerischer Gestaltungsabsicht.

Anmerkungen

1 Zur Konstruktion und Handhabung der Armbrust siehe E. Harmuth; zu Bogen und Armbrust: V. Schmidtchen, 1990, S. 166–179.
2 Mit keinem anderen Attribut – Stundenglas, Sense, Gabel, Totentrage – wirkt in Dürers Werken der Tod so bedrohlich für seine Opfer wie mit Pfeil und Bogen. Andere Attribute siehe W. 13, 20, 215, 217, 377, 628, 629, Randzeichnungen zum Gebetbuch Kaiser Maximilians, fol. 12 r und 37 v, M. 167 und P. 352. Zur Ungarischen Tartsche siehe S. 162.
3 Schramm, 1124.
4 Köcher in Werken Dürers: Pfeilköcher des Amor in „Venusnarren"; Kreuztragung, Albertina Passion, um 1495, M. 111; Martyrium des hl. Sebastian, um 1495 (Bolzenköcher), M. 196; Die Auferstehung, Große Passion, 1510, M. 124. Erhaltene Köcher siehe beispielsweise: E.A. Geßler, 1928, S. 86, Taf. 40; G. Quaas, 1997, S. 7.
5 Literatur zu Pfeilen siehe R. Přchoda, S. 43–67.
6 Zum Langbogen siehe V. Schmidtchen, 1990, S. 170–174; E.McEwen, R.L. Miller und C. A. Bergman, S. 118–125; G. Rees, S. 24/25. Hinweis auf einen englischen Bogenschützen in Dürers Werk siehe W. Waetzoldt, 1936, S. 229. Abb. in: F. Lippmann, hrsg. von F. Winkler, seit 1883, 365. Zum Kompositbogen siehe W. Boeheim, 1890, S. 396–398; Die Karlsruher Türkenbeute, bearbeitet von Ernst Petrasch, 1991, S. 216–260, hier eine genaue Beschreibung, wie orientalische Kompositbogen hergestellt wurden, S. 217/18.
7 Zur Taktik der reitenden türkischen Bogenschützen siehe E. Petrasch, S. 216.
8 Siehe E. Flechsig, Bd. 2, 1931, S. 111.
9 Siehe M. Geisberg, 1924, V 19, Nr. 360.
10 E. Flechsig, Bd. 2, 1931, S. 75, meint, Dürer könnte die beiden Reiter aus einem Trachtenbuch abgezeichnet haben. Persönliche Information von F. Anzelewsky, daß es zu dieser Zeit noch keine Trachtenbücher gab. Das vermutlich älteste Trachtenbuch stammt erst aus dem Jahre 1526, siehe Lexikon der Kunst, Bd. 5, 1978, Stichwort Trachtenbuch.
11 Siehe S. 13.
12 Siehe W. Boeheim, 1890, S. 396: Zeichnung eines Venetianischen Bogenschützen nach einem Gemälde von Vittore Carpacci von 1493; J. Lauts, 1962, Taf. 16; Hinweis auf Kompositbogen bei venetianischen Fußkämpfern auch bei H. Nickel, 1974, S. 222.
13 Siehe P. Strieder, 1996, S. 168, Abb. 195 und S. 172, Abb. 201; SMS, Bd. 1, Nr. 38.
14 Siehe H. Wölfflin, 1963, S. 122; F. Anzelewsky, 2 Bde., 1991, Abb. 75, Textband, S. 173; P. Strieder, 1996, S. 189, Abb. 223 und S. 192; G. Goldberg, S. 366–381.
15 Siehe W. Waetzoldt, l936, S. 88, Abb. 157.
16 H. Wölfflin, 1963, S. 122, weist auf einen Stich von Pollaiuolo als „direkte Vorlage... eben einen bogenschießenden Herkules" hin.
17 Das Thema bezieht sich auf die Tötung der „siamesischen Zwillinge" Eurytus und Kteatus von den Molioniden.
18 Siehe F. Winkler, 1957, S. 310. Winkler bemerkt zu der Federzeichnung: „Es sind sonderbare Gestalten unter ihnen, einige sehen wie wandelnde Kleiderständer aus." H. Mielke, 1991, S. 113; H. Seehase.
19 Siehe G. Quaas, 1997, S. 34–41.
20 Gleichartige Spitzen hatten auch Armbrustbolzen, siehe E. Harmuth, S. 172–176.
21 Siehe Ausstellungskatalog 1471 Albrecht Dürer 1971. Germanisches Nationalmuseum, 1971, S. 265.
22 Siehe M. 11, 124 und 196.
23 Hl. Sebastian, Holzschnitt, um 1410–1420, München, Staatliche Graphische Sammlung, Abb. in: E. Ullmann (Hrsg.), 1981, Abb. 333. Der Schütze spannt hier die Armbrust mit einem Gürtelhaken, setzt dabei den linken Fuß bei angehobenem Bein in den Steigbügel der Armbrust. Ein Holzschnitt von 1437 als Pestblatt mit hl. Sebastian und Gebet befindet sich in Wien, Albertina; siehe E. Ullmann, ebenda, Abb. 332. In der Bibel, Psalm 7, Vers 14, heißt es: „...seine Pfeile hat er zugerichtet zu verderben." Der Text wurde als Sinnbild für plötzliche Krankheiten, für Seuchen und besonders für die Pest ausgelegt.
24 Einen hl. Sebastian ohne Einbeziehung von Schützen hatte Dürer bereits in Sebastian Brant, IN LAUDEM GLORIOSE VIRGINIS MARIE..., gedruckt bei Johann Bergmann von Olpe, Basel, um 1494, gestaltet.
25 Neben Zahnstangenwinden wurden auch Seilwinden zum Spannen der Armbrust verwendet. Siehe E. Harmuth, S. 85.
26 Reiter trugen diesen Armbrustbolzen am Hut, festgehalten durch eine Schlaufe; siehe E. Harmuth, S. 73. Das Spannen der Armbrust war durch die Bewegungen des Pferdes besonders schwierig. Der Bolzen am Hut war auch modisches Beiwerk oder Zeichen aggressiven Verhaltens, wie auf einem Gemälde von Hieronymus Bosch, siehe R. Schuder, Abb. 71/72. Frühe Luntenschloßgewehre hatten oft ebenfalls einen langen Stangenabzug. Deshalb nahm der Schütze vor dem Laden der Waffe eine Kugel aus dem Kugelbeutel und steckte sie in den Mund. Das erhöhte auch die Feuerbereitschaft. Siehe W. Eckardt/O. Morawietz, S. 9.
27 Siehe genaue Erklärung der Handhabung nach dem Gemälde von Holbein bei H. Müller, 1997, Abb. 2.
28 Zum Hornschichtbogen siehe F. Rohde, S. 53–58 und E. Harmuth, S. 131 f.
29 Zur Entwicklung der Armbrust siehe E. Harmuth.
30 Ohne Schützen sind auch der hl. Sebastian mit dem hl. Rochus (W. 149); die Feder- und Pinselzeichnung (W. 322) und der Holzschnitt des hl. Sebastian in SALUS ANIMAE, gedruckt bei Hieronymus Hölzel, Nürnberg 1503.
31 Siehe The illustrated Bartsch 8, S. 267.
32 Das Gemälde befindet sich im Puschkin Museum, Moskau.
33 Altarflügel für die Schloßkirche in Wittenberg, heute Dresden, Gemäldegalerie Alte Meister; siehe Ausstellungskatalog Deutsche Kunst der Dürer Zeit, Dresden 1971, S. 122–124, Nr. 142; F. Anzelewky, 1991, S. 140, Nr. 40.
34 Holzschnitt in: Diurnale Secundum Chorum Basiliensis. Gedruckt bei Johann Bergmann von Olpe, Basel 1499; Abb. in: W. Hütt (Hrsg.), Albrecht Dürer 1471–1528. Bd. 2, S. 1423.

GRIFFWAFFEN FÜR HIEB UND STOSS

Schwerter

Schwerter waren als Griffwaffen über Jahrtausende hinweg wichtige Haupt- oder Zweitwaffen von Reitern und Fußkämpfern. Das in einem Leibgurt oder Gehänge getragene Schwert gehörte zum äußeren Erscheinungsbild eines freien, geachteten Mannes. Es dokumentierte, insbesondere im Mittelalter und der Zeit der Renaissance, die gesellschaftliche und soziale Stellung des Schwertträgers. In der Art, wie es getragen, zum Kampf erhoben oder gebraucht wurde, drückten sich entweder Pose, Überheblichkeit, Stärke, Bedrohung oder Grausamkeit aus. Das Schwert war auch Sinnbild der Macht und Würde, es gehörte zu den Reichskleinodien, unter den Kurfürsten trug es symbolisch der Hofmarschall, im städtischen Gemeinwesen gehörte es zur Statue des Roland, es war Zeichen der Gerichtsbarkeit und Werkzeug der strafenden Gerechtigkeit. Als Attribut kennzeichnete es bestimmte Heiligendarstellungen und in Wort und Bild gaben die Menschen es Göttern und Heroen in die Hand, damit sie in gleicher Weise, wie sie selbst, ihre Kämpfe miteinander ausfechten konnten. Wegen dieser mannigfaltigen Bezugspunkte haben Schwerter bis in die heutige Zeit hinein hohe Symbolbedeutung behalten. Erinnert sei nur an die Losung „Schwerter zu Pflugscharen" und an den sowjetischen Soldaten mit dem Kind auf dem linken Arm und dem Schwert in der rechten Hand am Ehrenmal in Berlin-Treptow. Bei Albrecht Dürer steckt im Entwurf für eine Gedächtnissäule zum deutschen Bauernkrieg ein Schwert im Rücken des sitzenden Bauern.[1]

Wie die Stangenwaffen so hat Dürer auch Schwerter zahlreich und differenziert in Kunstwerke aufgenommen. Er muß beide Waffentypen insbesondere im Nürnberger Zeughaus eingehend studiert haben. Die in der Spätgotik und der Renaissance die Kunst beherrschenden weltlichen, religiösen und mythologischen Themen verlangten vom Künstler Kenntnisse über Waffen und ihre Einbindung in entsprechende Themen der Kunstwerke. Hierbei lassen sich für Albrecht Dürer bestimmte Entwicklungsschritte feststellen, die mit seinen Aufgaben und Aufträgen zusammenhängen.

Schweizerdegen in Buchillustrationen

Die erste Phase bis etwa 1494 wurde weitgehend bestimmt durch Aufträge für Buchillustrationen. Die

Abb. 33 **Davus, Pamphilus und Charinus** *diskutierend. Buchillustration zu der geplanten Ausgabe der Komödien des Terenz. Holzschnitt, Basel, um 1492. Basel, Öffentliche Kunstsammlung, Kupferstichkabinett. In den Illustrationen verwendete Dürer Waffen, die in seinem Aufenthaltsgebiet üblich waren. Typische Schweizer Griffwaffen – Schweizerdegen, Schweizerschwert und Schweizerdolch – sind durch ein Gefäß mit Knaufbalken und unterem Griffabschluß, die zueinander hin gebogen sind, gekennzeichnet.*

Abb. 34 **Schweizerdolch**, 1564. Berlin, Deutsches Historisches Museum, Zeughaussammlung. Die Waffe hat das typische Gefäß der Schweizerdegen und -dolche des 15. und 16. Jahrhunderts mit zueinander gebogenen Enden der Griffhülse. Die Scheide des kostbaren Schweizerdolches besteht aus vergoldetem Messingguß mit Darstellung der Apfelschußszene des Wilhelm Tell.

Kenntnisse waren noch gering und manche Waffen sind in der Form phantasievoll gestaltet.[2] Deutlich wird jedoch, daß er während seiner Tätigkeit in Basel Schweizer Waffentypen bevorzugte. Bei Vorzeichnungen und Holzschnitten für die Buchillustrationen zu den Komödien des Terenz, um 1492, kennzeichnen die Griffwaffen weitgehend den gesellschaftlichen Stand des Trägers oder sind Accessoires zur zivilen Kleidung.[3] Junge zum Kriegsdienst geeignete Männer tragen auf diesen Illustrationen den Schweizerdegen oder das Schweizerschwert. Diese Waffentypen werden in der Historischen Waffenkunde mit dem Attribut „schweizerisch" versehen, weil sie nur in Schweizer Kantonen gebräuchlich waren oder von Schweizer Söldnern im Dienste fremder Kriegsherren geführt wurden.[4] Charakteristisch bei diesen Waffen und auch beim Schweizerdolch sind die gleichartigen Gefäße: das gerundete Griffstück aus Buchs-, Birn- oder Kirschbaumholz endet oben in einen Knaufbalken mit Eisenplatte und unten in ein eisenunterlegtes ausladendes Parierstück; Knaufbalken und Parierstück sind mit den Enden zueinander, das heißt zum Griff hin, gebogen.[5] Das ist ein vorherrschendes Merkmal. Die Hauptwaffen der Schweizer Fußkämpfer waren der Langspieß oder die Helmbarte, die kurze Griffwaffe war für den Nahkampf im Handgemenge vorgesehen.

Die Blankwaffen in den Vorzeichnungen zu den Komödien des Terenz entsprachen dem allgemeinen Duktus der Entwürfe schlechthin, zu denen Friedrich Winkler bemerkte: „Die Risse waren darauf angelegt, dem Formschneider die Arbeit nach Kräften zu erleichtern. Kühne und verwickelte Bildanlagen, malerisch reiche Aspekte finden sich nicht, die Linienführung ist von einer gleichmäßig dünnen und gläsernen Kraftlosigkeit und Helligkeit."[6] Neben den Degen und Schwertern sind weitere schweizerische Waffen von Dürer bevorzugt worden. Sie gehören in die Gruppe der Haus- und Bauernwehren, in der Schweiz als „Rugger" bezeichnet.[7] Diese Waffen werden in unterschiedlichen Formen von dargestellten Bauern oder älteren Männern getragen.[8] Manche Typen entsprechen den in deutschen Ländern üblichen Bauernwehren.[9] Da diese Waffen weitgehend von Dorfschmieden hergestellt wurden, lassen sie sich nicht so deutlich klassifizieren. Auffällig sind Säbel, deren Klingen nach vorn breiter werden, statt in eine Spitze vorn breit endend oder mit weit schräg ansetzender Rückenschneide (Roemer, Taf. 11, 30, 34). In zwei Fällen ist der Säbelgriff fälschlicherweise zum Klingenrücken hin gebogen (Roemer, 24, 26). Die vorn allzu gerundeten Klingen der Säbel können auch nicht als realistische Wiedergabe gewertet werden (Roemer, 16, 19).

In den Vorzeichnungen zu den Komödien des Terenz sind die Scheiden hell oder eine dunkle Färbung ist durch Längsstriche angedeutet. In den wenigen gedruckten Holzschnitten der Komödien sind einige Blankwaffenscheiden schwarz getönt, wie es in Holzschnitten des 15. Jahrhunderts oft üblich war.

Bei den Illustrationen für den „Ritter vom Turn", 1493, wird deutlich, daß Dürer wegen der inhaltlich

*Abb. 35 **Aeschinus, Demea und Micio**. Illustration zu Adelphi. Abdruck vom Holzstock zu den Komödien des Terenz, um 1492. Basel, Öffentliche Kunstsammlung, Kupferstichkabinett.*
Der mittlere Mann trägt eine in der Schweiz zu der Zeit übliche säbelartige Bauernwehr, Rugger genannt, mit aufgenieteten Griffschalen und kurzer S-förmiger Parierstange.

sehr verschiedenartigen Szenen mit unterschiedlichen Standespersonen Schwerter in Typ und Form mehr differenziert als in den Komödien.[10] Der israelitische Ritter, zwar in mitteleuropäischem Harnisch dargestellt, führt ein Hiebschwert mit säbelartiger Klinge, die sich nach vorn verbreitert und am Ende schräg abgeschnitten ist (Schramm 1014). Die Waffe sollte die fremdländische Herkunft des Ritters kennzeichnen. Der Seiler ersticht den Mönch und seine Frau mit einem Schwert zu anderthalb Hand. Bei dem Typ ist der Griff nur so lang, daß die zweite Hand zur Hälfte den Knauf umfaßt (Abb. 37). Durch die szenische Gestaltung wird der Seiler zum Linkshänder. Herodes ersticht seine Frau mit einem Kurzschwert, dessen Knauf dem italienischen Typ der Cinquedea gleicht (Schramm 1018). In der Szene „Jehu enthauptet Isabel" (Schramm 1020) hat das Schwert die Form eines wirklichen Richtschwertes, das mit zwei Händen gehandhabt wurde. Bei Salomos Urteil (Schramm 1023) wird das Schwert als

*Abb. 36 **Demea und Micio**. Illustration zu Adelphi. Abdruck vom Holzstock zu den Komödien des Terenz, um 1492. Basel, Öffentliche Kunstsammlung, Kupferstichkabinett.*
Demea trägt hier eine Bauernwehr mit gerader Klinge und einem waagerecht zum Griff stehenden Parierdorn.

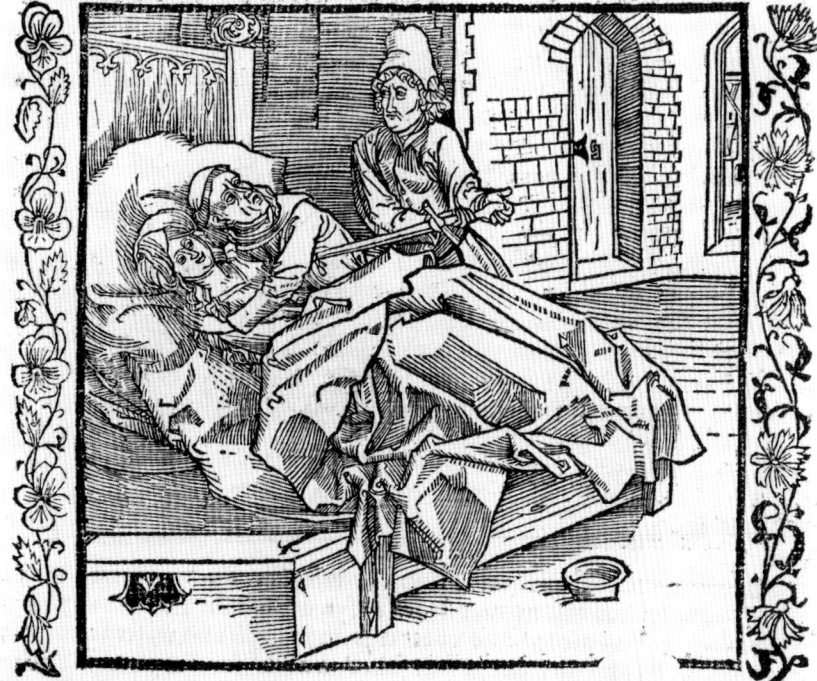

Abb. 37 **Der Seiler findet den Mönch wieder bei seiner Frau** *und ersticht beide. Buchholzschnitt aus „Der Ritter vom Turn", Basel 1493. Berlin, Staatliche Museen Preußischer Kulturbesitz, Kupferstichkabinett.*
Die Darstellung läßt die Handhabung eines Schwertes zu anderthalb Hand erkennen, bei der eine Hand den Knauf umfaßt.

Gerichtssymbol, wie es üblich war, senkrecht mit der Spitze nach oben getragen. Die langen Schwerter in der Darstellung „Eine Römerin kämpft an Stelle ihres Mannes in einem Zweikampf" (Abb. 86) entsprechen den Reiterschwertern dieser Zeit. Eine weitere Szene vermittelt einen Zweikampf von Rittern im Harnisch mit Schwertern, bei der dem einen Ritter im Fußkampf das Schwert aus der Hand geschlagen worden war. Dieser hatte seine Waffe sehr schnell vom Boden aufgenommen, sie nun vorn an der Klinge erfaßt und als Schlagwaffe erhoben (Schramm 1029). Während alle Scheiden auf den Illustrationen hell getönt sind, sind sie auf dem Titelblatt und dem letzten Blatt „Der Ritter vom Turn überreicht seinen Töchtern das Buch", wiederum in alter Manier schwarz (Abb. 87).

Dürer hatte sich, wie deutlich wird, wegen der Thematik in dem Druckwerk des „Ritter vom Turn" Kenntnisse über Waffen – und wie noch aufgezeigt werden soll auch über Harnische – angeeignet. Gegenüber den einfachen Illustrationen in diesem Werk erforderten die nächsten hochgesteckten Aufgaben für Holzschnitte und Kupferstiche, die sich der Künstler stellte, ein weiteres genaues Studium von Waffentypen und eine noch wirksamere Einbindung des einzelnen Objektes in die jeweilige szenische Gestaltung.

Kampf der Engel mit Anderthalbhändern

Einige Holzschnitte der „Apokalypse" von 1497/98, verdeutlichen in einzigartiger Weise die künstlerische Abstimmung zwischen dem thematischen Gehalt des Kunstwerkes und der Auswahl bestimmter Waffen. Für Szenen der Bedrohung des Menschengeschlechtes durch göttliches Strafgericht wählte Dürer einen Schwerttyp mit langer, kräftiger, zum Hieb und Stoß geeigneter Klinge, den Anderthalbhänder. Symbolisch zweigt dieses Schwert auf dem Holzschnitt „Johannes erblickt die sieben Leuchter" diagonal vom Munde Christi, des Menschensohnes, ab.

Die Teile eines Schwertes waren zum Ausgleichen des Schwergewichtes nach festen Maßverhältnissen gefertigt worden. Je länger die Klinge, desto länger der Griff und umso schwerer der Knauf und breiter die Parierstange. Für derartige harmonische Proportionen hatte Dürer als gelernter Goldschmied ein geübtes Auge, und er verwendete diesen von Reitern bevorzugten Waffentyp in vielen anderen Werken. Schwerter auf Holzschnitten von Lucas Cranach d.Ä. sind beispielsweise nicht mit diesen genauen Proportionen und in dieser Feingliedrigkeit wiedergegeben wie durch Albrecht Dürer. Alles ist dort gröber und ungenauer.

Mit kurzen Griffwaffen, wie den in Italien nach antikem Vorbild bevorzugten Schwertern, den Schweizerdegen oder den kurzen Landsknechtsschwertern konnten bedrohliche Situationen, wie auf den Blättern der Apokalypse, nicht so wirkungsvoll veranschaulicht werden.[11] Deutlich erkennbar sind bei den Anderthalbhändern in Dürers Kunstwerken der zur Mitte hin anschwellende Griff. Als Knauf bevorzugte er den Scheibenknauf mit runden Vertiefungen oder Erhöhungen im Zentrum, manchmal auch mit gefasten Rändern. Etwa 40 derartige Knäufe lassen sich in seinen Werken feststellen, jedoch auch weitere 15 verschiedenartige Typen. Kaum ein Schwert gleicht in den Feinheiten dem anderen.[12]

Dürer entscheidet sich meistens für das einfache Gebrauchsschwert des Anderthalbhänders aus dem 15. Jahrhundert und stattete sowohl Ritter, gelegentlich auch Könige und Fürsten, vereinzelt auch Bauern damit aus, ohne dabei die Standesunterschiede zu

Abb. 38 ***Johannes erblickt die sieben Leuchter***. *Holzschnitt der Apokalypse, 1498. Berlin, Deutsches Historisches Museum. Das Schwert am Munde Christi symbolisiert das göttliche Strafgericht.*

berücksichtigen. Auch entsprechende Heilige und personifizierte Begriffe und Eigenschaften tragen dieses Schwert.

In Holzschnitten der Apokalypse stecken die Waffen nicht in der Scheide, so daß auch die Formen der Schwertklingen erkennbar sind. Bei Waffen verfügte Dürer über ein großes Wissen und zeigte sich stets gestaltungsfreudig. Sechskantige Klingen, Gratklingen mit rautenförmigem Querschnitt, Klingen mit breiten Hohlkehlen oder mit beiderseitigen Hohlkehlen neben einer Mittelrippe, mit Hohlkehle, die im unteren Drittel in einen Mittelgrat übergeht oder eine einschneidige Rückenklinge mit Spitze in der Rückenlinie, alle diese Formen hat er bei zehn in ganzer Länge sichtbaren Schwertern auf Holzschnitten der Apokalypse wiedergegeben.[13] Zwei Schwerter besitzen keine gerade oder geschweifte Parierstange, sondern einen Handschutz, der in einen offenen Griffbügel übergeht, eine Form, die zur Dürerzeit vorwiegend in Italien verbreitet war.[14] Für einige Werke Dürers lassen sich Anregungen in Inhalt und Form durch Antonio Pollaiuolo (1429–1498) feststellen.[15] Für die beiden Schwerter mit offenem Griffbügel darf das ebenfalls angenommen werden. Auf dem Gemälde von Antonio Pollaiuolo „Der heilige Michael im Kampf mit dem Drachen" (Florenz, Museo Bardini), um 1470/80, schwingt der Erzengel nicht nur ein ähnliches Schwert, sondern auch die Handhaltung des Schwertes stimmt mit der des rechten Engels auf Dürers Holzschnitt „Die vier Euphratengel" (Abb. 41) überein.[16] Auf dem Gemälde hält der heilige Michael gegen den gefährlichen aufgerissenen Rachen des Drachen einen kleinen Faustschild, ohne damit etwas bezwecken zu können. Vermutlich wurde Dürer für den Holzschnitt „Die vier Windengel und die Versiegelung der Auserwählten" (Abb. 155) der Apokalypse angeregt, den Engel, der zum Schwerthieb gegen den personifizierten blasenden Wind ausholt, zur Abwehr symbolisch ebenfalls einen Faustschild in die Hand zu geben.

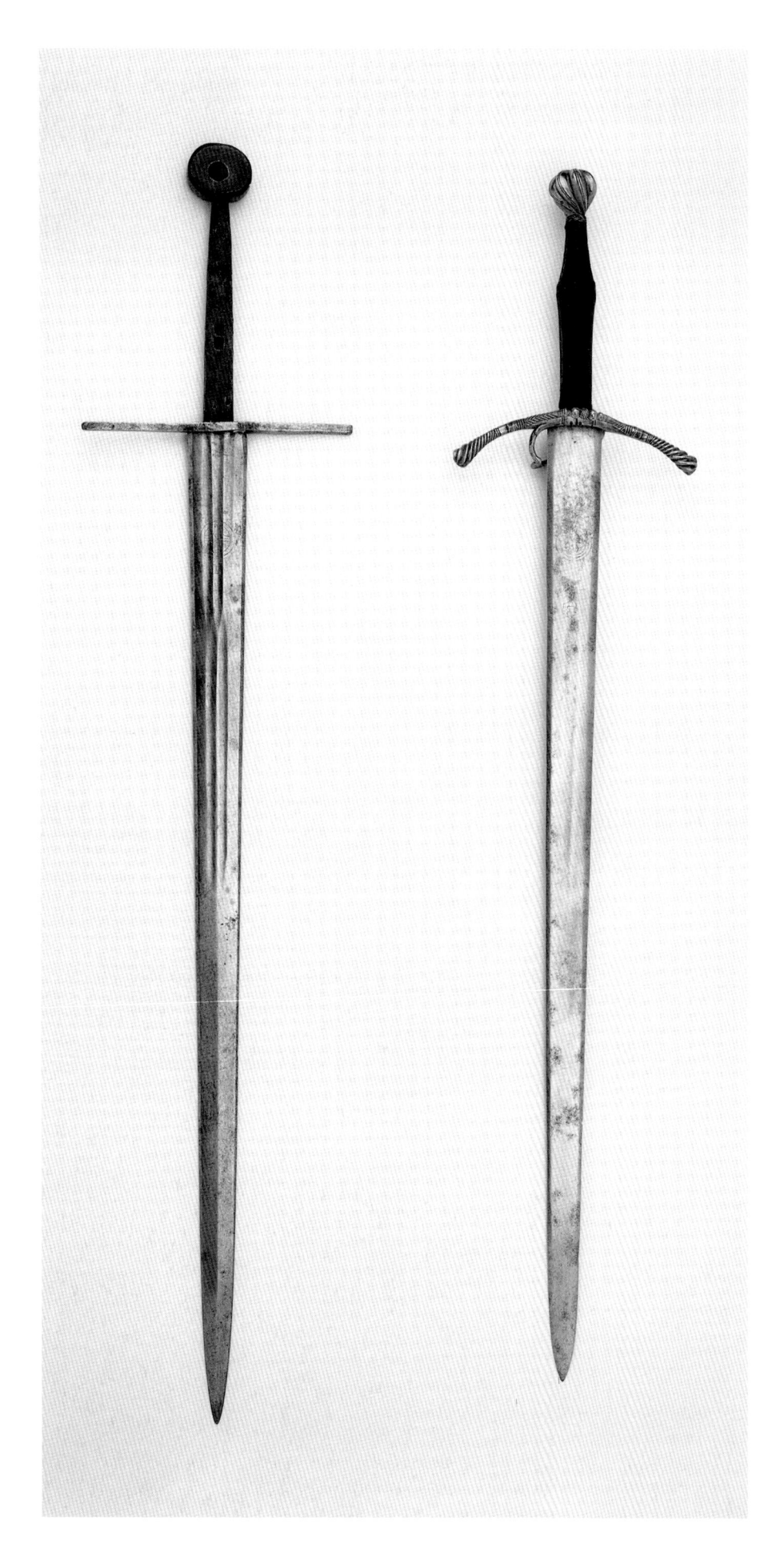

Wie es auch für andere Fälle nachgewiesen ist, hielt sich Dürer nicht streng an das Vorbild von Pollaiuolo, sondern variierte nach seinen Vorstellungen und Gestaltungsabsichten. Die Knäufe der Waffen haben eine andere Form als bei Pollaiuolo und die Klinge besitzt zwar die Spitze in der Rückenlinie – das war bei Schwertern der Zeit in Deutschland selten – es fehlt jedoch die konkave Einbuchtung vor der Klingenspitze. In Holzschnitten der Apokalypse

Abb. 39 **Schwerter zu anderthalb Hand** *(Anderthalbhänder), deutsch, 1. Viertel 15. Jahrhundert und um 1520. Berlin, Deutsches Historisches Museum, Zeughaussammlung.*
Der Schwerttyp mit langer zum Hieb und Stoß geeigneter Klinge und mit Scheibenknauf wurde von Albrecht Dürer, insbesondere für Reiter und für symbolische Darstellungen, wegen seiner ausgewogenen Proportionen zwischen Griff, Parierstange und Klinge als Gestaltungsmittel bevorzugt. Das zweite Exemplar mit dem typischen Griff für Anderthalbhänder zeigt den seit dem beginnenden 16. Jahrhundert bevorzugten Typ mit birnförmigem Knauf.

Abb. 40 **Heilige Katharina**, *um 1495. Federzeichnung. Berlin, Staatliche Museen Preußischer Kulturbesitz, Kupferstichkabinett. Die hl. Katharina ist mit den Attributen des bei der Hinrichtung zerbrochenen Rades und des Schwertes, mit dem sie dann enthauptet wurde, dargestellt. Das sehr lange Richtschwert hat die Form eines deutschen Zweihänders mit Scheibenknauf, gefurchtem lederumwickeltem Griff und gerader Parierstange mit Endknäufchen.*

Abb. 41 **Die vier Euphratengel**. *Holzschnitt der Apokalypse, 1498. Berlin, Deutsches Historisches Museum. Kraftvoll geführte Schwerthiebe der Engel symbolisieren die geweissagte Vernichtung eines Drittels der Menschheit. Eine in den Lüften heranstürmende Reiterschar auf Pferden mit feuerspeienden Löwenköpfen hilft bei dem Vernichtungswerk. Von zehn Schwertern in der Apokalypse gestaltete Albrecht Dürer sieben mit unterschiedlichen Klingenformen.*

lassen sich jedoch auch einige Unzulänglichkeiten in der Handhabung des Schwertes feststellen, die durch gestalterische Absichten und die Dichte des Dargestellten bedingt sind. Sie betreffen die verkrampfte Armhaltung beim beabsichtigten Schwerthieb. Auf dem Holzschnitt „Die vier apokalyptischen Reiter" (Abb. 42) sollte das Schwert deutlich sichtbar sein und nicht hinter dem Kopf des anderen Reiters verschwinden.[17] Dadurch entstand eine verdrehte Armhaltung. Eine verkrampfte Armbewegung liegt auch beim Engel oben rechts im Bild von „Michaels Kampf mit dem Drachen" (Abb. 151) vor. Ein

Abb. 42 ***Die vier apokalyptischen Reiter****.*
Holzschnitt der Apokalypse, 1498. Berlin, Deutsches Historisches Museum.
Der Reiter mit Bogen und Pfeil verkörpert die Pestgefahr, der mit erhobenem Schwert den Krieg und der mit der weit ausschwingenden Waage die Teuerung und den Hunger, alle drei werden begleitet vom Tod mit einer dreizinkigen Gabel.

Schwerthieb erfolgte von hinten über die rechte Schulter hinweg oder daran vorbei und nicht von der gegenüberliegenden Körperseite. Die Flügel der Engel sollten nicht durch das Schwert verdeckt werden, dieses aber vor dem schraffierten Hintergrund sichtbar sein.

Schwerter in vielerlei Gestalt

In einigen Werken aus der Zeit zwischen 1493 bis 1503 stattete Dürer Männer in ziviler Kleidung, aber auch einige Kriegsleute, mit einer kürzeren Griffwaffe aus, die durch einen typischen Messergriff gekennzeichnet ist. Diese Waffe hatte eine zwei- oder einschneidige Klinge und konnte auch für den Fangstoß bei der Jagd verwendet werden. Mit längerer Klinge wird sie als Jagdschwert bezeichnet.[18] Auf den Schwertgriff sind Griffschalen aufgenietet oder zwischen Griffkappe und dem Auflager eingebunden. Zum ersten Mal trägt in Dürers Werken ein Ritter in ziviler Kleidung eine derartige kurze Waffe auf einem Holzschnitt im „Ritter vom Turn", 1493.[19] Dieses Schwert hat eine große Griffkappe, aufgenietete Griffschalen und eine horizontal S-förmig gebogene Parierstange.

In der Lederscheide der Jagdwaffe steckten oft zwei Messer und manchmal zusätzlich ein Pfriem oder eine Spicknadel. Diese Ausstattung mit zwei Messern in der Lederscheide einer Waffe sind auf dem Gemälde „Die Kreuztragung Christi" (A. 24) – eine Tafel des Altars der „Sieben Schmerzen Mariae", um 1494/95 – und auf dem Kupferstich „Der Spaziergang", um 1496 (M. 83) zu erkennen.[20] Beide Waffen stimmen in Details – mit Ausnahme der Griffschalen – weitgehend überein: die Griffkappe ist auf der Oberseite gekerbt oder gebuckelt, die Parierstange vertikal leicht S-förmig gebogen, in kleine Knöpfchen endend, die Besteckteile in der Scheide reichen dicht an die Parierstange heran, was bei diesem Waffentyp nicht immer der Fall ist. Beim genannten Altar meinen einige Forscher, daß nicht alle Tafeln von Dürers eigener Hand stammen.[21] Diese Feststellung über die gleichartige Griffwaffe kann vielleicht zu der einen oder anderen Entscheidung darüber beitragen.

In mehreren Werken Dürers vom Ende des 15. und Anfang des 16. Jahrhunderts tragen auch Landsknechte die kürzere Griffwaffe mit Messergriff. Zu nennen sind hier: der Krieger mit Langspieß auf dem

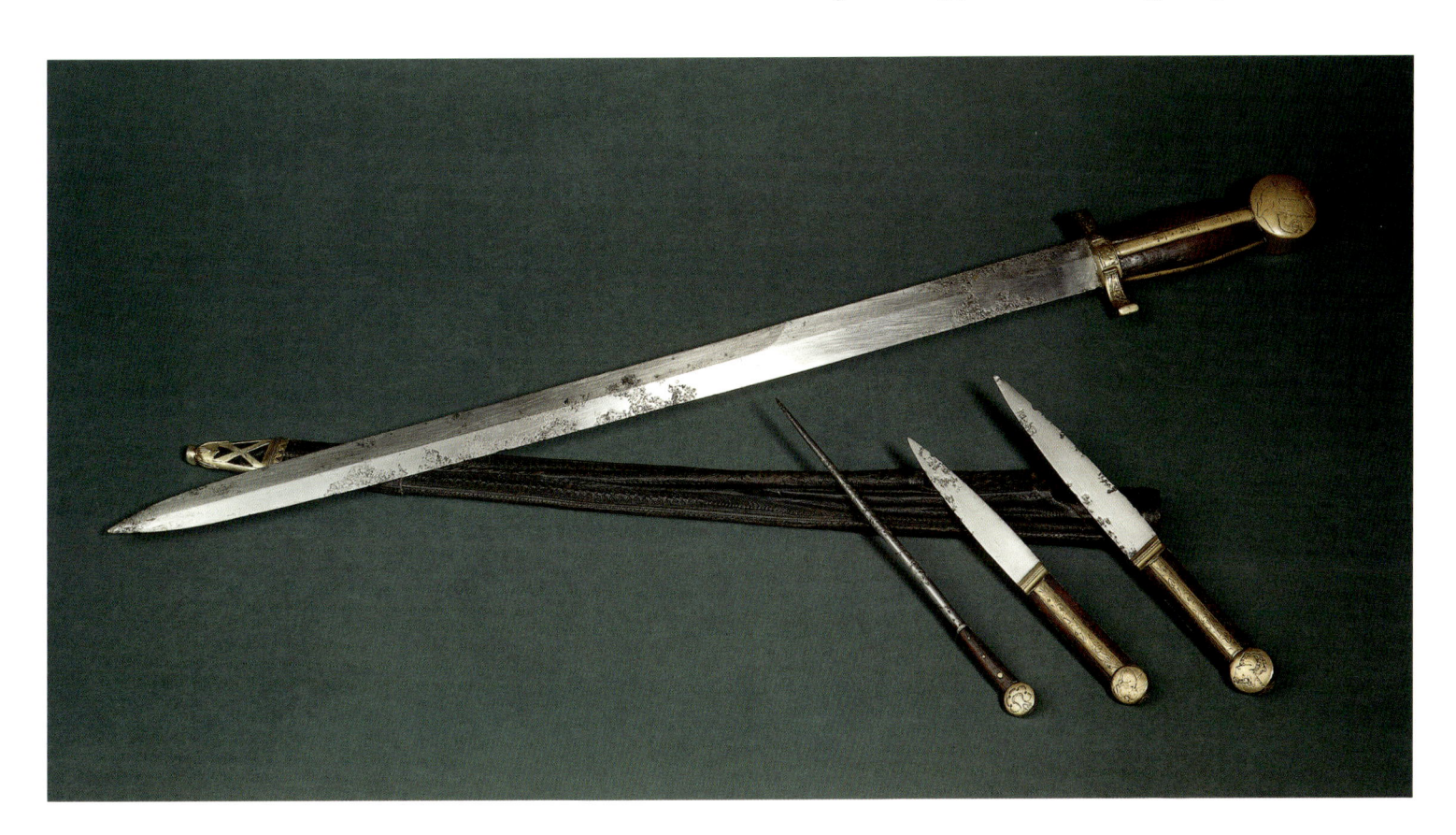

Abb. 43 **Das Liebespaar und der Tod** *(Der Spaziergang), um 1498. Kupferstich. Berlin, Staatliche Museen Preußischer Kulturbesitz, Kupferstichkabinett. Das zur zivilen Kleidung getragene Schwert symbolisiert die gehobene gesellschaftliche Stellung des Mannes. Dürer hat deshalb die sonst an der linken Seite getragene Waffe in das Blickfeld des Betrachters gesetzt. Die Schwertform mit Besteckmessern in der Scheide diente auch als Jagdwaffe.*

Abb. 44 **Jagdschwert**, *Ende 15. Jahrhundert. Vermutlich Hans Sumersperger, Hall in Tirol. Berlin, Deutsches Historisches Museum, Zeughaussammlung. Die Schwertscheide enthält auf der Vorderseite drei Taschen für Besteckteile, zwei Messer und einen Pfriem. Die Messingknäufe sind graviert, auf dem Schwertknauf ein Basilisk und nagende Hasen, auf den Knäufchen der Besteckteile Löwe, Einhorn, Hasen und Blüte mit zapfenartiger Frucht.*

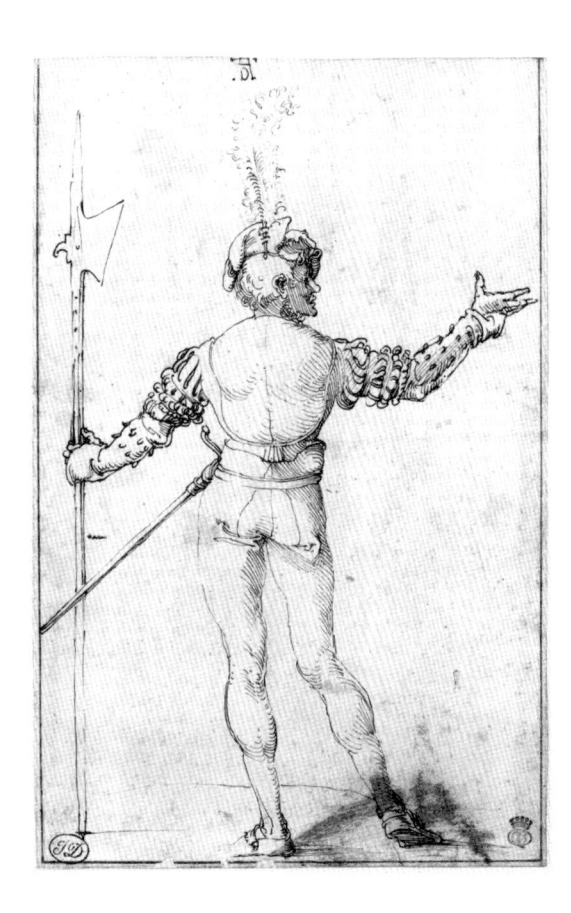

Abb. 45 **Landsknecht von rückwärts gesehen**, *1500–1502. Federzeichnung. Berlin, Staatliche Museen Preußischer Kulturbesitz, Kupferstichkabinett.*
Der Landsknecht trägt ein Bohrschwert mit starrer, drei- oder vierkantiger Klinge. Dieser Waffentyp wurde entwickelt, um in Lücken der Plattenpanzerung eindringen zu können. Dürer nutzt das Schwert gestalterisch als Diagonale zur senkrecht stehenden Helmbarte.

Kupferstich „Die sechs Kriegsleute", um 1495 (M. 81); der Helmbartenträger auf dem Holzschnitt „Ritter und Landsknecht", 1496/97 (M. 265) – der Reiter trägt ein Schwert zu anderthalb Hand; der Krieger mit Helmbarte auf der „Kreuztragung" der Großen Passion, um 1497/98 (M. 119) und „Der Fahnenschwinger", Kupferstich, um 1502/03 (M.

Abb. 46 **Christus vor Hannas**, *um 1509. Kleine Holzschnittpassion. Berlin, Staatliche Museen Preußischer Kulturbesitz, Kupferstichkabinett.*
In dieser Passion, die für einen größeren Käuferkreis bestimmt war, kennzeichnete Dürer Krieger des jüdischen Hohen Priesters durch besondere Rüstungsteile – Schuppenkappen, lange Röcke mit gesteppten Ärmeln – und Waffen, die nicht mit denen von Landsknechten übereinstimmten. Als Griffwaffen wählte er Kurzschwerter, über deren Griffe kleine Faustschilde gehängt sind.

92). Die Bewaffnung der Landsknechte mit Griffwaffen war nicht einheitlich, da der Angeworbene seine Waffe zum Kriegsdienst mitbrachte oder er diese gegen Abzug vom Sold erwerben konnte.

Einen weiteren speziellen Schwerttyp, der für den Kampf gegen Reiter im kompletten Harnisch entwickelt wurde, trägt auf einer Federzeichnung der „Landsknecht von rückwärts gesehen", um 1500–1502 (W. 253). Das lange Schwert mit schlanker Klinge wird Bohrschwert genannt.[22] Die starre Klinge von vierkantigem Querschnitt sollte beim Stoß gegen Harnischteile nicht zerbrechen und beim Abgleiten in eine Lücke des Harnisches eindringen. Die Federzeichnung verdeutlicht sehr anschaulich, wie stark Waffen durch ihre senkrechte oder diagonale Stellung wesentliche Akzente in der Bildgestaltung setzen können. Das gilt beispielsweise auch für die Parallele zweier Schwerter auf der Federzeichnung „Totilas Bekehrung durch Benedikt" (W. 209).

Die vorgenannten Arbeiten Dürers belegen, daß das typische kurze Landsknechtsschwert, der sogenannte Katzbalger, mit fächerartigem Griff und achtförmiger Parierstange im Umkreis Nürnbergs zu diesem Zeitpunkt noch nicht allgemein im Gebrauch war.[23]

Obwohl seit dem 15. Jahrhundert lange Zweioder Anderthalbhänder bevorzugt wurden, wird von Fußkämpfern auch in der Renaissancezeit das im Mittelalter bevorzugte Einhandschwert weiterhin geführt. Einflüsse aus Italien auf mitteleuropäische Bewaffnung sind dabei festzustellen.

In der Kleinen Holzschnittpassion kennzeichnete Dürer Krieger des Hohenpriesters nicht nur durch besondere Rüstungsteile, sondern auch durch Kurzschwerter, über deren Griff, wenn sie am Körper getragen wurden, kleine runde Faustschilde aufgehängt sind, deutlich zu erkennen bei der Gefangennahme Christi (M. 136), Christus vor Hannas (M. 138) und die Auferstehung Christi (Abb. 153).[24] Die Knäufe haben etwa eine Lilien- oder Kelchblattform. Eine so klare Abgrenzung gegenüber der Bewaffnung von anderen Kriegsknechten und Büttel läßt sich in den anderen Passionsfolgen nicht feststellen, obwohl auch hier vereinzelt, wie in der Kreuztragung der Albertina Passion, um 1495 (M. 111) Schwert und Faustschild kombiniert sind. Für den Gebrauch eines Schwertes in der dicht bei dicht stehenden Menschenmenge während der Gefangennahme Christi eignete sich ein kurzes besser als ein langes Schwert. Deshalb führt Petrus beim Hieb gegen das Ohr des Malchus in Dürers Szenen der Gefangennahme ein kurzes zweischneidiges Schwert. Auf dem Holzschnitt „Christus am Ölberg", um 1497/98 (M. 115) der Großen Passion hatte der Künstler Petrus ein Kurzschwert mit schlanker Klinge, lilienförmigem Knauf sowie mit zwei Besteckmessern in der Scheide bewußt deutlich sichtbar in die linke Hand gelegt. Mit dieser Waffe, mehr ein Dolch als ein Schwert, wäre es Petrus sehr schwer gefallen, einen wuchtigen Hieb auszuführen. Deshalb wählte Dürer für den erst 1510 ausgeführten Holzschnitt der Großen Pas-

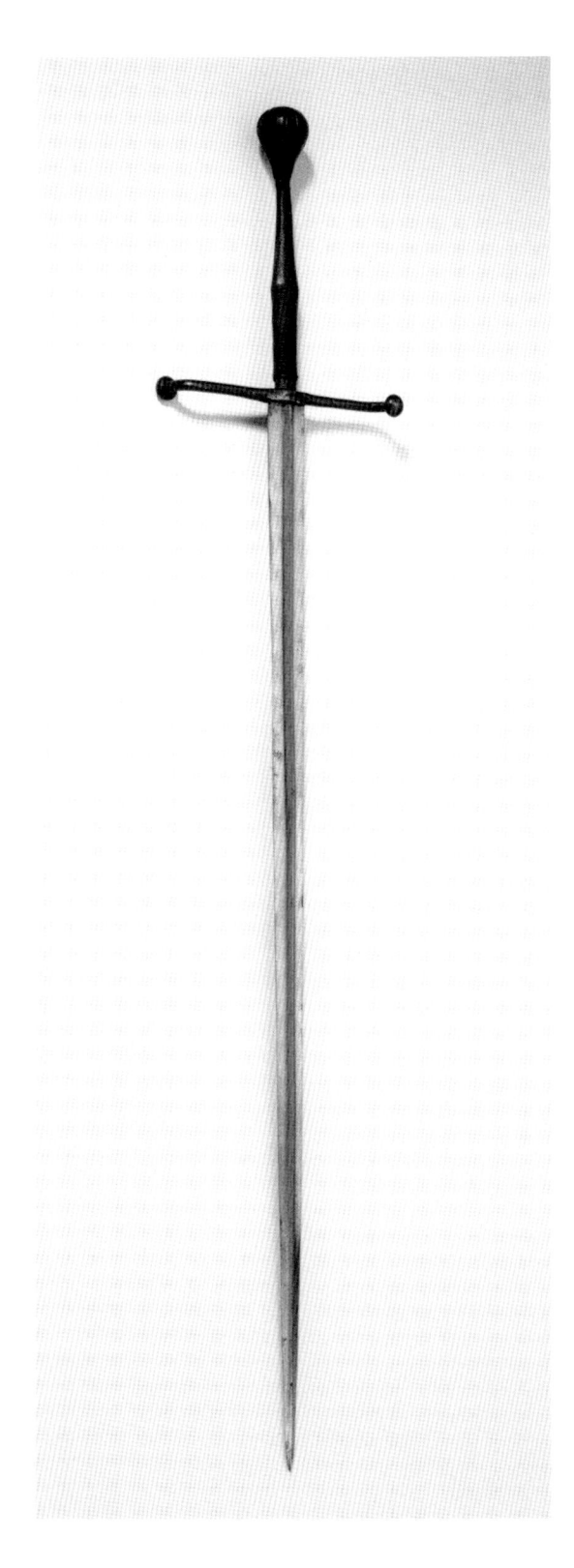

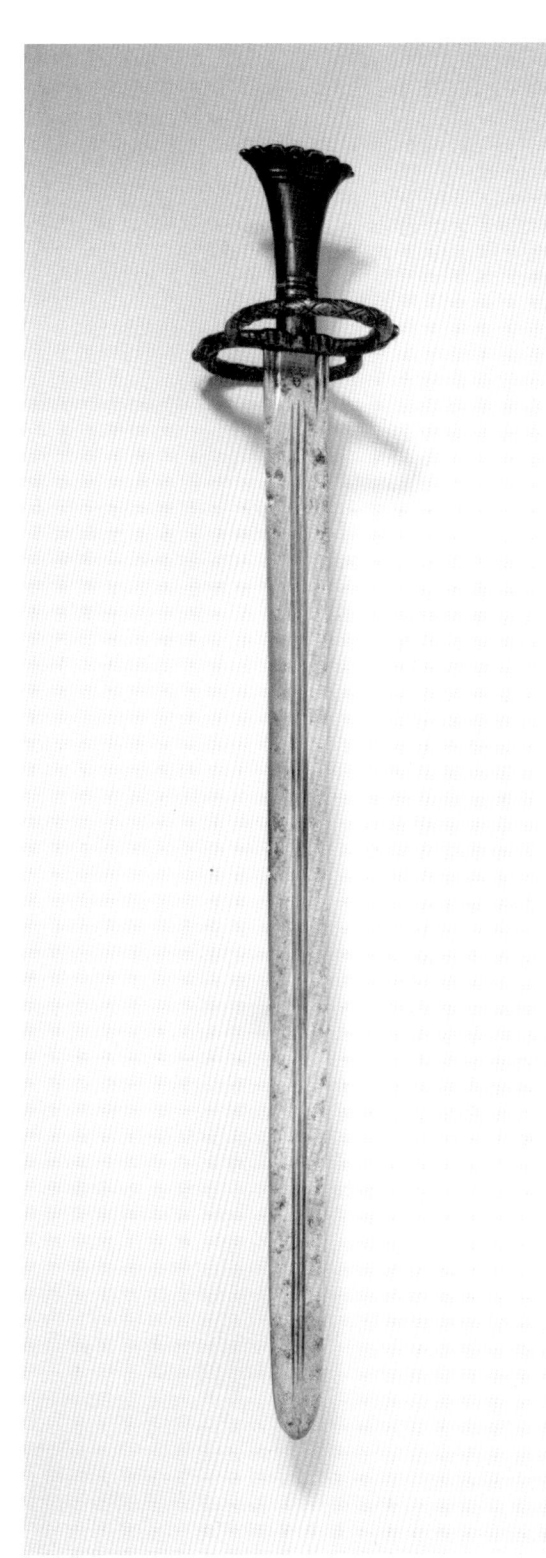

Abb. 47 **Bohrschwert**, *deutsch, 1. Drittel 16. Jahrhundert. Berlin, Deutsches Historisches Museum, Zeughaussammlung.*
Dieser Waffentyp ist vorwiegend als Anderthalbhänder konstruiert, damit die zweite Hand den oberen Teil des Griffes und den Knauf zum kräftigen Stoß umfassen kann. Die Klinge wird durch zwei kräftige Mittelrippen stabilisiert. Die S-förmige Parierstange gleicht der auf Abb. 45.

Abb. 48 **Landsknechtsschwert** *(Katzbalger), Gefäß süddeutsch, Klinge norditalienisch, 1. Viertel 16. Jahrhundert. Berlin, Deutsches Historisches Museum, Zeughaussammlung.*
Der in der Söldnersprache gebräuchliche Name Katzbalger geht auf den Begriff katzbalgen zurück, der raufen, sich streiten bedeutet. Typisch bei diesem Kurzschwert für den Nahkampf sind der fächerförmige Griff und die achtförmige Parierstange. Dürer verwendete diese Waffe mehrfach in den Randzeichnungen zum Gebetbuch Kaiser Maximilians I.

sion „Die Gefangennahme Christi" (Abb. 183) für Petrus ein längeres Schwert mit breiter Klinge aus.

Die folgenden Worte im Evangelium des Johannes, Kapitel 18, Vers 10, bilden den Ausgangspunkt für die dargestellte Szene während der Gefangennahme Christi: „Da hatte Simon Petrus ein Schwert und zog es aus und schlug nach des Hohenpriesters Knecht und hieb ihm sein rechtes Ohr ab. Und der Knecht hieß Malchus." Dieser Eigenname führte in der Historischen Waffenkunde dazu, daß ein spezielles Schwert in Deutschland „Malchus" benannt wurde.[25] Dieses einschneidige Hiebschwert mit gerader oder gekrümmter, nach vorn sich verbreiternder Klinge, die am Rücken vor der Spitze konkav eingezogen und manchmal angeschliffen war, wird auf orientalischen Ursprung zurückgeführt. Albrecht Dürer

Abb. 49 **Gefangennahme Christi**, *1504. Grüne Passion. Wien, Graphische Sammlung Albertina.*
In der dramatischen Szene hieb Petrus, um seinen Herrn zu verteidigen, dem Knecht Malchus mit einem Kurzschwert ein Ohr ab. Der Schwerttyp wird in der Historischen Waffenkunde deshalb als Malchus bezeichnet. Die kurze Klinge ist gerade oder leicht gekrümmt und hat eine konkave kurze Rückenschneide vor der Klingenspitze. Links vom Baum ein seltener Dolchstreitkolben.

Abb. 50 **Das kaiserliche Zeremonienschwert** *(Reichsschwert), um 1510. Federzeichnung in Blau, aquarelliert. Nürnberg, Germanisches Nationalmuseum.*
Dürer fertigte diese Vorzeichnung mit genauem Gefäß und mit etwa einem Drittel der Klinge nach dem Originalschwert in Nürnberg, um sie für das geplante Gemälde von Kaiser Karl dem Großen zu verwenden. Er bezeichnete es handschriftlich als „Keiser Karls swert", obwohl es erst aus dem hohen Mittelalter stammte.

Abb. 51 **Idealbildnis Kaiser Karls des Großen**, *um 1512. Gemälde auf Lindenholz. Nürnberg, Germanisches Nationalmuseum (Leihgabe der Stadt Nürnberg).*
Beim Vergleich mit dem in der Weltlichen Schatzkammer in Wien aufbewahrten Reichsschwert kann die fast genaue Wiedergabe durch Dürer festgestellt werden. Nur der Hohlschliff in der Mitte der Klinge läuft beim Original nicht bis zur Spitze aus. In der Vorzeichnung hatte Dürer nur das obere Drittel der Klinge erfaßt.

hat diesen Waffentyp, der bereits im hohen Mittelalter in Darstellungen vorkommt, zweimal dem Petrus zugeordnet (Abb. 49 und W. 797). In der Grünen Passion (W. 300) wird wiederum deutlich, welche Freude er an der Wiedergabe von waffentechnischen Details hatte. Unterhalb der Parierstange ist ein Fingerbügel zu erkennen, in dem der Zeigefinger der waffenführenden Hand liegt. Dieser Bügel diente der besseren Handhabung der Waffe und gleichzeitig dem Schutz der Hand. Am Malchustyp dürfte er sehr selten festzustellen sein.

Ob er bei der Aufnahme der Waffe für die Szene der Gefangennahme Christi durch die Hiebwaffen auf dem Kupferstich „Streit der nackten Männer", um 1470, von Antonio Pollaiuolo beeinflußt wurde, läßt sich schwer beweisen, zumal sich hier wiederum am Gefäß Griffbügel befinden, bei Dürer jedoch nicht.[26]

Auf zwei von ihm aufmerksam beobachtete Waffendetails an Schwertern sei noch hingewiesen. Auf dem Holzschnitt „Die Schaustellung Christi", um 1497/98 (Abb. 158), der Großen Passion ist die in der Spätgotik bei kostbaren Griffwaffen angewandte Verzierung des Lederschnittes an Scheiden bei dem Helmbartenträger rechts im Bild deutlich zu erkennen. Die Scheide hat, wie an erhaltenen Originalen nachweisbar, der Länge nach in der Mitte eine kräftige Naht, links und rechts davon sind Ornamente in das Leder geschnitten. Die Scheide des Schwertes von einem daneben stehenden Krieger ist auf der Sichtseite in ganzer Breite in Leder geschnitten.[27] Ein Landsknecht konnte sich im allgemeinen keine so kostbare Schwertscheide leisten. Entweder war es Beutegut oder Dürer wollte mit diesen Scheiden das Bild bereichern. Insbesondere in Szenen der Auferstehung Christi wurden den Wächtern von Künstlern in ähnlicher Weise oft kostbare Waffen und Rüstungsteile zugeordnet.²⁸

Das zweite berücksichtigte Kennzeichen bei vielen Schwertern ist der Scheidendeckel aus Leder, der verhindern sollte, daß Regenwasser in die Scheide eindringt. Er ist besonders gut am Schwert auf dem Holzschnitt „Die Vertreibung aus dem Paradies", 1510 (M. 127), der Kleinen Holzschnittpassion und auf der Federzeichnung „Die böhmische Trophäe", 1518 (W. 695, Abb. 177), zu erkennen.²⁹

Der in dicht gedrängten Gefechtshaufen, vorwiegend mit Stangenwaffen kämpfende Krieger zu Fuß benötigte für den Nahkampf ein kurzes Schwert. Etwa um 1500 entwickelten Handwerker den bereits erwähnten Katzbalger mit zweischneidiger Klinge, acht- oder brillenförmiger, horizontal angeordneter Parierstange und einen nach oben hin fächerförmig auslaufenden Griff ohne Knauf. Der sich wohl in der Sprache der Söldner herausgebildete Begriff „Katzbalger" darf von dem Herumbalgen von Katzen im Sinne von raufen oder streiten hergeleitet werden.

Es fällt auf, daß Dürer Söldner mit diesem Schwerttyp erst ab 1510 ausrüstete, und zwar vorwiegend bei Aufträgen für Kaiser Maximilian I., dem „Vater der Landsknechte". Auf dem Holzschnitt „Der Tod und der Landsknecht", 1510 (M. 239), trägt der Hellebardier ein Schwert, bei dem die stark S-förmige Parierstange noch nicht zu einer Acht geschlossen ist. Die Griffschalen sind aufgenietet, bei den meisten Katzbalgern besteht der Griff ganz aus Metall. Dürer hielt sich auch in weiteren Werken bei Landsknechtsschwertern nicht an den fächerartig zulaufenden Griff, sondern die Griffe enden in Knäufen. Auf einer Randzeichnung zum Gebetbuch Kaiser Maximilians I. mit dem Tod und einem Landsknecht (fol. 12 r) endet der Griff des Schwertes in einen Scheibenknauf, ebenfalls in der Szene Kampf von Bauern gegen Landsknechte (fol. 28 r) bei der Waffe des letzten Landsknechtes rechts im Bild (Abb. 161). In einer anderen Kampfszene (fol. 29 v) ist der Knauf vasenförmig. In der Gruppe von Musikanten (fol. 50 r) trägt der Trommler einen Schweizerdegen – vielleicht war er von Dürer als Schweizerknecht gedacht – und der deutsche Söldner, der Landsknecht, den Katzbalger. Griff und Knauf sind hier nicht deutlich zu erkennen. Auf einer weiteren Randzeichnung (fol. 55 r) hat das Schwert des Fußkämpfers, der seine Helmbarte gegen einen anreitenden geharnischten Ritter richtet, einen pilzkappenförmigen Knauf (Abb. 187). Auf der Zeichnung „Die drei Parzen mit einem Fürbittenden" (W. 705) rüstete Dürer jedoch auch in einer Szene mit antikem Sinngehalt den Fürbittenden, der nicht als Landsknecht zu deuten ist, mit einem Katzbalger aus.

Die Beispiele in den Werken von Dürer bestätigen, daß sich das typische Landsknechtsschwert, der Katzbalger, erst allmählich über Formvarianten mit Merkmalen anderer Schwerttypen herausbildete. Erst 1527 trägt der Landsknecht auf der Federzeichnung Dürers „Brunnen mit Fahnenträger" (W. 945) einen Katzbalger mit allen typischen Merkmalen.

Kleiner Fehler beim Reichsschwert

Zu den bedeutenden erhaltenen Zeremonialschwertern mit Symbolcharakter gehört das Schwert der Reichsinsignien deutscher Könige. Es wurde in Palermo vor 1220 für Kaiser Friedrich II. (1194–1250) gefertigt, der es zur Kaiserkrönung durch Papst Gregor IX. in Rom 1220 trug. Seitdem gehört es zu den Reichsinsignien. Kaiser Karl IV. (deutscher König seit 1346, Kaiser 1355–1378) ließ den ursprünglichen Knauf des Schwertes durch einen im 14. Jahrhundert bevorzugten Scheibenknauf ersetzen.³⁰ Auf einer Seite dieses silbervergoldeten Knaufes befindet sich der Wappenschild mit dem einköpfigen Reichsadler, auf der anderen das Wappen des Königreiches Böhmen mit dem zweischwänzigen Löwen. Der Griff und die Parierstange sind aus Holz, mit Goldplatten belegt und in Filigran sowie mit Emailleplättchen verziert.³¹

Nach wechselnden Standorten hatte König Sigismund (1410–1437, seit 1433 Kaiser) 1424 die Stadt Nürnberg als ständigen Aufbewahrungsort für die Reichsinsignien bestimmt. Dort lagerten sie in der Kirche des Hl. Geist-Spitals. Einen Tag lang konnten sie in jedem Jahr in der Heiltumsschau im Schopperschen Haus am Marktplatz besichtigt werden. Als französische Heere sich 1796 der Stadt Nürnberg näherten, wurden die Reichsinsignien verlagert und gelangten nach mehreren anderen Orten im Jahre 1800 an ihren heutigen Standort Wien.

Der Rat der Stadt Nürnberg beauftragte Albrecht Dürer, für den Raum zur Heiltumsschau im Schopperschen Haus Gemälde von Kaiser Karl dem Großen und von Kaiser Sigismund anzufertigen.³² Aus dem Jahre 1510 stammt eine Vorzeichnung von Albrecht Dürer für das Gemälde von Kaiser Karl, die er eigenhändig wie folgt beschriftete: „Das ist des heilgen großen keiser karels habitus" (Abb. 50). Den Grundtyp des Zeremonialschwertes mit Scheibenknauf und gerader Parierstange, jedoch ohne Dekor, hat er in diese Zeichnung bereits aufgenommen. Aus einer zweiten Federzeichnung mit Wasserfarben (W. 505) geht hervor, daß er das damals als Reichsschwert geltende und sich in Nürnberg befindende Exemplar originalgetreu als Zeremonialschwert in das Gemälde Kaiser Karls einfügen wollte. Der Kaiser trägt es geschultert in seiner rechten, den Reichsapfel in seiner linken Hand.

Daß Dürer dabei genau Details und Maße berücksichtigte, geht aus der Zeichnung, aber auch aus der eigenhändigen Beschriftung des Blattes hervor: „Dz ist Keiser Karls schwert nach dy recht gros und ist dy kling eben als lang als der Strick do mit dz papir awssen punden ist." Er wollte also das richtige Maßverhältnis des Schwertes zur Körpergröße des Kaisers berücksichtigen. Die Gesamtlänge des Originals in Wien beträgt 108,5 cm.³³ Die Zeichnung erfaßt jedoch nur etwa die Hälfte des Schwertes, die untere Klingenhälfte fehlt. Auf dem Gemälde reicht der längsgerichtete Hohlschliff in der Mitte der Klinge bis zur Spitze. Beim Original in Wien läuft er jedoch bereits mehrere Zentimeter vorher aus.[34] Bei mittelalterlichen Schwertern mit einem derartigen Hohlschliff hatten die Klingen vorn immer einen vollen Teil von ovalem Querschnitt. Sie waren dadurch stabiler und brachen bei einem Stoß gegen die Körperpanzerung des Gegners nicht so leicht ab. Weil Dürer nur die Hälfte der Klinge in die Zeichnung aufgenommen hatte, konnte er sich vermutlich bei der Ausführung am Gemälde nicht mehr genau an die Einzelheit der Klingenspitze erinnern. Diese kleine Unzulänglichkeit kann nicht den Wert der Zeichnung und des Gemäldes mindern, geben sie doch ein authentisches Bild über das Vorhandensein und den Erhaltungszustand des Zeremonialschwertes zur Zeit Dürers wieder.[35]

Bei anderen Darstellungen von Herrschern strebte Dürer nicht danach, die tatsächlichen Hoheitsschwerter in seine Werke aufzunehmen. Es sind in der Regel einfache Gebrauchsschwerter, die Könige und Fürsten führen. Auf dem Holzschnitt „Der Humanist Conrad Celtis übergibt sein Werk dem Kurfürsten von Sachsen, Friedrich dem Weisen" (M. XIV), trägt dieser, auf dem Thron sitzend, Kurhut und Kurmantel, jedoch als Hoheitszeichen links geschultert nur einen einfachen Anderthalbhänder mit Scheibenknauf, gerader Parierstange mit kleinen Endknäufchen und mit Gratklinge. Die Gefäßteile lassen keinen aufwendigen Dekor erkennen. Das Schwert stimmt nicht mit dem erhaltenen sächsischen Kurschwert überein, das von einem ungarischen Goldschmied am Hofe König Siegmunds I. zwischen 1419–1425 gefertigt wurde.[36] Dieser hatte es Herzog Friedrich I. von Sachsen bei einem feierlichen Anlaß 1425, zwei Jahre nach der Übertragung der Kurwürde, als Geschenk überreicht.

Lucas Cranach d.Ä. hatte einen Entwurf zum Grabmal Friedrichs des Weisen, das Peter Vischer d.J. 1525/27 goß, geliefert. Das Kurschwert auf diesem Bronzeguß, rechts geschultert getragen, stimmt in seiner Einfachheit und in seinen Bestandteilen weitgehend mit dem Schwert auf Dürers Holzschnitt überein.[37] Die beiden Darstellungen des Kurfürsten von Sachsen von Dürer und Cranach aber auch die Bildnisse zahlreicher anderer Künstler von Kaiser, Königen und Fürsten lassen erkennen, daß jene nicht verpflichtet waren, den Herrscher mit dem eigentlichen Schwert, das als Hoheitssymbol galt, abzubilden.

Auf der „Ehrenpforte" befinden sich unter Dürers Arbeiten zwei Herrscher mit Hoheitsschwert und Reichsapfel: Albrecht I., hier „der Sieghafte" genannt (1298–1308 König) und Friedrich III., als „der Andächtige" bezeichnet (König 1440, Kaiser 1452–1493).[38] Die Darstellung Albrechts zeigt besonders deutlich, daß Dürer, trotz seiner Vorliebe für Waffen, nicht bestrebt war, diese Gegenstände unbedingt um ihrer selbst willen bis in alle Feinheiten genau wiederzugeben. Aus gestalterischen

*Abb. 52 **Friedrich III., der Andächtige**, 1515. Holzschnitt (Detail) aus der „Ehrenpforte" Kaiser Maximilians I. Berlin, Staatliche Museen Preußischer Kulturbesitz, Kupferstichkabinett. Dürer stattete Friedrich mit einem Reichsschwert aus, das die Form eines Zweihänders mit einem ungewöhnlichen Griff besitzt. Dieser ist in der Mitte durch einen Kranz aus mehreren eiförmigen Buckeln in Abschnitte für je eine Hand gegliedert. Dadurch sollten bei Handhabung eines Kampfschwertes die Hände wohl festeren Halt erhalten.*

Gründen läßt er an der Rüstung die linke Harnischschulter und den darauf sitzenden hochstehenden Brechrand einfach weg und legt über die Schulter den Krönungsmantel. Dadurch fällt das Hoheitsschwert klar ins Blickfeld und wird nicht durch die Harnischteile unterbrochen. Die Klinge besitzt keinen Grat, auch keine Hohlschliffe, so daß sie sich klar gegenüber der seitlichen Schraffur abhebt. Es ist ein Einhandschwert mit gerader Parierstange und mit einem gebuckelten Knauf ohne weiteren erkennbaren Dekor.

Dürer verzichtete auch bei Friedrich auf den sonst bevorzugten Anderthalbhänder. Das Schwert ist durch den überlangen Griff als Zweihänder einzuordnen. Der Griff zeigt eine Besonderheit, die bei erhaltenen Schwertern dieser Art um 1515 wohl kaum in dieser ausgeprägten Form vorkommt. Eine knollenförmige Querabgliederung ermöglichte, daß für jede Hand ein abgegrenzter Griffteil vorhanden war, die Hände einen sicheren Sitz hatten und beim Schwerthieb nicht mehr verrutschen konnten. Albrecht Dürer könnte zu diesem Grifftyp durch einen Holzschnitt von Schongauer angeregt worden sein.[39] Bei den Proportionen des Schwertes von Dürer besteht ein Mißverhältnis zwischen Länge des Griffes und der Klinge. Das Verhältnis ist etwa 1:2, muß wegen des Gewichtsausgleiches zur besseren Handhabung aber

*Abb. 53 **Die Verlobung Maximilians I. mit Maria von Burgund**. Holzschnitt aus der „Ehrenpforte", 1515. Berlin, Staatliche Museen Preußischer Kulturbesitz, Kupferstichkabinett. Der Künstler setzte aus gestalterischen Gründen das im allgemeinen an der linken Seite getragene Schwert vor die Körpermitte, so daß der dekorative rautenförmige Knauf mit drei Endknöpfchen die helle glatte Fläche der Harnischbrust und die Klinge mit Scheide den Raum zwischen den Beinen beleben.*

etwa 1:3 betragen. Eine längere Klinge ließ sich jedoch nicht in die Bildkomposition einordnen. Ein weiteres Beispiel dieser Griffgliederung wird weiter unten behandelt.

Ein besonderes Schwert, das Dürer speziell für eine wirksame Bildgestaltung einsetzte, vermittelt der Holzschnitt „Die Verlobung Kaiser Maximilians und Maria von Burgund" auf der Ehrenpforte. Das im allgemeinen an der linken Körperseite schräg hängend getragene Schwert gibt Dürer dem Kaiser in die rechte Hand und setzt es senkrecht vor den Körper des Trägers. Dadurch belebt der selten so geformte rautenförmige Knauf mit kleinen Endknöpfchen die glatte bauchige Harnischbrust. Das Schwert betont zugleich eine Senkrechte gegenüber den waagerechten Linien der Wandgestaltung. Den gleichen Knauf und Griffbügel besitzt das Schwert eines Engels auf dem Holzschnitt „Die vier Euphratengel" der Apokalypse (Abb. 41).

Von den Heiligendarstellungen mit dem Schwert als Attribut soll hier nur auf die des Apostel Paulus näher eingegangen werden. Vier Federzeichnungen, ein Holzschnitt, ein Kupferstich und ein Gemälde mit dem Heiligen stammen von Albrecht Dürer. Das Schwert ist auf sechs Werken ein Anderthalbhänder mit Scheiben- oder doppelkonischem Knauf, wie es auch als Kampfschwert bekannt ist, und nur auf dem Gemälde handelt es sich um ein typisches Richtschwert, das sich in diesem Fall auf die Hinrichtung des Paulus mit dem Schwert bezieht. Seit dem 13. Jahrhundert ist das Schwert neben dem Buch Attribut des heiligen Paulus. Sehr variabel hat Dürer die Schwerthaltung auf den einzelnen Werken behandelt: Paulus auf einem Thron sitzend, hat das Schwert rechts geschultert (W. 440); stehend, das Schwert rechts geschultert (W. 591); sitzend, das Schwert mit der rechten Hand seitwärts gestellt (W. 473); stehend, das Schwert liegt auf dem Boden (W. 592, M. 47); stehend, das Schwert senkrecht vor den Körper haltend, die linke Hand an der Parierstange, die rechte den Knauf umfassend (M. 147). Die Übersicht zeigt, daß im Zusammenhang mit der Einbeziehung von Waffen in künstlerische Gestaltungen Dürer oft nach neuartiger Präsentation strebte.

Auf dem bekannten Gemälde „Der Apostel Paulus und der Evangelist Markus" (München, Alte Pinakothek) von 1526 (A.183) hält Paulus als Attribut mit der linken Hand das Buch, mit der rechten senkrecht, dicht am Bildrand, das Schwert. Abweichend von den anderen Schwertern ist es hier ein Zweihänderschwert, bei dem beide Hände den Griff umfassen. Es hat eine volle Klinge mit nur sehr kurzem Hohlschliff, einen kugelförmigen Knauf mit eingezogenem Knaufhals und in Griffmitte eine senkrecht mehrfach eingeschnittene kugelförmige Verdickung, die bei Richtschwertern ungewöhnlich ist. Auf den Zweck dieser Quergliederung des Griffes wurde bereits hingewiesen. Auch für den Scharfrichter kam es darauf an, daß er sein Henkerswerkzeug beim Todesstreich fest in den Händen haben mußte. Auf dem Holzschnitt „Die Enthauptung des heiligen Johannes des Täufers" (M. 231) von 1510 könnte bereits eine ähnliche Griffgliederung, die hier zum Teil von der Hand verdeckt ist, vorhanden sein.

Dolche

Albrecht Dürer hatte auch gute Kenntnisse über die verschiedenen Dolchtypen, die vom 14. bis in die ersten Jahrzehnte des 16. Jahrhunderts verbreitet waren. Diese kleine Seitenwaffe gehörte zur Kleidung, also zum äußeren Erscheinungsbild des Mannes, wenn er kein Schwert trug oder das Tragen innerhalb einer Stadt verboten war. In Werken Dürers tragen Angehörige der verschiedensten Stände einen Dolch: Adlige, Landsknechte, wohlhabende Bürger, Handwerker, Künstler oder Büttel. Sie sind nicht durch einen bestimmten Dolchtyp voneinander abgegrenzt, wie es beispielsweise in manchen Städten der Fall war, in denen für Lohn arbeitende Männer und Lehrlinge keine langen Dolche, „stekemest" genannt (Stechmesser) tragen durften.[40]

Neben Dolchen, die in der Griff- und Klingenform mit Schwerttypen übereinstimmten, werden in der Historischen Waffenkunde spezielle Dolchtypen, die durch Griffmerkmale leicht zu erkennen sind und die auch in Werken Dürers vorkommen, unterschieden: Scheibendolche mit flachen, den Griff begrenzenden runden Scheiben; Ohrendolche mit am oberen Griffende schräg gestellten runden Ohren; Nierendolche mit nierenförmigen kleinen Knöllchen am unteren Griffabschluß und Schweizerdolche mit Balkenknauf und gleichartigem Parierstück, die beide zum Griff hin gebogen sind.[41] Dürer hat für die Buchillustrationen in der Zeit seines Baseler Aufenthaltes und bis etwa 1500 die Dolchtypen oft nicht genau mit ihren Typenmerkmalen wiedergegeben. Der Schweizerdolch hat beispielsweise das für ihn typische Parierstück, aber einen vom Typ abweichenden Knauf.[42] In Skizzen sind manche Dolche auch flüchtig gezeichnet. In Werken der folgenden Schaffensperioden wird deutlich, daß er sich nun mit diesen Waffentypen genauestens auskannte.

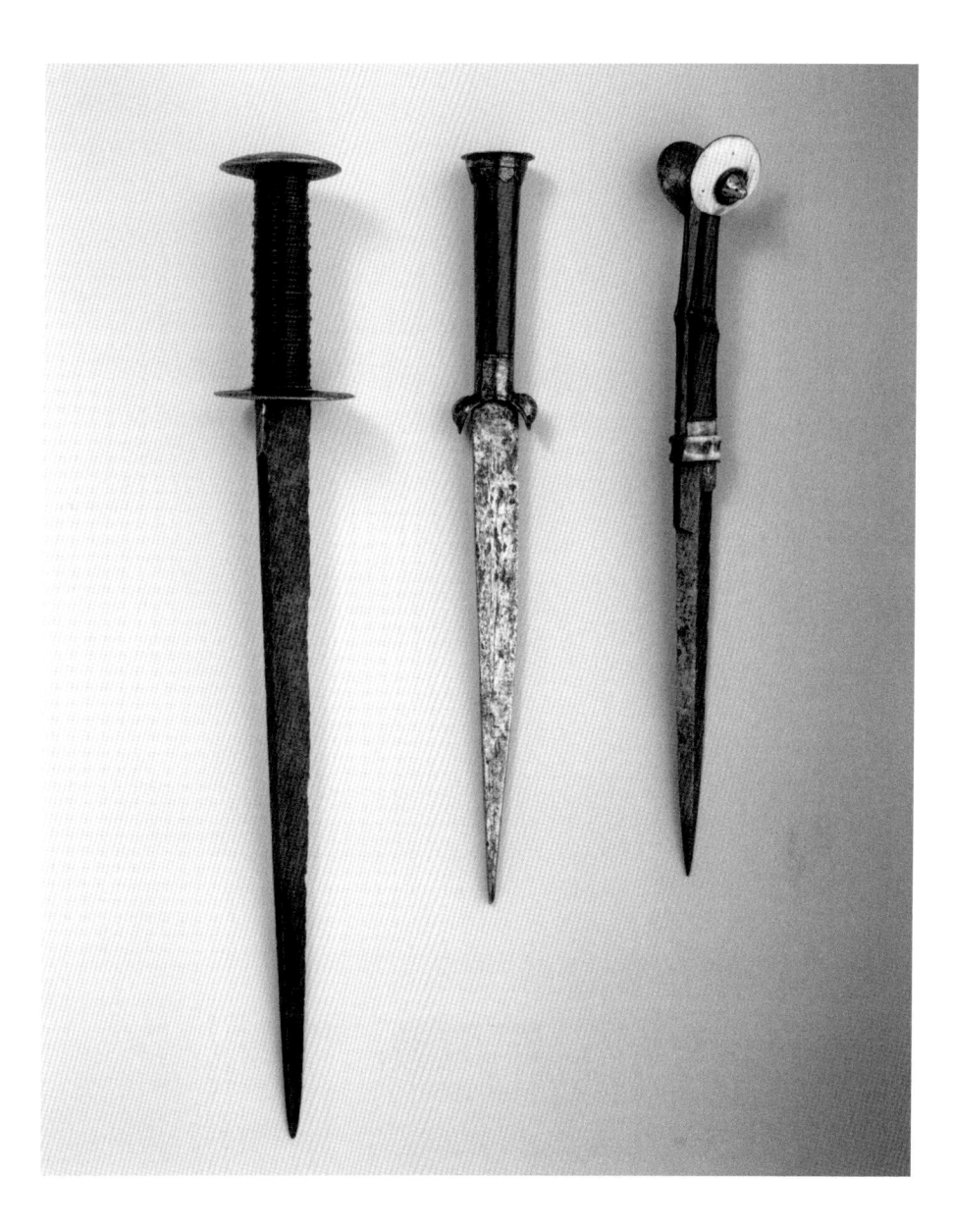

Auf dem Gemälde „Der Selbstmord der Lukretia" (A. 137) und auf den Vorzeichnungen zu diesem Bild

Abb. 54 **Scheiben-, Nieren- und Ohrendolch**, *deutsch, 15. Jahrhundert. Berlin, Deutsches Historisches Museum, Zeughaussammlung.*
Die gebräuchlichsten Dolchtypen des 14. bis 16. Jahrhunderts werden nach charakteristischen Merkmalen am Gefäß benannt. In Werken Albrecht Dürers sind alle drei Formen in hoher Zahl vertreten und stets sachkundig eingesetzt.

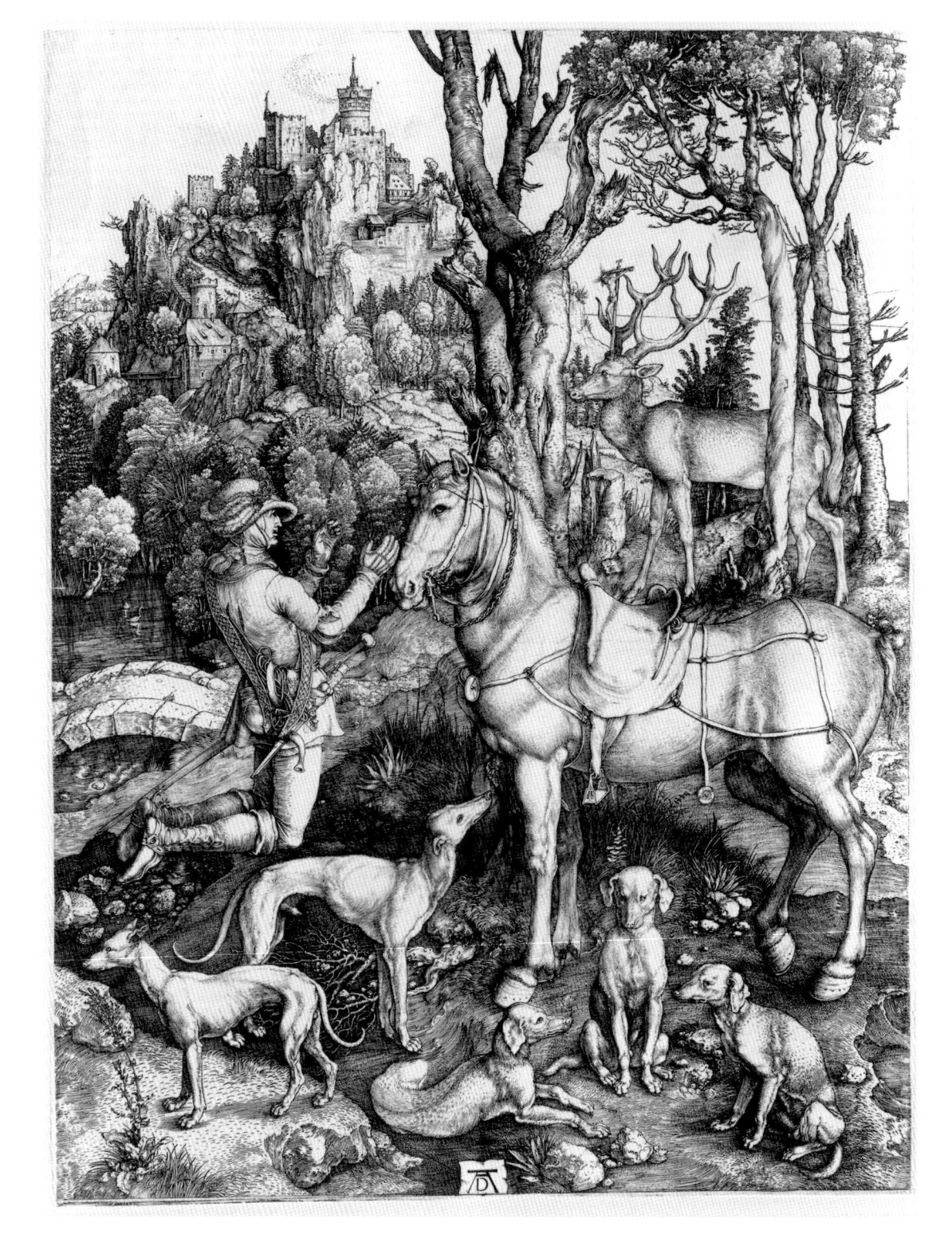

*Abb. 55 **Der heilige Eustachius**, um 1500–1502. Kupferstich. Berlin, Staatliche Museen Preußischer Kulturbesitz, Kupferstichkabinett.
Der Heilige kniet in bezaubernder Waldlandschaft als Jäger vor dem Hirsch mit dem Kruzifix. Dürer hat ihn reich mit einer Jagdausrüstung versehen: Jagdschwert, am dekorativen Schulterbandelier hängend ein Nierendolch zum Abfangen des Wildes, ein Jagdhorn, Halsbänder und Leinen für Hunde.*

(W. 435, 436) hat beispielsweise der Scheibendolch eine einschneidige, also messerartige Rückenklinge, wie sie bei Dolchtypen durch Originale vielfach belegt ist.[43]

Auf dem Kupferstich „Der heilige Eustachius", um 1501 (M. 60), hat Dürer den Heiligen als wohlsituierten Jägersmann mit Jagdschwert, ornamental verziertem Schulterbandelier, an dem Dolch, Jagdhorn sowie Halsbänder und Leinen für Hunde befestigt sind, ausgerüstet. Der Nierendolch ist hier zum Abfangen, das heißt zum Töten des angeschossenen Hochwildes, bestimmt. Für diese Handlung diente seit der Mitte des 17. Jahrhunderts der Hirschfänger.[44] Selten ist die Ausrüstung eines Jägers für die Zeit um 1500 so vollständig dargestellt und ins Blickfeld des Betrachters gesetzt worden.

GRIFFWAFFEN FÜR HIEB UND STOSS 61

Abb. 56 **Der Zeichner der Laute**. *Holzschnitt in Dürers Werk „Vnderweysung der messung…", 1525. Berlin, Staatliche Museen Preußischer Kulturbesitz, Kupferstichkabinett.*
Der Künstler überträgt, unterstützt von einem Gehilfen, mit einem Faden zahlreiche Stellen des Objektes in ein Punktschema, das später eine genaue Zeichnung ermöglicht. Wie auch auf anderen Bildern von Handwerkern überliefert, trägt der Künstler bei der Arbeit einen Dolch, als Typ hier einen Ohrendolch.

Trug Albrecht Dürer bei der Arbeit einen Dolch?

Auf zwei Holzschnitten in der „Vnderweysung der messung…" gibt Dürer zu erkennen, daß der künstlerisch tätige Zeichner bei der Arbeit einen Dolch trug. An der linken Körperseite des „Zeichners der Laute" (M. 269) sind die beiden großen, schräg gestellten Ohren des Dolches zu erkennen. Auf dem Holzschnitt „Der Zeichner des liegenden Weibes" (M. XXVI) „ in der 3. Ausgabe der „Vnderweysung…" von 1538, trägt der Künstler in Hüfthöhe den Scheibendolch.

Ob Albrecht Dürer den Ohrendolch als Typ in Italien kennenlernte, wo er sehr verbreitet war, kann nicht zweifelsfrei festgestellt werden.

Einen kunstvoll gestalteten Ohrendolch trägt auf dem Holzschnitt „Die Geißelung Christi", um

Abb. 57 **Der Zeichner des liegenden Weibes**. *Holzschnitt in der 1538 erschienenen Ausgabe der „Vnderweysung der messung…". Berlin, Staatliche Museen Preußischer Kulturbesitz, Kupferstichkabinett.*
Der Zeichner trägt als Typ einen Scheibendolch.

*Abb. 58 **Bauern- oder Hauswehren**, deutsch, 15./16. Jahrhundert. Berlin, Deutsches Historisches Museum, Zeughaussammlung.*
Den meisten Bauern war es nicht gestattet, lange Griffwaffen, Schwerter, zu tragen. Eine kurze Wehr konnten ihnen die Herrschenden wegen der Gefahren durch Räuber und wilde Tiere nicht verweigern. Bauernwehren wurden zum Standesabzeichen, wie auch Werke Albrecht Dürers bezeugen. Sie besitzen meist eine einschneidige Klinge und einen messerartigen Heftgriff.

1496/97 (M. 117), der „Großen Passion" der im Vordergrund kniende Mann in antikisierender Rüstung (Abb. 163). Auch der „Bogenschütze" auf der Federzeichnung (Abb. 28), 1500–1502, führt einen Dolch mit ausladenden Ohren, der seltsamer Weise ohne Trageband auf einer kleinen Tragetasche ruht (Abb. 28). Kleidung, Hut mit hohem Flügel, Bogen und Dolch deuten auf Einflüsse aus Italien hin.[45] In der Federzeichnung „Die Welsche Trophäe" (Abb. 166) des Triumphzuges Kaiser Maximilians, 1518, wird von Dürer neben anderen Waffen und Rüstungsteilen auch der Ohrendolch als „welsch" = italienisch, von einem Reiter als Trophäe getragen.

Die zunehmende Körperpanzerung hatte seit dem 13. Jahrhundert zur Einführung des mittelalterlichen Dolches geführt. Im Zweikampf sollte diese Waffe einen Stoß in die Lücken der Panzerung des Gegners ermöglichen. Zur Zeit Kaiser Maximilians wurde der Dolchkampf im Harnisch auch noch als „Zweikampf zu Fuß" im Turnier geübt, wie ein Holzschnitt von Dürer im „Freydal", um 1516 (M. 249), bezeugt (Abb. 134). Der Kaiser kämpft hier mit Jörg von Weispriach, dessen Waffe als Scheibendolch mit Gratklinge und kräftigen Scheiben deutlich zu erkennen ist.

Dolche werden in Dürers Darstellungen unterschiedlich am Körper getragen. Führt der Mann an der linken Seite ein Schwert, hängt der Dolch an der rechten Körperseite. Fehlte das Schwert, befand sich der Dolch an der linken Seite, weil er dadurch besser und schneller mit der rechten Hand erfaßt werden konnte. Bei manchen Kriegern und Zivilisten hängt diese kurze Waffe direkt vor dem Bauch, vor dem Oberschenkel oder auch auf dem Rücken.[46]

In der Federzeichnung „Musizierende und tanzende nackte Knaben" 1495 (W. 83), nutzt Dürer den Dolch für einen Balanceakt. Ein Knabe balanciert auf seinem kleinen Finger der linken Hand einen Dolch, der die Kreuzform wie ein mittelalterliches Schwert besitzt. Dieser Typ wurde gegen Ende des 16. Jahrhunderts als Linkehanddolch zum Parieren von Schwert- und Degenhieben verwendet.

Wie bei Schwertern in einigen Werken von Dürer ruht in einem Fall auch auf einem Dolch am Körper eines Mannes ein kleiner Faustschild.[47] Einen seltenen Typ zur Zeit Dürers, den sogenannten Antennendolch, der bereits in vorgeschichtlicher Zeit verbreitet war, führen der Spießträger und der Bogenschütze auf der Zeichnung „Irische Kriegsleute und Bauern", (W. 825) 1521 (Abb. 27). Beim Bogenschützen könnte es sich bei der Waffe wegen der Länge auch um ein Kurzschwert handeln.[48]

Bauernwehren mit beschädigten Scheiden

Zahlreiche Waffen, Rüstungen, Helme und Schilde kennzeichneten über Jahrhunderte hinweg auch den gesellschaftlichen Stand des Trägers. Das gilt für das 15./16. Jahrhundert vorwiegend für den Adel und Teile des Bürgertums, jedoch lassen bestimmte Griffwaffen auf bildlichen Darstellungen in gleicher Weise männliche Angehörige des Bauernstandes erkennen. Territorialfürsten gestatteten den Angehörigen des niedrigsten Standes der Gesellschaftspyramide im allgemeinen jedoch nur, kurze Blankwaffen am Körper zu tragen. Das war nicht nur in Ordnungen festgelegt, sondern lassen auch zahlreiche Holzschnitte und Kupferstiche der Zeit erkennen.[49] Diese Bauernwehren, auch Hauswehren genannt, waren kurze Griffwaffen, meist nur bis zu 40 Zentimeter lang, mit geraden oder gekrümmten Klingen. Der Heftgriff bestand vorwiegend aus Holz-, Bein- oder Hirschhornplatten, die mit drei oder vier Röhrennieten auf der Angel befestigt waren. Anstelle eines Knaufes war der Griff oben seitlich abgebogen, oft in Form eines Vogelkopfes, wie auf dem Kupferstich Albrecht Dürers „Der Bauer und seine Frau", 1496/97 (M. 86), zu sehen ist. Parierstangen fehlten oder waren nur sehr kurz, manchmal saß an dieser Stelle ein Dorn oder Knebel.

Dort, wo Bauern zur Verteidigung eines Territoriums vorgesehen waren, durften sie auch Schwerter mit langen Klingen führen. Das war für die ländlichen Gebiete der reichsfreien Stadt Nürnberg der Fall, wie der Kupferstich von Albrecht Dürer, „Drei

Bauern im Gespräch" von 1496/97 (Abb. 60) erkennen läßt. Vor diesem Kupferstich hatte der Künstler in den Jahren 1495/96 eine Studie, bezeichnet „Drei Marktbauern und ein Bauernpaar", angefertigt (W. 164).[50] Der folgende Stich weicht in vielen Details erheblich von dieser Vorarbeit ab. Das betrifft auch die von den Bauern mitgeführten Waffen. In der Studie tragen zwei Männer eine Bauernwehr mit kurzer gebogener Klinge und mit festgenieteten Griffschalen. Auf dem Kupferstich hat der Künstler dem links im Bild stehenden Bauern ein langes Schwert in die rechte Hand gegeben, das er auf den Boden gesetzt hat. Der Bauer mit einem Eierkorb in der linken Hand, trägt angeschnallte Radsporen – für Bauerndarstellungen sehr ungewöhnlich, waren doch noch im Mittelalter vergoldete Sporen Standeszeichen eines Ritters. Die Bauernwehr an der linken Seite hat den typischen vogelkopfartig auslaufenden Griff.

Das zentral im Kupferstich angeordnete Schwert und die Radsporen verleihen der Darstellung ein besonderes Gewicht. Hatte Albrecht Dürer damit nur andeuten wollen, daß Bauern im Nürnberger Herrschaftsgebiet besondere Rechte besaßen oder liegt hier auch ein Bezug auf bereits in mehreren Teilen des Reiches aufflammende Bauernunruhen vor und sich die bäuerliche Bevölkerung auf kriegerische Auseinandersetzungen vorbereitete? Die gegenüber den kecken, humorvollen Gesichtern in der Vorstudie

Abb. 59 **Drei Marktbauern und ein Bauernpaar**, *1495/96. Federzeichnung. Berlin, Staatliche Museen Preußischer Kulturbesitz, Kupferstichkabinett. Der Bauer mit dem Eierkorb trägt eine Bauernwehr mit gekrümmter Klinge, in der Scheide steckt ein kleines Messer. Die Bauernwehr des rechten Mannes hat eine lange Parierstange, eine seltene Form bei diesem Waffentyp. Die linke Gruppe mit den urwüchsigen Bauerntypen gestaltete Dürer im Kupferstich, Abb. 60, völlig neu.*

Abb. 60 **Drei Bauern im Gespräch**, um 1497. Kupferstich. Berlin, Staatliche Museen Preußischer Kulturbesitz, Kupferstichkabinett.
Diese Bauern wirken gegenüber denen in der Zeichnung (Abb. 59) in Körperhaltung und im Gesichtsausdruck selbstbewußter und scheinen sich über wichtige Dinge zu unterhalten. Schwert und Reitersporen heben sie ebenfalls gegenüber üblichen Bauerndarstellungen heraus. Die an der Spitze beschädigte Scheide der Waffe ist ein typisches Kennzeichen von Bauernwaffen in der Dürerzeit.

nun selbstbewußter und ernster dreinblickenden Landleute könnten zu dieser Schlußfolgerung führen. Für Nürnberg trafen Gefahren eines Aufruhrs, wie beispielsweise in Augsburg, zu dieser Zeit nicht zu. Deshalb darf folgender Interpretaion eher zugestimmt werden. Für Dürer ging es „... in erster Linie um das gesittete Benehmen, die Bildmäßigkeit, die Würde und Feinheit der Form... Er weicht Strich für Strich und Teil für Teil von der Vorarbeit ab, Dürer will Schaustücke."[51]

Matthias Mende meint, daß der linke Mann auf dem Kupferstich wegen der Beutelhaube ein Handwerker, der mittlere wegen des Bartes und der turbanartigen Kopfbedeckung nach spätmittelalterlicher Darstellungsweise ein Philosoph oder Gelehrter sein könnte.[52]

Daß es Albrecht Dürers Absicht entsprach, selbstbewußte bewaffnete Vertreter der Nürnberger Landbevölkerung darzustellen, darf auch durch eine Äußerung von ihm in den gedruckten Proportionsstudien von 1528 gefolgert werden: „Darum ist not, welcher sich in seiner Kunst sehen will lassen, daß er dann das Best fürwend, so er kann, das zu demselben Werk tüglich ist. Aber dabei ist zu melden, daß ein verständiger, geübter Künstler in grober bäurischer Gestalt sein großen Gwalt und Kunst mehr erzeigen kann, etwan in geringen Dingen, dann mancher in seinem großen Werk. Diese seltsame Red werden allein die gewaltsamen (gewaltigen, großen) Künstner mögen vernehmen, daß ich wahr red."[53] Ein charakterisches Merkmal der von Bauern geführten Waffen soll die These, daß von Dürer drei Bauern dargestellt sind, unterstreichen.

Bei dem Schwert handelt es sich um eine typische Form des 15. Jahrhunderts mit langer zweischneidiger Klinge, langer gerader Parierstange und einem Scheibenknauf mit runden Vertiefungen in der Mitte. Die Scheide wird in der oberen Hälfte durch ein schräglängs umwundenes Band, das unten verknotet ist, verstärkt. Die Scheidenspitze ist weit weggebrochen. Zu dieser schadhaften Scheide meinte Wilhelm Waetzoldt: „... ein Greuel für jedes soldatisch erzogene und waffenliebende Auge."[54] Joachim Uhlitzsch sieht vom Waffentyp her Übereinstimmungen mit dem Schwert des Apokalyptischen Reiters von Dürer, jedoch meint er wegen der beschädigten Scheide, daß es ein vielgebrauchtes Schwert sein muß.[55] Bei beiden Äußerungen wird davon ausgegangen, daß es sich um eine einmalige oder seltene Form der Darstellung handelt.

Ein Vergleich von Griffwaffen der Bauern auf vielen Darstellungen von unterschiedlichen Künstlern des 15./16. Jahrhunderts verdeutlicht, daß fast immer die Scheiden vorn am Ort (Spitze) weggebrochen sind. In folgenden Werken Albrecht Dürers sind die Beschädigungen ebenfalls zu erkennen: Benedikt erweckt ein totes Kind zum Leben, um 1500, (W. 204); Mann mit Hahn und Glas auf einem Fäßchen, 1504, (Abb. 61); Bauernpaare beim Topftanz und Bauernwehr des Trompetenbläsers, beide in Randzeichnungen zum Gebetbuch Kaiser Maximilians, um 1515 (fol. 56 r und fol. 6 v). In weiteren Werken Dürers mit Bauernwehren sind die Scheidenenden verdeckt.

Beschädigte Scheiden sind beispielsweise auch in Werken von Martin Schongauer, Urs Graf, vor allem von Sebald Beham, von Niklaus Manuel Deutsch, des Petrarca-Meisters und anderer Künstler, auch auf dem Titelblatt der Flugschrift von Martin Luther, „Wider die Mordischen vnd Reubischen Rotten der Bawren", Wittenberg 1525, sowie auf Flugschriften der aufständischen Bauern aus den ersten Jahrzehnten des 16. Jahrhunderts, wie auf dem Holzschnitt in Pamphilus Gengenbach, „Der Bundtschu", Basel 1514, festzustellen.[56]

Vermutlich besaßen die meisten Scheiden dieser Waffen keine metallenen Ortbänder (verstärkte Spitzen) und wurden deshalb beim Hineinstecken der Klinge leicht beschädigt. Bäuerliche Waffen hatten in der Regel auch keinen besonderen Schutz gegen das

Eindringen von Wasser in die Scheide. Hierdurch konnte leicht Rost an der Klinge entstehen und dadurch das Herausziehen der Waffe aus der Scheide erschwert werden. Die einmal beschädigte Scheide wurde deshalb nicht wieder repariert. Doch eine weitere Erklärung dürfte noch mehr den Grund treffen, weshalb die Scheiden nicht repariert wurden. Auf den Feldern, im Walde und auf den Wegstrecken zur Stadt und zum Grundherrn war der Bauer durch plötzlichen Überfall durch Räuber oder durch Wölfe stark gefährdet. In dieser Situation oder auch bei einer Schlägerei konnte er blitzschnell, ohne die Waffe erst aus der Scheide ziehen zu müssen, auf den Angreifer zustechen. Diese Möglichkeit hatte er nicht bei einem Überfall durch einen Reiter, der durch ein langes Schwert ohnehin überlegen war.

Wie gefahrvoll der Transport von bäuerlichen Erzeugnissen in dieser Zeit auf Straßen gewesen sein muß, verdeutlicht am eindrucksvollsten der Kupferstich „Bauern auf dem Weg zum Markt" von Martin Schongauer.[57] Der Bauer trägt ein Schwert, eingeklemmt unter dem linken Arm. Die Scheide ist vorn beschädigt. Er besitzt kein Gehänge oder einen festen Gurt für die schwere Waffe. In der linken Hand trägt er einen Korb und mit der gleichen Hand einen kleinen Sack auf dem Rücken. Die rechte Hand hält die Zügel des mageren Pferdes, auf dem Frau und Kind reiten. Trotz der schweren Last will der Bauer sein Schwert griffbereit haben, da er mit dem Angriff eines wilden Tieres oder einem Raubüberfall rechnen muß. Bei Gefahr konnte er schnell Korb und Sack fallen lassen und zum Schwert greifen. Treffender konnte kein Künstler diese Notsituation eines Bauern auf dem Weg zum Markt gestalten.

Daß die freie Klingenspitze für eine schnelle Notwehrreaktion gedacht sein könnte, bestätigt auch ein Holzschnitt von Hans Guldenmund. Er stattet einen Briefboten mit einer säbelartigen Blankwaffe aus, bei der die Scheide ebenfalls vorn beschädigt ist. In einem beigeordneten Vers heißt es unter anderem:

„So muß ich doch hinauf allwegen
Zu Wasser vnnd landt überal
Vber hoch Berg vnd tieffe thal
Durch finstere Wald, stauden vnnd hecken
Da mich offt die schnaphannen (Straßenräuber) schrecken
Vnd mir als nehmen was ich thu tragen
Vnnd mir die hawt (Haut) darzu volschlagen..."[58]

Wenn auch Griffwaffen mit beschädigter Scheide vor allem als Bauernwaffen zu gelten haben, beweisen andere Darstellungen, daß dieser Defekt an einer Waffe schlechthin die soziale Not eines Mannes unterstreichen kann. Zu der Federzeichnung „Mann mit Hahn und Glas auf einem Fäßchen", 1504, von Albrecht Dürer, bemerkt Friedrich Winkler: „Die Deutung steht nicht fest. Nach den zerrissenen Kleidern zu urteilen, handelt es sich um einen bewaffneten Strolch, der als Sinnbild seiner Begierde das Glas in der einen, den Hahn in der anderen Hand hält."[59]

Der Mann trägt eine Seitenwaffe, in deren Scheide zwei Besteckteile, vermutlich Messer, eingesteckt sind. Ein Stück der Scheide ist vorn weggebrochen. Daß sozial schwache oder heruntergekommene Personen durch beschädigte Scheiden ihrer Waffen von Künstlern gekennzeichnet wurden, zeigt auch der Holzschnitt „Die Klage des Handwerks" von Peter Flötner zu Sprüchen von Hans Sachs, nach 1525. Die soziale Not wird auch hier durch ein Schwert, bei dem vorn an der Scheide ein langes Stück fehlt und außerdem ein Fetzen herabhängt, verdeutlicht.[60]

Auf dem Kupferstich „Bauernpaar beim Tanz", 1514 (M. 88), von Albrecht Dürer trägt nicht nur der Bauer eine Seitenwehr mit defekter Scheide, sondern auch die Bäuerin, deren Messer- oder Dolchscheide, neben ihren Schlüsseln am Gurt getragen, beschädigt ist. Während in künstlerischen Darstellungen

Abb. 61 **Mann mit Hahn und Glas auf einem Fäßchen**, *1504. Federzeichnung. Berlin, Staatliche Museen Preußischer Kulturbesitz, Kupferstichkabinett.*
Der als Vagabund gedeutete Mann trägt eine Waffe, deren Griff oben in Form eines Vogelkopfes endet. In der Scheide stecken zwei Besteckmesser. Die weggebrochene Spitze der Scheide bestätigt, daß nicht nur Bauern, sondern auch sozial schwache Personen mit diesem Defekt an der Waffe dargestellt wurden.

Schwertscheiden von dienenden Landsknechten keinen Defekt aufweisen, kennzeichnet Urs Graf auf der Federzeichnung eines Landsknechtes, der auf seinem Langspieß Symbole des häuslichen und freien Lebens abwägt und wohl nicht mit reicher Beute von einem Kriegszug zurückkehrt, die Situation ebenfalls durch die aufgerissene Scheide seines Schwertes.[61] In anderen Werken dieses Künstlers führen Landsknechte Waffen mit intakten Scheiden.

Während Dürer in der Zeit seines Aufenthaltes in Basel Griffwaffen von Bauern mit kompletten Scheiden wiedergibt, hat er zwischen 1496 bis 1519 die genannten Merkmale berücksichtigt.[62] Diese Untersuchungen zeigen sehr deutlich, wie unscheinbare Details an Waffen Aufschluß über allgemeine gesellschaftliche und soziale Aspekte geben können.

Anmerkungen

1 Die 13 Meter hohe Bronzefigur für das Ehrenmal schuf Jewgeni Wiktorowitsch Wutschetisch, siehe J. Uhlitzsch, S. 272. A. Dürer, Holzschnitt in „Vnderweysung der messung... 1525. Zur Gedächtnissäule siehe W. Fraenger, S. 126–140 und Ausstellungskatalog Albrecht Dürer 1471–1971, München 1971, S. 222/223, Nr. 440 und S. 636, Nr. 638.
2 Beispielsweise auf der Federzeichnung „Drei Kriegsleute" von 1489 (W.18) die Stangenwaffen des linken und mittleren Mannes, siehe auch S. 181.
3 Siehe E. Roemer, Bd. 47/48, 1926/27, Tafel 3, 4, 6, 7, 8 und 9.
4 Zum Schweizerdegen, -schwert und -dolch siehe H. Schneider, 1977; H. Schneider/K. Stüber, 1980, S. 58–65 und 225–231. Schweizerdolche führen auch die drei Kriegsleute in Dürers Zeichnung von 1489 (W. 18).
5 Der Schweizerdolch wurde auch als Waffe mit prunkvoller reliefierter vergoldeter Messingscheide hergestellt, siehe H. Schneider, 1977. Die Vorlagen für die Verzierungen stammten zum Teil von bekannten Künstlern, wie Hans Holbein d.J., Lucas van Leyden und Heinrich Aldegrever.
6 Zitiert nach W. Hütt, Bd. 2, Druckgraphik, S. 1148.
7 Siehe H. Schneider/K. Stüber, 1980, S. 266–284, mit zahlreichen Abb.
8 Siehe E. Roemer, Bd. 47/48, Tafel 16–19, 24, 26–28. Erhalten sind 6 geschnittene und 126 Holzstöcke mit ungeschnittenen Vorzeichnungen zu den Komödien des Terenz, sie befinden sich in der Öffentlichen Kunstsammlung, Kupferstichkabinett, in Basel, publiziert von E. Roemer, Bd. 47/48, S. 77ff und S. 156ff.
9 Siehe Abschnitt über Bauernwehren, S. 62.
10 Vollständiger Titel: Der Ritter vom Turn. Von den Exempeln der Gotsfurcht un Erberkeit. Gedruckt bei Michael Furter, Basel 1493.
11 Siehe die Schwerter auf den Holzschnitten: Johannes erblickt die sieben Leuchter; Die vier apokalyptischen Reiter; Die vier Windengel und die Versiegelung der Auserwählten; Die vier Euphratengel; Michaels Kampf mit dem Drachen; Der siebenköpfige Drache und das Tier mit den Lammshörnern und die Babylonische Hure, alle Holzschnitte von 1497/98.
12 Zu Schwertknäufen siehe A. Bruhn Hoffmeyer; H. Seitz, Bd. 1; H. Müller/H. Kölling, 1990, Tafel S. 28/29.
13 Über Klingenformen und deren Querschnitte siehe G. Seifert, 1981, S. 40; H. Müller/H. Kölling, 1990, S. 28/29.
14 Zu italienischen Schwertern mit offenem Griffbügel siehe L.G. Boccia/E.T. Coelho, Abb. 126, 130, 163 und 164.

15 Für den Einfluß auf Bewaffnung siehe Ausführungen zu Dürers Gemälde „Herkules tötet die Stymphalischen Vögel", S. 36 und P. Strieder, 1996, S. 188/189.
16 Siehe L. G. Boccia/E. T. Coelho, Abb. 126–128: Gemälde, Der heilige Michael im Kampf mit dem Drachen, um 1470–1480, Florenz, Museo Bardini.
17 Auf die verkrampfte Armhaltung des Reiters mit dem Schwert wies bereits J. Uhlitzsch, S. 45, hin.
18 Ein prunkvolles Jagdschwert mit Scheide Kaiser Maximilians I. von Hanns Sumersperger, Hall in Tirol, 1496, befindet sich in der Leibrüstkammer des Kunsthistorischen Museums Wien, siehe H. Seitz, Bd. 1, S. 196 und Farbtafel VIII.
19 Titel des Holzschnittes „Die Tochter des Kaisers von Konstantinopel wird durch die Toten, die ihr Bett umstehen, vor den Zudringlichkeiten eines Ritters beschützt" (Schramm 1000).
20 Gemälde „Die Kreuztragung Christi" siehe F. Anzelewsky, 1991, Tafel 28, Abb. 34; P. Strieder, 1996, S. 290ff. „Der Spaziergang" siehe M. 83.
21 Siehe Ausstellungskatalog Deutsche Kunst der Dürerzeit, Dresden, 1971, S. 118/119.
22 Originale Bohrschwerter siehe H. Seitz, Bd. 1, S. 172; H. Müller/H. Kölling, 1990, Abb. 109 und 111.
23 Zum Landsknechtsschwert siehe H. Seitz, Bd. 1, S. 173–175; G. Seifert, 7/1972, S. 460–462; H. Müller/H. Kölling, 1990, S. 63 und 66, Abb. S. 188/189; G. Quaas, 1997, S. 117/118.
24 Andere Künstler haben bereits vor Dürer Kriegsknechten diesen Faustschild am Schwert zugeordnet, beispielsweise Meister Franke auf dem Englandfahrer-Altar, nach 1424, (Hamburg, Kunsthalle) – hier zwei Büttel mit Faustschild über säbelartiger Griffwaffe; Konrad Witz, Gemälde, David und Abisay, Baseler Heilsspiegelaltar, 1435, – der kniende Mann mit Faustschild am Schwert; siehe E. Ullmann, 1981, Abb. 249 und 276. Zu Faustschilden siehe auch Abschnitt „Schilde", S. 146.
25 Literatur zum Malchus: H. Seitz, Bd. 1, S. 188–193; zur Worterklärung zum Malchus siehe G. Seifert, 1981.
26 Abb. siehe H. Seitz, Bd. 1, S. 193; P. Strieder, 1996, S. 188.
27 Als Beispiel einer geschnittenen Lederscheide siehe Jagdschwert Kaiser Maximilians I., H. Seitz, Bd. 1, S. 196, Farbabb. Tafel VIII.
28 Siehe Jörg Ratgeb, Auferstehung Christi, Herrenberger Altar, 1519 (Stuttgart, Staatsgalerie), hier mit prunkvollen Schwertern und Säbeln; Albrecht Altdorfer, Gemälde, Die Auferstehung Christi – Wächter in vergoldeten Rüstungen.
29 Zum Scheidendeckel siehe auch „Sonne der Gerechtigkeit" (M. 73); „Die vier Windengel..." der Apokalypse (M. 169) beim schwertschwingenden Engel. Manche Schwerter hatten einen Scheidendeckel aus Metall, siehe H. Seitz, Bd. 1, S. 279.
30 Siehe H. Fillitz, 1954, S. 53/54, Nr. 172; B. Thomas/O. Gamber/H. Schedelmann, Nr. 1, Schwert in der Scheide, Farbabb., Detail mit oberem Drittel; L.G. Boccia /E.T. Coelho, Abb. 10, 11 und 12.
31 Siehe H. Fillitz, 1954.
32 Siehe P. Strieder, 1996, S. 68, hier Farbabb. der beiden Gemälde, S. 72 zwei farbige Federzeichnungen zu den beiden Gemälden.
33 Maßangabe nach H. Fillitz.
34 Siehe H. Fillitz und L.G. Boccia/E.T. Coelho.
35 Umso betrüblicher ist es, wenn durch Nachzeichnungen ein falsches Bild vom Schwert vermittelt und dann im guten Glauben übernommen wird, wie in dem Standardwerk von H. Seitz, Bd. 1, S. 148, Abb. 88. Die Klinge des Reichsschwertes hat hier einen kräftigen Mittelgrat und keinen Hohlschliff in der Mitte. Die schwarzen Randstreifen an dem Scheidenausschnitt lassen auf die Kopie aus einem gedruckten Werk schließen.
36 Siehe J. Schöbel, 1973, S. 105; D. Schaal, 1991, S. 7.
37 Siehe H. Lüdecke (Hrsg.), 1953, S. 167, Abb. 149.

38 Siehe E. Chmelarz, Bd. 4, 1886, S. 289–319.
39 Zum Holzschnitt von M. Schongauer siehe The illustrated Bartsch 8, S. 320. Zweihänderschwerter waren später in der Griffmitte mehrfach gebuckelt, siehe H. Seitz, Bd. 1, S. 296 und 298, Abb.; H. Müller/H. Kölling, 1990, S. 198, Abb. 119.
40 Siehe K. Ullmann, 1961, S. 1–13 und S. 114–127.
41 Siehe W. Boeheim, 1890, S. 291–297; H. Seitz, Bd. 1, S. 198–220; H. Müller/H. Kölling, 1990, S. 36–39 und S. 174–177.
42 Beispielsweise im „Narrenschyff" (Schramm 1176 und 1200) oder in der Zeichnung „Kavalier mit Page" (W. 129).
43 Scheibendolche mit Messerklinge siehe H. Müller/H. Kölling, 1990, S. 174, Nr. 36 und 39.
44 Zur Entwicklung des Hirschfängers siehe G. Seifert, 1973.
45 Zum Ohrendolch siehe H. Seitz, Bd. 1, S. 213–217; L.G. Boccia/E.T. Coelho, Abb. 290–292; H. Müller/H. Kölling, 1990, S. 39, Abb. 177, Nr. 56, 57.
46 Einige Hinweise zur Trageweise: Kavalier mit Page (W. 129), Dolch vorn am Körper getragen; Mann mit Bohrer (W. 167), Dolch rechts getragen, nach vorn fallend; Bogenschütze (W. 252), Dolch an der linken Seite, auf einer Tragetasche liegend und Ecce homo, Kleine Kupferstichpassion, M. 10; Dornenkrönung Christi der Grünen Passion (W. 306), Dolch auf dem Rücken getragen.
47 Siehe Feder- und Pinselzeichnung „Der Große Kalvarienberg", 1505 (W. 317), Mann im Halbharnisch unten rechts im Bild. Zum Dolch und Faustschild in der Fechtkunst siehe H. Seitz, Bd. 1, S. 254–265.
48 Zu Antennendolchen siehe H. Seitz, Bd. 1, S. 54 (Dolch aus der Hallstattzeit), S. 201 und 206 (Dolche, 14./15. Jahrhundert). Zu den irischen Kriegern siehe auch Abschnitt über Bogen, S. 37.
49 Bereits im Bayrischen Landfrieden von 1244 war angeordnet, daß Bauern werktags nur ein kurzes Messer und ein Reutil – einen zum Pflug gehörenden Eisenstab – tragen durften. Siehe G. Franz, S. 45.
50 Siehe F. Anzelewsky/H. Mielke, 1984, S. 24, Nr. 19.
51 Siehe F. Winkler, 1957, S. 90 und 98, Abb. 56/57. Die Szene wird auch als Steitgespräch und das Schwert als Standesanmaßung, wie es in satirischen Bauerndarstellungen verbreitet war, gedeutet; siehe SMS, Bd. 1, S. 58/59, Nr. 15.
52 Siehe M. Mende, 1983, Anm. 11; siehe auch J.Uhlitzsch, S. 56.
53 Siehe H. Rupprich, Bd. 3, S. 293.
54 Dürer und seine Zeit, 1936, S. 220.
55 Siehe J. Uhlitzsch, S. 56.
56 Flugschrift Luthers siehe A. Laube/M. Steinmetz/G. Vogler, S. 277, siehe auch S. 309; zum Holzschnitt „Der Buntschu", ebenda, S. 97.
57 Siehe Ausstellungskatalog Deutsche Kunst der Dürerzeit, Dresden 1971, S. 266, Nr. 498. Auf der Federzeichnung „Bauer" von Niklaus Manuel Deutsch trägt der Bauer ein Schwert zu anderthalb Hand unter dem linken Arm eingeklemmt – also ebenfalls ohne Tragevorrichtung; an der rechten Seite hängt an einem Band eine zweite Waffe, die Bauernwehr mit beschädigter Scheide, siehe A. Laube, u. a., S. 300.
58 Siehe G. Freytag, Bd. 3, Teil 2, S. 309.
59 F. Winkler, Text zu W. 342.
60 Siehe W. Hütt, 1973, S. 198, Abb. 87 und S. 200.
61 Urs Graf, Federzeichnungen, 1960, Abb. 8.
62 Bei folgenden Zeichnungen und Stichen von Albrecht Dürer lassen die Griffarten deutlich die Bauernwehr erkennen, jedoch ist das Scheidenende nicht sichtbar: Marktbauern im Gespräch und junges Paar, 1496/97 – bei dem Bauern des jungen Paares, W. 164; Der Bauer und seine Frau, um 1496/97, M. 86; Der Marktbauer und seine Frau, 1519, M. 90. S. und W. Jacobeit, 1985, S. 23, Abb. 15, meinen, daß es sich hier nicht um Bauern handelt, die zum Markt ziehen „ sondern um einen Bauern, „. . . der den Zehnten zu entrichten hat, dies aber nach dem verbrieften Recht tun will. Die fordernde Geste deutet es an . . ."

DEKORENTWÜRFE FÜR RÜSTUNGSTEILE UND WAFFEN

Verzierungen für Silbernen Harnisch

Kaiser Maximilian I. hatte sich am 16. Mai 1516 an seinen Vertrauten in Augsburg, den Stadtschreiber und Humanisten Konrad Peutinger gewandt, er möge den Plattner Kolman Colman, genannt Helmschmied (1470–1532), bitten, für ihn einen silbernen Harnisch anzufertigen.[1] Der Harnisch war von dem berühmten Augsburger Meister 1519 fertiggestellt worden. Maximilian verstarb jedoch in diesem Jahr, und die Rüstung wurde nicht ausgeliefert, weil der kaiserliche Hof sie nicht bezahlte. Über den weiteren Verbleib liegen keine Nachrichten vor. Von Albrecht Dürer sind sechs von der Forschung anerkannte Entwürfe – zwei auf einem Blatt – erhalten, die als Vorlagen für den Dekor dieses Harnisches gelten.[2] Eine siebente Federzeichnung, „Wilder Mann als Wappenhalter in einer Ranke" (W. 174) soll wegen des gleichartigen Stils der Verzierungen ebenfalls zu den Vorlagen für den Harnisch gehören.[3] Es ist davon auszugehen, daß die bekannten Entwürfe nur ein Teil der gesamten Vorlagen für den Harnischdekor waren. Weitere Entwürfe müssen verloren gegangen sein. Das außerordentlich reich verzierte Visier erforderte ohne Zweifel auch eine gleichartige dekorative Aufwertung der Helmglocke. Arm- und Beinzeuge wären wenigstens durch Randleisten verziert worden.

Ob es der erste Harnisch war, der in der Renaissancezeit statt aus Stahl- und Eisenplatten aus massivem Silber geschlagen wurde oder ob er nur versilbert war, ist nicht einwandfrei geklärt. Ein Gold- und Silberschmied stand dem Plattner jedenfalls zur Seite. Zwei Fußkampfharnische in der Rüstkammer der Staatlichen Museen Dresden vermitteln einen Eindruck über die Wirkung von Rüstungen, die völlig aus Silber bestehen.[4] Alle Flächen sind hier vollkommen mit gravierten Motiven und Ornamenten verziert. Sachsen war reich an Silbervorkommen und Kurfürst Christian I. (1586–1591) und Fürst Christian I. von Anhalt-Bernburg (1586–1630) konnten sich 1590 derartige kostbare Rüstungen in Dresden fertigen lassen, die sie unter anderem anläßlich einer Taufe 1591 trugen.[5]

Zwei erhaltene Faltenrockharnische von König Heinrich VIII. von England und von Erzherzog Karl, dem späteren Kaiser Karl V., sind nicht aus purem Silber geschlagen, sondern die Stahl- und Eisenplatten haben Gold- und Silberauflagen, die Gravierungen sind vergoldet oder mit Schwarzlot eingerieben.[6] Beide Harnische wurden von dem Hofplattner Kaiser Maximilians, Konrad Seusenhofer aus Innsbruck, gefertigt.

Seit dem Ende des 15. Jahrhunderts ließen finanzkräftige Auftraggeber blanke Harnische häufig durch

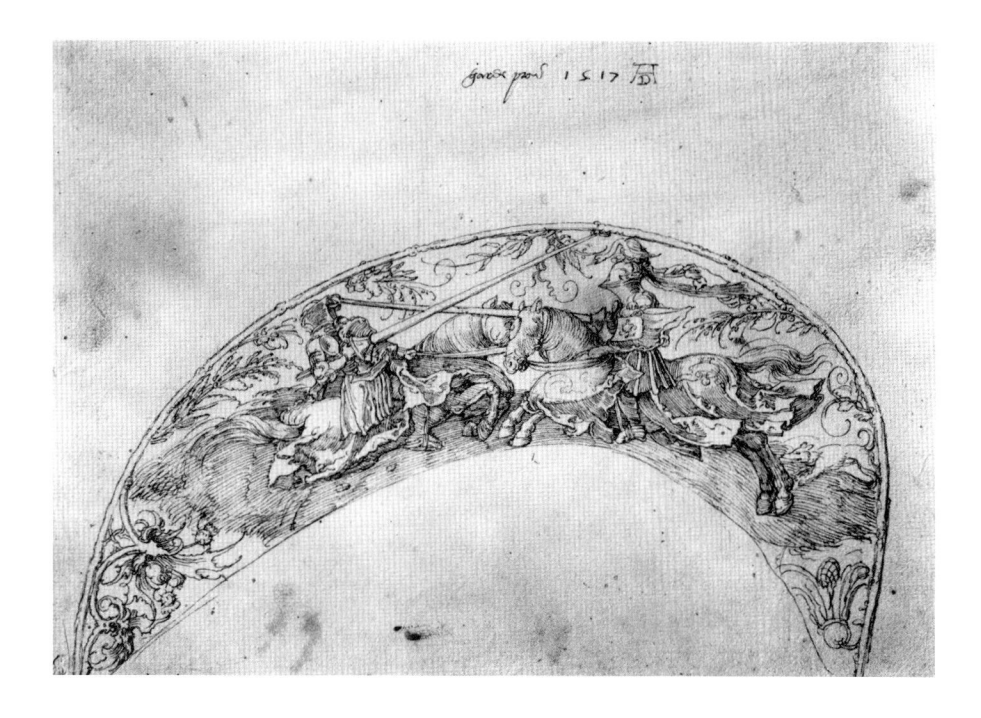

*Abb. 63 Entwurf zur
Verzierung eines Brechrandes*
für den silbernen Harnisch Kaiser
Maximilians I., um 1517.
Federzeichnung. Wien, Graphische
Sammlung Albertina.
Brechränder auf den Harnisch-
schultern sollten gegnerische Hiebe
und Stöße mit Waffen abwehren.
Der Entwurf Dürers zeigt einen
Turnierkampf zweier Reiter im
Deutschen Gestech.

Seite 69:

*Abb. 62 Fußturnierharnisch
aus Silber für Kurfürst
Christian I. von Sachsen*,
Dresden 1590. Dresden,
Staatliche Kunstsammlungen,
Rüstkammer.
Der Harnisch, aus purem Silber
getrieben, graviert und gepunzt,
vermittelt durch Material und
Dekor etwa einen Eindruck von
der Wirkung des silbernen
Harnisches, den Kaiser
Maximilian I. beim Augsburger
Plattner Kolman Helmschmied in
Auftrag gab.

geätzte Verzierungen beleben. Dieser Dekor war bei einem Reiter von dem Mann auf der Straße nicht wahrnehmbar, wie beispielsweise ein Kostümharnisch oder ein getriebener vergoldeter Harnisch. Wahrgenommen wurde er jedoch, wie beispielsweise kostbarer Schmuck der Damen, von der höfischen Gesellschaft. Verzierungsmotive auf den Harnischen konnten gelegentlich schon bei der Betrachtung zur tiefsinnigen oder heiteren Konversation in der Umgebung Maximilians beitragen, wenn man berücksichtigt, daß sich darunter sowohl christliche, antike, volkstümliche, exotische oder erotische Darstellungen befanden.[7] Durch einen silbernen Harnisch hätte sich Kaiser Maximilian auf Hoffesten und Turnieren ohne Zweifel gegenüber anderen Geharnischten in stählernen Rüstungen glänzender präsentieren können. Der Dekor von dem berühmten Nürnberger Meister, im Stil mit seinen Randzeichnungen zum Gebetbuch des Kaisers vergleichbar, wäre außerdem Anlaß für Gesprächsstoff gewesen. Friedrich Winkler bemerkt zu der Wahl der Verzierungen durch den Kaiser: „Eine alte Überlieferung besagt, Maximilian habe so großes Gefallen an dem Gebetbuch gefunden, daß er eine Rüstung mit ähnlichem Schmuck begehrt habe."[8]

Der Waffenhistoriker Wendelin Boeheim hat als erster ausführlich erläutert, daß vier Federzeichnungen von Dürer für die Verzierung des silbernen Harnisches Kaiser Maximilians vorgesehen waren.[9] Heute sind sieben Dekorentwürfe für diesen Harnisch bekannt. In dem Corpus der Zeichnungen Dürers von Friedrich Winkler wurden alle sieben Werke abgedruckt.[10] Winkler gab wesentliche Hinweise zu stilistischen Übereinstimmungen der Entwürfe mit den Randzeichnungen Dürers zum Gebetbuch Kaiser Maximilians. Paul Post versuchte, die bis zum Erscheinen seines Beitrages bekannten sechs Entwürfe bestimmten Harnischteilen zuzuordnen.[11]

Ein Vergleich zwischen den Entwürfen für die Verzierung des silbernen Harnisches und mehreren Randzeichnungen Dürers für das Gebetbuch zeigt auch vom waffengeschichtlichen Gesichtspunkt aus betrachtet, einen gleichartigen Ausgangspunkt für die Gestaltung beider Werke. Das betrifft einmal die Berücksichtigung realistischer Darstellungen, wie den Turnierkampf für den linken Brechrand des Harnisches (W. 878) und zum anderen die Kampfszenen zwischen Landsknechten und ihren Gegnern im Gebetbuch (Abb. 161, 162, 187). Ferner gleichen sich Rüstungsteile, die phantasie- und humorvoll überzeichnet sind und Heiterkeit hervorrufen sollten. Dazu gehören der groteske Helm mit Entenschnabelvisier auf dem bogenförmigen Entwurf für den Harnisch (Abb. 64) sowie unter den Randzeichnungen der Helm des heiligen Georg mit ungewöhnlicher spitztütenförmiger Helmglocke, die in eine kleine Kugel mit Blattwerk mündet und in der Schläfengegend durch Blattzweige verziert ist (Abb. 103), die gleichartige Helmglocke mit Ohrenscheiben (fol. 29 v) und der Eisenhut mit kugelförmigen Gebilden auf der Scheiteldecke (fol. 48 v). Es darf angenommen werden, daß für den Dekor weiterer Harnischteile ähnliche erheiternde phantasievolle Gebilde vom Künstler gestaltet wurden.

Daß es sich bei der Kopfbedeckung mit dem Entenschnabel um einen Helm handelt, lassen der darunter liegende Harnischkragen und die Harnischschulter mit Brechrand erkennen. Tatsächlich sind ähnliche phantasievolle Helme von Plattnern für zahlungskräftige Käufer gefertigt worden. Der Helm eines Faltenrockharnisches – zum Typ der Kostümharnische für den Fußkampf gehörend – in der Waffensammlung des Kunsthistorischen Museums Wien, zeigt einige gleichartige plastische Formen wie auf der Federzeichnung.[12] Statt des Entenschnabels hat der Wiener Helm ein Visier mit kräftigem abwärtsgerichtetem Vogelschnabel, der Helmkamm ist gleichfalls gezahnt oder gebuckelt, die großen gezahnten rotierenden Ohrenscheiben wirken ähnlich virtuos wie die Flügel auf der Federzeichnung. Dürer versah seinen Helm mit geschupptem Kinnriemen, wie er beispielsweise an Sturmhauben üblich war und ließ den Mund frei, mit dem sein Helmträger etwas verschlingt. Der Helm des Wiener Harnisches besitzt ein Kinnreff. Der Plattner der Rüstung wurde zunächst in Innsbruck vermutet und diese um 1515 datiert, nach neueren Publikationen soll sie um 1526 in Braunschweig für Markgraf Albrecht von Brandenburg, Herzog von Preußen (1490–1568) gefertigt worden sein.[13] Die Arbeiten Dürers für den silbernen Harnisch erfolgten um 1517, und nur bei der ersten Datierung mit 1515 hätte Dürer diesen Harnisch gesehen haben können.

Auf einem Studienblatt Dürers mit mehreren Figuren (W. 86) befindet sich die Seitenansicht des

Bruststückes eines Geharnischten, der einen geschlossenen Helm mit vogelschnabelförmigem Visier trägt und dessen hoher Helmkamm gezahnt ist und der in der Ohrengegend eine große rosettenförmige Scheibe für den Drehbolzen besitzt (Abb. 107). Dürer könnte also bereits um 1495 ein derartiges Visier gesehen haben, das er flüchtig skizzierte.[14] Helme mit gezahntem Kamm tragen auch Krieger auf der Zeichnung „Simsons Kampf gegen die Philister" (W. 486; Abb. 156), ein Kriegsknecht auf der Kreuztragung der Kleinen Kupferstichpassion (M. 12; Abb. 164) sowie die Begleiter des „Kleinen Pferdes" und des „Großen Pferdes" (M. 93, 94; Abb. 143, 144). Auch am Hut Merkurs in der „Allegorie der Beredsamkeit" (W. 664) befinden sich Flügel mit eingerollter Volute.

Drei Dekorentwürfe lassen sich eindeutig bestimmten Harnischteilen zuordnen: W. 678 dem Visier, W. 679 dem Brechrand auf der linken Harnischschulter (beide in Wien, Albertina) und die untere Zeichnung von W. 682 (Berlin, Kupferstichkabinett) dem Harnischrücken. Dürer hatte für das vorgesehene Visier mit senkrechten Gitterstäben und vorspringendem Sehschlitz einen künstlerisch formvollendeten Dekorentwurf gefertigt. Die Gitterstäbe versah er mit Knotenstöckchen und setzte vermutlich zwei schlanke Drachen – nur einer sichtbar – senkrecht neben die Mittelrippe des Gitters. Den unteren Abschluß bildet geflochtenes Astwerk aus dem sich die Gitterstäbe entwickeln. Die linke Seite bis hinauf zum Visierarm verzierte er mit einem Dudelsackpfeifer, einem Kranich und einer Rosette. Wendelin Boeheim vermerkte bereits, daß der Fries am oberen Visierrand mit Kannen und darin mit Lilien in den Öffnungen auf Symbole des von Alfons V. von Aragonien gestifteten und von Friedrich III. erneuerten Orden der Mässigkeit hinweist.[15] Kaiser Maximilian war Mitglied dieses Ordens, ein weiterer Beweis für die richtige Zuordnung der Entwürfe von Albrecht Dürer zu einem Harnisch des Kaisers.

Der Entwurf für den Brechrand auf der linken Schulter des Harnisches enthält als Motiv zwei aufeinander zu galoppierende Turnierreiter in deutschen Stechzeugen. Die nicht von Dürer, sondern später hinzugefügte Überschrift „garde pras" bezieht sich wohl auf den Brechrand. Mit Gardebras bezeichnet man heute in der Historischen Waffenkunde ein großes Verstärkungsstück für den linken Ellenbogen. Es wurde im Plankengestech getragen, bei dem die Reiter durch eine hölzerne Schranke getrennt waren, über die hinweg die Lanzen geführt wurden.

Der Entwurf für den Harnischrücken ist von Dürer selbst bezeichnet: „Dz ist dr ruck." Dabei ist an einen Verzierungsstreifen am oberen Rand des Harnischrückens zu denken. Die darüber stehende Zeichnung

Abb. 64 **Entwurf für die Verzierung der Harnischbrust (?)** *für den silbernen Harnisch Kaiser Maximilians I., um 1517. Federzeichnung. Berlin, Staatliche Museen Preußischer Kulturbesitz, Kupferstichkabinett. Die Mittelpunktgestaltung gehört zu den phantasie- und humorvollen Entwürfen Albrecht Dürers, die zur Heiterkeit im Kreise des Kaisers anregen konnten. Der Geharnischte trägt einen Helm mit gezahntem Kamm, mit Flügeln und Voluten an den Seiten sowie mit vorspringendem entenschnabelförmigem Visier, unter dem die groteske Gestalt etwas verschlingt.*

Abb. 65 **Faltenrockharnisch Markgraf Albrechts von Brandenburg**, *Braunschweig, um 1526. Wien, Kunsthistorisches Museum, Hofjagd- und Rüstkammer.*
Der Harnisch für den Fußkampf konnte durch Abstecken von einem vorderen und hinteren Teil auch als Reiterharnisch genutzt werden. Der Helm mit gezahntem Kamm, rotierenden Ohrenscheiben und Vogelschnabelvisier bestätigt, daß Dürers phantasievoller Helm (Abb. 64) in ähnlicher Form von Plattnern für finanzkräftige Auftraggeber gefertigt wurde.

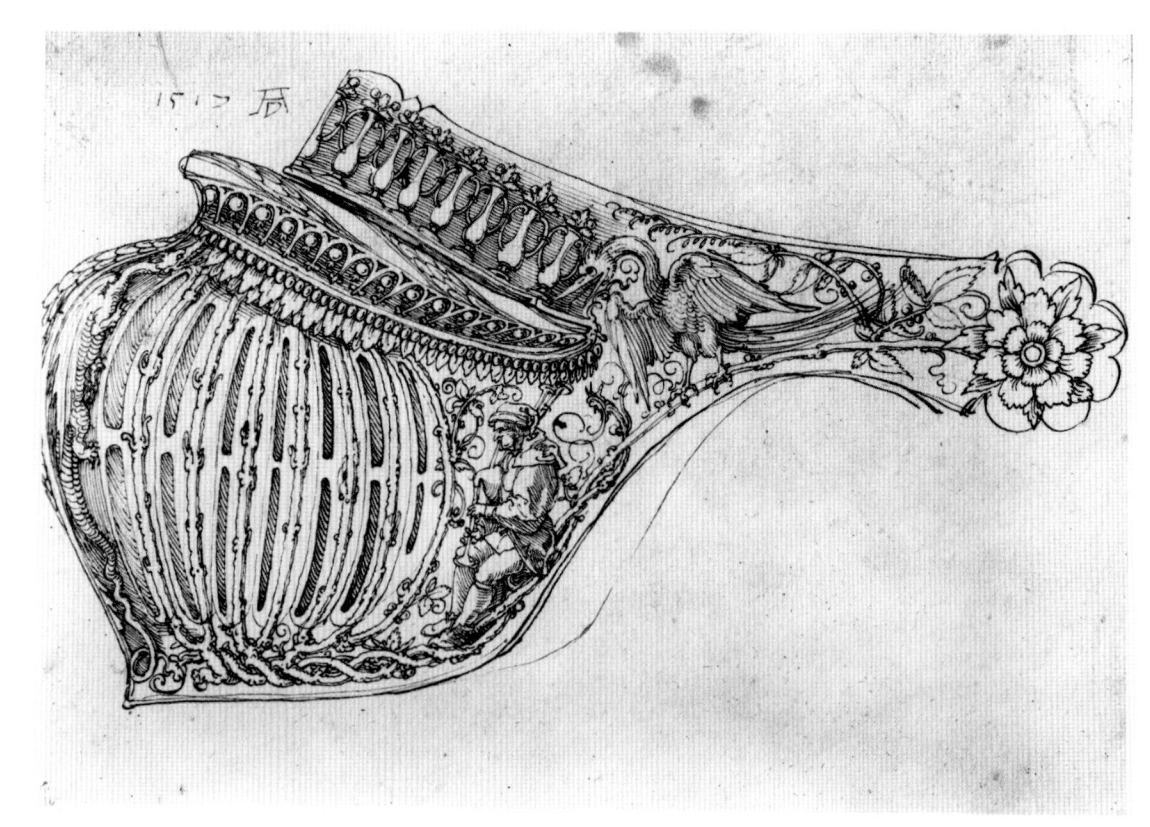

Abb. 66 **Entwurf zur Verzierung eines aufschlächtigen Visiers** *für den silbernen Harnisch Kaiser Maximilians I., um 1517. Federzeichnung. Wien, Graphische Sammlung Albertina.*
Das Visier läßt Dürers Meisterschaft in der dekorativen Kunst erkennen. Das Gittervisier bot wenig flächigen Raum für den Dekor. Knotenstöckchen beleben die Gitterstäbe; neben die senkrechte Mittelrippe setzte er je einen schlanken Drachen; den Stirnstulp zieren Symbole des Ordens der Mäßigkeit; ein Dudelsackpfeifer, ein Kranich und eine große Rosette beleben die Arme des Visiers.

bezeichnete er mit: „Awff dem kropf." Wendelin Boeheim schloß daraus, daß es der Entwurf für den Harnischkragen sei.[16] Die Zeichnung hat jedoch oben eine konvexe und unten eine starke konkave Biegung, die bei Metallstreifen (Folgen) des Harnischkragens entgegengesetzt verlaufen, so daß die gravierte Darstellung auf dem Kopf stehen würde. Paul Post setzt unter die Abbildung dieser Zeichnung „Verzierung vom Sattelhintersteg"[17] Beide Entwürfe auf einem Blatt legen nahe, daß hier Zierstreifen für Brust und Rücken gemeint sind. Da „kropf" nicht für Harnischkragen gesetzt werden kann, aber auf den Hals hinweist, kann die Bezeichnung im Sinne von „kropfstozen", das heißt, ein Zierstreifen auf der Harnischbrust, der an den „kropf" anstößt, gedeutet werden.[18] Die meisten Harnischbrüste verlaufen am Oberrand konkav, jedoch sind auch Exemplare mit gerade verlaufendem Rand zwischen 1510 und 1520 bekannt.[19] Albrecht Dürer wollte mit der konvexen Biegung vermutlich nur die Wölbung der Harnischbrust andeuten. Fedja Anzelewsky ordnete bereits diese Zeichnung der Harnischbrust zu.[20] Verzierungsmotive sind eine Landsknechtstrommel, gekreuzt von Flötenfutteralen, links davon vermutlich ein Pelikan mit seinen Jungen und ein an sie sich heranschleichender Fuchs, rechts davon ebenfalls ein großer Vogel und eine sich ihm nähernde Katze, alles umschlungen von Weinranken.

Es ist anzunehmen, daß Harnischbrust und -rücken nicht nur mit einem oberen Zierstreifen bedacht werden sollten, denn dann hätte der Helm ein zu großes dekoratives Übergewicht erhalten. Vermutlich

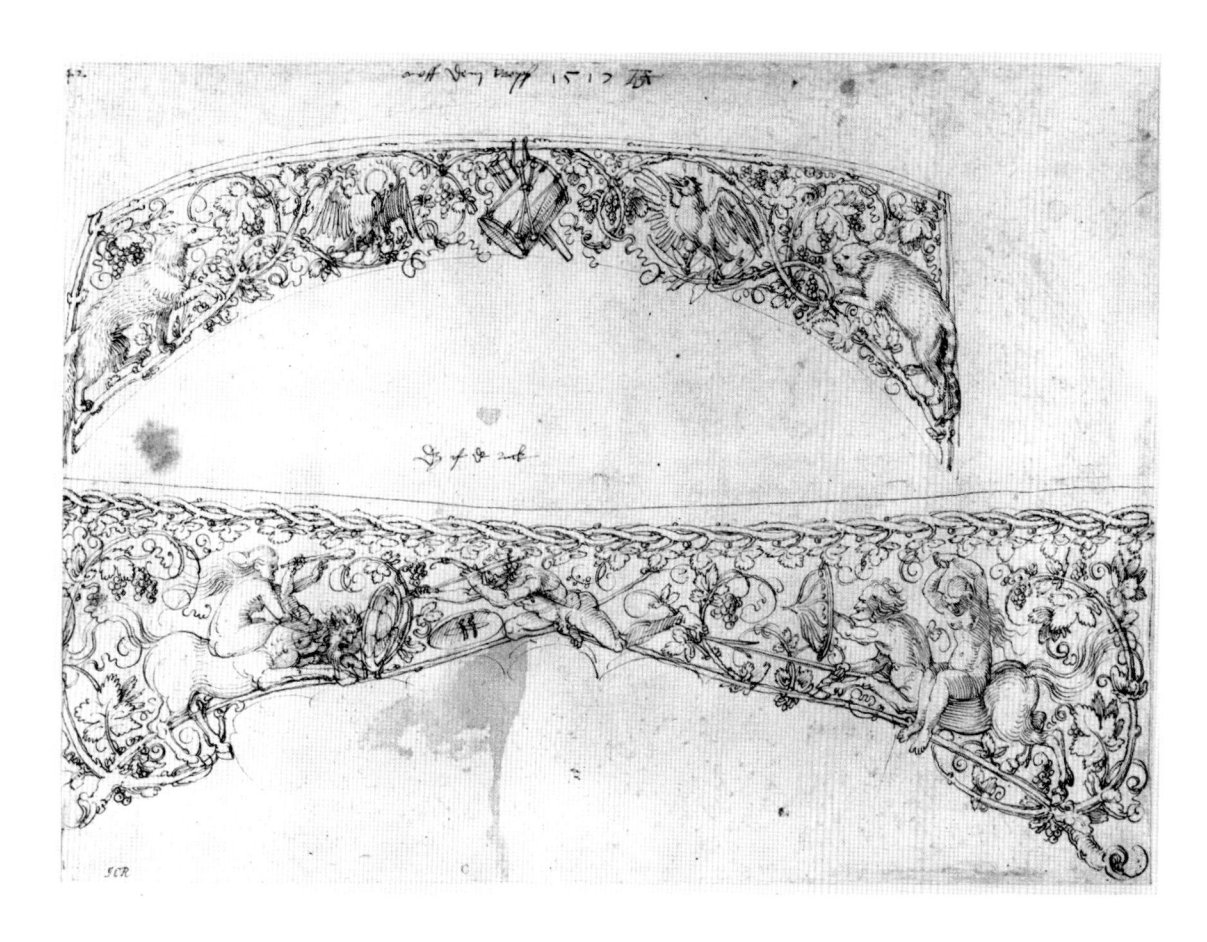

Abb. 67 **Entwurf für die Verzierung von zwei Rüstungsteilen** *für den silbernen Harnisch Kaiser Maximilians I., um 1517. Federzeichnung. Berlin, Staatliche Museen Preußischer Kulturbesitz, Kupferstichkabinett.*
Die Zuschreibung des oberen Zierstreifens zu einem bestimmten Harnischteil ist nicht eindeutig geklärt. Ein Astwerkstab mit Knötchen als oberer Randstreifen weist auf die Vorderfront des Harnisches hin. Die Zeichnung darunter bezeichnete Dürer mit „Dz ist der ruck", höchstwahrscheinlich als oberer Randstreifen des Rückens gedacht.

war der Entwurf mit dem Entenschnabelhelm, dem Drachen und dem fischähnlichen Fabeltier (W. 681) für den Dekor unterhalb des oberen Randstreifens der Harnischbrust vorgesehen. Das schräg abgeschnittene Ende in der Zeichnung würde dann gegen die Grundplatte des Rüsthakens stoßen und somit den kürzeren Arm der Zeichnung erklären. Paul Post ordnete diesen Entwurf dem linken Oberdiechling (zweigeteilter Oberschenkelschutz) zu. Bei dieser Deutung wäre die unterschiedliche Länge der Schenkel in der Zeichnung schwer zu erklären.

Die Federzeichnung W. 680 (New York, Pierpont Morgan Library) wurde von Boeheim nicht berücksichtigt, Post sieht darin eine „Verzierung zum Sattelhintersteg".[21] Der von ihm abgebildete spätgotische Sattel aus der Zeit um 1500, für den die Verzierung geeignet gewesen wäre, entspricht jedoch nicht mehr den Sattelformen zur Zeit der Herstellung des silbernen Harnisches und der Entwurfszeichnungen von Dürer, um 1517.

In dem von Boeheim zitierten Schriftwechsel zwischen Auftraggeber und Plattner sind Sattel oder Roßharnischteile nicht erwähnt.[22]

Die gleichartigen Motive mit nackten Frauengestalten und antiken Mischwesen sowie geflochtenen Bändern an den Oberrändern auf dem Rückenstreifen (W. 682) und auf der Federzeichnung in New York (W. 680) lassen den Schluß zu, daß beide Entwürfe als Verzierung für den Harnischrücken – der hörnerartige Doppelbogen also unterhalb des oberen Randstreifens – vorgesehen waren. Auch die in diesem Beitrag der Harnischbrust zugeordneten Federzeichnungen (W. 682 oben und W. 681) sowie des Helmvisiers haben gleichartige obere Randstreifen in Form von schlanken Astwerkstäben mit Knötchen.

Eine weitere Federzeichnung von Albrecht Dürer „Wilder Mann als Wappenhalter in einer Ranke" (W. 174) wurde außerdem aus stilistischen Gründen den Harnischverzierungen zugeordnet.[23] Die Federzeichnung einem bestimmten Harnischteil zuzuordnen, ist meines Wissens noch nicht versucht worden. Der halbkreisförmige Bogen an der rechten Seite der Zeichnung und die kurze Einschnürung beim Rankenwerk in Höhe des Ellenbogens des Wilden Mannes lassen vermuten, daß die Verzierung für die Muschel der linken Ellenbogenkachel oder der rechten Kniekachel vorgesehen war. Einen Wappenschild – dessen Wappenbild wohl noch festgelegt werden sollte – auf einer tiefliegenden Kniekachel als Verzierung aufzugravieren, hätte wohl nicht das Wohlwollen des Kaisers gefunden. Deshalb spricht mehr für die Muschel der Ellenbogenkachel, auf der das Wappen mehr in das Blickfeld des Betrachters gefallen wäre.

Auf allen Entwürfen beziehen sich die Motive auf friedliche und nicht auf kriegerische Inhalte. Das unterstreicht die repräsentative Zweckbestimmung des in Auftrag gegebenen silbernen Harnisches.

Die Entwürfe Albrecht Dürers nehmen in der Harnischverzierung der Renaissancezeit durch ihre

Seite 74 oben:

Abb. 68 **Entwurf für die Verzierung eines Rüstungsteiles** *für den silbernen Harnisch Kaiser Maximilians I., um 1517. Federzeichnung. New York, Pierpont Morgan Library. Vermutlich für die Mitte des Harnischrückens bestimmt. Die Zeichnung besitzt als oberen Randabschluß das gleiche Flechtwerk wie der Zierstreifen, den Dürer mit „ruck" bezeichnete.*

Seite 74 unten:

Abb. 69 **Wilder Mann als Wappenhalter in einer Ranke.** *Entwurf für die Verzierung eines Rüstungsteiles für den silbernen Harnisch Kaiser Maximilians I., um 1517. Federzeichnung. 1871 verbrannt.*
Die Einschnürung am linken und die Rundung am rechten Rand lassen den Schluß zu, daß der Dekor mit dem Wilden Mann als Wappenhalter für eine Ellenbogenkachel gedacht war.

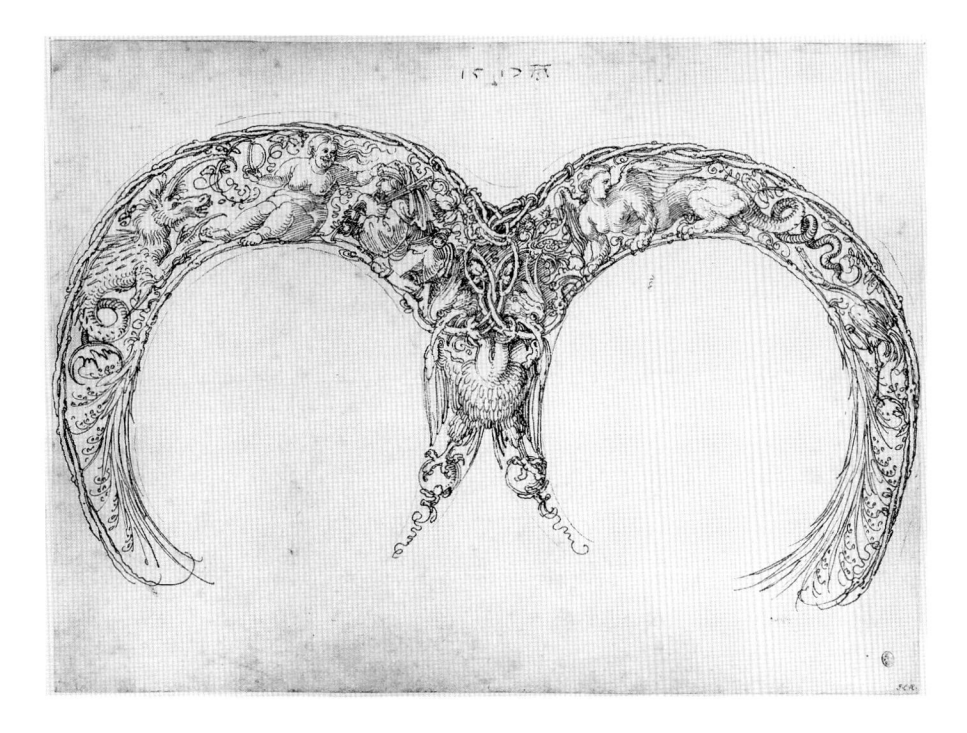

Motive, Ornamente und ihre feine Linienführung einen herausragenden Platz ein.

Schwertklingen mit Verzierungen nach Werken Albrecht Dürers

Eine Federzeichnung in schwarzer Tusche, von Albrecht Dürer eigenhändig mit der Jahreszahl 1522 bezeichnet, knüpft thematisch an ein verlorengegangenes Gemälde des Apelles, eines berühmten Hofmalers Alexanders des Großen, und an Überlieferungen hierzu an (W. 922). Diese Zeichnung diente als Entwurf für ein Gemälde an der Nordwand des großen Saales im Nürnberger Rathaus, das einer oder mehrere andere Künstler anfertigten.[24] Die Wandmalerei wurde in den Jahren 1613 und 1621 und zuletzt 1904/05 restauriert und teilweise verändert, so daß der ursprüngliche Zustand nicht eindeutig zu rekonstruieren war. Im Zweiten Weltkrieg wurde sie vollständig zerstört.

Das Deutsche Historische Museum Berlin besitzt ein Schwert aus der Zeit um 1530/40, dessen Klinge auf einer Seite durch Ätzarbeit mit der Allegorie der Verleumdung des Apelles und auf der anderen Seite mit der Szene des legendären C. Mucius Scaevola, nach einer Vorlage Sebald Behams, verziert ist.[25] Allein durch die gleiche Anzahl der 12 Personen in der Szene um den Richter, ihre Benennung in lateinischer und deutscher Sprache und durch Inschriften ist nachweisbar, daß die Ätzung der Apelles-Szene mit der Federzeichnung Dürers und mit dem Wandgemälde thematisch und gestalterisch in Verbindung steht. Die erste Frauengestalt der Szene, die VERITAS oder Wahrheit, ist auf der Schwertklinge durch Rosteinwirkung fast völig zerstört und nur noch durch den unteren Rand des Gewandes erkennbar. Bisher wurde das Schwert nur durch kurze Hinweise in der Literatur behandelt.[26] Es bleibt zu überprüfen, welche Details in den drei künstlerischen Darstellungen übereinstimmen oder voneinander abweichen und ob die Klingenätzung etwas zur ursprünglichen Gestaltung des Wandgemäldes vor den Restaurierungen beitragen kann. Da Matthias Mende ausführlich Federzeichnung und Gemälde untersucht hat, sollen hier nur die auf die Klingenätzung sich beziehenden Details behandelt werden.[27]

Das Schwert stammt ursprünglich aus der Sammlung des Prinzen Carl von Preußen (1801–1883), Sohn König Friedrich Wilhelms III. und der Königin Luise. Er besaß eine der umfangreichsten und kostbarsten privaten Sammlungen historischer Waffen, die nach seinem Tode vom preußischen Staat für das Berliner Zeughaus angekauft wurde.[28] Wer der Auftraggeber für das Schwert und welcher Künstler die Ätzarbeit ausführte, ist bisher nicht bekannt. Spekulation bleibt dabei, daß der Rat der Stadt Nürnberg der Auftraggeber gewesen sein könnte.

Die Klinge trägt auf beiden Seiten eingeschlagen das Zeichen des Passauer Wolfes und den Reichsapfel.²⁹ Es handelt sich offenbar um eine Nachahmung des Zeichens der Passauer Klingenschmiede, wie sie wegen der Berühmtheit der Passauer Klingen im unlauteren kaufmännischen Wettbewerb häufig nachgeahmt wurde, so auch von Nürnberger Messerern.³⁰ Die Einschläge auf der Klinge erfolgten nach der Ätzung, wie Überschneidungen der geätzten Linien erkennen lassen. Es fehlen auch die in Passau üblichen Messingeinlagen in den Zeichen. Da die Verzierungen der Apelles-Szene nach dem Gemälde im Nürnberger Rathaus oder einer weiteren Vorzeichnung dafür erfolgten, liegt es somit nahe, daß nicht nur die Klinge höchstwahrscheinlich in Nürnberg gefertigt wurde, sondern auch die Ätzung in Nürnberg erfolgte.³¹ Beide Verzierungen, die nach Dürers und die nach Behams Entwurf, gehören zu den künstle-

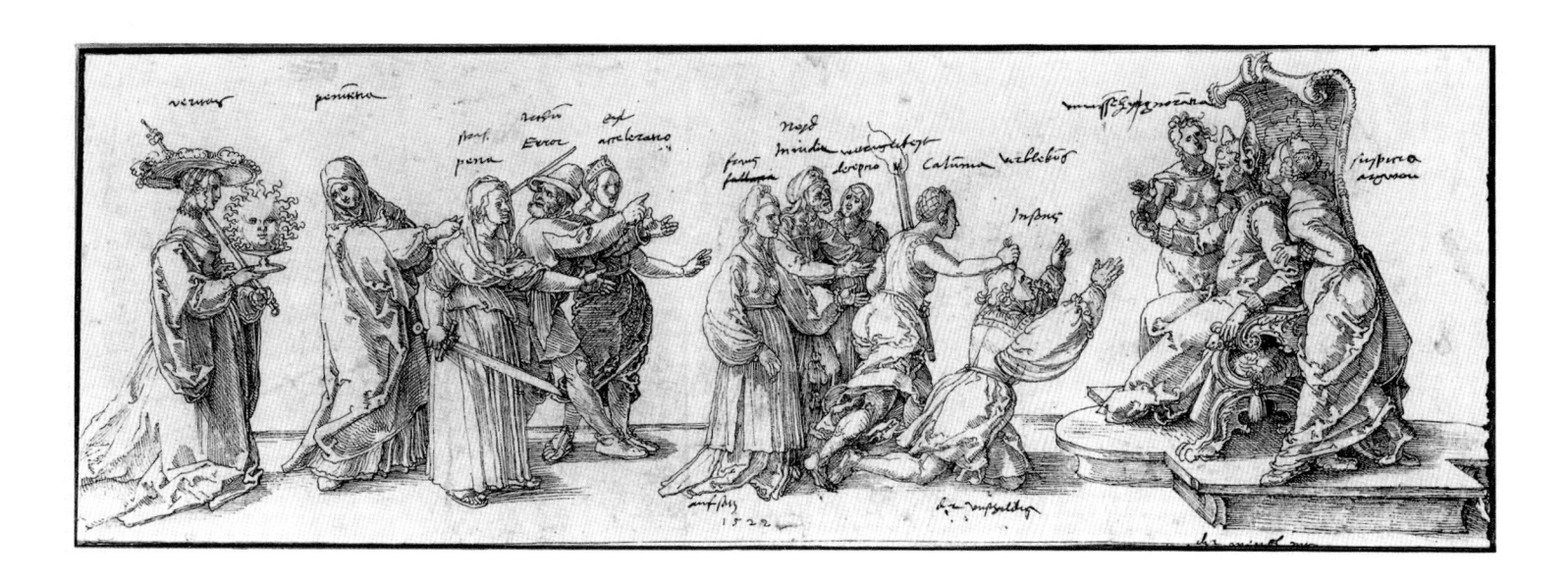

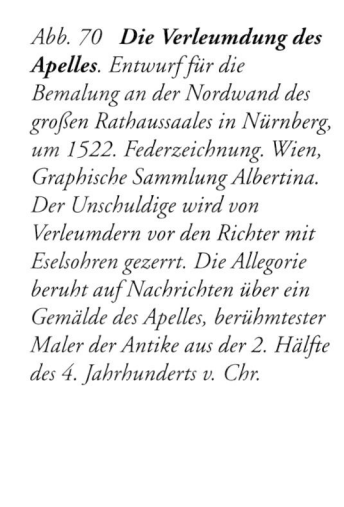

Abb. 70 **Die Verleumdung des Apelles**. *Entwurf für die Bemalung an der Nordwand des großen Rathaussaales in Nürnberg, um 1522. Federzeichnung. Wien, Graphische Sammlung Albertina. Der Unschuldige wird von Verleumdern vor den Richter mit Eselsohren gezerrt. Die Allegorie beruht auf Nachrichten über ein Gemälde des Apelles, berühmtester Maler der Antike aus der 2. Hälfte des 4. Jahrhunderts v. Chr.*

Abb. 71 **Die Verleumdung des Apelles**. *Wandgemälde im Nürnberger Rathaussaal, 1613 und 1621 überarbeitet, Neufassung von 1904/05. Fotoaufnahme, um 1935. Museen der Stadt Nürnberg.*
Weil das Gemälde überarbeitet und restauriert wurde, läßt sich nicht mehr feststellen, ob es – um 1522 nicht von Albrecht Dürer, sondern von anderen Künstlern ausgeführt – ursprünglich mit dem Entwurf Dürers (Abb. 70) übereinstimmte. Das Gemälde wurde im Zweiten Weltkrieg zerstört.

Abb. 72   Detail mit Inschrift auf der Schwertklinge von Abb. 73.

risch und technisch herausragenden Klingenätzungen der Renaissance.³² Das Nebeneinander von Hochätzung und linearer Tiefätzung bei der Apelles-Szene läßt die hohe Meisterschaft des Ätzmalers erkennen.³³ Die Personen ließen sich durch Tiefätzung differenzierter gestalten, ihre Namen in Hochätzung auf den freien Flächen besser hervorheben.

Auf dem Gemälde ist vor dem Richterstuhl eine erklärende Inschrift zur Szene hinzugefügt. Sie lautet in lateinischer Sprache: „NEMO VNQVAM SENTENTIAM FERAT/PRIVSQVAM CVNCTA AD AMVSSIM/PERPENDERIT."³⁴ Die gleiche Inschrift befindet sich auch auf dem Schwert hinter dem Richterstuhl, nur das letzte Wort ist abgekürzt mit PERPEND. Die deutsche Übersetzung steht auf dem Gemälde hinter dem Richterstuhl und lautet: „Ein Richter soll kein Vrthel geben/Er soll die Sach erforschen eben."³⁵ Aufschlußreich ist die anderslautende Inschrift in deutscher Sprache auf dem Schwert, die unterhalb der lateinischen steht: „Es soll der mennsch nit vrtail gebenn/Er hab sich dann erfarenn Ebenn." Diese Übersetzung entspricht nicht nur durch die Schreibweise mehr der Dürerzeit, sie ist auch inhaltlich für die Stadt Nürnberg zutreffender. Sie dürfte in dieser Form ursprünglich auch auf dem Wandgemälde gestanden haben. Der Bezug auf „mennsch" und nicht auf „Richter" könnte damit zusammenhängen, daß sich 1521 das Reichsregiment und das Reichskammergericht in Nürnberg niederließen. Zu diesem Ereignis bemerkt Ernst Rebel: „Damit wurde einerseits die Bindung an den Kaiser gefestigt, andererseits mußte der Rat um so mehr auf eigenen, inneren Zuständigkeiten beharren. Mit besonderem Eifer nutzte man deshalb Gelegenheiten für städtische Selbstdarstellungen."³⁶ Die lateinische Inschrift wurde dann, bei anderen politischen Verhältnissen, um 1613 oder 1621 anders übersetzt. Die dekorativen Buchstaben lassen erkennen, daß die Inschriften zu dieser Zeit neu geschrieben wurden. Wie die bruchstückhaften Wörter am unteren Rand der abgeschnittenen Federzeichnung mit der Apelles-Szene (W. 572) von Albrecht Dürer erkennen lassen, befand sich auch hier ein Text in deutscher Sprache.³⁷

In dieser Federzeichnung stehen die Namen der personifizierten Gestalten, von Willibald Pirckheimer handschriftlich eingetragen, über den Personen, nur zwei unterhalb, auf dem Wandgemälde die lateinischen Bezeichnungen über und die in deutscher Sprache unter den jeweiligen Personen.³⁸ Auf einer schmalen Klinge hätten diese vielen Namen über und unter den Personen zu sehr kleinen Gestalten geführt, die schwer zu erkennen gewesen wären. Aus diesem Grunde setzte der Ätzmaler die Namen, teilweise übereinander, zwischen die einzelnen Personen oder Personengruppen. Aus der Viererguppe auf der Federzeichnung von Dürer war bereits auf dem Gemälde die POENITENTIA (Rew) von POENA (Straf), ERROR (Irrsal) und FESTINATIO (Eyl) –

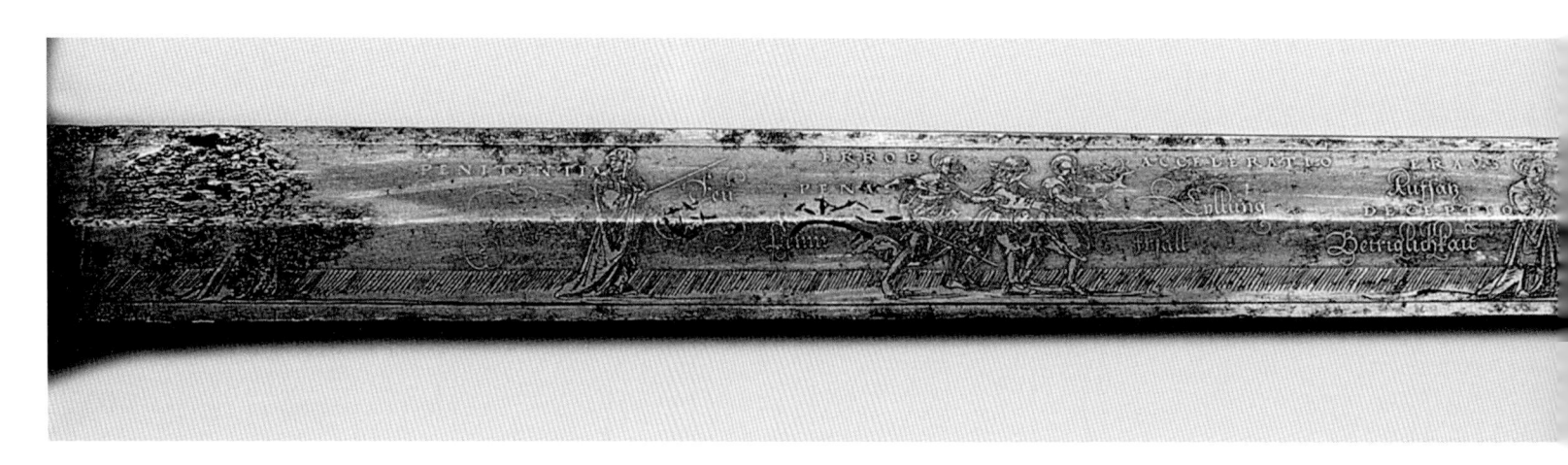

DEKORENTWÜRFE FÜR RÜSTUNGSTEILE UND WAFFEN

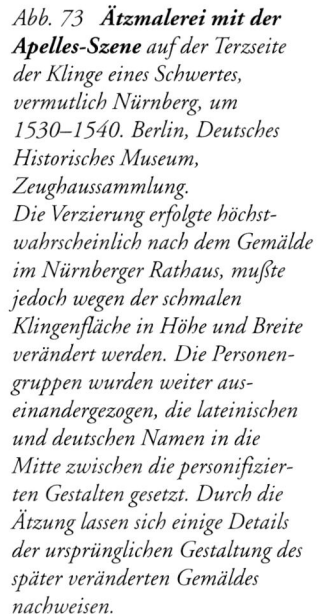

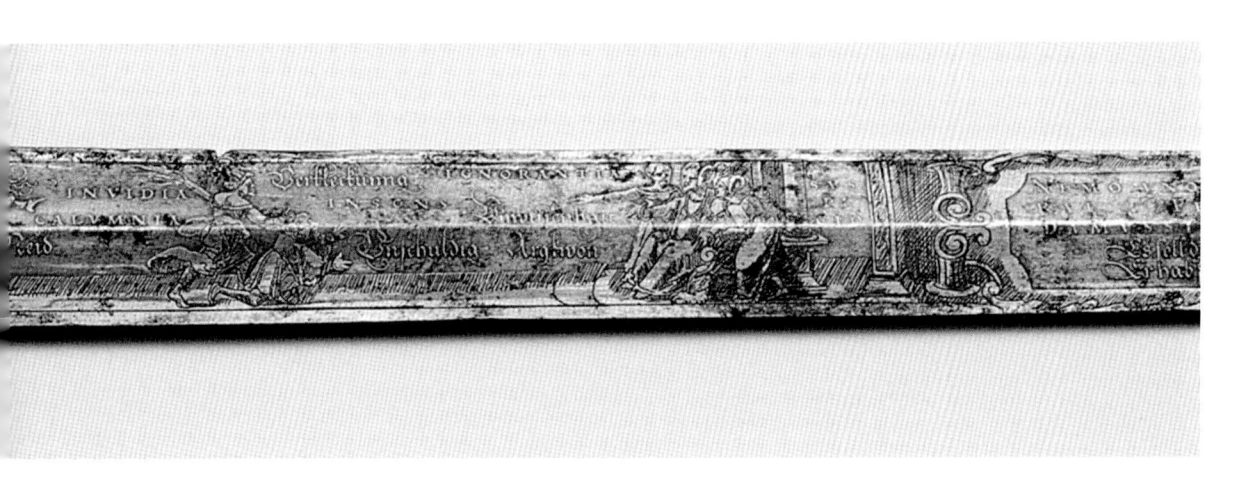

*Abb. 73 **Ätzmalerei mit der Apelles-Szene** auf der Terzseite der Klinge eines Schwertes, vermutlich Nürnberg, um 1530–1540. Berlin, Deutsches Historisches Museum, Zeughaussammlung.*
Die Verzierung erfolgte höchstwahrscheinlich nach dem Gemälde im Nürnberger Rathaus, mußte jedoch wegen der schmalen Klingenfläche in Höhe und Breite verändert werden. Die Personengruppen wurden weiter auseinandergezogen, die lateinischen und deutschen Namen in die Mitte zwischen die personifizierten Gestalten gesetzt. Durch die Ätzung lassen sich einige Details der ursprünglichen Gestaltung des später veränderten Gemäldes nachweisen.

auf dem Entwurf Dürers steht hierfür acceleracio (eyl) – im Bild nach hinten abgesetzt worden.³⁹ Auf dem Schwert ist der Abstand zwischen ihnen noch vergrößert worden. Aus der folgenden Fünfergruppe setzte der Ätzmaler die beiden Personen CALVMNIA (Verkleckung) und INSONS (Unschuldig) von den drei folgenden DECEPTIO (Betriglichkait) INVIDIA (Neid) und FRAVS (Aufsatz) im Bild nach vorn ab. Nur so konnte er die Namen, fünf in lateinischer und fünf in deutscher Sprache, in lesbarer Größe anbringen. Auf dem Gemälde besteht die Gruppe aus fünf Personen, wie auf der Zeichnung Dürers. Es handelt sich bei der Klinge also um eine vom Ätzmaler gewählte neue Variante.

Die auseinandergezogenen, mehr zum Richterstuhl hinstrebenden Gruppen führten auch zu anderer Körperhaltung mit ausgestreckten Armen und mit teilweise betont ausschreitender Bewegung.³⁹ Die andere Technik für die Verzierung führte ebenfalls in mehreren Details zu unterschiedlichen Formen. Am deutlichsten wird das im Ensemble um den Richter mit Eselsohren. Da dieser und die beiden Frauengestalten IGNORANTIA (Unwissenhait) und SVSPICIO (Argkwon) in der Darstellung nicht kleiner als die herannahenden Personen sein durften, mußte der Künstler auf den hohen Richterstuhl mit kleinem Baldachin und auf die Konsolen verzichten, wie sie in Dürers Zeichnung und auf dem Gemälde gestaltet sind. Der Ätzmaler versuchte die weggefallene repräsentative Wirkung der Gruppe dadurch etwas auszugleichen, daß er den Richter statt im Profil nun im Halbprofil darstellte. Die rechts neben ihm stehende IGNORANTIA blickte nicht mehr zu ihm hin, sondern streckte ihren rechten Arm der sich nähernden Gruppe entgegen. Hinter dem Richterstuhl steht auf dem Schwert zwischen einer Säule und einem Pfeiler in freiem Raum die Bezeichnung SVS/PI/CIO. Die Abfolge aller Personennamen ist auf der beigefügten Abbildung ersichtlich. Den Abschluß auf der Klinge bildet ein Schriftband mit den Inschriften: „NEMO. VNQVAM. SENTENTIAM. FE/RAT: PRIVSQVAM. CVNCTA. A/DAMVS-SIM. PERPEND." Darunter steht die bereits aufgeführte Übersetzung in deutscher Sprache.

Die gleichen Begriffe in lateinischer Sprache auf der Federzeichnung von Dürer und auf der Schwertklinge, aber die unterschiedlich übersetzten in deutscher Sprache lassen erkennen, wie variabel die Umgangssprache war. Sie bestätigen auch, daß mehrere Künstler und vielleicht auch Humanisten an den Werken beteiligt waren. Für „straff" auf Dürers Zeichnung steht auf der Schwertklinge „Peinn" (im Sinne von peinlicher Befragung = Folter); für irrthu(m) = „Irfall" (auf dem Gemälde „Irrfal"); für „Eyl" = „Eyllung"; für „unvertreglikeyt" = „Betriglichkait". Auf Dürers Zeichnung steht für „penite(n)tia" kein deutscher Begriff, auf dem Schwert für „PENITENTIA" = „Reu". Calumnia wird in beiden Werken mit „verklekung" bzw. „Verkleckung" (von verklage = anklagen) wiedergegeben. Für „fraus" hatte Pirckheimer auf Dürers Federzeichnung „aufsatz" (Aufsässigkeit) geschrieben, mit großem Anfangsbuchstaben steht das gleiche Wort auf der Klinge. Unter den Personen INVIDIA und FRAVS auf dem Gemälde sind die deutschen Wörter auf den mir bekannten Abbildungen nicht zu erkennen. Statt „acceleracio" und „deceptio" auf Dürers Entwurfszeichnung und „ACCELERATIO" sowie „DECEPTIO" auf der Schwertklinge stehen auf dem Wandgemälde die Bezeichnungen „FESTINATIO" und „INSIDIAE" (A und E ligiert). Inhaltlich bedeuten sie in deutscher Sprache dasselbe: Eile bzw. Hinterlist. Die beiden anderslautenden Begriffe wurden höchstwahrscheinlich bei der Überarbeitung des Wandgemäldes 1613 oder 1621 neu eingefügt.

Den Mittelpunkt der zweiten, auf der Terzseite des Schwertes befindlichen Klingenätzung bildet die Szene des C. Mucius Scaevola vor dem Etruskerkönig Porsenna, die durch folgende Inschrift erläutert wird:

„Cauis Mutius das ehr denn Secreter vnnd nicht/ denn Künig selbst dem ers vermaint erstoch/enn het verprante ehr seinn handt/darumb willigklich." Vor und hinter dem Zelt des Porsenna marschieren Kriegsknechte mit geschulterten Helmbarten, in der Marschgruppe vier Reiter, auf ein Stadttor zu, dahinter Teil einer Stadtansicht.⁴⁰ Die Inschrift und Details der Darstellung stimmen mit einer Darstellung von Sebald Beham überein.⁴¹

Im Jahre 1918 wurde für die Waffensammlung des Berliner Zeughauses eine Schwertklinge erworben, die auf einer Seite ebenfalls mit der Apelles-Szene auf der anderen mit dem von zwölf Pferden gezogenen Triumphwagen Kaiser Maximilians in Ätzarbeit verziert ist.⁴² Die Apelles-Szene basiert auf der gleichen Arbeit Albrecht Dürers wie beim oben behandelten Schwert (W. 572). Für den „Großen Triumphwagen Kaiser Maximilians" fertigte Dürer 1518 eine getönte Federzeichnung und 1522 veröffentlichte er den Holzschnitt von dem Prunkwagen (Abb. 78–80).⁴³

Der Holzschnitt diente 1613 und 1621 als Vorlage für die Umgestaltung eines zweiten Gemäldes an der Nordwand im großen Saal des Nürnberger Rathauses, das ebenfalls im Zweiten Weltkrieg zerstört wurde, so daß nicht mehr bekannt ist, wie die ursprüngliche Bemalung von 1521/22 für den Triumphzug aussah.⁴⁴ Auch für diese Klingenätzungen soll untersucht werden, welche Werke Dürers für sie maßgebend waren.

Zunächst folgt ein Vergleich zwischen den Apelles-Szenen auf den Schwertklingen. Einzelpersonen und Personengruppen sind auf beiden Ätzarbeiten in gleicher Weise angeordnet. Die unterschiedliche Länge der Ätzungen – 55,5 cm beim Schwert W. 572 gegenüber 72 cm bei der Schwertklinge W. 2891 – zwang den Ätzmaler dazu, bei gleicher Klingenbreite, der gleichen Personenzahl und gleichen Gruppierung, die Darstellung auf der Schwertklinge W. 2891 räumlich noch weiter auseinanderzuziehen. Die Ät-

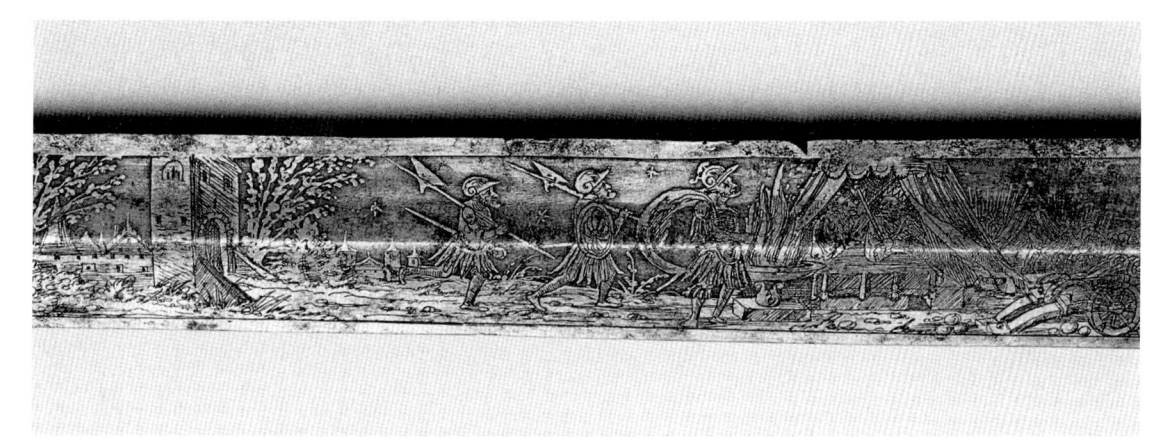

Abb. 74 **Ätzmalerei auf der Quartseite der Klinge des Schwertes** *(Abb. 73) mit einem Landsknechtszug und der Szene mit Caius Mucius Scaevola, nach einer Vorlage von Sebald Beham.*
Der Sternenhimmel deutet eine Nachtszene an, in der ein Verräter für Geld den Feinden das Stadttor öffnen will. Der Künstler stellt diese verwerfliche Tat der mutigen des Caius Mucius Scaevola gegenüber, der seine Standhaftigkeit dadurch beweist, daß er seine Hand vor dem Etruskerkönig Porsenna, der Rom belagerte, in ein Feuerbecken hält.

Seite 80:

Abb. 75 **Ätzmalerei mit der Apelles-Szene auf der Terzseite einer Schwertklinge**, *süddeutsch, um 1530–1550. Berlin, Deutsches Historisches Museum, Zeughaussammlung.*
Diese Verzierung auf einer zweiten Klinge wurde ebenfalls nach dem Vorbild der Federzeichnung Dürers und des Wandgemäldes im Nürnberger Rathaus angefertigt. Wegen der sehr langen Klinge setzte der Ätzmaler zusätzlich zwischen die Personengruppen Inschriften, die sich inhaltlich auf die personifizierten Begriffe beziehen.

80 DEKORENTWÜRFE FÜR RÜSTUNGSTEILE UND WAFFEN

zung des sechsspännigen Triumphwagens erforderte die Länge von 72 cm, sollte sie bildwirksam sein, und aus gestalterischen Gründen mußte der Ätzmaler die Apelles-Szene dieser Länge angleichen. Die weiten Zwischenräume zwischen den personifizierten Lastern füllte er deshalb mit Inschriften aus, die sich auf Verleumdung und Bestrafung beziehen. Hierdurch unterscheidet sich diese Darstellung von allen anderen bisher erwähnten Szenen der Verleumdung.

Die Ätzung beginnt links mit der Bezeichnung „Warheit" und darunter mit den Zeilen: „Die went sich zu Rück vnnd sieht/Sich vmb nach der Warhaitt." Zwischen der personifizierten Wahrheit, Zepter in der rechten und Sonnengesicht in der linken Hand haltend, und der „Rew" (Reue) mit vorgestrecktem Stab stehen die Zeilen: „Nach der straff…/Erkannt sein vnschuldig so/volgt dann klagend rew." Rechts neben der Frauengestalt steht die Bezeichnung „Rew". Es folgt nun der Text: „Volget dan die straff/gelent durch die vmvisse/(nheit)/auff die vnschult." Über dem Bauern in der Mitte der folgenden Dreiergruppe steht die Bezeichnung „Pein", rechts vor der ersten Frauengestalt stehen die Worte „Irfall", darunter „Eillung". Es folgen die Zeilen: „Durch eingebung der dreier/posenn Aigenschafft." Die vordere Frauengestalt der nächsten Dreiergruppe ist bezeichnet mit „Neid". Der darunterstehende Name ist durch Verrostung der Stelle nicht lesbar –

Abb. 76 **Ätzmalerei mit dem Großen Triumphwagen Kaiser Maximilians I.** *auf der Quartseite der Klinge von Abb. 75. Diese Verzierung wurde auch nach einem Wandgemälde im Nürnberger Rathaussaal, das andere Künstler nach der getönten Federzeichnung von Albrecht Dürer aus dem Jahre 1518 fertigten, gestaltet. Durch die Klingenätzung können einige Details der ursprünglichen Gestaltung des Wandgemäldes um 1522 aufgehellt werden. Das Gemälde wurde ebenfalls im Zweiten Weltkrieg zerstört.*

Abb. 77 **Inschrifttafel** *hinter dem Triumphwagen auf Abb. 76.*

vermutlich „Aufsatz". Es folgt der Text: „Wie die falsch verkleck/inis die vnschult In/Richter eindregkt." Rechts von der Frauengestalt mit Fackel in der linken Hand und mit der rechten in die Haare des auf Knien kriechenden Unschuldigen fassend, steht „Verkleckung", rechts unten neben dem Angeklagten „Vnschuldig".

Die beiden Frauen links und rechts neben dem Richter mit Eselsohren sind benannt mit „Argkwon" und darunter stehend mit „Vnwissenhait". Der Vergleich der Ätzung hinter dem Richterstuhl auf beiden Klingen verdeutlicht ebenfalls, daß der Ätzmaler auf der Klinge W. 2891 die Szene durch neue Motive erweitern mußte. Hinter der architektonisch abgegrenzten Fläche mit der Bezeichnung „SVS/PI/CIO" auf dem Schwert W. 572 setzte der Ätzer einen zweiten architektonischen Raum mit seitlichen Wänden. Das „SVS/PI/CIO" fehlt auf der Klinge W. 2891, da hier überhaupt keine lateinischen Begriffe für Personen eingefügt wurden. Am Schluß dieser Klinge stehen die lateinische Inschrift „NEMO . VNQVAM . SENTE(N)TIAM . FERAT/PRIVSQ . CVNCTA . AD . AMVSSIM . PERPENDAT. , und die deutsche Übersetzung „Es soll der mensch nit vrtail geben/Er hab sich (denn erfarenn = abgeschliffen) ebenn." Bis auf einige unterschiedliche Buchstaben stimmt diese Übersetzung mit der auf dem Schwert W. 572 überein. In der Anordnung der Einzelfiguren und der Gruppen sowie in der Körperhaltung und Bewegung der Figuren stimmen beide Ätzarbeiten ebenfalls weitgehend überein, so daß den Künstlern eine gleiche Vorlage zur Verfügung stand. Obwohl die Ätzung auf der Klinge W. 572 von höherer Qualität ist, könnte trotzdem auf den gleichen Ätzmaler geschlossen werden. Einige Buchstaben, wie beispielsweise das „h" in Unwissenhait und das „k" in Verkleckunng stimmen deutlich überein. Auch die beiden gleichartigen schrägen Seitenflächen an den Stadttoren der Szene mit C. Mucius Scaevola und beim Triumphwagen auf der Klinge W. 2891 mit der dahinter liegenden Burg von Nürnberg sprechen für e i n e n Ätzmaler. Weiterhin gleichen sich die Schrägstriche zur Kennzeichnung des gewachsenen Bodens in beiden Apelles-Szenen.

Um eine genaue Wiedergabe der ursprünglichen Wandmalerei von 1521/22 handelt es sich bei beiden Klingenätzungen nicht. Der Ätzmaler muß jedoch die Wandmalerei nach dem Entwurf von Albrecht Dürer mit den Bezeichnungen der Gestalten von Willibald Pirckheimer als Vorlage benutzt haben, wie die bisherigen Ausführungen ergeben.

Der Triumphwagen auf der Schwertklinge weicht in Details wesentlich mehr als die „Verleumdung des Apelles" von dem 1613 und 1621 restaurierten Wandgemälde und somit auch von dem Holzschnitt mit dem großen Triumphwagen von 1522 ab.[45] Da die Ätzung höchstwahrscheinlich zwischen 1530 und 1550 erfolgte und bereits der Vergleich der Verleumdungsszenen auf Wandgemälde und den beiden Schwertklingen ergaben, daß der Ätzmaler sich weitgehend an die Gestaltung auf diesem Gemälde anlehnte, darf das auch für die Ätzung des Triumphwagens zu erwarten sein. Ein Vergleich dieser Verzierung mit der getönten Federzeichnung (Abb. 80) des Triumphwagens (W. 685) von Albrecht Dürer aus dem Jahre 1518 zeigt, daß diese beiden Werke mehr miteinander übereinstimmen als die Ätzung der Schwertklinge mit dem Holzschnitt. Zunächst soll das an einigen Details der sechs Pferdegespanne und ihrer Begleiterinnen aufgezeigt werden. Die Leitleinen für die Gespanne verlaufen auf Federzeichnung und Klinge fast gleich, nämlich fest gestrafft über die

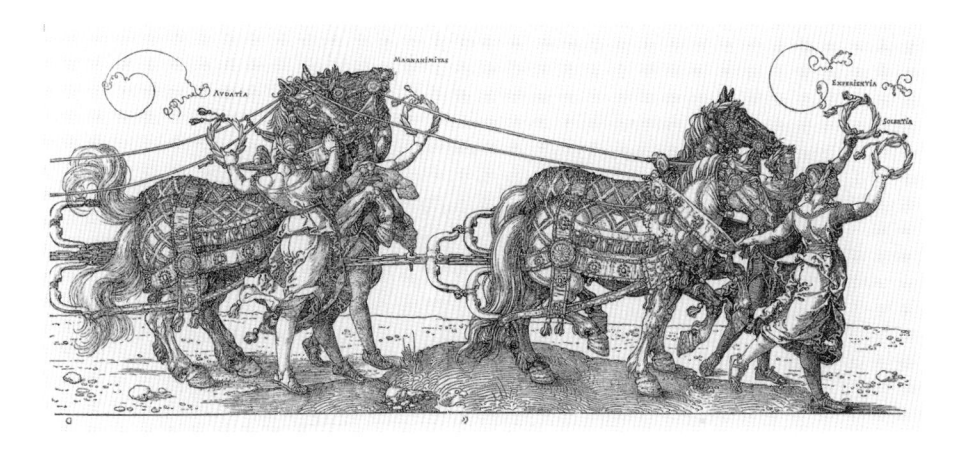

Abb. 78 **Der Große Triumphwagen Kaiser Maximilians**, 1522. Holzschnitt (Detail). Berlin, Staatliche Museen Preußischer Kulturbesitz, Kupferstichkabinett.
Der Kaiser, mit Zepter und Palmzweig in Händen, vor ihm liegend Reichsschwert und Reichsapfel, ist von 10 personifizierten Herrschertugenden umgeben. Der Holzschnitt diente bei den späteren Restaurierungen des Wandgemäldes als Vorbild, wodurch die ursprüngliche Fassung verändert wurde.

Pferdeköpfe hinweg. Die Leitleine hängt auf dem Holzschnitt zwischen den Pferden teilweise weit durch. Die Wagenlenkerin hat auf der Federzeichnung die Arme mit den Leinenringen hoch erhoben, auf der Ätzung liegen sie jedoch, wie auf dem Holzschnitt, in Brusthöhe. Wegen der schmalen Fläche für die Ätzung setzte der Ätzmaler von Gespann zwei bis sechs jeweils eine Begleiterin vor die Pferde, die Zügel haltend, die zweite an die Breitseite des rechten Pferdes. Die beiden ersten Frauengestalten „Experientia" (Erfahrung) und „Solertia" (Geschicklichkeit) schreiten nicht neben-, sondern hintereinander vor dem ersten Gespann. Die vordere weist mit erhobenem linken Arm auf ein Stadttor hin, hinter dem erhöht der Burgbezirk der Stadt Nürnberg liegt. Diese Stadt wird hierdurch zum Reiseziel des Triumphwagens mit dem Kaiser. Ob sich eine derartige Ansicht mit der Nürnberger Burg ursprünglich auch auf dem Wandgemälde von 1521/22 befand, kann hier nicht entschieden werden.[46]

Die Namen der personifizierten Tugenden an den Pferdegespannen auf der Schwertklinge stimmen mit denen auf der Federzeichnung und dem Holzschnitt ebenfalls überein. Zwei Frauengestalten wurden auf der Schwertklinge gegenüber den beiden Werken Dürers umgestellt: „Acrimonia" (Energie) steht nicht beim dritten, sondern beim vierten Gespann von vorn und „Velocitas" (Schnelligkeit) nicht beim vierten, sondern beim dritten Gespann. Der Ätzmaler hat die Namen nicht in die von den Frauen hochgehaltenen Kränze eingefügt, wie auf der Federzeich-

nung, sondern damit sie lesbar sind, frei in den Raum gestellt. Nach der Restaurierung von 1613 und 1621 folgen auf dem Gemälde bereits beim zweiten Gespann „VIRILITAS" und „ACRIMONIA" und nicht „MAGNANIMITAS" und „AVDATIA" wie auf allen anderen besprochenen Werken.[47]

Die Ätzung des Prunkwagens mit Kaiser Maximilian ist leider durch Rosteinwirkungen sehr undeutlich geworden. Da der Aufbau auf der Federzeichnung sehr hoch war, mußte der Ätzmaler wegen der schmalen Klinge hier wesentlich reduzieren. Den Wagen gestaltete er hingegen gestreckter, wie der Abstand der Räder erkennen läßt. Dadurch konnte er die Personen leichter einordnen. Gegenüber der Federzeichnung ist die Zahl jedoch geringer. Auf dieser befinden sich auf dem Wagen neben Maximilian

Abb. 79 Detail zu Abb. 78 mit den ersten vier Pferden des Triumphwagens.
Der Ätzmaler hat Stadttor und Ansicht mit der Nürnberger Burg hinzugefügt, so daß der Triumpfwagen auf Nürnberg zusteuert.

Abb. 80 Der Große Triumphwagen Kaiser Maximilians I., 1518. Getönte Federzeichnung. Wien, Graphische Sammlung Albertina. Die Zeichnung zeigt, daß der Ätzmaler die Anzahl der Familienangehörigen Maximilians auf dem Wagen von 10 Personen auf drei reduzierte und den Aufbau auf dem Wagen verkleinerte. Die Klinge läßt vermuten, daß auf dem Wandgemälde dem Kaiser ursprünglich auch drei Personen zugeordnet waren. Nach den Restaurierungen von 1613 und 1621 saß nur noch Maximilian, umgeben von personifizierten Herrschertugenden, auf dem Wagen.

noch zehn Personen der kaiserlichen Familie und zehn personifizierte Tugenden. Der Ätzmaler setzte vor den Kaiser Maximilian nur drei Personen auf den Wagen. Wer damit gemeint sein kann, ist wegen der Klingenschäden nicht mehr zu erkennen. Die beiden Personen, die dem Kaiser gegenüber sitzen, können als Philipp der Schöne und Gemahlin Johanna, die dritte vorn als Maximilians Enkel Karl (V.) gedeutet werden. Hierbei ist zu berücksichtigen, daß Maximilian 1519 starb und Karl als sein Nachfolger gewählt wurde. Der Nürnberger Rat erwartete, daß der neue Kaiser seinen ersten Reichstag nach Nürnberg einberufen würde, die Wahl fiel jedoch für das Jahr 1521 auf Worms, so daß der junge Kaiser seine Aufnahme in den Triumphwagen nicht wohlwollend würdigen konnte. In den Holzschnitt von 1522 nahm Albrecht Dürer nur noch Maximilian und die zehn personifizierten Tugenden auf. In den frei werdenden Raum legte er auf ein Kissen das Reichsschwert und den Reichsapfel. Der junge Karl (?) auf der Klingenätzung blickt in Richtung der Pferdegespanne. Sie hat den rechten Arm nach vorn gestreckt und umfaßt mit der Hand offensichtlich einen senkrecht stehenden Griff.[48] Der Kaiser, die sitzenden Personen und die Wagenlenkerin sind in gleicher Höhe angeordnet. Hinter dem Herrscher steht, wie auf Federzeichnung und Holzschnitt, die geflügelte Siegesgöttin Victoria. Die feinen Konturen der Ätzung ließen es nicht zu, auf den Schwingen die Namen der von Maximilians Truppen besiegten Länder einzufügen, wie auf den drei anderen Überlieferungen des großen Triumphwagens. Nur vier Tugenden stehen auf dem Wagen. Wegen der Beschädigungen der Klinge ist nur noch der Name „Iustitia" zu lesen. Es dürften ferner, wie auf der Federzeichnung von 1518, Temperancia, Fortitvdo und Prvdentia dargestellt worden sein.

Übereinstimmend mit der Federzeichnung und unterschiedlich zum Holzschnitt und zum Gemälde – Zustand um 1621 – sind auch die gerundeten Kettenglieder zwischen den Gespannen. Im Holzschnitt sind sie rechteckig geformt. Wegen der zwischen die Gespanne gestellten Frauengestalten sind die Ketten auf der Klinge und damit auch der gesamte Zug länger. Das dreiteilige Zuggeschirr hinter den Pferden mußte der Ätzmaler wegen der geringen Höhe der Darstellung mehr zusammendrücken als auf der Federzeichnung. Die reich dekorierten und mit Namen

von Tugenden versehene Wagenräder sind auf der Klinge ohne jeden Schmuck.

Zu Beginn der Ätzung steht links eine erläuternde Inschrift zur Darstellung: „Dieser triumphwagen mit dem Aller/durchleuchtigstenn grosmechtigsten herrn/weiland Kaiser Maxim (ilian) hochloeblicher ge/dechtmis erfunden. Vnd tzu dem vnterentigem/gefallen dem grosmechtigsten regierenden/…enn Kayser… gent". Die letzten Wörter sind stark verwischt. Es ist inhaltlich eine etwa gleichartige Inschrift, wie sie Willibald Pirckheimer in erweiterter Form als ersten Absatz von mehreren Texten dem Holzschnitt Dürers von 1522 hinzufügte.[49] Ein Hinweis auf Albrecht Dürer als den Urheber des Triumphwagens, wie auf dem Holzschnitt, scheint auf der Ätzung zu fehlen.

Durch die wegen der kleinen Flächen auf den Schwertklingen erzwungene Reduzierung der Details und ihre Umgestaltung ist es zwar erschwert worden, die Ätzungen als eindeutige Beweise für die ursprüngliche Gestaltung der ehemaligen Wandgemälde im Nürnberger Rathaus zu werten, dennoch vermitteln sie aufschlußreiche und interessante Aspekte zu der ursprünglichen Gestaltung der Wandgemälde.

Ätzdekor auf einer Ungarischen Tartsche

Zu den Kostbarkeiten der Leibrüstkammer des Kunsthistorischen Museums in Wien gehört ein eiserner Schild, eine Ungarische Flügeltartsche Kaiser Maximilians I., mit eingeschwärzten Ätzungen nach Werken Albrecht Dürers.[50] Diesen Schild und drei weitere Exemplare mit anderem Dekor fertigte der Innsbrucker Plattner Hans Laubermann (erw. 1479–1521) 1515 für den Kaiser.[51]

Das Hauptmotiv auf der hier zu besprechenden Flügeltartsche weist auf die Pestgefahr hin, symbolisiert durch den einen Pfeil abschießenden reitenden Tod im unteren Drittel des Schildes. Zwar erinnert dieses Motiv in seiner inhaltlichen Bedeutung an den Holzschnitt „Die vier apoklyptischen Reiter" (Abb. 42), der Tod führt jedoch hier keinen Bogen, sondern eine dreizinkige Gabel.[52] Gestalterisch näher liegt ein Vergleich zum „Scheibenriß mit reitendem Tod", 1502 (W. 213), von Dürer (Abb. 20), auf dem der reitende Tod mit vielen Pestpfeilen im Köcher den gespannten Bogen ebenfalls im Anschlag hält. Das galoppierende Pferd auf dem Schild läßt jedoch auch Einflüsse der Dynamik vom Holzschnitt der vier Reiter erkennen, während der Klepper auf dem Scheibenriß sich nur mühsam vorwärts bewegt. Auch ein flatterndes Tuch ist sowohl auf dem Kruppteil des Pferdes auf dem Holzschnitt als auch auf dem Schild erkennbar.

Von einem kleinen Schildbuckel aus Messing in der oberen Hälfte des Schildes zweigen geätzte Strahlen und Flammen einer Sonne nach allen Seiten ab. Zahlreiche Flammen umgeben den reitenden Tod. Sie scheinen die Pestgefahr bezwingen zu können. Eine gleiche Abwehrbedeutung nehmen wohl auch die in vier Ecken des Schildes angeordneten Winde in Form von Kinderköpfen ein, die gegen ein ringsum laufendes Wolkenband anblasen. Dieses Motiv verwendete Dürer auf dem Holzschnitt „Die vier Windengel und die Versiegelung der Auserwählten", (M. 169), der Apokalypse (Abb. 155). Die blasenden Winde werden jedoch auf dem Holzschnitt von Engeln bekämpft. Bruno Thomas und Ortwin Gamber weisen auf ein weiteres Werk Dürers hin, das Anregungen für die Ätzmalerei gegeben haben soll. Die vertieften Randstreifen des Schildes entspre-

*Abb. 81 **Ungarische Flügeltartsche Kaiser Maximilians I.** Plattner Hans Laubermann, Innsbruck 1515. Wien, Kunsthistorisches Museum, Hofjagd- und Rüstkammer. Eingeschwärzte Linienätzung nach Entwürfen von Albrecht Dürer. Im Dekor befinden sich Motive, die bereits in anderen Werken Dürers enthalten sind: Der reitende Tod mit Pfeil und Bogen (Scheibenriß von 1502, Abb. 20), und gegen Winde blasende Engelsköpfe (die vier Windengel in der Apokalyse, Abb. 155).*

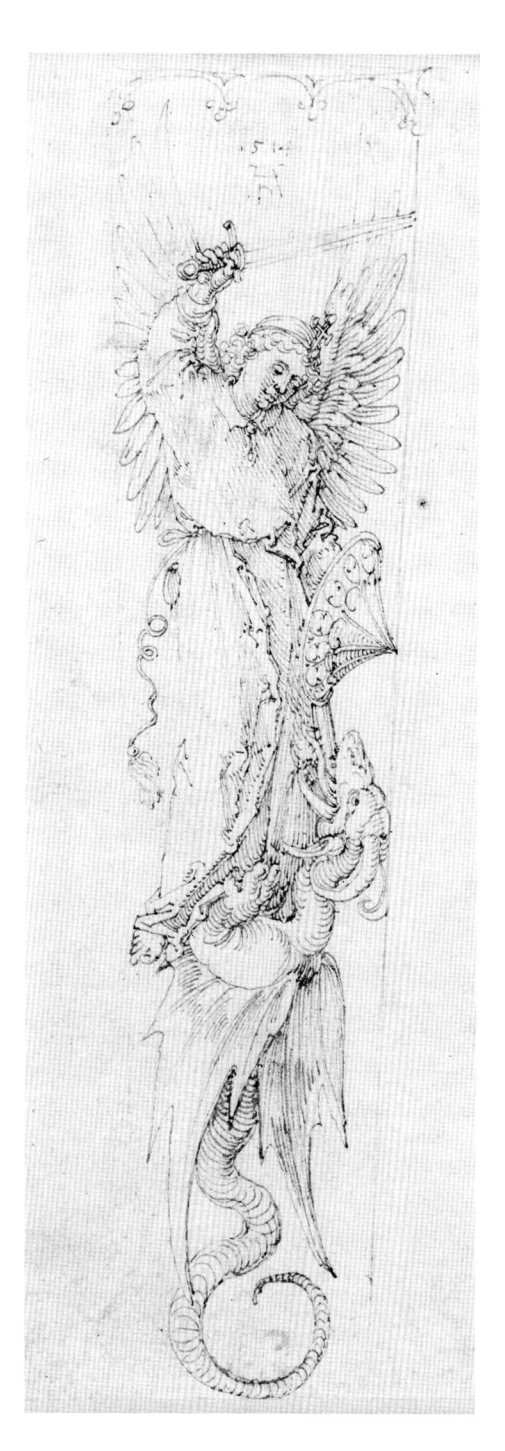

chen mit geätzten Ranken, Früchten und Vögeln dem Stil der verzierten Randleisten von Dürer im Gebetbuch Kaiser Maximilians I.⁵³

Ob Albrecht Dürer unmittelbar an der Metallätzung beteiligt war oder ob andere Künstler seine Vorlagen benutzten, müßte genauer vom Stil her untersucht werden.

Verzierungen von Griffwaffenscheiden

Zu den herausragenden Dekorentwürfen Albrecht Dürers für kunsthandwerkliche Arbeiten gehört der „Entwurf für eine Schwertscheide" (W. 712, London, The British Museum). Die leichte Biegung in der Länge der Scheide läßt, entgegen der üblichen Bezeichnung, auf den Verzierungsentwurf für eine Säbelscheide schließen. Der vorgesehene Dekor im Entwurf würde nur etwa Zweidrittel der Scheide bedecken. Vielleicht war ein gesonderter Entwurf für ein längeres Ortband an der Spitze, mit unverziertem Zwischenraum zwischen beiden Teilen, vorgesehen. Der nach unten zur Mitte hin spitz zulaufende Scheidenmund läßt auf eine Wölbung der Vorderseite der Scheide schließen. Auch bei Mustervorlagen anderer Künstler, beispielsweise von Heinrich Aldegrever, endet der Dekor für Scheiden manchmal am Ende abgeschnitten, ohne organischen Abschluß. Diese Mustervorlagen waren oft nicht nur für eine bestimmte Scheide gedacht.

Phantasievoll und einmalig in der Komposition sind die Motive auf dem Dekorentwurf für die Säbelscheide ausgewählt und miteinander verschmolzen. Es bedarf der genauen Betrachtung, um die gleitenden einfallsreichen Verbindungen zwischen den einzelnen Motiven zu erkennen. Vom Scheidenmund aus nach unten folgt ein Phantasiegebilde dem anderen: Zwei Widderköpfe, durch Nasenring miteinander verbunden, von Blattwerk umrangt, zwei Delphine schließen sich an, deren Schwänze miteinander verknotet sind und deren Schwanzenden in Augenhöhlen eines tierischen Skelettkopfes münden. Es folgt eine Sphinx mit nacktem Oberkörper mit Flügeln und Löwenbeinen. Sie hält mit nach oben gestreckten angewinkelten Armen je einen großen Vogel an den Beinen. Die Vögel greifen mit ihren langen offenen Schnäbeln in die Haare der Sphinx. Diese ruht auf einer Konsole, die durch Kettenglieder mit gerundeten Blattzweigen verbunden sind, die aus einer großen Henkelvase herausragen. Die ganze Last wird von zwei stehenden Putten getragen. Eine große Eule mit ausgebreiteten Flügeln trägt nun wiederum auf einer Konsole die Putten. Dieser kräftige Vogel hält in seinen Fängen je einen kleineren, sich wehrenden Vogel. Die vier langen Beine dieser Tiere stellen das Verbindungsglied zu einem Medaillon dar und sind durch kleine Ringe miteinander verbunden. An einem unteren Ring des Medaillons hängt ein bärtiger dreigesichtiger Männerkopf, an dessen beiden Seiten je ein geschweifter Palmwedel steht, der durch eine umwundene Haarsträhne mit dem Kopf verbunden ist. Wenn auch das Ineinanderfließen der Dekorelemente typisch für die Renaissance ist, so erregen doch diese phantasievollen Gestaltungen Dürers höchste Bewunderung. Friedrich Winkler würdigte die dekorativen Entwürfe des Künstlers für Buchgestaltungen, Architektur- und Goldschmiedearbeiten unter anderem mit den Worten: „Die bezaubernde Anmut, mit der Dürer Menschen, Drachen, Tiere jeder Art dem ornamentalen Rahmen einfügte, war nur ihm eigen."⁵⁴ Die Figuren sind im Scheidenentwurf leicht gelbgrün angetuscht, der Hintergrund in der lockerer gestalteten unteren Hälfte eingeschwärzt.

Geradezu monumental wirkt hingegen der „Entwurf zu einer Dolchscheide mit dem heiligen Michael", 1514, (London, The British Museum, W. 716). Den Kampf mit dem geflügelten Drachen hat Dürer, bedingt durch die schmale Scheide, in eine senkrechte Anordnung gebracht, so daß das Ungeheuer den hl. Michael zu tragen scheint. Die Drachenflügel und der geringelte Schwanz sind senkrecht zur Scheidenspitze hin ausgerichtet. Vergleichbar hiermit ist die Darstellung des hl. Georg mit dem Drachen auf der Randzeichnung zum Gebetbuch, bei der Dürer auch auf beengtem Raum gestalten mußte (fol. 9 r). Auch der Entwurf für eine Dolchscheide hat, wie der für die Säbelscheide, keinen dekorativen Abschluß zur Scheidenspitze hin.

Anmerkungen

1 Siehe W. Boeheim, 1891, S. 177ff; W. Boeheim, 1897, S. 64. Boeheim waren nur vier Zeichnungen bekannt (nicht W. 680 u. 681).
2 Verzierung eines Achselkammes (richtig: Brechrandes) und Verzierung zum Visier eines Helmes, beide Wien, Albertina, W. 678 und 679; zwei Verzierungen eines Rüstungsteiles, New York, Pierpont Morgan Library, W. 680 und Berlin, Kupferstichkabinett, 681; Verzierung von zwei Rüstungsteilen (auf einem Blatt), Berlin, Kupferstichkabinett, W. 682.
3 Hinweis bei F. Winkler, 1957, S. 285, Anm. 2.
4 Siehe J. Schöbel, S. 29, Tafel 9; J. Bäumel, S. 63/64, (Abb. beider Harnische und der Roßstirnen).
5 Siehe J. Bäumel, S. 64.
6 B. Thomas/O. Gamber, 1954, S. 66, Nr. 61, Abb. 36–38; A. R. Dufty, 1968, Tafel XIV, XV, LXXXI und CXLI, auf dieser Tafel Details der Gravierungen. Harnisch des Erzherzogs Karl siehe B. Thomas/O. Gamber 1954, S. 66/67, Nr. 62, Abb. 41–43 und B. Thomas/O. Gamber, 1976, S. 216/17, Abb. 110.
7 Drei erhaltene, in Nürnberg gefertigte Harnische werden wegen gleichartiger erotischer Zeichen innerhalb eines reichhaltigen Dekors als Fico-Gruppe bezeichnet, siehe D. J. LaRocca, 1/1989, S. 1–72.
8 Siehe F. Winkler, 1957, S. 285.
9 Siehe W. Boeheim, 1897, S. 65.
10 W. 174, W. 678–682.
11 Paul Post, 1937–1939, S. 253–258. In der Überschrift tituliert Post „mit Ätzentwürfen", im Text, S. 256, spricht er jedoch von „Vorlagen für den Ätzer bzw. Graveur". Meines Erachtens handelt es sich um Entwürfe für Gravierungen. Die dicht gesetzten Ornamente und feinen Linien lassen sich auf Silber besser gravieren als ätzen. Die Verzierungen der erwähnten silbernen Dresdener Harnische und auch die versilberten Harnische sind graviert, die Gravierungen beim Harnisch Heinrichs VIII. auch vergoldet, siehe B. Thomas, Konrad Seusenhofer, Gesammelte Schriften, Bd. 1, 1977, S. 545.
12 Siehe B. Thomas/O. Gamber, 1954, Nr. 66, Abb. 48/49 und B. Thomas/O. Gamber, 1976, S. 218/19, Abb. 118.
13 Siehe B. Thomas/O. Gamber, 1954, Nr. 66, hier „Konrad Seusenhofer" mit Fragezeichen; B. Thomas/O. Gamber, 1976, S. 218/19, hier „Braunschweig 1526".
14 Helme mit gezahntem Kamm tragen auch ein Krieger auf der Zeichnung „Simsons Kampf gegen die Philister" (W.483), ein Kriegsknecht auf der Kreuztragung der Kleinen Kupferstichpassion (M. 12) sowie die Begleiter des „Kleinen Pferdes" und des „Großen Pferdes" von 1505 (M. 93, 94). Auch am Hut Merkurs in der „Allegorie der Beredsamkeit" (W. 664) befinden sich ebenfalls Flügel mit eingerollter Volute.
15 Siehe W. Boeheim, 1891, S. 179, 1897, S. 65.
16 Siehe W. Boeheim, 1891, S. 178, 1897, S. 65.
17 Siehe P. Post, 1937–1939, S. 255, Abb. 4.
18 „kropf-stozen", siehe Stichwort in: M. Lexer, 1944, S. 117.
19 Siehe beispielsweise A. R. Dufty, Tafel CXIII; C. Blair, 1958, S. 221; B. Thomas/O. Gamber, 1976, Abb. 118.
20 Siehe F. Anzelewsky/H. Mielke, 1984, S. 90, Nr. 88.
21 Siehe P. Post, 1937–1939, S. 256, Abb. 5 und 6.
22 Abdruck des Briefes siehe I. Wiesflecker-Friedhuber, 1996, Nr. 72.
23 Hinweis bei F. Winkler, 1957, S. 285, Anm. 2.
24 M. Mende hat in seiner Publikation „Das alte Nürnberger Rathaus…", 1979, ausführlich die Gemälde und Dürers Anteil daran behandelt. Zur eigenhändig von Dürer in die Federzeichnung eingetragenen Jahreszahl 1522 vermerkt er: „nachträglich?". Mit der Ausführung der Gemälde wurde nämlich bereits 1521 begonnen.
25 Inv.Nr. W. 572 (alte Nr. PC 8190). Zum Schwert siehe: G. Hiltl, S. 53/54, Nr. 308 A; Das Königliche Zeughaus, 1914, S. 81 (Hinweis auf Dürer und Nürnberger Rathausbilder); P. Post, 1929, S. 78 (erwähnt drei Hauschwerter mit Ätzungen nach Rathausbildern); M. Mende, 1979, S. 194 und S. 202/203, Nr. 164; H. Müller/H. Kölling, 1990, S. 200 (Abb.) und S. 375 (Beschreibung und Maßangaben).
26 Siehe auch Literaturhinweise bei M. Mende, 1979, S. 202.
27 Matthias Mende bemerkt zu dem Wandgemälde mit der Szene der Verleumdung, S. 194: „Wie das fertige Gemälde nach Abbau des Gerüstes 1521/22 im Saal aussah, wissen wir nicht."
28 Siehe G. Hiltl, S. 53/54; H. Müller, 1994, S. 142–162.
29 Zum „Passauer Wolf" siehe W. Boeheim, 1890, S. 251/252; H. Seitz, Bd. 1, S. 178–180.
30 Siehe A. Weyersberg, 1937–1939, S. 42–44; A. Neuhaus, 1932–1934, S. 161. N. weist auf Auseinandersetzungen des Rates der Stadt mit den Messerern hin wegen Verkauf von Klingen aus Steyr, Passau und Böhmen „ auf die deren Zeichen um 1536 geschlagen wurden.
31 In einer Fachnotiz der Zeitschrift für Historische Waffenkunde, Bd. 2, 1900–1902, S. 323, mit dem Titel „Die Nürnberger Ätzmaler der ersten Hälfte des 17. Jahrhunderts", erwähnt Karl Koetschau einen Hans Hauer zu dem er bemerkt: „… verdient wegen der Sorgsamkeit, mit der er auf Dürers schriftlichen Nachlaß achtete, heute noch unseren wärmsten Dank." Es bleibt zu überprüfen, ob vielleicht ein Vorfahre Ätzmaler der Klingen gewesen sein kann. Zu technischen Details des Einschlagens der Zeichen siehe W. M. Schmid, 1910, S. 332f. Die Zeichen wurden in die geschliffene, aber noch nicht gehärtete Klingenfläche, also vor der Ätzung eingeschlagen.
32 In der Kungl. Skattkammaren Stockholm befindet sich ein schwedisches Reichsschwert „mit Passauerklinge von um 1530" mit Ätzungen „…welche die bürgerlichen Tugenden der Römer verherrlichen, wie sie im Rathaus von Nürnberg nach Albrecht Dürers Vorbildern geschildert sind." Als Motive werden Gajus Mucius Scaevola und Kaiser Trajan erwähnt, nach H. Seitz, Bd. 1, S. 290–292.
33 Zu Ätztechniken siehe B. Thomas/O. Gamber, 1976, S. 28–30.
34 Siehe hierzu auch S. 82.
35 M. Mende, 1979, S. 197, hat den lateinischen Text demgegenüber sinngemäß richtig wiedergegeben: „Niemand soll ein Urteil fällen, bevor er die Sache genau geprüft hat."
36 E. Rebel, 1999, S. 411.
37 Siehe W. 572; M. Mende, 1979, S. 195, Abb. 69.
38 Siehe M. Mende, 1979, Abb. 70.
39 Dieser Abstand ist ein wesentliches Detail, durch das die Darstellung auf der Klinge mit dem Gemälde übereinstimmt und somit davon ausgegangen werden kann, daß es bereits 1521/22 diese Trennung gab. Auch auf dem Gemälde,

Abb. 82 **Entwurf für die Verzierung einer Säbelscheide**, *um 1517. Federzeichnung. London, The British Museum. Dekorative Motive sind in einzigartiger Weise als tragende oder ruhende Elemente phantasievoll miteinander verbunden. Der Entwurf gehört zu den schönsten Scheidenverzierungen der Renaissance.*

Abb. 83 **Entwurf zur Verzierung einer Dolch- oder Schwertscheide**, *1514. Federzeichnung. London, The British Museum. Der schmalen Scheide entsprechend hat Dürer den hl. Michael und den Drachen senkrecht übereinander angeordnet, so daß das Ungeheuer den Heiligen zu tragen scheint.*

Zustand 1621, haben die Personen der Dreiergruppe eine größere Schrittlänge als auf der Federzeichnung.
40 Weitere Details zu der Ätzung siehe H.Müller/H. Kölling, 1990, S. 200 und 375.
41 Siehe M. Mende, 1979, S. 257, Kat. Nr. 278/279 und S. 274, Kat. Nr. 309 a, b.
42 Heute in der Sammlung des Deutschen Historischen Museums Berlin, Inv.Nr. W. 2891 (alte Inv.Nr. 18.18). Gesamtlänge der Klinge 94,7 cm, Klingenlänge 78,7, Klingenbreite 3,7 cm. Rückenklinge mit drei eingeschlagenen, mit Messing eingelegten Meistermarken in Form von Dreiblättern mit kleinem geschweiftem Stiel. Gleiche Marke auf der Klinge eines Landsknechtsdolches, deutsch, um 1550/60, siehe Sir James Mann, 1962, S. 384, A 753, Taf. 139.
43 Federzeichnung siehe W. 685; farbige Abb. in ganzer Länge siehe P. Strieder, 1996, S. 72/73; M. Mende, 1979, S. 224 und 228–230, Kat. Nr. 223. Zum Vergleich des Holzschnittes mit dem Wandgemälde siehe M. Mende, S. 227/228, 230–233, Kat. Nr. 224; sehr gute Abb. bei P. Strieder, auf Vor- und Nachsatz.
44 M. Mende, 1979, S. 232, bemerkt hierzu: „Das Wandbild in seiner allein bekannten Fassung von 1613 war nur ein Abglanz von Dürers Figurenkunst und seiner ornamentalen Erfindungsgabe (Abb. 102–103)."
45 Ein Vergleich der Klingenätzung mit den Werken Albrecht Dürers und dem überarbeiteten Wandgemälde ist meines Wissens bisher in der Literatur nicht erfolgt.
46 Das Wandgemälde von 1621 bietet hierfür keinen Anhaltspunkt. Vermutlich wurde die Ansicht vom Ätzmaler hinzugefügt.
47 Abb. siehe M. Mende, 1979, S. 232.
48 Eine vergleichbare Person gibt es auf Federzeichnung, Holzschnitt und Gemälde nicht.
49 Gut lesbar bei P. Strieder, 1996, Vorsatz.
50 Siehe W. Boeheim, 1894, Tafel VIII, 1; B. Thomas/O. Gamber, 1976, S. 209/10.
51 Siehe B. Thomas/O. Gamber, 1954, S. 61, Nr. 43; eine Flügeltartsche, von Wien nach Budapest abgegeben, befindet sich im Ungarischen Nationalmuseum, siehe F. Temesváry, S. 64, Nr. 14, Abb.
52 Zum Bogen siehe auch S. 33.
53 B. Thomas/O. Gamber, 1976, S. 210. Die Autoren gehen davon aus, daß die Ätzung von Dürer selbst ausgeführt wurde.
54 Zitiert nach W. Hütt, (Hrsg.) Albrecht Dürer 1471–1528, S. 841.

SPÄTGOTISCHE UND RENAISSANCEHARNISCHE

Für Albrecht Dürer, der sich über einen längeren Zeitraum künstlerisch mit den Proportionen des menschlichen Körpers beschäftigte, muß der Harnisch, die stählerne Schutzhülle des männlichen Körpers, von hohem Interesse gewesen sein. Bei einem Einzelauftrag mußte der Plattner (Harnischmacher) vor der Fertigung eines kompletten Reiterharnisches wie ein Schneider die Körpermaße des Auftraggebers feststellen, damit das aus Platten geschlagene „Eisenkleid" dem Besteller paßte und größtmögliche Bewegung zuließ, damit Waffen gehandhabt werden konnten. Daneben wurden bestimmte Standardgrößen, insbesondere für Kriegsknechte, gefertigt.

Die zahlreichen Gestalten im sogenannten Dresdener Skizzenbuch, von Albrecht Dürer aus geometrischen Flächen konstruiert, erinnern auffällig an geharnischte Krieger.[1] Diese Flächen entsprechen den zusammengehörigen Harnischteilen, wie beispielsweise Arm- und Beinzeug, sie sind in gleicher Weise in den Körperbeugen untergliedert, um Bewegungen des Körpers und der Gliedmaßen zu ermöglichen. Es ist schwer vorstellbar, daß der Künstler bei diesen Entwürfen nicht auch durch Harnische angeregt wurde.

Nürnberg war ein bedeutendes Zentrum der Harnischfertigung, sowohl für kostbare Stücke fürstlicher Auftraggeber als auch für knechtische Massenware.[2] In unmittelbarer Nähe Dürers wohnte im Pilatushaus, auch Haus „zum geharnischten Mann" genannt, der hochgeschätzte Plattner Hans Grünewalt (um 1440–1503).[3] Zu ihm, aber auch zu anderen Plattnern dürfte der Künstler Kontakt gehabt haben. Nur so sind die vielen Details, die er durch Helme, Harnische und Harnischteile vermittelt, erklärbar. Wendelin Boeheim, der Altmeister der Historischen Waffenkunde, meinte, Dürer habe höchstwahrscheinlich maßgeblichen Einfluß auf die formale und stilistische Formgebung in der Übergangszeit vom spätgotischen zum Renaissanceharnisch gehabt.[4] Eindeutige Beweise hierfür scheinen bis heute zu fehlen.

Bereits im Jahre 1489 stellte Dürer als Achtzehnjähriger auf einer Federzeichnung (W. 17) kämpfende geharnischte Reiter in einer bewegten Szene dar. Der schwertschwingende Reiter in Rückansicht verfolgt einen gegnerischen Reiter, dessen Pferd am linken Bildrand nur noch mit seinem Hinterteil sichtbar ist. Ein zweiter Reiter im Vordergrund rechts stürzt mit seinem Pferd, da ihn die Lanze seines Gegners, von dessen Roß hingegen nur Kopf und Vorderbeine in das Bild hineinragen, getroffen hat. Die Lücke in der Mitte zwischen den beiden Kämpfenden schloß Dü-

rer mit einem scheinbar untätigen, die Szene verfolgenden Reiter. Die drei Reiter tragen als Helmtyp die Deutsche Schaller mit langem, spitz auslaufendem Nackenschutz, den Dürer bei dem schwertschwingenden durch dichte kleine Rautenmuster belebte. Verzierungen dieses Helmtyps sind durch Originale nur in wenigen Exemplaren überliefert.[5] Die hinten geschlitz-

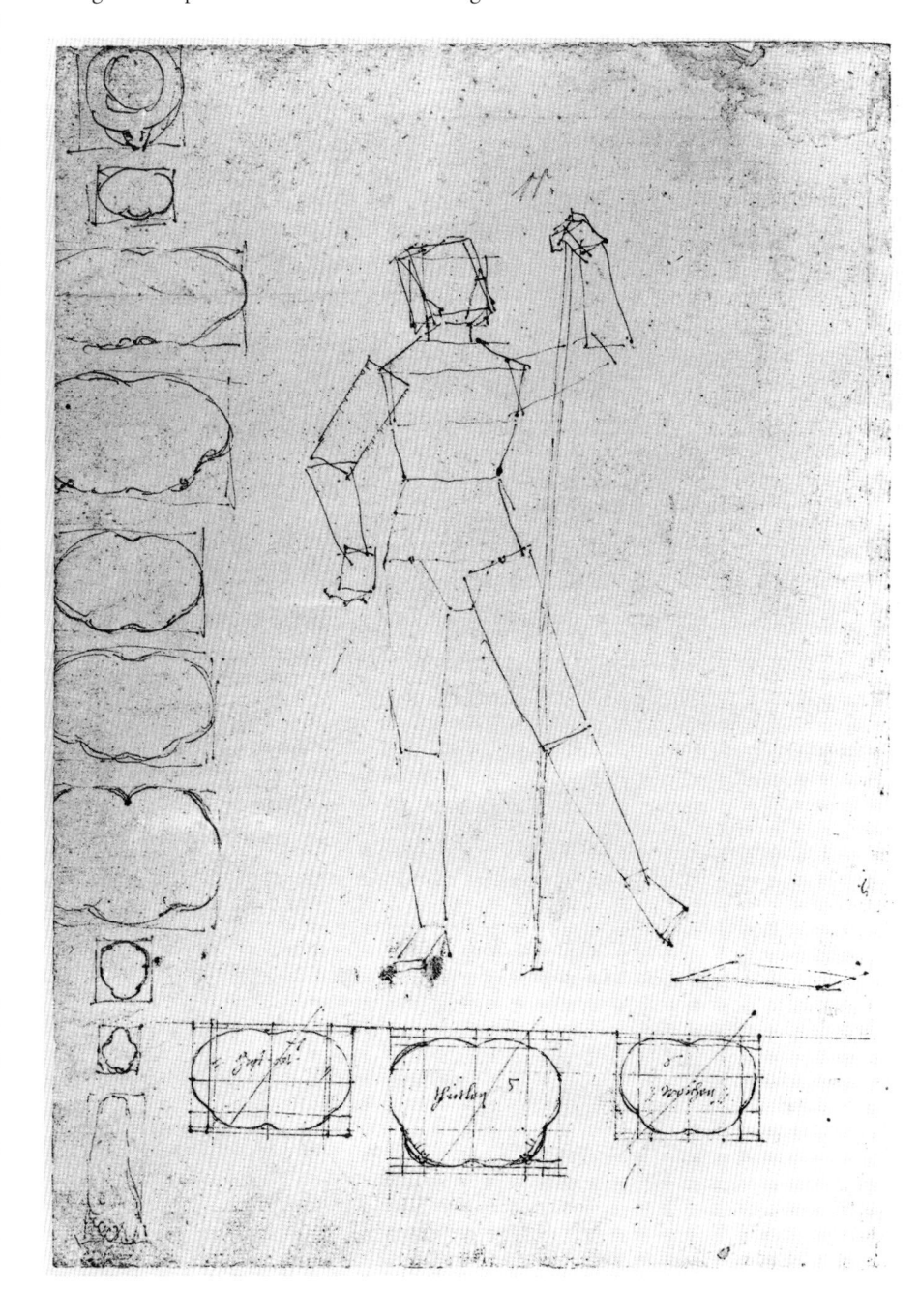

Seite 89:

Abb. 84 Menschliche Figur aus geometrischen Flächen gebildet, *Zeichnung aus dem Dresdener Skizzenbuch Albrecht Dürers, Dresden, Sächsische Landesbibliothek. Staats- und Universitätsbibliothek.*
Zu zahlreichen derartigen Zeichnungen dürfte der Künstler auch Anregungen durch Harnische erhalten haben, deren Einzelteile in gleicher Weise gegliedert und in den Körperbeugen unterteilt sind.

Abb. 85 Fechtende Reiter, *1489. Federzeichnung. London, The British Museum.*
Bereits als junger Künstler hatte Albrecht Dürer Details der Rüstungen von Reitern aufmerksam beobachtet. Das über Ringpanzerhemd oder Harnischbrust und -rücken getragene Lederwams besitzt bei beiden Reitern im Vordergrund geschlitzte Ärmel, um einen Wärmestau zu vermeiden. Auch vermied er Gleichförmigkeit, wie die Füße in den Steigbügeln und die Pferdetrensen erkennen lassen.

ten Ärmel eines taillierten Wamses mit Schoß dieses Mannes, lassen darunter Ringpanzerärmel erkennen, die vermutlich zu einem Kettenhemd gehören.

Die hinten offenen modischen Ärmel verhinderten auch einen Wärmestau durch die Rüstung, ein vom Künstler gut beobachtetes Detail. Die Schwertklinge und somit auch die Scheide sind im Verhältnis zum Griff etwas zu lang geraten. Der stürzende Reiter trägt zum Helm einen Kinn und vordere Halspartie schützenden eisernen Bart, eine Harnischbrust und zum Schutz der Achseln runde Achselscheiben. Unter dem rechten geschlitzten Arm ist bei diesem Reiter ebenfalls ein Ringpanzerärmel erkennbar. Beide Reiter tragen kein Harnischbeinzeug, sondern nur Beinkleider. Einige Details zeigen, daß Dürer bereits als junger Mann in der Ausstattung gern differenzierte. Der Schuh am linken Bein des Mannes in Rückansicht hat einen langen Schnabel, über den Knöcheln trägt er einen dreifach gewulsteten Knöchelschutz, beides fehlt beim stürzenden Reiter. Das Pferd links im Bild ist mit einer einfachen Trense, das rechte mit einer hebelartigen Stangentrense ausgerüstet.

Rüstungen im „Ritter vom Turn"

Während seiner Tätigkeit in Basel mußte Albrecht Dürer für das Werk „Der Ritter vom Turn. Von den Exempeln der gotsforcht vn(d) erberkeit", Basel 1493, Holzschnitte mit Rittern im kompletten Harnisch gestalten. Die Rüstungen sind, dem einfachen Buchholzschnitt entsprechend, kräftige Umrißzeichnungen. Auf sieben von 45 Holzschnitten sind Ritter und eine Frau mit spätgotischen Harnischen ausgerüstet.[6] Bereits in der Frühzeit seiner künstlerischen Tätigkeit zeigt sich, daß Dürer zur Belebung einer Serie für verschiedene Szenen unterschiedliche Rüstungen auswählte. Es wird auch deutlich, daß einige Harnische der Form nach sowohl süddeutsche als auch norditalienische Merkmale besitzen. So endet das mehrfach geschweifte Oberteil der aus zwei Teilen bestehenden (geschifteten) Harnischbrust in einer stilisierten Lilie – ein Merkmal süddeutscher Plattnerkunst – andererseits sind am gleichen Harnisch an die Bauchreifen spitze Beintaschen mit getriebenen Längsgraten angebracht – in dieser Zeit ein Merkmal norditalienischer Herkunft (Schramm 998, 999). Auch die in lange Hinterflüge mit gezackten Rändern auslaufenden Schultern sind ein deutliches Merkmal italienischer Provenienz (Schramm 1042).[7]

Da italienische Werkstätten sich bei Bestellungen aus anderen Ländern auf dort vorherrschende Formen einstellten, wird es sich bei den genannten Harnischen in Dürers Holzschnitten um Lieferungen „armatura alla tedesca" aus Norditalien handeln. Der Export von Mailänder Harnischen nach Basel kann bei der Nähe von Lieferanten als sicher angenommen werden, so daß Dürer vor Ort seine Studien betreiben konnte. Rüstungen ohne Beinta-

*Abb. 86 **Eine Römerin kämpft an Stelle ihres Mannes in einem Zweikampf**. Holzschnitt aus „Der Ritter vom Turn", Basel 1493. Berlin, Staatliche Museen Preußischer Kulturbesitz, Kupferstichkabinett.*
Für dieses Werk hatte Dürer sich gründlich über ritterliche Rüstungen informiert. Er stattete Ritter sowohl mit Harnischteilen deutscher als auch italienischer Provenienz aus, variierte Helmformen und verwendete seltene Rüstungsteile.

*Abb. 87 **Titelholzschnitt „Der Ritter vom Turn"**, Basel 1493. Berlin, Staatliche Museen Preußischer Kulturbesitz, Kupferstichkabinett.*
Der Harnisch mit Beintaschen zeigt in der Konstruktion deutlich Einflüsse aus Norditalien. Wie aufmerksam Dürer Geharnischte beobachtete, läßt auch der in der rechten Beinröhre steckende Dolch erkennen, Gnadgott genannt, den Ritter für den „Gnadenstoß" benutzten.

schen mit hoch zur Leistengegend reichenden Diechlingen (Oberschenkelschutz) sind süddeutscher Provenienz.[8]

Auch die Helme zu den Harnischen charakterisieren unterschiedliche Herkunftsländer. Die Schaller mit aufschlächtigem Visier und kurzem geschobenem Nackenschutz stammt aus Italien, die sogenannte Deutsche Schaller hatte einen lang auslaufenden Nackenschutz und an Stelle eines Visiers oft einen in die Vorderwand eingeschnittenen Sehspalt. In zwei Turnierszenen: „Eine Römerin kämpft an Stelle ihres Mannes in einem Zweikampf" (Schramm 1026) und „Eine unschuldig verurteilte Jungfrau wird von einem Ritter gerettet" (Schramm 1029), tragen die kämpfenden Männer auf dem durch Holzbarrieren abgegrenzten Turnierplatz Visierhelme zum spätgotischen Harnisch und nur die „Römerin" eine Schaller. Dabei beachtet Dürer, daß nicht bei jedem Turnier die gleichen Helme getragen werden. Der Gegner der „Römerin" schützt sich durch einen Helm mit sehr großer Glocke und weit vorragendem Lochvisier, ähnlich dem Helmtyp „Grand Bacinet" oder dem Fußturnierhelm mit Spitzvisier.[9] Der Reiter ist für den Turnierkampf mit einer Streiftartsche oder Dilge (am Sattel befestigtem Oberschenkelschutz) ausgerüstet.[10] Dieser Körperschutz gehörte zur speziellen Rüstung für die Turnierart „Rennen", wie sie am Hofe Kaiser Maximilians I. in verschiedenen Formen üblich war. Dürer hat die Dilge 1493 einem Feldharnisch zugeordnet. Es ist ein frühes Beispiel für diesen Oberschenkelschutz.

Einen Helm mit großer runder Glocke und vorspringendem Rundvisier trägt der rechts im Bild kämpfende Ritter in der Szene der unschuldig verurteilten Jungfrau. Den anderen schützt ebenfalls der spezielle Helm mit spitz vorgetriebenem Visier, wie er für das Fußturnier oder das „Welsche Gestech" um 1500 üblich war.[11] Der Grundtyp des Harnisches in den Turnierszenen entspricht dem Feldharnisch, wie er beim Kampf zwischen Vertretern des niederen Adels üblich war. Spezielle Turnierharnische konnten sich diese Ritter nicht leisten. Um die Szenen variabler zu gestalten, verband Dürer gelegentlich Teile von Turnierrüstungen mit Feldharnischen.

Einige Besonderheiten in Bewaffnung und Rüstung seien noch erwähnt. Auf dem Titelblatt (Schramm 998) steckt in der rechten Beinröhre ein Dolch, den Ritter für einen „Gnadenstoß" gegen den am Boden liegenden Feind benutzten. Die Waffe wird deshalb auch Gnadgott genannt. Auf einem anderen Blatt erkennt man, daß Dürer auch Dekorelemente bei der Verzierung der geschifteten Harnischbrust berücksichtigte. In einer Kampfszene, bei der ein Ritter seine Lanze in den Pferdehals seines Gegners stößt, sitzt die rechte Hand durch den Aufprall nicht mehr am abgesetzten Handgriff, sondern ist nach vorn darüberhinaus gedrückt worden (Schramm 1014). Bei einem israelitischen Ritter hat der Künstler die sonst glatten Achselscheiben strahlenförmig gekehlt, wie es auch durch Originale überliefert ist.[12] Für den Turnierkampf ist das Pferd der „Römerin" mit einem eisernen Roßkopf geschützt. Roßharnischteile sind in Dürers frühen Ritterdarstel-

SPÄTGOTISCHE UND RENAISSANCEHARNISCHE

Abb. 88 **Ein Reiter im Harnisch**, *1498. Aquarellierte Federzeichnung. Wien, Graphische Sammlung Albertina. Dürer vermerkt handschriftlich: „Dz ist dy rustung Zw der czeit/Im tewczschlant gewest". Im Gegensatz zu italienischen Harnischen mit glatten, stark ausladenden Teilen stellte er hier, gleichzeitig mit einer Pferdestudie, den grazilen spätgotischen Harnisch in Deutschland vor. Den Fuchsschwanz an der Lanze ordnete Maximilian I. 1498 auch für eine stehende Truppe von 100 Harnischreitern an.*

lungen, wie auch in der Realität, selten. Der letzte Holzschnitt im „Ritter vom Turn" zeigt einen Geharnischten in Rückansicht, wodurch die großen Hinterflüge der Schulterstücke mit ausgezackten Rändern deutlich sichtbar werden. Harnische und diese Details zeigen überzeugend, wie intensiv Albrecht Dürer sich bereits in den Jahren seines Aufenthaltes in Basel eingehend mit der Bewaffnung und Rüstung beschäftigte.

Dz ist dy rustung Zw der czeit Im tewczschlant gewest

Ein Qualitätssprung in der Erfassung der stilistischen Feinheiten des spätgotischen Harnisches setzt bei Albrecht Dürer mit der aquarellierten Federzeichnung „Reiter im Harnisch" von 1498 ein (W. 176). Mehrere Einzelblätter von geharnischten Reitern bezeugen, wie vertraut Albrecht Dürer mit den neue-

SPÄTGOTISCHE UND RENAISSANCEHARNISCHE

Abb. 89 **Küriß, vermutlich Maximilians I.** *Plattner Lorenz Helmschmied (erw. 1467, gest. 1515), Augsburg, um 1485. Wien, Kunsthistorisches Museum, Hofjagd- und Rüstkammer. Dieses Meisterwerk verkörpert in einzigartiger Weise den eleganten spätgotischen Harnisch, den Albrecht Dürer in seinen Zeichnungen und Kupferstichen bevorzugte.*

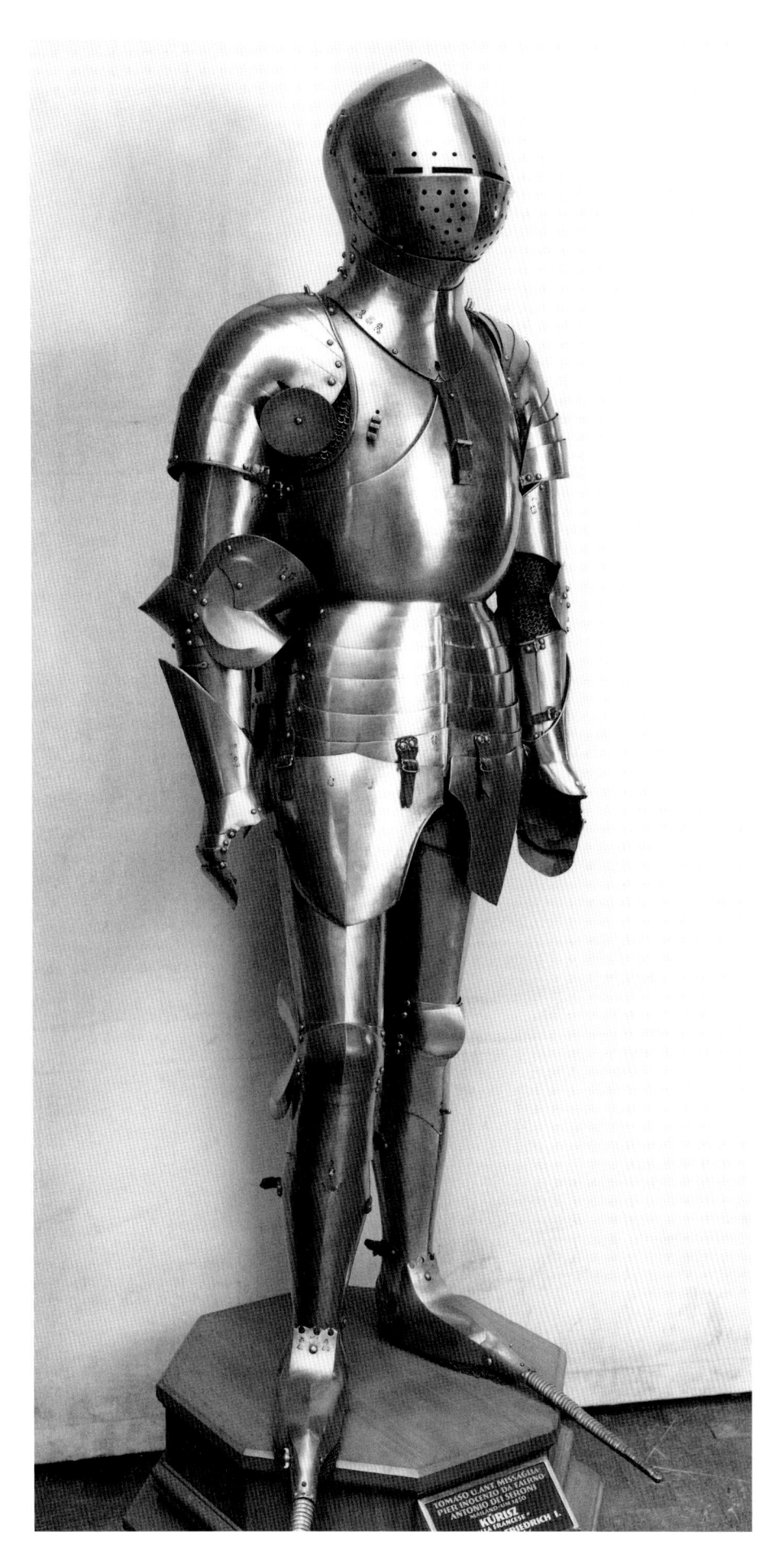

sten spätgotischen Harnischtypen war.[13] Die aquarellierte Federzeichnung „Reiter im Harnisch" (W. 176) ist von ihm eigenhändig beschriftet: „Dz ist dy rustung Zw der czeit /Im tewczschlant gewest." Wenn auch diese Beschriftung in der Art mit denen für Kostümstudien von Nürnberger Frauen übereinstimmt, so ist sie doch inhaltlich anders zu deuten.[14] Eine dieser Federzeichnungen bezeichnete Dürer handschriftlich beispielsweise mit „Also gand dye Nörmerger/frawenn Zum thanz. 1500" (W. 225). Der „Reiter im Harnisch" mit dem Hinweis „Im tewczschlant gewest" entstand zwei/drei Jahre vor den Kostümstudien, die auf Nürnberg hinweisen. In der Land- bzw. Ortsbezeichnung liegt ein wesentlicher Unterschied. Der Künstler hatte auf seiner Italienreise 1494/95 ohne Zweifel die für dieses Land typischen Harnische kennengelernt, die sich von denen in seiner Heimat wesentlich unterschieden und aus diesem Grunde schrieb er die Zeile auf seine Zeichnung. Es darf auch angenommen werden, daß der spätgotische Stil der Harnische Dürer nicht nur vertrauter, sondern auch künstlerisch näher stand, das beweisen seine Ritterdarstellungen, insbesondere der Meisterstich „Ritter Tod und Teufel" von 1513, für den er seine Zeichnung von 1498 und die Zeichnungen W. 617 und 618 als Vorstudien verwendete.

Mailänder Plattner hatten den Harnisch als Schutzhülle für den gesamten Körper bis etwa 1420 voll entwickelt.[15] Stil und Mode der Renaissance prägten die äußere Form der Rüstungen. Sie ist besonders gekennzeichnet durch stark gewölbte, ausladende Harnischteile mit glatten Flächen, die die Körperformen des Trägers betonten.[16] Dürer hat auf seiner ersten Italienreise ohne Zweifel derartige italienische Harnische gesehen. In deutschen Ländern entsprachen die äußeren Formen der Harnische dem grazilen modischen Schlankheitsideal der Gotik mit stark eingezogener Taille. Den Oberflächen der Harnischplatten wurde durch getriebene Kehlungen und Grate eine aufstrebende Richtung gegeben.

Ein ursprünglich wohl für Kaiser Maximilian I. bestimmter Reiterharnisch – später von ihm an seinen Onkel, Erzherzog Siegmund von Tirol (1427–1496) abgegeben – ist der eleganteste vollständig erhaltene spätgotische Harnisch[17] (Abb. 89). Er wurde von dem Augsburger Plattner Lorenz Helmschmied (erw. 1467, gest. 1515) um 1485 gefertigt.[18] Inzwischen waren Augsburger, Innsbrucker, Landshuter und Nürnberger Plattner harte Konkurrenten der Mailänder geworden. Besonders deutlich werden modische Einflüsse der zeitgenössischen Kleidung an den spitzen Schnabelschuhen und an den Kehlungen des Harnischrückens, die die Steilfalten der bürgerlichen Jacke, der „Schecke", nachahmen.[19] Typisch für den spätgotischen Panzerhandschuh sind die fast bis zum Ellenbogen hochgeführten spitz- oder rund auslaufenden Stulpen.

Manche modisch bedingten Teile am Harnisch behinderten den Reiter im Feldkampf. Die überlangen Spitzen an den Schnabelschuhen ließen notwendige

Abb. 90 **Küriß (Reiterharnisch) Friedrichs I., des Streitbaren, Kurfürst von der Pfalz** *(1425–1451–1476). Plattner Tomaso Missaglia (erw. 1430–1452) und Werkstatt, Mailand, um 1450. Wien, Kunsthistorisches Museum, Hofjagd- und Rüstkammer. Mailand war das bedeutendste Zentrum der Harnischfertigung in Italien. Marken an den Harnischteilen zeigen, daß vier verschiedene Meister bei der Herstellung mitwirkten.*

Abb. 91 **Der Reiter (Ritter, Tod und Teufel)**, *1513. Kupferstich. Berlin, Deutsches Historisches Museum. Dürer nahm für diesen Meisterstich noch 1513 den spätgotischen Harnisch als Vorbild, obwohl der Adel in dieser Zeit bereits Rüstungen im Renaissancestil trug. Das überholte Eisenkleid weist auf die symbolhafte Bedeutung des Ritters hin, die zu vielen Deutungsversuchen führte.*

schnelle Bewegungen zu Fuß nicht zu und behinderten im Fußkampf. Das Geschübe des Harnischschuhes erschwerte auch die Beweglichkeit im Steigbügel. Der obere Rand der Beinröhren konnte auch das Sattelleder beschädigen. Deshalb verzichtete Dürer bei seinen Reitern auf das Unterbeinzeug, wie es wohl Reiter ebenfalls praktizierten. Damit der Steigbügel beim Reiten mit dem Oberrand nicht das Schienbein verletzte, stattete Dürer seinen Reiter (Abb. 88) mit manschettenartigem gewelltem Lederschutz über dem Knöchel aus, wie es auch bei Turnierrüstungen ohne Beinzeug üblich war.[20] Ohne Unterbeinzeug, das ja mit den Kniekacheln fest verbunden war, ließen sich auch die Sporen leichter bewegen und brauchten nicht mehr so lang zu sein. Albrecht Dürer muß diese Probleme für Reiter gekannt haben. Auf einen auf die Harnischbrust aufgesteckten eisernen Bart, der wohl leicht verlorening und das Kinn

*Abb. 92 **Der heilige Georg**. Linker Flügel, Innenseite, des Altars der Nürnberger Kaufmannsfamilie Paumgartner, um 1498, Gemälde auf Tannenholz. München, Alte Pinakothek.*

*Abb. 93 **Der heilige Eustachius**. Rechter Flügel, Innenseite, des Paumgartner-Altars, um 1498. Gemälde auf Tannenholz. München, Alte Pinakothek.
Dürer kombinierte bei diesen Heiligen – porträtierte Söhne der Familie Paumgartner – blanke Plattenrüstungen mit Teilen farbiger Gewänder. Der zeitgenössischen Landsknechtstracht entsprechend, schimmert das helle Metall an Stelle des Unterstoffes durch Schlitze der Kleidungsstücke hindurch. Wenig später wurden von Plattnern Kostümharnische nach der Landsknechtsmode gefertigt.*

in der Beweglichkeit behinderte, verzichtete er ebenfalls. Dürer legte den Reitern ein Hals- und Kinntuch – aus der ehemaligen Gugel, einer spitzen zivilen Kopfbedeckung entstanden – zum Schutz gegen Verletzungen durch Metallränder um.[21]

Die Helmglocke ist in der Zeichnung (Abb. 88) braun getönt, wie auch ein über Harnischbrust und -rücken getragenes Wams. Wenn auch einige bemalte oder mit Leder überzogene Helme bekannt sind, so dürften hier jedoch eher malerisch-gestalterische Gründe für die Brauntönung vorliegen.[22] Das braune Roß und das gleichfarbige Wams waren wohl Veranlassung, die Helmglocke und auch die Lanze farblich harmonisch anzugleichen. Das hochgeschlagene Visier beließ Dürer wegen des Farbkontrastes hingegen metallfarben. Bei der Bezeichnung „W A" auf dem Helm könnte es sich sowohl um die Anfangsbuchstaben vom Namen des Reiters, aber auch des Plattners, der den Harnisch herstellte, handeln. Auf eine Besonderheit am Sattel sei noch hingewiesen. Vom Hintersteg zweigt nach beiden Seiten zum Sattelleder hin eine gebogene Stützstange ab. Eine gleichartige Stange gehört zum Sattel auf Dürers Kupferstich „Der hl. Eustachius" (Abb. 55), um 1501 entstanden. Ein Originalsattel dieser Art befindet sich im Bayerischen Armeemuseum in Ingolstadt.[23]

Es sollen nun einige Details erwähnt werden, die beim Harnisch und bei den Waffen im Kupferstich „Ritter Tod und Teufel" (Abb. 91) gegenüber der Zeichnung von 1498 verändert bzw. vervollkomnet wurden. Der Drehbolzen am Visier erhielt statt der glatten eine Rosettenform. Krempe und Nackenschutz versah Dürer mit einem Netz von Rautenmustern, wie er es bereits in ähnlicher Form auf der Schaller eines Berittenen der Federzeichnung „Fechtende Reiter" von 1489 (W. 17) als Verzierung verwendete (Abb. 85). Die auf der Federzeichnung von 1498 realistisch wiedergegebene Harnischschulter mit Brechrand, Vorder- und Hinterflug und das Armzeug hat Dürer auf dem Kupferstich konstruktiv fehlerhaft verändert. Es besteht auch keine harmonische Übereinstimmung der getriebenen Linien- und der geschnittenen Randverzierungen der Geschübefolgen an Arm- und Beinzeug, wie es Plattner meisterhaft praktizierten. Vorder- und Hinterflug scheinen einem Oberarmzeug, bei dem diese Teile noch nicht dazu gehörten, angefügt zu sein. Während der Hinterflug beim Reiter von 1498 eng am Rücken des Mannes anliegt, hat er auf dem Kupferstich eine unzweckmäßige geschweifte Form, wodurch eine Lücke in der Panzerung entsteht, in die das Schwert eines Gegners leicht eindringen konnte. Die ursprünglich fünf schmalen Metallfolgen mit gezackten Rändern am Oberarmzeug reduzierte Dürer auf vier; die Ellenbogenkacheln wurden in der Mitte mandelförmig ausgeformt; die Muschel an der Kniekachel erhielt eine schwungvollere Flächen- und Linienführung. Die Spitze des Scheibendolches ist am Rücken nicht mehr sichtbar; die Scheide des Schwertes zu anderthalb Hand erhielt einen kräftigen Mittelgrat, wie er

an zeitgenössischen Originalen nachweisbar ist; ein Mundblech und ein langes Ortband zum Schutz der Scheidenspitze wurden ergänzt; die Lanze erhielt einen kannelierten Schaft und am hinteren Ende einen abgesetzten Handgriff. Verschiedene Einzelheiten, wie Nietköpfe am Sattelleder und am Armzeug vorquellende Stoffteile, führte Dürer exakter aus. Diese Überarbeitungen bestätigen, daß Albrecht Dürer einerseits noch detailgetreuere Formen der Waffen und Rüstungsteile als auf der Zeichnung von 1498 anstrebte, andererseits stimmte er sie durch Varianten auf die feine lineare und schraffierte Gesamtgestaltung des Kupferstiches ab.

Die Frage, weshalb Albrecht Dürer seinen Ritter noch im Jahre 1513 mit dem veralteten gotischen Harnisch ausstattete, kann nicht durch waffentechnische, sondern nur durch Erschließung des Bildinhaltes, der sich vermutlich auf ritterliche Ideale und Lebensinhalte, also auf einen Ritter, der Tod und Teufel nicht fürchtete, beantwortet werden.

Seit dem Anfang des 16. Jahrhunderts fertigten auch die süddeutschen Harnischmacher nicht mehr die grazilen, den schlanken Körperbau betonenden gotischen Harnische, sondern nach italienischem Vorbild Rüstungen, die die wohlgeformte Körperlichkeit der Träger betonten. Besondere Merkmale sind eine „Kugel- oder Faßbrust", weite gerundete Achseln mit senkrecht hochstehenden Brechrändern und kräftige Ellenbogen- und Kniekacheln.[24] Süddeutsche Plattner entwickelten in der Folgezeit auch neuartige Harnischtypen.[25]

Heilige im Harnisch mit Kostüm

Für die Übergangszeit vom gotischen zum Renaissanceharnisch lassen sich gelegentlich noch alte Formen am neuen Eisenkleid feststellen. Für diese Entwicklungsphase des Harnisches in Süddeutschland ist der Altar der Familie Paumgartner (1501–1504) von Albrecht Dürer sehr aufschlußreich.[26] Auf zwei Innenflügeln des Altars sind Mitglieder der Stifterfamilie Paumgartner aus Nürnberg in ganzer Größe vor dunklem Hintergrund dargestellt, auf dem linken Flügel als hl. Georg Stephan Paumgartner, auf dem rechten als hl. Eustachius sein Bruder Lukas.[27] Beide Männer sind geharnischt, jedoch mit sehr unterschiedlichen Rüstungen. Während der hl. Georg einen Dreiviertelharnisch (das heißt ohne Unterbeinzeug) trägt, ist der hl. Eustachius nur mit einem Harnischfragment gerüstet. Im Kupferstich „Der hl. Eustachius" von Dürer, um 1501 entstanden, trägt der Heilige als Jägersmann, in einer waldigen Landschaft vor dem Hirsch mit dem Kruzifix niederkniend, von Pferd und Hunden umgeben, keine Rüstungsteile. Als ehemaliger Heerführer konnte er jedoch auch in Rüstung dargestellt werden. Stephan Paumgartner wurde 1498 in Jerusalem zum „Ritter vom Heiligen Grabe" geschlagen.[28] Trotzdem verkörpert er auf dem Gemälde einen Angehörigen des städtischen Patrizi-

SPÄTGOTISCHE UND RENAISSANCEHARNISCHE

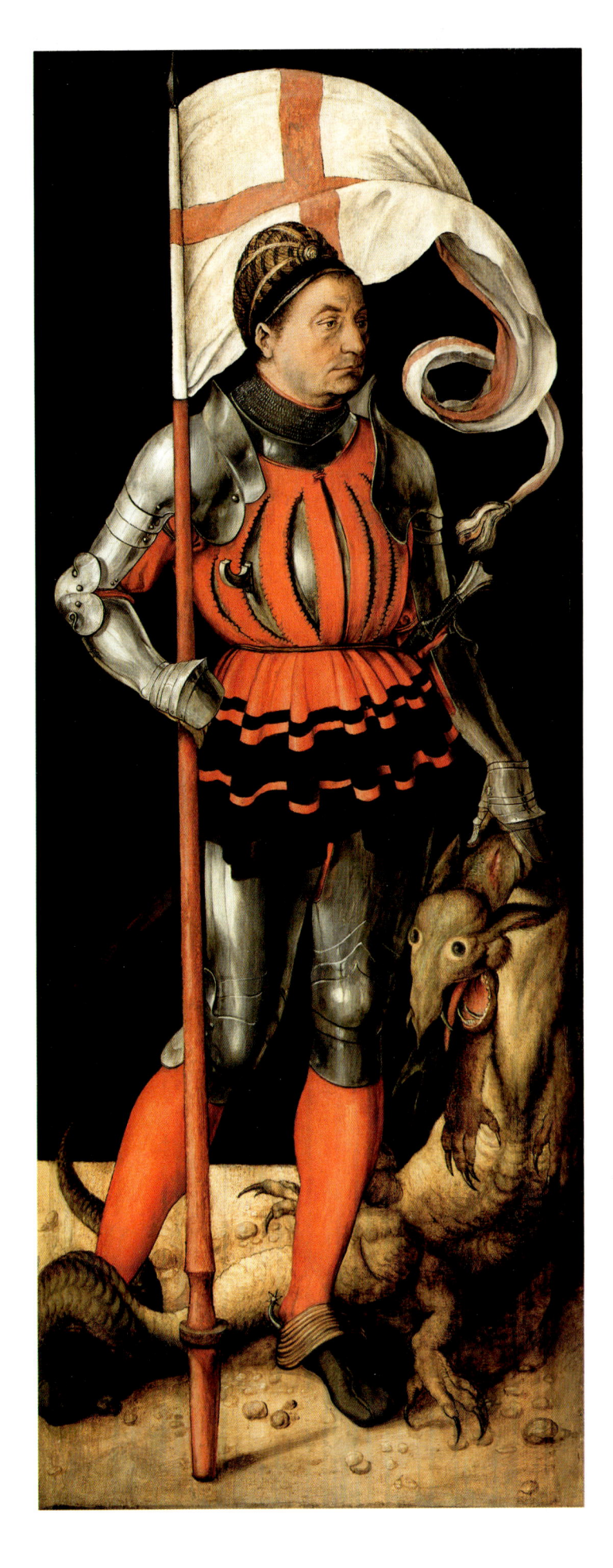

SPÄTGOTISCHE UND RENAISSANCEHARNISCHE

Abb. 94 **Kostümharnisch des Wilhelm von Roggendorf** *(1481–1541). Plattner Kolman Helmschmied (1471–1532), Augsburg, um 1525. Wien, Kunsthistorisches Museum, Hofjagd- und Rüstkammer. Dieser Kostümharnisch ist eine einzigartige Hohlplastik. Die ineinander geschobenen getriebenen Teile des Armzeuges ahmen die gepuffte, die nach innen getriebenen und geätzten Vertiefungen die geschlitzte modische Kleidung der Landsknechte nach.*

ats. Er trägt einen Harnisch, wie ihn ein Patrizier der Stadtreiterei Nürnbergs getragen haben kann. Die Rüstungsteile des hl. Eustachius sind hingegen Fragmente des Harnisches eines Reiters. Sie bestehen aus einer Harnischbrust ohne Bauchreifen, einem Harnischrücken – nicht unmittelbar sichtbar – aus einem Ringpanzerhemd, darunter getragen, und einem Schurz aus Ringgeflecht. Beinzeuge fehlen ganz. Lukas Paumgartner trägt nur ein linkes Schulterstück, was ungewöhnlich ist, und nur rechts eine Achsel- oder Schwebescheibe sowie zwei Hentzen. Dieser Handschutz bestätigt, daß gotische Harnischteile in Kombination mit Frührenaissanceformen verwendet wurden. Charakteristisch für spätgotische Formgebung ist die Knöchelschiene aus Messing mit hoch ausgetriebenen Spitzen. An den Hentzen fehlen der Fingerschutz und innen die Lederhandschuhe.

Es ergibt sich die Frage, ob diese unvollkommene Rüstung im Besitz der Familie Paumgartner vorhanden war oder ob es andere Gründe gab, weshalb Albrecht Dürer den hl. Eustachius in dieser Form ausrüstete. Albrecht Dürer war, wie noch an anderen Beispielen aufgezeigt werden soll, ein Künstler im Weglassen von Harnischteilen, wenn es der Gesamtgestaltung eines Werkes diente. Eine rechte Harnischschulter mit Brechrand hätte den Körper des hl. Eustachius zu dicht an das Banner herangedrängt, eine linke Achselscheibe die optische Wirkung der roten Stoffstreifen herabgemindert. Durch Weglassen des Fingerschutzes und der Lederhandschuhe erreichte Dürer ein belebendes Detail und einen Farbeffekt, der mit der Gesichtsfarbe übereinstimmte. Er verzichtete, wie bei seinen Reitern im gotischen Harnisch, auch hier auf Beinröhren und Harnischschuhe. Der auf wenige Teile reduzierte Körperschutz beim hl. Eustachius – eine modern anmutende Gestaltungsweise – läßt jedoch durch den hl. Georg die Gesamtheit einer Rüstung erkennen, die vermutlich auch im Besitz der Familie Paumgartner vorhanden war.

Die einfachen glatten blanken Metallplatten dieser Frührenaissancerüstungen müssen dem Künstler gegenüber den durch zahlreiche getriebene schwungvolle Kehlungen und Grate belebten gotischen Harnischen leblos vorgekommen sein. Deshalb verband er mit den Harnischteilen sehr eigenwillige phantasievolle modische Varianten der geschlitzten Männertracht des beginnenden 16. Jahrhunderts. Er belebte das silberhelle „Kleid aus Eisen" durch darüber getragene Kostümteile, wie es zum Teil, insbesondere durch Faltenröckchen üblich war, jedoch in einer besonderen Gestaltungsweise. Dürer erreichte durch die fragmentarische Rüstung, im Zusammenklang mit der roten Farbgebung der Kleidung, eine gestalterisch bildwirksame Gleichwertigkeit der beiden Porträtierten. Eine Übereinstimmung wird auch durch die gleichartigen Hauben erzielt. Der fragmentarische Harnisch des hl. Eustachius ließ nur gekreuzte Bänder auf der Kugelbrust zu, damit das Metall zur Geltung kommen konnte. Fehlende Armröhren geben

Abb. 95 **Der heilige Georg zu Fuß**, *um 1502/03. Kupferstich. Berlin, Staatliche Museen Preußischer Kulturbesitz, Kupferstichkabinett.*
Dieser Harnisch sowie der des hl. Georg vom Paumgartneraltar lassen erkennen, daß Dürer auch mit der Form des Harnischtyps der Frührenaissance vertraut war.

den Blick auf geschlitzte und gepuffte Ärmel frei. Ein drapierter roter Gugelschal mit Goldborte und der Schoß der Jacke über dem Schurz aus Ringgeflecht kontrastieren mit den blanken Eisenteilen. Beim hl. Georg liegt über der Harnischbrust ein in Längsstreifen geschlitztes, in der Taille geschnürtes Obergewand mit kurzem rot-schwarz gestreiftem Faltenröckchen. Das blanke silberhelle Metall steht hier für den in der zivilen Kleidung unterlegten andersfarbigen Stoff. Der Faltenrock hat Minilänge, so daß zwischen ihm und den roten Beinlingen die blanken Diechlinge und die Kniekacheln effektvoll zur Wirkung kommen.

Die auf den Seitenflügeln des Paumgartner Altars von Albrecht Dürer gestaltete modische Verknüpfung von Eisenkleid und Kostüm ist in ihrer gestalterischen Verbindung eine Vorwegnahme der im zweiten Jahrzehnt des 16. Jahrhunderts von Plattnern gefertigten Kostümharnische.[29] Die Metall-Stoff-Kombination auf den Gemälden von Albrecht Dürer konnte dazu anregen, die modischen Besonderheiten der Landsknechtstracht in das metallene Eisenkleid zu übertragen, in dem Schlitze, Wulste und gepuffte Ärmel in das Metall getrieben wurden. Treibkünstler unter den Plattnern fertigten für Mitglieder des hohen Adels metallene Faltenröckchen für Harnische. Es wäre kühn, zu schlußfolgern, Plattner hätten durch Dürers hl. Georg und hl. Eustachius Anregungen zur Fertigung von Kostümharnischen mit modischen Akzenten erhalten. Der berühmte Innsbrucker

*Abb. 96 **Der heilige Georg zu Pferde**, 1502/03. Holzschnitt. Berlin, Staatliche Museen Preußischer Kulturbesitz, Kupferstichkabinett.*
Der hl. Georg erinnert äußerlich mehr an einen Knappen als an einen Ritter. Er trägt nur Fragmente einer Rüstung, zum Beispiel nur ein Schulterstück mit Brechrand.

Plattner Konrad Seusenhofer (erw. 1500, gest. 1517) schuf zwischen 1511–1514 einen Faltenrockharnisch für Heinrich VIII. (1491–1547), König von England, und 1512–1514 einen Knaben-Faltenrockharnisch mit angedeuteten Schlitzen und getriebenen Puffärmeln für Erzherzog Karl, später Kaiser Karl V. (1500–1558).[30] Am beeindruckendsten ist die Verwandlung eines Stoffkostüms in ein Metallkleid durch Kolman Helmschmied (1471–1532) aus Augsburg beim Kostümharnisch, um 1525, für den kaiserlichen Feldherrn Wilhelm von Roggendorf (1481–1541) gelungen[31] (Abb. 94). Die Flächen sind durch kleine gewellte und halbmondförmig getriebene Schlitze belebt und die Armzeuge bestehen aus vier ineinandergreifenden, zu den Händen hin sich verjüngenden, weit herausgetriebenen Puffärmeln. Vertiefte Streifen, Ränder und Schlitze sind im Stil Daniel Hopfers (um 1470–1536) in eingeschwärzter Ätzung mit Blattranken, Vasen, Fabelwesen etc. verziert. Diese Rüstung gehört zu den Meisterwerken der Harnischmacherkunst, die berechtigen, von „Hohlplastiken" zu sprechen.[32]

Große Übereinstimmung, nicht nur in der Körperhaltung, sondern auch beim Harnisch, besteht zwischen dem hl. Georg auf dem Paumgartner Altar und dem hl. Georg zu Fuß, um 1502/03 (M. 55). Bei diesem handelt es sich um einen kompletten Frührenaissance Harnisch, d. h. mit Beinzeug. Die Harnischschuhe haben die typische Kuhmaulform. Der Visierhelm mit Federbusch liegt, wohl als Folge des Kampfes mit dem Drachen, auf dem gewachsenen Boden. Netzhaube, Ringpanzerhemd, Kugelbrust, Achseln mit Brechrändern und Diechlinge stimmen auf beiden Werken überein. Die drei Folgen der Beintaschen sind beim hl. Georg vom Paumgartner Altar durch das Faltenröckchen verdeckt. Die Entstehungszeit differiert nur um wenige Jahre. Der hl. Georg zu Fuß führt das Banner des St. Georg Ritterordens. Ein um 1502/03 entstandener Holzschnitt „Der heilige Georg zu Pferde" (M. 225) weicht erheblich vom hl. Georg auf dem Paumgartner Altar und vom hl. Georg zu Fuß ab. Bewaffnung und Kleidung erinnern mehr an einen Knappen als an einen Ritter oder Patrizier. Hier ist ein Vergleich zum hl. Eustachius des Paumgartner Altars gegeben. Die Rüstung ist beim hl. Georg ebenfalls fragmentarisch und besteht nur aus Harnischbrust mit Rüsthaken, nur aus einem Achselstück auf der linken Schulter, eine Schwebescheibe fehlt an der rechten Seite. Die Armzeuge scheinen nur aus einer rechten Ellenbogenkachel (an der Innenseite des Armes ist ein Riemen erkennbar) und aus einem rechten Eisenhandschuh zu bestehen. An der Zügelhand ist kein Handschuh wahrzunehmen.

Es war in Nürnberg nicht ungewöhnlich, den hl. Georg als Knappen oder Handwerksgesellen darzustellen, wie die Bemalung einer kleinen Pavese (Kampfschild) mit Nürnberger Wappen, um 1480, erkennen läßt[33] (Abb. 97). Der hl. Georg trägt hier keine Rüstung, sondern nur ein einfaches rotes Wams und eng anliegende Beinkleider. Eine Übereinstimmung läßt sich auch zwischen diesem Schild und der Malerei des hl. Georg auf dem Paumgartner Altar feststellen. In beiden Fällen halten die Dargestellten den kraftlos wirkenden Drachen am Hals. Auf dem Schild holt der hl. Georg mit dem erhobenen Schwert zum letzten Schlag gegen das kleine Ungeheuer aus.

Eigenwillige Gestaltung von Harnischen

Wie variantenreich Albrecht Dürer den hl. Georg mit Harnischen ausstattete, läßt auch der Kupferstich „Der heilige Georg zu Pferd" (M. 56) von

1505–1508 erkennen (Abb. 99). Es ist darauf hingewiesen worden, daß Dürer während seiner Italienreise in Venedig Eindrücke vom Reiterstandbild des Condottiere Bartolomeo Colleoni von Andrea del Verrocchio in diesen Kupferstich einfließen ließ.[34] Insbesondere die steil aufgerichtete Haltung und das energisch blickende Gesicht des Reiters sollen angeblich an das Denkmalhafte des italienischen Vorbildes erinnern.[35] Derartige Eindrücke könnte Dürer nur auf seiner zweiten Italienreise gewonnen haben, da das Standbild erst im November 1495 aufgestellt wurde. Während der Condottiere den großflächigen glatten Mailänder Harnischtyp und als Helm eine italienische Barbuta trägt, rüstete Dürer den hl. Georg mit spätgotischem Harnisch, geschlitztem Lederwams und Schaller aus. Wenn auch auf den ersten Blick der Harnisch mit dem von 1498 übereinzustimmen scheint, so lassen sich doch konstruktive und gestalterische Unterschiede feststellen: Während beim Harnisch von 1498 sich an die Harnischbrust nur Bauchreifen anschließen, sind bei der Rüstung von 1505–1508 daran noch die seit dem Frührenaissanceharnisch verbreiteten Beintaschen angefügt. Diese greifen weit über die Diechlinge hinweg. Die einzelnen Folgen der Beintaschen sind aber falsch übereinander gelegt, so daß Schwertstöße leicht in den Körper eindringen können. Der gleiche Fehler an den Beintaschen ist beim Heiligen Georg zu Fuß (M. 55) festzustellen (Abb. 95). Dürer fügt hier dem alten gotischen Harnisch neue Harnischteile hinzu.

Vom Schwert ist bei M. 56 nur ein Stück der Scheide zu erkennen (Abb. 99), der Dolch fehlt. Der Helm ist mit einem Haarbusch versehen, die Scheitelfläche der Helmglocke durch zahlreiche kleine Punkte, der Nackenschutz durch Schuppenmuster verziert. Der Hinterflug hat keinen gebördelten, sondern einen geschweiften und gezackten Rand. Die dekorativen Elemente unterstreichen die repräsentative Haltung.[36]

Es werden nun noch einige Beispiele angeführt, in denen Albrecht Dürer aus gestalterischen Gründen konstruktiv bedingte Harnischteile in bestimmte Werke nicht aufnam. Das geschah vorwiegend dann, wenn diese den Blick in die Tiefe des Bildes am Geharnischten vorbei behinderten, eine Armhaltung als Bewegung gestört war oder die Handhabung einer Waffe nicht genügend zum Ausdruck kommen konnte. Auf dem Holzschnitt „Der heilige Georg zu Pferde", um 1502/03 (M. 225), stößt der Heilige mit erhobenem, angewinkeltem Arm die Lanze senkrecht in den Rachen des Drachen. Der Körper des Mannes ist nach rechts gedreht und der Kopf etwas geneigt, so daß eine rechte Harnischschulter den Bewegungsablauf beim Stoß stören würde. Auch bei der Rückansicht des hl. Georg zu Pferd, Abb. 99 (M. 56), fehlt die linke Schulter mit dem Hinterflug, weil sie die diagonale Richtung des Banners mit dem um den Schaft gewundenen Bannertuch stören würde. Um beim Porträt des Pfalzgrafen Friedrich von 1523 (W. 903) den Blick auf die Kette und das Kleinod des Ordens vom Goldenen Vlies lenken zu können, zeichnete Dürer die rechte Harnischschulter mit Brechrand und Vorderflug nicht ein. Auf die gleichen Harnischteile verzichtete er bei der Figur von Albrecht I., dem Sieghaften, in der Ehrenpforte und bedeckte die Schulter mit einem Krönungsumhang, auf dem das geschulterte Schwert wirkungsvoller zu liegen kam.[37]

Eine weitere Gruppe von Harnischen bezeugt, daß Dürer im zweiten Jahrzehnt des 16. Jahrhunderts zwar immer häufiger dem Renaissancestil beim Harnisch folgte, jedoch dabei weiterhin im Dekor gotische Formen bevorzugte. Für die Verzierung der großflächigen Harnischbrust wählte er die bereits in der Gotik entstandene Form des Strahlenbündels

Abb. 97 **Kleine Pavese**, *Bemalung mit heiligem Georg und Wappen der Stadt Nürnberg, süddeutsch, um 1480. Berlin, Deutsches Historisches Museum, Zeughaussammlung. Der hl. Georg trägt keine Rüstung. Er gleicht durch seine Kleidung einem Handwerksgesellen und nicht einem Ritter, obwohl die Umschrift lautet: „du edler riter (sa)nt jorg du pist von hocher art und hast erlest die jung frau zart". Das Erfassen des harmlos wirkenden Drachens am Hals gleicht der Darstellung des hl. Georg auf dem Paumgartner Altar.*

SPÄTGOTISCHE UND RENAISSANCEHARNISCHE

*Abb. 98 **Die Anbetung der Heiligen Dreifaltigkeit** (Landauer Altar), 1511. (Ausschnitt). Gemälde auf Pappelholz. Wien, Kunsthistorisches Museum. Vergoldete Harnische waren um 1511 auch bei höchsten Würdenträgern sehr selten. Auf dem Gemälde setzte Dürer die Rüstung im kontrastreichen Farbenspiel akzentuiert ein.*

oder des Palmwedels. In drei bekannten Werken schmückt Dürer mit diesen palmettenförmigen Riefelungen nicht nur die Harnischbrust, sondern auch Achselstücke, Arm- und Beinzeuge.[38] Auf dem Gemälde „Die Anbetung der Heiligsten Dreifaltigkeit" (Landauer Altar) von 1511 (A. 118) im Kunsthistorischen Museum Wien, hebt Dürer in der Fülle von Personen neben Kaiser und Papst einen Kriegsmann durch einen vergoldeten Harnisch hervor.[39] Es ist höchstwahrscheinlich Wilhelm Haller, der Schwiegersohn des Altarstifters Matthäus Landauer. Konstruktiv fällt auf, daß die Harnischbrust noch wie eine gotische geschiftet ist, das heißt aus zwei Platten, von denen die untere über die obere greift, gebildet wird. Auf dieser unteren Platte, auf den Achselstücken, Oberarmröhren und den Kniekacheln befinden sich die genannten Riefelungen in palmettenförmiger Anordnung und beleben das goldstrahlende Eisenkleid. Auf dem Altar der Rosenkranzbruderschaft der deutschen Kaufleute in Venedig (Das Rosenkranzfest, A. 93) befindet sich hinter dem knienden Kaiser, mit der linken Seite des Oberkörpers nur sichtbar, ein führender Kriegsmann in stahlblauem Harnisch unter den Andächtigen. Er trägt den Orden zum Goldenen Vlies.

Auch bei dem geharnischten St. Florian auf dem Holzschnitt „Die Schutzheiligen von Österreich", 1515 (M. 219) und auf der Federzeichnung „Entwurf zum Grabmal eines Ritters und seiner Frau" (W. 489) setzt Dürer auf die gleichen Harnischteile Dekorschwerpunkte durch palmettenförmige Verzierungen.

Unter den Randzeichnungen des Gebetbuches Kaiser Maximilians I. befinden sich zwei Darstellungen des hl. Georg (fol. 9 r und fol. 23 v). Der hl. Georg zu Fuß mit Georgsfahne und mit kraftlos in der linken Hand hängendem Drachen (Abb. 101), wie beim hl. Georg auf dem Seitenflügel des Paumgartner Altars, trägt deutlich erkennbar einen Riefelharnisch – der angeblich auf Anregungen Kaiser Maximilians entwickelt worden sein soll und heute oft noch falsch als Maximilians-Harnisch bezeichnet wird. Die Riefelungen sind deutlich am Oberarm-

Abb. 99 **Der heilige Georg zu Pferd**, *1505–1508. Kupferstich. Die „denkmalhafte Wirkung" von Reiter und Roß wird gelegentlich auf Eindrücke zurückgeführt, die Dürer in Italien durch das Reiterstandbild des Condottiere Bartolomeo Colleoni (1400–1475) von Andrea de Verrocchio (1436–1488) erhalten haben soll. Der spätgotische Harnisch des hl. Georg unterscheidet sich jedoch deutlich von dem des Condottiere.*

Abb. 100 **Die Schutzheiligen von Österreich**, *1515. Holzschnitt. Beide Abb.: Berlin, Staatliche Museen Preußischer Kulturbesitz, Kupferstichkabinett. Harnischbrust und rechter Oberschenkelschutz des hl. Florian sind durch Palmettendekor verziert, den Dürer bei Rüstungen häufig verwendete. Beim linken Beinzeug fehlt diese Verzierung.*

Abb. 101 **Der heilige Georg**, um 1515. Randzeichnung zum Gebetbuch Kaiser Maximilians I. München, Bayerische Staatsbibliothek.
Bei dem Auftrag für den Kaiser rüstete Dürer den hl. Georg mit dem Riefelharnisch aus, der angeblich auf Anregung Maximilians entwickelt worden sein soll.

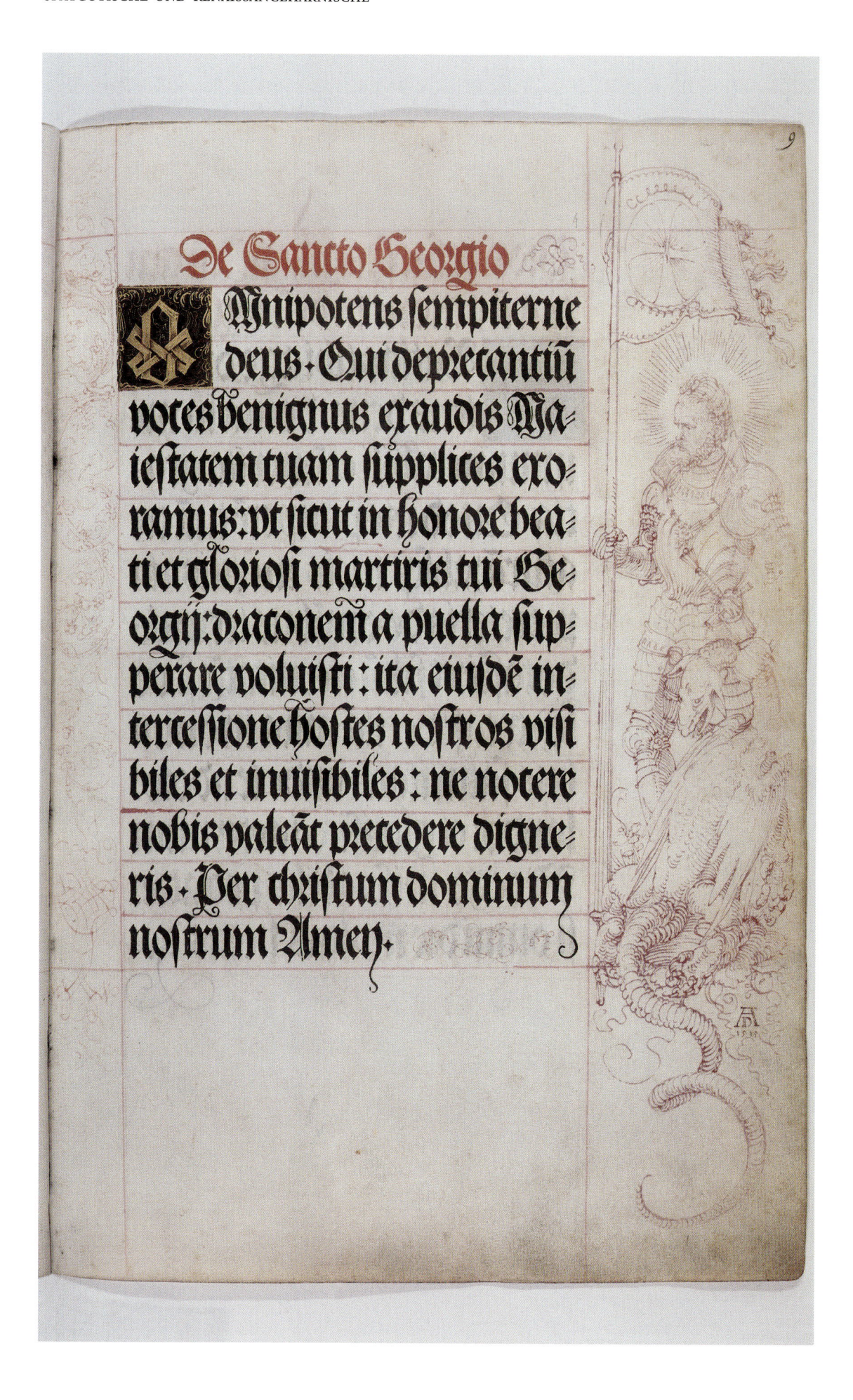

Abb. 102 **Riefelharnisch**, süddeutsch, 1510–1520. Berlin, Deutsches Historisches Museum, Zeughaussammlung.
Streben nach Stabilität der Harnischplatten aber auch die Nachahmung der plissierten modischen Kleidung der Zeit führten zu dieser sehr arbeitsaufwendigen Harnischform.

zeug und an den Beintaschen zu erkennen. Auf der zweiten Randzeichnung (Abb. 103) sitzt der Heilige auf einem prächtig gerüsteten und geschmückten Roß mit eisernem Roßkopf, auf den ein runder Stirnschild aufgenietet ist. Unter den Verzierungen auf dem Fürbug befindet sich ein strahlendes Sonnengesicht. Der Pferdehals ist durch einen ganzen geschlossenen Kanz geschützt. Der hl. Georg mit Banner trägt den von Dürer des öfteren verwendeten phantasievollen geschlossenen Helm mit hoher spitzer Helmglocke und weit vorragendem Spitzvisier, in der Art einer Hundsgugel. In der linken Hand trägt er einen bizarren Schild, der an eine stark konvex gekrümmte, blattförmige Tartsche mit ausgeschnittener Lanzenruhe des 15. Jahrhunderts erinnert.[40] Realistische und phantastische Rüstungsteile wurden von Dürer für diese pompöse Darstellung miteinander vermischt. Alle Darstellungen des hl. Georg zeigen, wie Dürer nach immer neuen Ausdrucksformen, verbunden mit stets variierten Rüstungen strebte, die gleichzeitig sein großes Interesse an der Plattnerkunst unterstreichen.

Im Jahre 1512 erhielt Albrecht Dürer den Auftrag zu dem umfangreichen Werk der „Ehrenpforte", in dem Leben und Taten Kaiser Maximilians I. verherrlicht werden sollten.[41] Dürer übertrug den größten Teil der Arbeiten für die „Ehrenpforte" an seine Schüler Hans Springinklee und Wolf Traut, vermutlich auch an andere Maler. Albrecht Altdorfer war ebenfalls an den Entwurfsarbeiten beteiligt. In 18 Feldern von insgesamt 24 über den beiden Nebenpforten werden kriegerische Erfolge des Kaisers dargestellt. Da diese Holzschnitte – mit Ausnahme der Zusammenkunft zwischen Maximilian und Heinrich VIII. von England – nicht von Dürer stammen, werden sie hier nicht näher untersucht. Ein Blatt unter diesen Holzschnitten erweckt jedoch das besondere Interesse des Waffenhistorikers, weil es im Mittelpunkt einen geharnischten Ritter und um ihn herum angeordnet, zahlreiche Waffen und Rüstungsteile veranschaulicht, was die Freude Dürers an der Wiedergabe formschönen Kriegsgerätes bestätigen könnte[42] (Abb. 105). Dicht gedrängt liegen im Vordergrund ein Landsknechtsspieß mit typischer kurzer Spießklinge, dem sogenannten „Froschmaul", eine Hellebarde mit kräftiger Stoßklinge, abwärtsgerichtetem Haken und kräftigem Beil, das wie in der Zeit üblich, einen Dreipaßdurchbruch enthält sowie als dritte Stangenwaffe eine Reiterlanze mit kanneliertem Schaft und abgesetzter Grifflage. Diese Waffen gleichen durchaus in der Form erhaltenen Originalen.

Von Kunsthistorikern ist das Blatt wegen der Gesamtkomposition und wegen stilistischer Merkmale nicht Dürer zugesprochen worden.[43] Bei einem Vergleich des Harnisches und der vier Helme mit gesicherten Arbeiten des Künstlers, in denen höchste Präzision der originalgetreuen Wiedergabe festzustellen ist, kann das Urteil nur bestätigt werden. Beim Harnisch ist der Ausschnitt für den Harnichkragen zu

Abb. 103 **Der heilige Georg zu Pferd**, *um 1515. Randzeichnung zum Gebetbuch Kaiser Maximilians I., München, Bayerische Staatsbibliothek. Wie in anderen Zeichnungen des Gebetbuches kommt auch hier eine heitere, humorvolle Gestaltung zum Ausdruck. Spitztütenförmige Helmglocke mit winziger Helmzier, pompöser Roßharnisch mit Sonnengesicht, Schellen und Glöckchen sowie eine bizarre Tartsche (Schild) kennzeichnen diese Absicht.*

Abb. 104 **Tartsche für die Turnierart „Rennen"**, *deutsch, um 1450. Berlin, Deutsches Historisches Museum, Zeughaussammlung.*
Dieser Schild aus Holz, mit Leder und Leinwand überzogen, war ein seltener Typ mit drei vorspringenden Längsrippen und einer Lanzenruhe. Von der Bemalung sind eine Frauengestalt, ein roter Federbusch und Blattwerk zu erkennen. Der Schildtyp war Vorbild für die verzerrt wiedergegebene Tartsche des hl. Georg auf Abb. 103.

groß, der rechte Brechrand müßte entgegengesetzt gebogen und hoch aufgerichtet sein und nicht flach liegen, der palmettenförmige Dekor auf der Harnischbrust entspricht nicht den Formen, wie sie Dürer sonst gebraucht, nämlich neun oder zehn Blätter statt sechs. Zum Vergleich sei auf den Holzschnitt der Ehrenpforte „Der Fahnenhalter" von Dürer hingewiesen. Konstruktiv völlig mißverstanden ist die Form des rechten Diechlings (Oberbeinzeug). Er ist innen zu weit ausgeschnitten, wohl um das Ringpanzerhemd oder den Schurz aus Ringgeflecht sichtbar zu machen. Diese Rüstungsteile reichen aber niemals bis zum Knie hinab. Beim Stechhelm links sind zwar zwei Verknotungen der Bänder von der Stechhaube außen erkennbar, jedoch liegt die auf der rechten Scheitelhälfte zu weit zurück, der Lochdurchbruch befindet sich nämlich in gleicher Höhe der Verknotung auf der linken Scheiteldecke. Bei diesem Helm

Abb. 105 **Mann im Harnisch, umgeben von Waffen und Rüstungsteilen**, *1515. Berlin, Staatliche Museen Preußischer Kulturbesitz, Kupferstichkabinett. Holzschnitt aus der „Ehrenpforte" Kaiser Maximilians I. Dieser Holzschnitt ist keine Arbeit Dürers. Er wurde einige Male dafür ausgegeben. Grobe Fehler an Harnisch- und an anderen Rüstungsteilen weisen darauf hin.*

dienten Arbeiten Albrecht Dürers als Vorbild: nämlich die drei Ansichten von Stechhelmen (W. 177) Abb. 116, und das „Löwenwappen mit dem Hahn" (M. 97) Abb. 120. Verschnürungen von der unter dem Helm getragenen Stechhaube werden bei anderen Künstlern nicht berücksichtigt und die Vorderwand des Stechhelmes mit den drei Durchlochungen und dem zweifachen bogenförmigen Ausschnitt an der Spitze stimmen mit dem Helm des Löwenwappens überein. Das auf dem Boden zu Füßen des Ritters liegende Jagdhorn ähnelt im Dekor des Tragebandes und in der Form des Mundstückes dem gleichartigen Stück auf dem Kupferstich „Der hl. Eu-

stachius", um 1501 (Abb. 55). Einflüsse von Werken Dürers sind also erkennbar. Auf weitere Mängel in der Wiedergabe sei noch hingewiesen. Der Nietkranz auf dem dritten Helm rechts, der Deutschen Schaller, läuft zu weit auf den Nackenschirm hinunter, er folgt sonst allgemein dem unteren abgesetzten Rand der Helmglocke. Der Drehbolzen für das Visier am Fußturnierhelm sitzt zu tief, die Gehörrosette liegt bei Originalen unterhalb des Drehbolzens. Für die aus dem 15. Jahrhundert stammenden Geschütze scheinen Vorbilder aus vorliegenden Zeichnungen oder Büchern benutzt worden zu sein.[44] An der Kanone lassen sich zeichnerische Mängel feststellen. Die Speichen liegen nicht gegenständig, die Radnabe steht nicht waagerecht, sondern zeigt nach oben. Alle aufgeführten Abweichungen gegenüber Originalwaffen – und eine derartige Wiedergabe scheint beabsichtigt zu sein, wie die am Boden liegenden Waffen zeigen – bestätigen, daß dieser Holzschnitt nicht von Albrecht Dürer persönlich gefertigt wurde. Eine Korrektur über die angebliche unmittelbare Urheberschaft Albrecht Dürers ist auch in waffengeschichtlichen Werken vorzunehmen.[45]

Eine Federzeichnung mit einem Reiter in drei Ansichten und mit drei Visierhelmen war Anlaß zu Vermutungen, daß Albrecht Dürer auch mit Nürnberger Plattnern bei der Entwicklung von Harnischteilen zusammengearbeitet haben könnte.[46] Dieses Blatt befindet sich im Kupferstichkabinett der Staatlichen Museen Berlin Preußischer Kulturbesitz. Es wird hier nicht zu den Arbeiten Dürers gezählt. Inzwischen erarbeitete Fedja Anzelewsky eine Studie, in der er die Federzeichnung Hans Burgkmair zuschreibt.[47] Es gehört nach dem Autor in die Reihe einiger Arbeiten Burgkmairs, die Ausgangspunkt beziehungsweise Vorstudien für den Entwurf eines Reiterdenkmals Kaiser Maximilians I. gewesen sein sollen, das jedoch nicht vollendet wurde.

Wendelin Boeheim hatte zu der Detailzeichnung mit den drei Helmen bemerkt: „... es wirken aber innere Gründe und das Zusammentreffen von Umständen mit, wenn auch nicht Dürers Hand selbst, es doch einem seiner Schüler zuzuweisen und seinen unmittelbaren Einfluß vorauszusetzen."[48] Er sah in der Abfolge der drei Helme eine Studie zur Umgestaltung der Helmform, die in Zusammenarbeit mit dem Nürnberger Plattner Hans Grünewalt erfolgt sein könnte. Diese Vermutung läßt sich jedoch nicht eindeutig beweisen.

Harnische und Roßharnische sind in den drei genannten Werken Burgkmairs und auf der Federzeichnung so unterschiedlich, daß eine kontinuierliche Entwicklung zum Entwurf des Reiterdenkmales Kaiser Maximilians nicht erkennbar ist. Lediglich der auf der Federzeichnung grob skizzierte längliche, an den Rändern ausgebogte Stirnschild des Roßkopfes vom Roßharnisch stimmt mit dem auf dem Holzschnitt des heiligen Georg von Burgkmair überein. Ein weiteres Detail, den scharfen Knick in der Brechscheibe auf der Harnischschulter, kann beim Holzschnitt

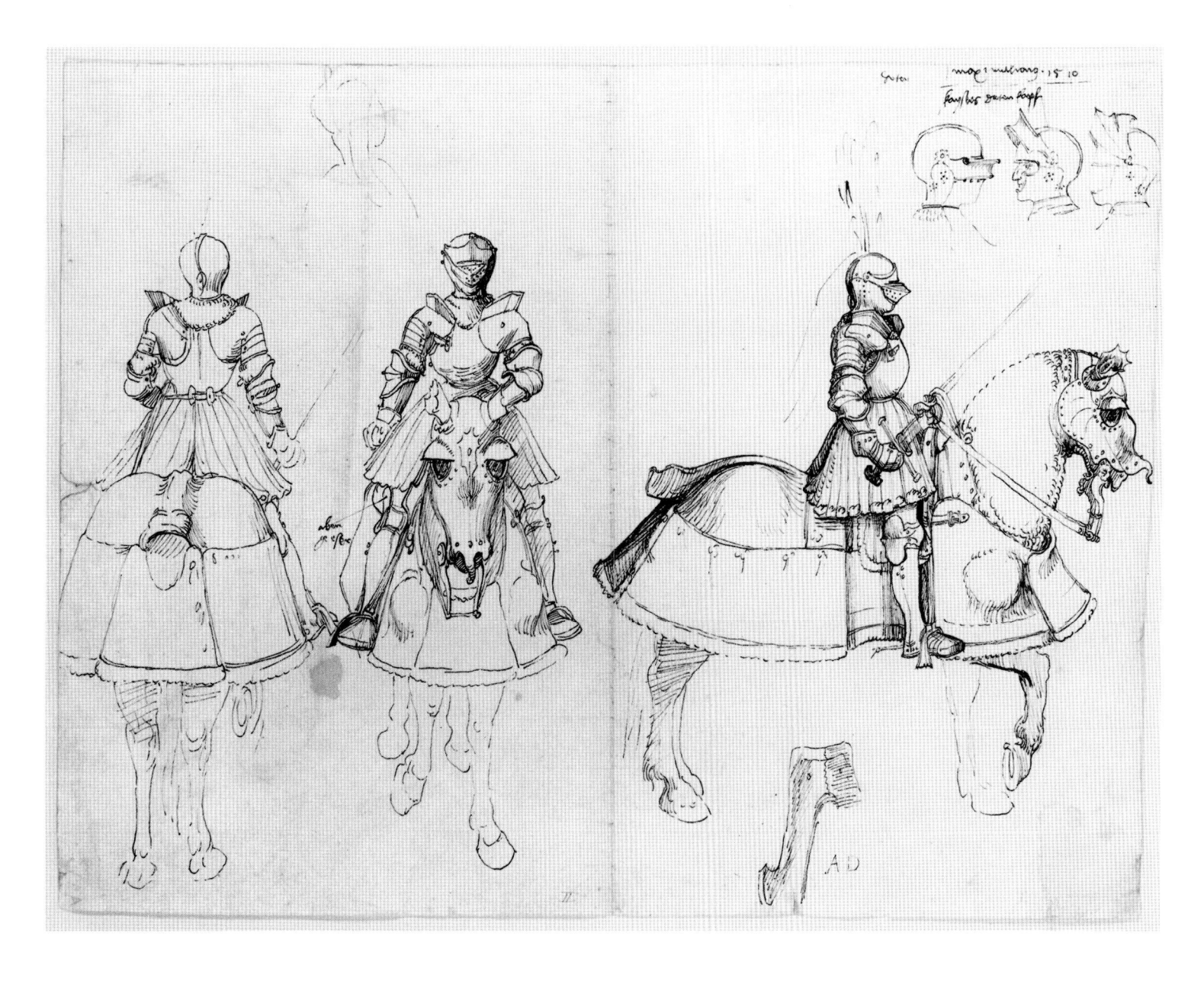

Kaiser Maximilians zu Pferd und auf der Seitenansicht des Reiters auf der Federzeichnung festgestellt werden. Insgesamt variieren Harnische und Pferdeharnische erheblich untereinander. Nur wegen einer Besonderheit am Roßkopf des Pferdeharnisches soll hier noch einmal auf die Federzeichnung eingegangen werden. Dreimal läßt sich in Werken Dürers die ungewöhnlich weit vorspringende gebogene Spitze des Roßkopfes feststellen, wie sie auch auf der Federzeichnung mit dem Reiter in drei Ansichten deutlich zu erkennen ist. Das ist auf der Zeichnung „Studienblatt mit Skizzen verschiedenen Inhalts" (W. 86) – auf die weiter unten näher eingegangen wird, Abb. 107 – und auf zwei Randzeichnungen Dürers zum Gebetbuch Kaiser Maximilians, dem heiligen Georg zu Pferd (Abb. 103) und Kampf eines Landsknechts mit Helmbarte gegen einen Reiter (Abb. 187) der Fall. Fedja Anzelewsky weist darauf hin, daß eine etwa gleichartige Spitze an einem Roßkopf sich auf einem Reitertaler mit Kaiser Maximilian befindet.[49]

Er schlußfolgert daraus, daß Burgkmair einen gleichartigen Roßkopf im Besitz Maximilians gesehen haben könnte. Die Zuweisung der Zeichnung an Dürer oder Burgkmair ist von vielen anderen künstlerischen Komponenten abhängig. Hier sollte in diesem Zusammenhang nur auf ein in Dürers Werken mehrmals vorkommendes Detail hingewiesen werden.

Der Roßharnisch mit dem geflügelten Drachen

In ein Studienblatt mit ursprünglich vier Skizzen (W. 86) hat Albrecht Dürer einen interessanten geharnischten Reiter offensichtlich in Eile hinzugefügt. Der Pferdekopf ist über den Kopf der Skizze eines nackten Mannes hinweg gezeichnet, einige Details des Pferdes, des Manns- und des Roßharnisches sind genauer, andere flüchtiger im Bild festgehalten. Es

Abb. 106 ***Drei Reiter mit Manns- und Roßharnischen*** *und drei Helmentwürfe, um 1520. Federzeichnung, vermutlich von Hans Burgkmair d.Ä. Berlin, Staatliche Museen Preußischer Kulturbesitz, Kupferstichkabinett. Von Fachleuten der Historischen Waffenkunde wurden die Helmentwürfe als Entwicklungsstudien Dürers gewertet, was aber unbewiesen bleibt. Die drei Reiterfiguren werden andererseits Hans Burgkmair d.Ä. zugeschrieben. Ein Detail, der unten übertrieben weit bogenförmig vorspringende, spitz zulaufende eiserne Roßkopf wird in dieser Form auch einige Male von Albrecht Dürer wiedergegeben.*

SPÄTGOTISCHE UND RENAISSANCEHARNISCHE

*Abb. 107 **Studienblatt mit Skizzen verschiedenen Inhalts**, um 1495. Federzeichnung. Florenz, Galeria degli Uffici. Den Reiter dürfte Dürer beim Vorbeireiten in Eile skizziert haben. Besonders hervorstechend sind der unten vorspringende eiserne Roßkopf (siehe Abb. 106), oben die lange gedrehte Einhornspitze und die getriebene Schweifhülse in Form eines Drachenkopfes.*

hat den Anschein, daß Dürer wegen einiger auffälliger Besonderheiten diesen Reiter beim Vorbeireiten schnell skizzierte. Auch der waagerecht über dem Reiter in Umrissen gezeichnete Mann im Halbharnisch dürfte wegen des vogelschnabelartigen Visiers bei gleicher Gelegenheit sein Interesse geweckt haben. Die Rüstung für den Reiter entspricht der am Ende des 15. Jahrhunderts üblichen Form und zeigt keine ungewöhnlichen Details. Das ist beim Roßharnisch anders. Er ist in der kunstgeschichtlichen Fachliteratur unter anderem als „phantastische Rüstung" bezeichnet worden.[50] Gegen eine Deutung, daß Dürer diesen Manns- und Roßharnisch wegen seiner Form in Italien, vermutlich nach einer Darstellung Leonardo da Vincis oder einem seiner Schüler skizziert habe, wandte sich bereits 1931 Eduard Flechsig.[51] Insbesondere die Form des metallenen Roßkopfes mit langem gedrehtem Stachel und mit langem an den Nüstern vorspringendem schnabelartigem Endstück sowie die als Tierkopf plastisch gestaltete Schweifhülse scheinen als italienisch oder phantastisch gegolten zu haben. Flechsig wies bereits auf Darstellungen im Weisskunig, auf einen Scheibenriß

von Jörg Breu in München und auf das Gemälde „Der bethlehemitische Kindermord" von Lucas Cranach d.Ä. hin, auf denen ähnliche Formen eines Roßharnisches zu erkennen sind.[52]

Nicht nur Bildwerke, sondern auch erhaltene Roßharnische belegen ähnlich getriebene Roßharnischteile. Die Wallace Collection in London besitzt einen Manns- und Roßharnisch von einem Mitglied der Familie Freyberg vom Schloß Hohenaschau – Teile nachweisbar in Landshut um 1475–1485 gefertigt – bei dem zwischen den Augenlöchern des eisernen Roßkopfes eine lange eiserne Spitze auf einer rosettenförmigen runden Scheibe befestigt, hervorragt.[53]

In der Zeichnung von Dürer ist diese Spitze übertrieben lang und gedreht. Mit einer gedrehten Spitze auf kleinem Stirnschild hat auch Hans Burgkmair d.Ä. den Roßkopf auf dem Holzschnitt mit dem geharnischten Kaiser Maximilian I. zu Pferd ausgestattet.[54] Beim Londoner Freyberg-Harnisch ist das untere Endstück des Roßkopfes an den Nüstern ebenfalls stark aufgewölbt. Diese Form verwendete Dürer auch auf zwei Randzeichnungen

Abb. 108 **Manns- und Roßharnisch für ein Mitglied der Familie von Freyberg**, *Schloß Hohenaschau, süddeutsch (Landshut), um 1475–1485. London, The Wallace Collection. Der Roßkopf ist auf der Stirnfläche mit einem eisernen Stachel, ähnlich wie auf Abb. 107, versehen. Albrecht Dürer verzichtete bei seinen idealisierten Reiterdarstellungen auf Roßharnische, weil dadurch der Pferdekörper als Studie besser zur Wirkung kam.*

zum Gebetbuch Kaiser Maximilians, wie bereits ausgeführt wurde.

Am Roßharnisch der Wallace Collection und an einer weiteren Rüstung in der Waffensammlung des Tower in London, vermutlich für Waldemar VI. von Anhalt-Zerbst (1450–1508), in Süddeutschland gefertigt, sind die unteren Ränder von Fürbug und Kruppteil, wie in der Skizze von Dürer, bogenförmig ausgeschnitten, ein typisches Merkmal spätgotischer Roßharnische.[55] Die Rüstung im Londoner Tower be-

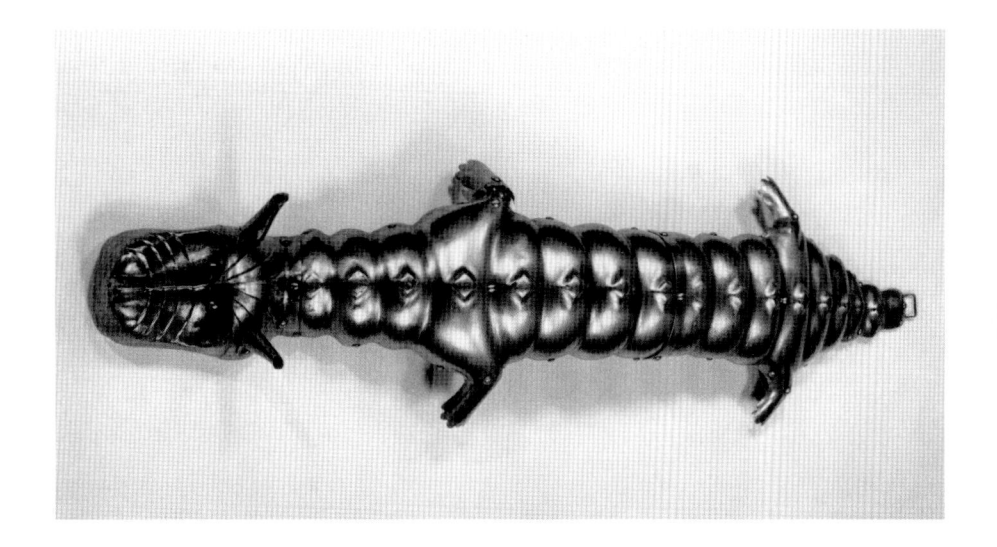

Abb. 109 **Fabelwesen auf dem Kruppteil des Roßharnisches**, vermutlich von Waldemar von Anhalt-Zerbst (1450–1508), süddeutsch, Ende 15. Jahrhundert. London, Royal Armouries H. M. Tower of London.
Der buckelförmig gegliederte Körper und der Reptilienkopf auf dem Kruppteil lassen erkennen, daß Roßharnische mit diesen getriebenen Verzierungen, wie Dürer sie zeichnete, tatsächlich gefertigt wurden.

Abb. 110 **Kruppteil mit getriebenem geflügeltem Drachen** vom Roßharnisch Kaiser Friedrichs III. (1415–1493). Plattner Lorenz Helmschmied, Augsburg 1477. Wien, Kunsthistorisches Museum, Hofjagd- und Rüstkammer.
Auch dieser Drache war als Dekor für einen Roßharnisch gefertigt worden. Es ist ferner schriftlich überliefert, daß auch Maximilian I. als Berittener 1492 die Stadt Straßburg verließ und sich auf dem Kruppteil des Roßharnisches als Verzierung ein Reptil befand.

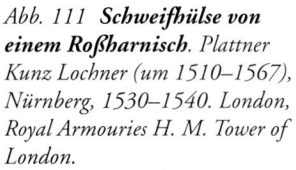

Abb. 111 **Schweifhülse von einem Roßharnisch**. Plattner Kunz Lochner (um 1510–1567), Nürnberg, 1530–1540. London, Royal Armouries H. M. Tower of London.
Der Monsterkopf beweist, daß auch in Nürnberg Schweifhülsen in grotesker Form hergestellt wurden.

stätigt auch, daß die Schweifhülse in Form eines aufgerissenen Drachenkopfes in Dürers Skizze kein Phantasiegebilde ist. Auf dem Rückenteil des erhaltenen Roßharnisches liegen in Metall getriebene, durch Buckel angedeutete Wirbelknochen eines Fabelwesens, in dessen Maul der Pferdeschweif lag. Diese Buckel sind in Dürers Zeichnung ebenfalls erkennbar.

Der Plattner Lorenz Helmschmied aus Augsburg lieferte im Jahre 1477 einen Roßharnisch für Kaiser Friedrich III., der ebenfalls durch einige gestalterische Details mit denen auf Dürers Zeichnung übereinstimmt.[56] Ein reliefartig getriebener geflügelter Drache mit gebuckelten Wirbelknochen ist als wirkungsvoller Dekor auf die Platten des Kruppteiles vom Roßharnisch aufgenietet. Der aufgerissene Rachen mit sichtbaren scharfen Zähnen und hornartig auslaufendem Oberkiefer nahm den Schweif des Pferdes auf. Dürer konnte vermutlich wegen der Höhe des Pferdes gleiche oder ähnliche Gestaltungen auf dem Kruppteil nicht einsehen und beschränkte sich deshalb auf die gebuckelte Längsrippe.

Die erhaltenen Roßharnische mit den charakteristischen Merkmalen, wie sie auch auf Dürers Zeichnung zu erkennen sind, bestätigen die Herstellung in süddeutschen und nicht in italienischen Plattnerwerkstätten und gleichzeitig das Skizzieren nach einem Originalharnisch. Da die auf das Hochformat des Blattes gezeichneten Motive – Kind, nackter Mann als Schildhalter und Kopf eines Orientalen mit Turban – auf Dürers ersten Aufenthalt in Italien hinweisen, darf angenommen werden, daß er die nachträgliche Zeichnung des Reiters und der Halbfigur in Rüstung auf dem Rückweg von seinem Aufenthalt in Venedig zeichnete. Wo der Künstler einen hohen Würdenträger mit einem derartigen Roßharnisch gesehen haben könnte – vielleicht auf seiner Rückreise aus Venedig in Augsburg – ist ungewiß.

In einem Gesandtenbericht eines Venezianers wird der Auszug König Maximilians aus der Stadt Straßburg am 31. August 1492 geschildert. Darin heißt es unter anderem: „... Auf der Kruppe hatte der Pferdeharnisch eine sich erhebende Schlange mit geringeltem Schwanz, die bis an den Sattel reichte... auf der Stirne war ein Horn von Stahl, so daß es aussah, wie von einem Einhorn."[57] Wenn auch Details weiterer geschilderter Verzierungen des Roßharnisches nicht mit Dürers Zeichnung übereinstimmen – die Schlange, die jedoch auch ein Drache gewesen sein könnte – bestätigt dieser Bericht, daß Maximilian einen ähnlichen Pferdeharnisch mit den behandelten Dekorelementen tatsächlich ritt. Er könnte sich mit einer derartig variierten Pferderüstung auch zu einem anderen Zeitpunkt präsentiert haben, die von Dürer skizziert wurde. Roßharnische mit getriebenem reliefartigem Dekor erfreuten sich auch in der Renaissancezeit bei zahlungskräftigen Auftraggebern großer Beliebtheit. Der von Königen und Fürsten hochgeschätzte Nürnberger Plattner Kunz Lochner (um 1510–1567) fertigte mehrere prunkvolle Manns- und Roßharnische mit kostbarer Treibarbeit, darunter auch einen Roßkopf mit getriebenen Widderhörnern.[58] Eine Schweifhülse von Lochner in Form eines grotesken Kopfes mit aufgerissenem Rachen von einem nicht mehr vorhandenen Roßharnisch, ähnlich geformt wie in der Dürerzeichnung, befindet sich in der Waffensammlung des Londoner Tower.[59] An diesem Beispiel wird besonders deutlich, wie mit Hilfe originaler Rüstungsteile Arbeiten Albrecht Dürers aufgehellt werden können.

Ottoprecht mit der phantasievollen Rüstung

Im Jahre 1987 erwarb das Berliner Kupferstichkabinett eine bisher unbekannte Federzeichnung in Braun von 1515 mit der Aufschrift „Ottoprecht fürscht".[60] Weitere Inschriften und die extravagante phantasievolle Rüstung waren Anlaß zu unterschiedlichen Deutungen. Durch Fritz Koreny konnte dann nachgewiesen werden, daß die Zeichnung im Zusammenhang mit den genealogischen Interessen Kaiser Maximilians I. betrachtet werden muß und es sich um den Entwurf für ein lebensgroßes bronzenes Standbild zur Aufstellung in der Hofkirche von Innsbruck handelt, das jedoch nicht gegossen wurde.[61] Maximilian hatte als Konzeption für sein Grabmal die Aufstellung einer Ahnen- und Heldengalerie von 23 Bronzestandbildern im Längsschiff der Hofkirche vorgesehen. Zwei Entwürfe für Bronzeplastiken, Theoderich der Große und König Artus, stammen von Albrecht Dürer. Sie wurden von dem berühmten Nürnberger Gießer Peter Vischer d.Ä. 1513 gegossen. Nach dem kaiserlichen „Geburtsspiegel" des Hofhistoriographen Jakob Mennel soll Ottoprecht der Sohn des Theodopertus, Königs von Burgund, und erster Graf zu Habsburg gewesen sein.[62]

Die Standbilder der männlichen Persönlichkeiten in der Hofkirche zeichnen sich durch kostbare Krönungsgewänder und mehrere durch phantasievolle Rüstungen aus. Lediglich Philipp der Schöne, nicht

Abb. 112 **Ottoprecht**, *1515. Federzeichnung. Berlin, Staatliche Museen Preußischer Kulturbesitz, Kupferstichkabinett. Diese Zeichnung gilt als Entwurf für eine Bronzeplastik, die mit 23 anderen am Grabmal Kaiser Maximilians I. in der Hofkirche zu Innsbruck aufgestellt werden sollte, jedoch nicht gegossen wurde. Ottoprecht galt als erster Graf zu Habsburg.*

Abb. 113 **Theoderich der Große**. *Bronzeplastik in der Hofkirche zu Innsbruck, Entwurf von Albrecht Dürer, gegossen von Peter Vischer d. Ä., Nürnberg 1513.*
Rüstungsteile der Plastik zeigen Übereinstimmungen mit denen in anderen Werken Dürers: Ottoprecht (Abb. 112), der Ritter im Teppich von Michelfeld (Abb. 141) und Die welsche Trophäe (Abb. 166).

von Dürer entworfen, trägt einen kompletten Riefelharnisch, der als zeitgenössisch einzustufen ist. Alle anderen Rüstungen wurden von den verschiedenen Künstlern, teilweise in Anlehnung an Originale aus verschiedenen Zeiten, aber auch phantasievoll geformt, zusammengesetzt.

Es hat den Anschein, als sei Albrecht Dürer für die Aufträge zu den Standbildern zu weiteren phantasiebetonten Rüstungsentwürfen angeregt worden. Das betrifft vor allem die Randzeichnungen zum Gebetbuch Kaiser Maximilians, die Entwürfe für die Verzierungen am silbernen Harnisch des Kaisers und Rüstungsstücke in den Werken „Das Kleine Pferd" (Abb. 143) und „Das Große Pferd" (Abb. 144) sowie „Die Welsche Trophäe" (Abb. 166). Die Aufgabe, für Persönlichkeiten aus weit zurückliegenden Zeiten ein äußeres Erscheinungsbild zu entwerfen, das durch eine repräsentative Rüstung mitbestimmt wurde, mußte die Phantasie anregen.

Es ist bewundernswert und für einen Waffenhistoriker zugleich amüsant zu betrachten, wie einfallsreich Dürer für den Ottoprecht aus seinem Wissensschatz über Waffen und Rüstungen heraus, Formen umgestaltete und völlig neuartige entwickelte. Der Helm mit flach gewölbter Glocke und weit ausschwingendem Nackenschutz erinnert an die Deutsche Schaller. Die Stirnfläche geht jedoch in einen vom Künstler ersonnenen, leicht aufgebogenen vogelschnabelförmigen Gesichtsschutz mit eingeschnittenen, seitlich offenen Augenlöchern über. Einen ähnlichen Gesichtsschutz mit Augenausschnitten besaßen bereits apulisch-korinthische Helme des Altertums und eine Form der italienischen Barbuta des 15. Jahrhunderts. An die Helmglocke des Ottoprecht sind sehr schmale, in Spitzen auslaufende Wangenstücke angenietet.

Als Helmzimier wählte Dürer einen hockenden geflügelten Drachen, handschriftlich von ihm mit „tracken farb" bezeichnet. Dieser Helmschmuck ist für originale Prunkhelme des 15. Jahrhunderts in Italien zu belegen.[63] Hans Döring hat den Drachen als Helmzimier auch in „Die welsche Trophäe" (W. 699) aufgenommen, hier jedoch nicht, wie in realer Ausführung üblich auf der Scheiteldecke des Helmes ruhend, sondern auf eine Stielscheibe montiert.[64]

Bei den weiteren Rüstungsteilen des Ottoprecht handelt es sich um eine Materialkombination aus Eisen, Leder und Stoff, wie die am Rand vermerkten Beschriftungen erkennen lassen. Vielleicht wollte Dürer dem Gießer damit Hinweise zur unterschiedlichen Oberflächengestaltung der Bronze geben. Über einem eisernen Halskragen fügte er kleine ovale eiserne „schupe(n)" an, die in größerer Form auch in vier Reihen an Achseln und Brustpanzer, unterhalb des Gliedergürtels, angehängt sind. Der Brustpanzer ist vom Oberrand aus nach unten V-förmig ausgeschnitten. Breite Streifen an diesem Ausschnitt werden mit „gulden" (vergoldet) bezeichnet. Die Nietköpfe lassen auf ein eingenietetes Futter schließen. Unter dem schuppenförmigen Bauchschutz ragt ein in drei sichtbare Spitzen auslaufendes Ringpanzerhemd heraus. Unter dem Wort „pantzer" steht ebenfalls „gulden", mit Hinweisstrich auf den unteren Rand des Kettenhemdes. Ringpanzermacher fügten sehr häufig als modische Variante am unteren Abschluß dieses Panzers zur Belebung einige Reihen aus Messing an. Die mit „rot" bezeichneten, zum Schutz der Schultern und der Oberarme bestimmten großen schildförmigen, mit Schleifen aufgebundenen Schulterplatten bestanden aus Leder. Lamellen, schmale längliche Schienen und Ringstreifen, auf Stoffunterlage aufgenietet, von Dürer ersonnen, dienten zum Schutz der Arme. Unterhalb der rosettenförmigen Scheiben als Knieschutz fügte er zum Schutz der Schienbeine auf grünem Stoff je eine Reihe schmaler Eisenschuppen hinzu.

Als Waffe trägt Ottoprecht, an einem Leibgürtel hängend, einen Säbel mit aufgenieteten Griffschalen und schräg zugeschnittenem Klingenende. Mit dem erhobenen angewinkelten linken Arm hält er einen ungewöhnlichen Morgenstern mit zwei übereinanderliegenden Schlagköpfen, einer quadratisch, der andere oval, beide gespickt mit eisernen Stacheln. Der sehr lange Schaft besitzt eiserne Schaftfedern, wie die Nagelköpfe erkennen lassen. Die rechte Hand stützt der Dargestellte auf einen dekorativ ausgeschmückten italienischen Langschild mit einem steigenden Drachen als Motiv. Trotz Anlehnung an antike und mittelalterliche Vorbilder ist die gesamte Rüstung der schöpferischen Phantasie Dürers zu verdanken.

Wie zum Teil bereits angedeutet, bestehen zwischen dem Standbild des Theoderich, der Zeichnung des Ottoprecht, der Federzeichnung „Die welsche Trophäe" (W. 699) und dem Ritter auf dem Holzschnitt des Teppichs von Michelfeld (M. 241) – auch Dürerumkreis zugesprochen – durch besonders gestaltete gleichartige Rüstungsteile Übereinstimmungen.

Aus der zeitlichen Reihenfolge der Werke: Theoderich vor 1513, Ottoprecht 1515, Welsche Trophäe 1518 und Holzschnitt des Teppichs von Michelfeld 1526, ist erkennbar, welche Rüstungsteile Dürer zu einer Wiederholung des Typs anregten. Das hochgestellte Klappvisier verwendete Dürer beim Standbild des Theoderich, in der Welschen Trophäe und auf dem Holzschnitt des Teppichs von Michelfeld. Der Ritter von Michelfeld trägt eine ähnliche Kastenbrust wie Theoderich, Ottoprecht einen formal abgewandelten italienischen Langschild, Theoderich rosettenförmige Scheiben an den Ellenbogen, Ottoprecht an den Knien. Theoderich, Ottoprecht und der Michelfelder Ritter sind mit Stangenwaffen ausgerüstet, mit Fußstreithammer, Morgenstern oder Fußstreitaxt. Es sind untypische Waffen für Fürsten und Ritter. Sie wurden jedoch von Kaiser Maximilian, der das Fußvolk in seinen Heeresaufgeboten kontinuierlich verstärkte, auch für Fußkampfturniere mit seinen Standesgenossen vielfach verwendet. Dürer, der auch eine Fußkampf-Turnierszene für den „Freydal" gestaltete, dürfte diese Bestrebungen Maximilians gekannt haben.[65]

Anmerkungen

1 Siehe R. Bruck (Hrsg.), Das Skizzenbuch, 1905, besonders die Tafeln 62 bis 66 und 141. In einigen dieser Darstellungen sind Arme erhoben oder zur Seite gestreckt, um die möglichen Bewegungen anzudeuten.
2 Siehe A. von Reitzenstein, 1 u. 2/1959, S. 54–85; derselbe, 1964; derselbe, 1967, S. 700–725.
3 Siehe W. Boeheim, 1897, S. 83/84 und A. von Reitzenstein, wie Anm. 2.
4 Siehe W. Boeheim, 1897, S. 61.
5 Siehe im Abschnitt Helme, S. 101.
6 Schramm 998, 999, 1001, 1014, 1026 (mit Frau im Harnisch), 1029 und 1042. Siehe auch R. Kautzsch, 1903; K. Pfister, 1912.
7 Große Hinterflüge siehe beispielsweise B. Thomas/O. Gamber, 1976, Abb. 31.
8 Ein typischer spätgotischer Harnisch siehe B. Thomas/O. Gamber, 1976, 34/35. Zum Vergleich mit italienischen Originalharnischen siehe Sir James G. Mann, 1938, Taf. CI–CIV und CVI.
9 Zum Grand Bacinet siehe B. Thomas/O. Gamber, 1954, S. 51, Abb. 1; zum Fußturnierhelm A. R. Dufty, Tafel LXXXIV; H. Müller/F. Kunter, 1984, S. 139, Nr. 32.
10 Zur Dilge siehe W. Boeheim, 1890, S. 556, 559/560; Originale siehe A. R. Dufty, 1968, Taf. VIII/IX und CXXXIII; B. Thomas/O. Gamber, 1976, Abb. 78.
11 Siehe B. Thomas/O. Gamber, 1954, S. 62, Abb. 24.
12 Originale siehe B. Thomas/O. Gamber, 1954, S. 60, Abb. 19; G. Quaas, 1992, S. 46/47, Abb. 42.
13 Siehe Reiter im Harnisch W. 176; W. Koschatzky/A. Strobl, Nr. 17; Der hl. Georg zu Pferd, M. 56; Proportionsstudien zu Ritter Tod und Teufel W. 617/618; Ritter Tod und Teufel M. 74.
14 Friedrich Winkler weist unter W. 176 auf diese Kostümstudien Dürers hin, ohne jedoch ein Ort für den Harnisch Nürnbergs anzugeben; P. Strieder, 1981, S. 177 meint, daß es sich „... mit Sicherheit um einen der Nürnberger reisigen Knechte handeln und um eine Illustration zur aktuellen Nürnberger Kostümgeschichte..." handeln kann.
15 Siehe Thomas/Gamber/Schedelmann, 1963, Taf. 6, Reiterharnisch des Kurfürsten Friedrich I. von der Pfalz (1451–1476), Mailand, um 1450–1455; B. Thomas/O. Gamber, 1976, S. 56–58.
16 Zum italienischen Harnisch siehe Sir James Mann, 1938, S. 311–353; Gamber, Harnischstudien V und VI, 1953 und 1955.
17 Siehe Thomas/Gamber/Schedelmann, Taf. 11. Herausragende spätgotische Harnische siehe auch A. R. Dufty, 1968, Taf. II; Sir James Mann, Bd. 1, 1962, S. 9–l5, Nr. A 21, Taf. 4; Ausstellungskatalog, Das Wiener Bürgerliche Zeughaus, 1977, S. 79, Nr. 77, Abb. 19.
18 Siehe W. Boeheim, 1897, S. 49–51; A. von Reitzenstein, 1951, S. 179–194.
19 Siehe P. Post, 1910; derselbe, 1928–1939.
20 Siehe S. 124, 128.
21 Siehe auch den hl. Eustachius auf dem Seitenflügel des Paumgartner Altars. In frühen Werken, zum Beispiel im Ritter vom Turn, tragen die Geharnischten mit dem Helm Deutsche Schaller einen Bart, auch auf dem Studienblatt W. 86.
22 Zu Lederhelmen siehe J. Brinckmann, 1894, S. 115; G. F. Laking, 1920–1922, Bd. IV, S. 216; H. Müller/F. Kunter, 1984, S. 158/159 und 263. Bemalte Helme siehe P. Martin, 1967, S. 58/59. R. Dufty, 1968, Taf. LXXIX, Abb. d; Royal Armouries at the Tower of London. Official Guide, London 1986, S. 22.
23 Siehe E. Schalkhaußer, 1/1981, S. 13.
24 Siehe H. Klapsia/B. Thomas, Harnischstudien I., 1937, S. 139–158.
25 Siehe G. von Kern, 1982.
26 Siehe F. Anzelewsky, 1971, S. 155f; G. Goldberg, S. 176–191.
27 Ebenda. A. weist wegen der Datierung auf die Reise Stephan Paumgartners 1498 ins Heilige Land hin, die Anlaß zur Stiftung des Altars gewesen sei. H. Tietze/E. Tietze-Conrat, Bd. 1, 1928, Nr. 153/54 und 249 hatten diese Datierung für die beiden Flügel ebenfalls vorgenommen. Andere Verfasser – Flechsig, Bd. 1, S. 91 und Panofsky, Bd. 1, S. 91 – datieren die Tafeln in die Zeit 1503/04. Letzte zusammenfassende Darlegungen siehe G. Goldberg/B. Heimberg/M. Schawe, 1998, S. 199 ff. Die Harnischformen beim hl. Georg und hl. Eustachius entsprechen der Zeit um 1500, lassen keine genauere Datierung auf ein bis zwei Jahre zu.
28 Siehe Goldberg/Heimberg/Schawe, S. 202. Hier auch Beschreibung der einzelnen Harnischteile von Rudolf Wackernagel. Bei dem als „Halbstiefel mit umgeschlagenem Schaft (Stulpe)" bezeichneten Knöchelschutz dürfte

es sich wohl eher um eine lederne Manschette handeln; siehe farbige Darstellung des Reiters von 1498 durch Dürer – Farbabb. bei P. Strieder, 1996, S. 177.
29 Siehe B. Thomas, Konrad Seusenhofer, Gesammelte Schriften, Bd. 1, 1977, S. 543–576; B. Thomas/O. Gamber, 1954, S. 22, meinen, Konrad Seusenhofer aus Innsbruck muß „als Schöpfer des Faltenrockharnisches betrachtet werden, wohl überhaupt des Kostümharnisches, der die geschlitzte und gepuffte Zeittracht in Stahl nachbildet."
30 Siehe B. Thomas/O. Gamber, 1954, S. 66, Nr. 61, Abb. 36–38 und S. 66/67, Nr. 62, Abb. 41–43.
31 Siehe Thomas/Gamber/Schedelmann, Nr. 21; B. Thomas/O. Gamber, 1976, S. 227/28, Abb. 119.
32 Bruno Thomas verwendet in seinem Buch Deutsche Plattnerkunst, München l944, S. 21 für den Harnisch die Formulierung „...vollkommene bewegliche stählerne Hohlplastik".
33 Im Besitz des Deutschen Historischen Museums Berlin (Zeughaussammlung), Inv.Nr. W. 1053. Siehe H. Müller, 1971, S. 56/57, Abb. 72; derselbe, 1994, S. 78, Farbabb.
34 Siehe J. Uhlitzsch, 1987, S. 48, Abb. 10, 17 und 28.
35 Zu vermeintlichen Vorbildern für Dürers Reiterdarstellungen siehe H. Wölfflin, 1963, S. 214; ein Hinweis auf Dürers „Das Große Pferd" als Vorbild siehe F. Winkler, 1957, S. 166; siehe auch Ausstellungskatalog Albrecht Dürer 1471 1971, 1971, S. 188, Nr. 355 und SMS, Bd. 1, Nr. 41.
36 Albrecht Dürer hat bereits in der Federzeichnung „Fechtende Reiter", 1489 (London Britisches Museum), den Nackenschutz der Deutschen Schaller in einem Rautenmuster verziert. Winkler meint unter W. 17, daß die Zeichnung noch in der Werkstatt Wohlgemuts gefertigt wurde.
37 Siehe E. Chmelarz, 1886.
38 Zum Palmwedeldekor siehe B. Thomas, Gesammelte Schriften, Bd. 1, S. 147/48. Zu den drei Werken gehören das Gemälde „Die Anbetung der Heiligsten Dreifaltigkeit", von 1511, mit dem Ritter im vergoldeten Harnisch, siehe P. Strieder, 1996, S. 313–315; der hl. Florian der Schutzheiligen von Österreich (M. 219) und die Federzeichnung „Entwurf zum Grabmal eines Ritters und seiner Frau" (W. 489).
39 Siehe F. Anzelewsky, 1971, S. 118; P. Strieder, 1996, S. 310–315.
40 Gleichartige Helme mit hoher und spitz auslaufender Glocke siehe „Der Teppich von Michelfeld" (M. 241), mit einhängbarem aufschlächtigem Visier wie bei der Beckenhaube des 14. Jahrhunderts und mit Stielscheibe im Nacken, wie beim Armet. Die Zuschreibung an Albrecht Dürer für den Holzschnitt ist umstritten. Ferner Christus vor Kaiphas, 1512, aus der Kleinen Kupferstichpassion. Originale von Tartschen siehe H. Nickel, 1958, S. 56ff; H. Müller, 1994, S. 79.
41 Siehe E. Chmelarz, 1886, S. 289–319; weitere Literatur siehe Ausstellungskatalog Albrecht Dürer 1471–1971, S. 144/45.
42 Abb. in waffengeschichtlichen Büchern siehe Quellen zur Geschichte der Feuerwaffen, 1872, Tafel A CV und W. Hassenstein, 1941, S. 93, Abb. 23.
43 Dürers Anteil an der Ehrenpforte siehe Ausstellungskatalog Albrecht Dürer 147–1971, 1971, S. 144/145.
44 Siehe Quellen zur Geschichte der Feuerwaffen, 1872, Abb. A XXXIX.
45 Beispielsweise in den Quellen zur Geschichte der Feuerwaffen, 1872, Tafel A CV und bei W. Hassenstein, 1941, S. 93, Abb. 23.
46 Siehe W. Boeheim, 1897, Seite 62 f.
47 Siehe F. Anzelewsky, Ein unbekannter Entwurf Hans Burgkmairs. S. 295–304
48 Siehe W. Boeheim, 1897, S. 63.
49 Siehe F. Anzelewsky, Ein unbekannter Entwurf Hans Burgkmairs, S. 304, Anm. 10.
50 Siehe dazu E. Flechsig, Bd. 2, 1931, S. 406.
51 Ebenda.
52 Ebenda, S. 407.
53 Siehe Sir James Mann, 1962, Bd. 1, S. 9–15, Tafel 4/5.
54 Siehe E. Egg, Ausstellungskatalog Maximilian I., 1969, S. 48/49, Nr. 184.
55 Harnisch in der Waffensammlung des Londoner Tower, siehe A. R. Dufty, 1968, Tafel II.
56 Siehe B. Thomas, Gesammelte Schriften, Bd. 2, S. 1101–1113 und S. 1582–1585, Abb 30–36; F. Anzelewsky, 2/1963, S. 77–88, 7 Abb.; B. Thomas/O. Gamber, 1976, S. 104/05, Abb. 32/33.
57 Siehe F. Anzelewsky 2/1963, S 84. Hier auch weitere Abb. von Gemälden mit gleichartigen Manns- und Roßharnischen Maximilians.
58 Siehe O. Gamber, 1984.
59 Siehe A. R. Dufty, 1968, Tafel CLVI.
60 Siehe F. Anzelewsky, 28/1986, S. 67–73.
61 Siehe F. Koreny, 31/1989, S. 127–148.
62 Ebenda, S. 127.
63 Siehe F. Anzelewsky, 28/1986, S. 72.
64 Siehe auch S. 157.
65 Siehe Abschnitt über Turnierrüstungen, S. 131.

TURNIERRÜSTUNGEN, HELME UND SCHILDE

„Stechhelme in drei Ansichten"

Zu den beliebtesten Turnierarten gehörte im 15. und in den ersten Jahrzehnten des 16. Jahrhunderts das „Deutsche Gestech".[1] Bei diesem sportlichen Zweikampf von Adeligen und seit dem Ende des 15. Jahrhunderts auch von Patriziern, beispielsweise in Nürnberg, versuchten die schwungvoll angreifenden Reiter auf freier Bahn mit schweren Lanzen den Gegner aus dem Sattel zu stoßen. Dabei sollte möglichst die eigene Lanze zersplittern, um den kräftigen sicheren Stoß zu dokumentieren. Obwohl die Lanzeneisen, Krönige genannt, drei oder vier abgestumpfte Spitzen besaßen, war dieser Kampfsport sehr gefährlich. Um ernsten Verletzungen vorzubeugen, bestand die spezielle Turnierrüstung, das Stechzeug, aus starken Stahlplatten.[2] Der acht bis zwölf Kilogramm wiegende Stechhelm ruhte wegen des großen Gewichtes nicht auf dem Scheitel, sondern auf den Schultern. Kräftige Schrauben verbanden ihn vorn mit der Stechbrust, eine lange Helmzagelschraube hinten mit dem Stechrücken.[3]

Um Kopfverletzungen beim Aufprall der gegnerischen Lanze gegen den Helm oder beim Sturz vom Pferd zu vermeiden, trug der Turnierende unter dem Helm eine dicke, mit Werg ausgepolsterte Helmhaube aus gestepptem Leinen, verstärkt durch lederne Stirn- und Kinnriemen, die durch Schlitze des Helmes nach außen gezogen und hier verschnallt wurden. Die Haube hatte einen Gesichtsausschnitt und reichte bis zum Schulteransatz. In der Leibrüstkammer des Kunsthistorischen Museums Wien haben sich sechs Exemplare von Stechhauben von 1484, die aus der Turnierkammer des Erzherzogs Siegmund von Tirol stammen, erhalten.[4] An den Originalen fehlen leider zahlreiche Riemen und Bänder, mit denen die Haube im Helm festgebunden wurde. Sehr aufschlußreich für die Einbindung der Harnischhaube in den Stechhelm ist eine Wasser- und Deckfarbenmalerei auf Papier, „Stechhelme in drei Ansichten" von Albrecht Dürer[5] (Abb. 116). Dem Künstler kam es nicht nur auf die Wiedergabe dieses formvollendeten Helmes in seitlich gewendeter Vorder-, in Seiten- und Rückansicht an, sondern auch auf Einzelheiten der aus den Helmwänden herausragenden und geknoteten Bänder und Riemen, die einen festen Sitz der Stechhaube sichern sollten. Auf der Scheiteldecke sitzen drei, an den Helmseiten je zwei zu Schleifen gebundene Enden der durch Ösen gezogenen Schnurbänder der Stechhaube. Durch Längsschlitze in den Seitenwänden des Helmes führen breite Lederriemen hindurch, die im Nacken verschnallt sind. Für die Historische Waffenkunde und speziell für das Turnierwesen hat Albrecht Dürer durch seine Malerei Kenntnisse vermittelt, die durch keine andere Quelle so klar gewonnen werden können. Die künstlerische Darstellung wird in der Literatur allgemein mit „Stechhelm in drei Ansichten" oder

Seite 117:

Abb. 114 Stechzeug mit Tartsche, *Nürnberg, Ende 15. Jahrhundert, teilweise modernisiert vom Nürnberger Plattner Valentin Siebenbürger (um 1510–1564). Nürnberg, Germanisches Nationalmuseum. Todesfälle bei Turnieren waren die Ursache, daß seit Anfang des 15. Jahrhunderts spezielle Turnierrüstungen aus starken Stahlplatten für das Stechen an Fürstenhöfen eingeführt wurden. Auch Nürnberger Patrizier veranstalteten Turniere in Stechzeugen, die im Zeughaus aufbewahrt wurden. Da nur Adlige turnieren durften, nannten sie ihre Veranstaltungen „Gesellenstechen".*

„Ein Turnierhelm für das ›Deutsche Gestech‹ in drei Ansichten" bezeichnet.[6] Hierbei wird davon ausgegangen, daß es sich um e i n e n Helm handelt, den Dürer in drei Ansichten malte. Bei genauer Betrachtung wird jedoch deutlich, zwischen den Helmen in der Seiten- und dem in der nach vorn gewendeten Ansicht einerseits und der Rückansicht andererseits bestehen Unterschiede in Form und Linienführung: die unten spitz auslaufende Vorderwand und die Seitenränder der Rückwand der beiden zuerst genannten Helme haben glatte Ränder, bei dem Helm mit der Rückansicht sind sie geschweift; in der Seitenansicht ragt aus dem Helm nur ein Lederriemen heraus, in der Rückansicht sind es zwei; Unterschiede lassen sich auch bei der Anzahl der Nietköpfe auf der rechten Schulter feststellen; die fehlende Helmzagelschraube bei der Rückansicht und die unterschiedlichen Scharniere sprechen ebenfalls dafür, daß zwei Originalhelme als Vorlage dienten. Ob der höhere breite Kamm des Exemplars in der Vorderansicht gegenüber dem in der Seitenansicht mit niedrig erscheinendem Kamm auf einen dritten Originalhelm als Vorlage schließen läßt, ist nicht eindeutig festzustellen, da es zwischen beiden viele Übereinstimmungen gibt. Eine Bildunterschrift sollte aus den aufgezeigten Gründen richtiger „Stechhelme in drei Ansichten" lauten. Die von Friedrich Winkler angesetzte Datierung, 1498, wird auch von dem hervorragenden Kenner der Plattnerkunst, Bruno Thomas, anerkannt.[7]

Zentren für die Fertigung Deutscher Stechzeuge waren Augsburg, Innsbruck, Landshut und Nürnberg.[8] Von Plattnern (Harnischmachern) dieser Städte sind heute noch einzigartige Stechzeuge in der Leibrüstkammer des Kunsthistorischen Museums Wien erhalten. Albrecht Dürer hatte Gelegenheit, unmittelbar in Nürnberg bei Plattnern und im Nürnberger Zeughaus, in dem zahlreiche Stechzeuge für Turnierveranstaltungen, den sogenannten Gesellenstechen, aufbewahrt wurden, Stechhelme zu skizzieren.[9] Sieben Stechzeuge von Patriziern der Stadt Nürnberg gehören heute noch zum Bestand der Waffensammlung des Germanischen Nationalmuseums Nürnberg.[10] Völlig mit den drei Ansichten übereinstimmende Originale lassen sich im Bestand des Nürnberger Museums nicht feststellen.

In einem Aufsatz über den Augsburger Plattner Jörg Helmschmied d.J. äußert Bruno Thomas die Meinung, daß Stechzeuge dieses Meisters, für die Turnierkammer Kaiser Maximilian I. zwischen 1494–1497 gefertigt, als Vorbild für die Dürerschen Ansichten gedient haben könnten. Ohne Zweifel muß dem Autor zugestimmt werden, daß die Helmformen Helmschmieds in spätgotischem Stil weitgehend mit denen von Albrecht Dürer übereinstimmen. Waffendarstellungen dieses Künstlers zeigen in großer Zahl höchste Genauigkeit in der Wiedergabe von Details und hierzu müssen auch die Stechhelme gerechnet werden, wie insbesondere die genaue Wiedergabe der verknoteten Bänder der Stechhaube erkennen läßt. Technische und zahlreiche Formelemente unterscheiden sich jedoch bei den Dürerschen Stechhelmen von den Originalen Jörg Helmschmieds.[11] Die stromlinienförmig zugeschnittene, wie ein Froschmaul vorspringende Vorderwand der Helme mit dem Sehschlitz, der nach vorn sich verjüngende Kamm und die zum Scheitel hin sich fächerförmig erweiternden Kehlungen lassen die hohe Kunst der Plattnerei an Originalen und an den Darstellungen von Albrecht Dürer erkennen. Wie hoch der Künstler motiviert gewesen sein muß, die einzigartige Gestaltungskraft der Augsburger oder Nürnberger Metallhandwerker durch seine Malerei zu dokumentieren, vermittelt insbesondere die Rückansicht, die als Vorstudie für Wappendarstellungen, wie noch aufgezeigt werden soll, nicht erforderlich gewesen wäre. Sturzbachartig fließen die getriebenen Grate und Furchen der Kehlungen, nach den Seiten fast überquellend, und der gefurchte

TURNIERRÜSTUNGEN, HELME UND SCHILDE

Seite 118:

Abb. 115 **Helmhaube** *aus der Turnierkammer Erzherzog Siegmunds von Tirol (1427–1496), Innsbruck 1484. Wien, Kunsthistorisches Museum, Hofjagd- und Rüstkammer.*
Die mit Riemen und Bändern in den Helm eingebundene Haube aus gestepptem Leinen, mit Werg dick ausgepolstert, sollte beim gegnerischen Lanzentreffer und beim Sturz vom Pferd vor Verletzungen schützen.

Abb. 116 **Stechhelme in drei Ansichten**, *1498. Wasser- und Deckfarbenmalerei. Paris, Musée du Louvre, Département les Arts Graphiques.*
Albrecht Dürer vermittelt durch seine Darstellung nicht nur einzigartige Formen von Stechhelmen, sondern auch wie eine Helmhaube mit Riemen und Bändern vom Helminneren heraus festgebunden wurde. Nirgends anders ist das so deutlich überliefert.

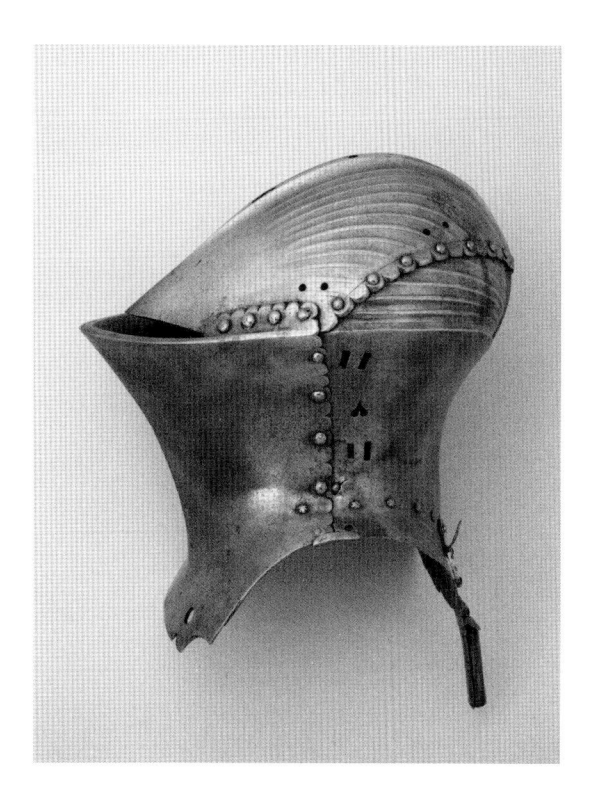

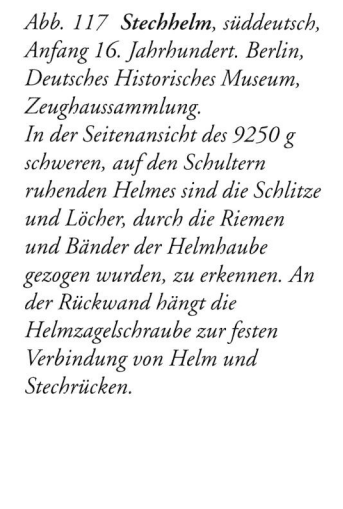

Abb. 117 **Stechhelm**, *süddeutsch, Anfang 16. Jahrhundert. Berlin, Deutsches Historisches Museum, Zeughaussammlung.*
In der Seitenansicht des 9250 g schweren, auf den Schultern ruhenden Helmes sind die Schlitze und Löcher, durch die Riemen und Bänder der Helmhaube gezogen wurden, zu erkennen. An der Rückwand hängt die Helmzagelschraube zur festen Verbindung von Helm und Stechrücken.

Abb. 118 **Stechzeug (Fragment) Kaiser Maximilians I.** *Plattner Jörg Helmschmied d.J., Augsburg 1494. Wien, Kunsthistorisches Museum, Hofjagd- und Rüstkammer.*
Stechhelme dieses berühmten Meisters können Vorbilder für Dürers Malerei gewesen sein, wie insbesondere die Rückansicht bestätigt. In gleicher Weise fließen in Dürers Helm Kehlungen und Grate sturzbacharting zu einer Linie zusammen, um dann wieder fächerartig auseinander zu streben.

Helmkamm im Nacken zusammen, um in einen einzigen Längsgrat einzumünden, der sich dann wiederum flach fächerartig erweitert.

Variationen bei Stechhelmen für Wappen

Die Darstellung der drei Ansichten von Stechhelmen muß vor 1502/03 entstanden sein, denn Albrecht Dürer nutzte zwei Ansichten für zwei Wappendarstellungen aus diesen Jahren. Eine Übereinstimmung der Seitenansicht läßt sich eindeutig mit dem Helm im Kupferstich „Das Wappen mit dem Totenkopf" oder „Wappen des Todes" (M. 98) aus dem Jahre 1503 feststellen.[12] Da die Ausführung als Kupferstich erfolgte, ist die Ansicht hier seitenverkehrt. Neben den übereinstimmenden Form- und Dekorelementen beweisen die bei Wappenhelmen sonst außen nie sichtbaren Verknotungen der Stechhaube auf das Vorbild hin. Auch die Helmzagelschraube gehört nicht zu einem Wappenhelm. Sie nutzt der Künstler geschickt als Bindeglied zwischen Helm und Rankenwerk der

Helmdecke. Albrecht Dürer hätte gegen alle Regeln der strengen Vorschriften in der Heraldik verstoßen, wenn es sich um ein geschlechter- oder personengebundenes Wappen gehandelt hätte. Bei dem „Wappen mit Totenkopf" handelt es sich jedoch um ein symbolisches Wappen.[13] Von einzigartiger Gestaltungskraft zeugt die Anordnung des Helmes mit der Vorderwand auf einer Spitze des durch Helmzimier und Helmdecke nach einer Seite schwerlastig wirkenden Wappenhelmes. Für die Heraldik ungewöhnlich, aber künstlerisch einfallsreich sind die Schildhalter dem Schild beigeordnet. Die Schilddame hält mit der linken Hand das Halteband, das über den Gabelstock des „Wilden Mannes" zu den hoch aufragenden Flügeln der Helmzimier führt.

Wohl auch als symbolisches Wappen gedacht, um eine wirkungsvolle Wappenform zu gestalten, entstand „Das Löwenwappen mit dem Hahn" 1502/03 (M. 97). Albrecht Dürer setzte hier den Stechhelm seiner Studie in der Vorderansicht ein. Die auslaufende Vorderwand variierte er jedoch etwas, in dem er statt der scharf spitz auslaufenden Form eine stumpfwinklige wählte, an die sich seitlich daran je ein bogenförmiger Ausschnitt anschließt. Deutlich sind auch in diesem Kupferstich, in dem der Helm ebenfalls seitenverkehrt gegenüber dem Vorbild eingefügt ist, die verknoteten Bänder der Helmhaube auf der Scheitelplatte und an den Helmseiten zu erkennen. Der übermächtige Hahn steht schwergewichtig auf dem Stechhelm und beide ruhen gemeinsam mit der wallenden Helmdecke auf dem kleinen Schild mit dem aufrecht schreitenden Löwen.

Bereits um 1495 hatte Albrecht Dürer ein symbolisches Wappen entworfen. Es wird als „Wappen mit dem Vogel" oder „Wappen mit dem Mann hinter dem Ofen" (W. 41) bezeichnet. Ein sich aufblähender Vogel mit nach oben gestrecktem Schnabel auf dem Stechhelm und ein voluminöses Blattwerk beherrschen das Bild. Der stilisierte Wappenhelm läßt erkennen, daß Dürer zu diesem Zeitpunkt noch keine unmittelbaren Studien an Stechhelmen vorgenommen hatte. Die obere Hälfte des Helmes ist überhöht, die Scheiteldecke zu kurz und die Vorderwand ragt zu weit vor. Dadurch wird der Sehschlitz viel zu groß. Ein gegnerischer Stoß kann dadurch leicht eindringen. An der Vorderwand sitzt unten eine große bewegliche Schnalle für den Riemen, der Helm und Stechbrust fest verbindet. Diese Befesti-

Abb. 119 **Das Wappen mit Totenkopf**, *1503. Kupferstich. Die Seitenansicht des Stechhelmes von 1498 war Vorbild – jedoch um 180 Grad gewendet – für den Wappenhelm. Da es sich um ein symbolisches und nicht um ein personengebundenes Wappen handelt, konnte Albrecht Dürer, entgegen den strengen heraldischen Regeln, auch Riemen und Knoten der Helmhaube aufnehmen.*

Abb. 120 **Das Löwenwappen mit dem Hahn**, *um 1502/03. Kupferstich. Auch bei diesem Kupferstich handelt es sich um ein symbolisches Wappen. Der übermächtig auf dem Stechhelm thronende Hahn – Vogel des Apoll – stand in der Rangordnung über dem Löwen. Dürer zeigt hier ebenfalls die Verknotungen am Stechhelm. Beide Abb.: Berlin, Kupferstichkabinett.*

gungsart wurde in Italien und Westeuropa bevorzugt. Es kann sein, daß sich Albrecht Dürer wegen der drei symbolischen Wappen der Kritik von Wappenkennern und Hütern der Wappenkunst aussetzte. Bei Wappendarstellungen für Personen der folgenden Jahre verzichtete er jedenfalls auf die angeführten Details der Stechhaube und der Helmzagelschraube, nicht aber auf spezielle äußere Formen der Wappenhelme.

Bereits beim frontal angeordneten Stechhelm im Wappen für das „Bücherzeichen Willibald Pirckheimers", um 1500–1503 (M. 280), fehlt das genannte Beiwerk der Zeichnung mit den drei Stechhelmen. Dürer beachtet bei den folgenden Entwürfen die Regeln der Heraldik. Nennenswerte Besonderheiten lassen sich auch nicht beim „Wappen für Christoph Scheurl", um 1512–1514 (P. 410), sowie beim „Bücherzeichen des Nürnberger Ratsherrn Hieronymus Ebner", 1516 (M. 282) feststellen. Das gilt auch für ein Studienblatt im Britischen Museum London (W. 654). Besondere Aufmerksamkeit verdient dagegen der andersartige Stechhelm im Wappen des Nürnberger Ratsherrn Michael Behaim, um 1520 (M. 287). Bei dem gedrungenen Typ sind die Helmwände in der Halspartie nicht wie bei Helmen für das „Deutsche Gestech" konkav eingezogen, sondern die Platten verlaufen gerade, schräg nach innen gestellt, zu einem abgesetzten Kragenstück. Zur Verbindung mit einem Riemen der Stechbrust dient auch hier eine vorn am Kragenstück beweglich angesetzte große Schnalle. An der einen Helmseite sind in der Vorderwand ein kreuzförmiger Durchbruch, umgeben von vier im Quadrat angeordneten Lochdurchbrüchen, sowie in der Rückwand zwei Längsschlitze für Riemen der Stechhaube erkennbar. Helme dieser und ähnlicher Art wurden, wie bereits erwähnt, für das „Welsche Gestech" bevorzugt. Da Albrecht Dürer auf seinen Reisen, wie an Beispielen nachweisbar, sich auch für die Waffentechnik in anderen Ländern interessierte, kann es sein, daß er Helme dieser Art während seiner Reisen nach Italien und in die Niederlande kennenlernte.[14]

Ein künstlerisch beeindruckendes Wappen ist das des Mathematikers und Architekten am Hofe Maximilians I. Johann Tscherte, um 1521 (M. 294). Umrahmt von aus großen Henkelkrügen emporrankenden gewundenen Weinstöcken mit dichtem Fruchtgehänge steht das Wappen mit dem sprechenden Wappenbild eines nackten Jägers mit zwei hetzenden Hunden an der Leine. Der blasende Jäger bildet als Dreiviertelakt auch die Helmzimier. Der heraldisch rechts gewendete Stechhelm ist in der Halspartie von einer Ordenskette mit Ordenskleinod umgeben. Die

Abb. 121 **Wappen mit Mann hinter dem Ofen**, *1493/94. Federzeichnung. Rotterdam, Museum Boymans van Beuningen. Diese Allegorie auf den Müßiggang läßt erkennen, daß Dürer zu diesem Zeitpunkt noch keine Studien an Stechhelmen vorgenommen hatte. Der Sehschlitz ist viel zu breit, so daß leicht die Lanze des Gegners eindringen konnte.*

Abb. 122 **Wappen des Nürnberger Ratsherrn Michael Behaim**, *um 1520. Holzschnitt. Berlin, Kupferstichkabinett. Für diesen Wappenhelm wählte Dürer als Vorbild den Helm zum „Welschen Gestech". Die Helmwände verlaufen gerade bis zu einem schmalen Kragenrand. Mit der großen Schnalle wurde der Helm an der Harnischbrust befestigt.*

geflochtenen Schnüren einzuschätzen. Die dicke Schnürwulst am Stechhelm ist kampftechnisch ein Nachteil, da gegnerische Lanzenstöße hier nicht abgleiten, sondern auf einen Widerstand stoßen. Der heraldisch links gewendete Stechhelm läßt auch in den Helmwänden einige Details für die Einbindung der Stechhaube erkennen: zwei Durchlochungen auf der Scheitelplatte und jeweils drei in drei Reihen übereinander angeordnete Längsschlitze für die Riemen der Haube. Das sprechende Wappenbild mit der Tür weist auf die Herkunft der Familie Dürer aus dem ungarischen Ort Aijtos (ajto= Tür, davon abgeleitet Türer/Dürer) hin.[20]

Der Stechhelm blieb in Deutschland weiterhin beliebter Wappenhelm. Nach dem Tode Kaiser Maximilians I. (1519) löste die Turnierart des „Welschen Gestechs", auch mit anderer Turnierrüstung, das „Deutsche Gestech" weitgehend ab. Der Einfluß Karls V. und Ferdinands I. dürfte dabei auch eine Rolle gespielt haben.[21] Auf der Turnierbahn befand sich nun der Länge nach zwischen den Turnierreitern eine Holzwand, die Schranke oder Planke, über die

Abb. 123 Wappen des Johann Tscherte, Mathematiker und Architekt am Hofe Kaiser Maximilians I., um 1521. Holzschnitt.
Dürer versah diesen Wappenhelm mit einer Ordenskette und einem Ordenskleinod. Diese Kennzeichen wurden seit dem 15. Jahrhundert gelegentlich in Wappen aufgenommen, waren aber meistens dem Wappenschild zugeordnet.

Abb. 124 Das Familienwappen der Dürer, 1523. Holzschnitt.
Die dicke geflochtene Schnürwulst ist zwischen 1520 und 1530 auch bei Riefelharnischen ein beliebtes Verstärkungs- und Zierelement am Oberrand der Harnischbrust. Der Wappenhelm verdeutlicht, daß Dürer stets mit den neuesten Formen von Rüstungen vertraut war. Beide Abb.: Berlin, Kupferstichkabinett.

Aufnahme von Orden und Ordensketten in Wappen war seit dem 15. Jahrhundert durchaus üblich, jedoch wurden die Ordensketten meist um den Wappenschild geschlungen, so daß der Orden unten in Schildmitte hing.[15] Ordenszeichen konnten auch neben, oberhalb oder unterhalb des Schildes eingefügt sein. Albrecht Dürer bevorzugte hier die Verbindung der Ordenskette mit dem Stechhelm.

Wie aufmerksam Albrecht Dürer die Entwicklung der Plattnerkunst und speziell die Formgebung der Stechhelme verfolgte, läßt nicht zuletzt das Wappen der Familie Dürer (M. 288) erkennen. Die Renaissance hatte zu auffälligen Formveränderungen in der gesamten Harnischfertigung geführt, die nicht zuletzt in der Betonung der individuellen Persönlichkeit des Menschen ihre Ursache hatte. Körperformen wurden durch eine bauchige Harnischbrust, durch ausladende Ellenbogen- und Kniekacheln und durch die Formen unterstreichende Zierelemente betont.[16] Zu diesen Dekorelementen gehört auch die geflochtene Schnürwulst des Stechhelmes am Übergang von der Scheitelplatte zur Vorder- und Rückwand im Wappen der Familie Dürer.[17]

Diese Randschnürung ist ein typisches Merkmal bei vielen Riefelharnischen des zweiten Jahrzehnts des 16. Jahrhunderts.[18] Sie bildet den Halsrand des mit dem Kragenstück verbundenen Geschlossenen Helmes, betont den oberen Rand der Harnischbrust, ziert Ellenbogenkacheln und als Querwulste die Handdecken der Hentzen (Harnischhandschuhe mit geschlossenen Fingerdecken). Bruno Thomas bezeichnet diese Entwicklung als „frühbarocke Strömung auch am Riefelharnisch".[19]

Albrecht Dürer als gelernter Goldschmied, mit Ziertechniken vertraut, wußte die hohe Kunst der Treibarbeit von Helmschmieden und Plattnern bei

Abb. 125 **Wappen des Nürnberger Patriziers Lorenz Staiber**, *um 1520/21. Holzschnitt. Berlin, Staatliche Museen Preußischer Kulturbesitz, Kupferstichkabinett.*
Die Form des Spangenhelmes, ursprünglich zum Kolbenturnier getragen, ist in eine schwungvolle, dekorative Form umgewandelt und von Dürer in anderen Werken mannigfaltig gestaltet.

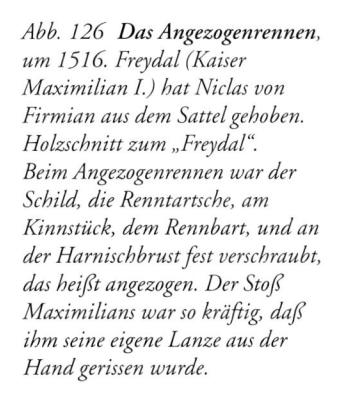

Abb. 126 **Das Angezogenrennen**, *um 1516. Freydal (Kaiser Maximilian I.) hat Niclas von Firmian aus dem Sattel gehoben. Holzschnitt zum „Freydal".*
Beim Angezogenrennen war der Schild, die Renntartsche, am Kinnstück, dem Rennbart, und an der Harnischbrust fest verschraubt, das heißt angezogen. Der Stoß Maximilians war so kräftig, daß ihm seine eigene Lanze aus der Hand gerissen wurde.

hinweg die Lanze gegen den Gegner geführt werden mußte.

Seit dem beginnenden 16. Jahrhundert wurde es üblich, den Stechhelm vorrangig für Wappen von Bürgern und den Spangen- oder Kolbenturnierhelm, ein Helm für Turniere mit Kolben oder stumpfen Schwertern, für Adlige zu verwenden. Das bedeutete jedoch nicht, daß auch Spangenhelme auf Schilden der Wappen des bürgerlichen Patriziats vorkommen. Dafür sind auch von Albrecht Dürer gestaltete Wappen beweiskräftig, wie beispielsweise das „Wappen des Nürnberger Patriziers Lorenz Staiber", um 1520/21 (M. 293). Diese Spangenhelme sind von mannigfaltiger stilisierter, zum Teil phantastischer Art. Sie sind nicht Gegenstand dieser Abhandlung. Die spezielle Untersuchung über die „Stechhelme in drei Ansichten" aus der Zeit um 1498 bis zum Wappen der Familie Dürer von 1523 sollte aus der Sicht des Waffenhistorikers erkennen lassen, wie stark und engagiert sich Albrecht Dürer für zeitgenössische Plattnerarbeiten interessierte und seine Kenntnisse detailgetreu in seine Wappendarstellungen einflossen.

Holzschnitte zu Turnieren für den „Freydal"

Im vom Kaiser verfaßten Versepos „Freydal" sollten auf Wunsch Maximilians Turniere – Stechen, Rennen und Fußkämpfe – sowie Maskenbälle – „Mummereyen" – an denen er auf 64 „Turnierhöfen" teilgenommen hatte, durch Text und Bild dokumentiert werden. Für die einzelnen Turnierhöfe waren jeweils vier dieser differenzierten Veranstaltungen vorgesehen. Erhalten ist ein Turnierbuch mit 225 farbigen Miniaturen von 1512–1515, die als Entwürfe von 26 Malern für den Freydal gefertigt wurden.[22] Maximilian hatte persönlich Texte diktiert und Illustrationen vorgeschlagen.[23] Der geplante Druck des Freydal unterblieb, da Maximilian 1519 verstarb. Nur fünf um 1516 gedruckte Holzschnitte sind erhalten, die Albrecht Dürer zugeschrieben werden.[24] Vier dieser Werke beinhalten Turnierszenen (M. 246–249), das fünfte stellt eine Maskerade dar, betitelt „Der Fackeltanz zu Augsburg" (M. 250).

Maximilian, nicht zuletzt wegen seiner Turnierfreudigkeit „der letzte Ritter" genannt, führte mehrere neue Turnierarten ein. Berühmte Plattner konstruierten hierfür neue Turnierharnische oder zusätzliche Wechsel- oder Verstärkungsstücke für bisher gebräuchliche Rüstungen.[25] Herausragende Plattner, die Harnische für Maximilian fertigten, waren unter anderem Lorenz Helmschmied aus Augsburg und Konrad Seusenhofer aus Innsbruck, mit dem der junge Maximilian in der Werkstatt dieses Meisters auf einem Holzschnitt des „Weisskunigs" dargestellt ist. Bei der Turnierart „Rennen" kämpften zwei Reiter mit scharfen spitzen Eisen an den schweren Turnierlanzen gegeneinander. Jeder sollte vor allem den gegnerischen Schild, die Renntartsche, treffen und dabei durch einen wuchtigen Stoß den Reiter aus dem Sattel stoßen. Maximilian hatte besonders für das Rennen neue publikumswirksame Formen eingeführt.

Die Turnierart „Das Angezogenrennen" oder „Festangezogenrennen", das auf Dürers Holzschnitt dargestellt ist, wird deshalb so bezeichnet, weil die

Renntartsche mit je einer großen Schraube am eisernen Kinnstück, dem Rennbart, und an der Harnischbrust fest verschraubt – angezogen – wurde.²⁶ Die Tartsche bestand aus Eisen, war innen abgepolstert, ganz mit Leder, manchmal außerdem darüber mit bemaltem Stoff überzogen. Auf dem Schild Maximilians, der abgeknickt bis hinauf zum Sehschlitz reicht und den eisernen Bart bedeckt, sind die aufgemalten Ornamente zu erkennen. Beim Rennzeug fehlten komplette Arm- und Beinzeuge. Der Stoßarm lag hinter einem großen, etwa ovalen, auf den Lanzenschaft aufgeschobenen Brechschild. Schildähnliche, den Oberschenkeln angepaßte gewölbte eiserne Platten, die sogenannten Dilgen, schützten diese Körperteile. Sie waren am oberen Ende am Sattel befestigt. Die schwere Lanze ruhte auf einem Rüsthaken und wurde durch einen umgekehrt gebogenen Rasthaken als Widerlager im Gleichgewicht gehalten.

Der Holzschnitt von Dürer vermittelt den Zeitpunkt im Zweikampf, in dem Maximilian seinen Gegner Niclas von Firmian „entsattelt" hatte (M. 246). Der Vergleich zwischen der Miniatur im Wiener Turnierbuch und dem Holzschnitt läßt deutlich erkennen, daß Albrecht Dürer gestalterische und turniergemäße Details verändert und verbessert hat. Die flächendeckende Verzierung der Renntartsche und der Pferdedecke mit Rankenmotiven lockerte er durch Quer- und Längsstreifen ohne Dekor auf. Den glatten Faltenrock Maximilians belebte er hingegen durch zwei Streifen mit Rankendekor. Die Dilge glich er formgerechter dem Oberschenkel an.²⁷ In der Vorzeichnung ist sie nach vorn verrutscht und der Steigbügelriemen in ganzer Länge sichtbar. Dürer betont aber richtiger ihren festen Sitz am Sattel und läßt den Fallenden aus der unten frei beweglichen Dilge hinausrutschen, ohne daß sich der Sitz der Dilge veränderte. Diese verdeckt deshalb auch den Steigbügelriemen. Daß Dürer mit den technischen Bedingungen des Turniers vertraut war, verdeutlicht auch der spezielle Turniersattel. Er hat keinen Hintersteg, so daß sich der vom Roß stürzende Reiter nicht verletzten konnte. Auf der Vorzeichnung ist der Sattel hinten höher. Bei Niclas von Firmian korrigierte Dürer auch die ungelenke Beinstellung des Gestürzten. Dadurch sind die beiden Radsporen jedoch teilweise verdeckt. Die Scharfeisen an den Lanzen sind in Dürers Holzschnitt länger und schmaler als in der Darstellung im Turnierbuch. Gegenüber den glatten Lanzenschäften deutet Dürer durch spiralförmige Linien vermutlich eine streifenförmige Bemalung an.

Beim „Scharfrennen" war die Renntartsche auch auf der Harnischbrust montiert, löste sich jedoch bei einem genauen Treffer durch einen Lanzenstoß davon und flog hoch über den Kopf des Reiters hinweg. Auf dem Holzschnitt Dürers (Abb. 130) kämpft Maximilian (rechts im Bild) gegen Antonio di Caldonazo (M. 247). Beide haben die Renntartsche des Gegners getroffen. Der Stoß war so kräftig, daß ihnen die Lanze mit dem Brechschild aus den Händen glitt, sie sich aber im Sattel halten konnten. Durch die aufflie- genden Schilde nahmen die Zuschauer den Effekt des sicheren Treffers deutlich war und konnten spontan Beifall spenden.²⁸ Auch in dieser Darstellung veränderte Dürer einige Details gegenüber der Miniatur im Wiener Turnierbuch. Die unbemalte Renntartsche Maximilians und die Pferdeausrüstung verzierte er ganzflächig mit Ornamenten. Die Lanzenschäfte und Brechschilde gleichen in der veränderten Form denen vom Angezogenrennen, die Scharfeisen sind aber lanzettförmig geformt.

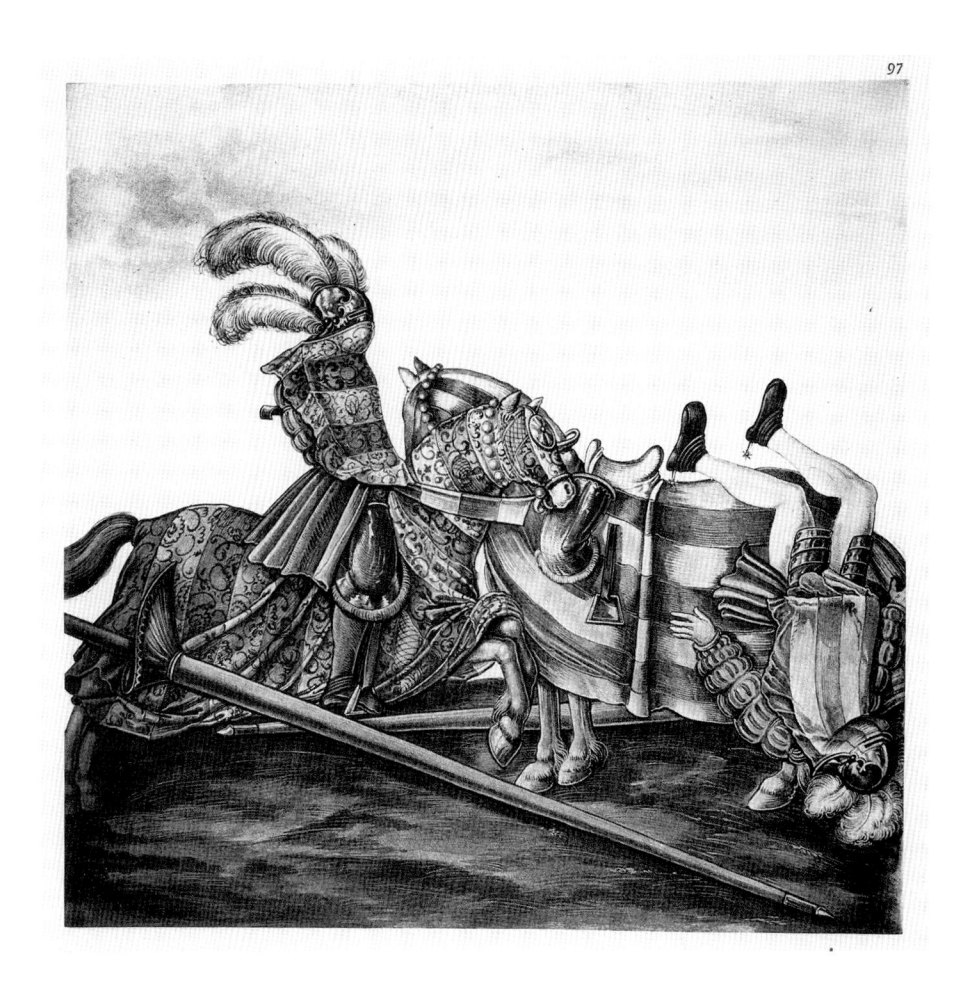

Bei der Turnierart „Stechen" oder „Gestech" kam es darauf an, im Galopp mit einem kräftigen Lanzenstoß den Gegner vom Pferd abzuwerfen. Auf Dürers Holzschnitt (Abb. 132) ist „Das welsch Gestech" (M. 248) veranschaulicht, eine aus Italien übernommene Turnierart. Die Reiter sind hierbei, zum Schutz der Pferde, durch eine etwa dem Pferderücken entsprechend hohe hölzerne Planke voneinander getrennt. Diese Wand wird palia, Pallia, das Turnier auch „über das Dill" (von mittelhochdeutsch dil, dille = Brett, Bretterwand, Diele) genannt.²⁹ Der Holzschnitt verdeutlicht, mit welcher Wucht die Reiter aufeinander zu stürmten. Die zerbrochenen Lanzen lassen erkennen, daß beide den Gegner getroffen haben. Maximilian konnte sich im Sattel halten, sein Gegner, Jacob de Neri, stürzte mit seinem Roß kopfüber zu Boden. Hätte er keine dick wattierte Stechhaube unter dem Helm getragen, wäre eine Ge-

Abb. 127 Das Angezogenrennen. Turnierbuch mit Miniaturen zum „Freydal", 1512–1515. Aquarell und Deckfarbenmalerei, Bl. 97. Wien, Kunsthistorisches Museum, Hofjagd- und Rüstkammer. Der Vergleich mit dem Holzschnitt, Abb. 126, läßt erkennen, daß Dürer auf diesem den Dekor auf Renntartsche und Roßdecke wirksam umgestaltete sowie die Haltung des Stürzenden und den Sitz der Dilge am Sattel veränderte.

Abb. 128 **Rennzeug Kaiser Maximilians I.** *Plattner Jörg Treytz (erw. 1466–1499), Innsbruck, um 1495–1499. Wien, Kunsthistorisches Museum, Hofjagd- und Rüstkammer. Beim Rennen wurde mit scharfen Lanzeneisen gekämpft. Die Turnierrüstung hatte kein Armzeug. Ein großer Brechschild auf der Turnierlanze und die aufgeschraubte Renntartsche aus Eisen, oft mit Lederüberzug, schützten jeweils Arm und Schulter. Unter Maximilian wurden verschiedene Spielarten von Rennen eingeführt.*

Abb. 129 **Rennzeug des Kurfürsten August von Sachsen,** *1553–1586. Plattner Hans Rosenberger, Dresden 1550–1560. Dresden, Staatliche Kunstsammlungen, Rüstkammer. Die Darstellung im Dresdener Historischen Museum (Rüstkammer) mit einem zweiten gegenüberstehenden Reiter vermittelt einen Eindruck von kompletten Rennzeugen und von der Farbenpracht bei Turnieren.*

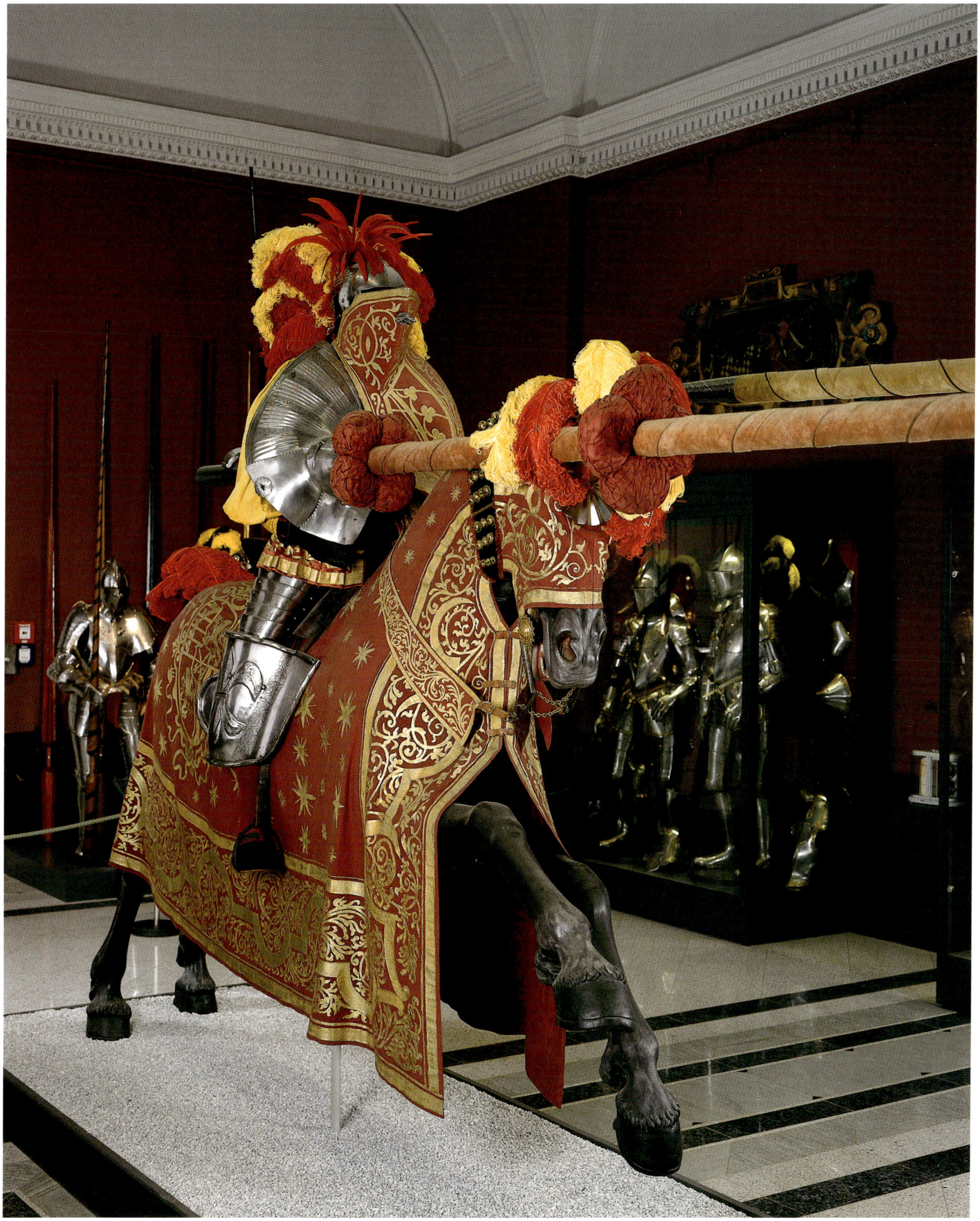

Abb. 130 **Das Scharfrennen**, um 1516. Kaiser Maximilian I. im Kampf mit Antonio di Caldonazo. Holzschnitt zum „Freydal". Berlin, Staatliche Museen Preußischer Kulturbesitz, Kupferstichkabinett. Bei dieser Turnierart löste sich die getroffene Renntartsche aus ihrer Verankerung und flog hoch über den Kopf des Reiters hinweg. Die Treffer lösten ohne Zweifel Beifall bei den Zuschauern aus.

Abb. 131 **Das Scharfrennen**. Turnierbuch mit Miniaturen zum „Freydal", 1512–1515. Als Gegner Maximilians hier Anthoni von Lyfan genannt. Aquarell und Deckfarbenmalerei, Bl. 101. Wien, Kunsthistorisches Museum, Hofjagd- und Rüstkammer. Dieser Darstellung gegenüber bereicherte Dürer auf dem Holzschnitt, Abb. 130, die unbemalte Renntartsche und den Roßharnisch Maximilians (rechts im Bild) durch ganzflächigen Dekor. Er veränderte auch Lanzenschäfte und Brechschilde.

*Abb. 132 **Das welsch Gestech**, um 1516. Kaiser Maximilian I. besiegt Jacob de Neri. Holzschnitt für den „Freydal".*
Bei dieser Turnierart trennte eine hölzerne Planke die anstürmenden Reiter. Beim Gestech sollte als Zeichen des Treffers die Lanze zerbrechen. Der Stoß Maximilians war kräftiger, so daß sein Gegner mit dem Roß zu Boden stürzte.

hirnerschütterung unvermeidlich gewesen. Zum „Welschen Gestech" trug der Turnierende einen kompletten Harnisch, das heißt mit Beinzeug. Ein Hauptkennzeichen ist der große Stechhelm, der für alle Turnierarten des Stechens charakteristisch ist. In diesem Werk wird bei einem Vergleich mit der Vorlage besonders deutlich, daß Dürer einfalls- aber auch kenntnisreich seinen Holzschnitt gestaltete. Die klobig wirkenden Stechhelme im Turnierbuch verfeinerte er durch geschwungene Konturen, besonders an der froschmaulförmig vorspringenden Vorderfront des Stechhelmes erkennbar. Die Seitenwände des Helmes versah er mit Durchbrüchen in Form eines griechischen Kreuzes und vier darum angeordneten Löchern zum Durchziehen von Riemen und Schnüren der unter dem Helm getragenen Stechhaube. Die nüchtern wirkenden schmalen Bänder der Helmdecke formte er in bizarre Tuchstreifen um. Eine von ihm bevorzugte Formvariante sind Stacheln an metallenen Roßköpfen oder Roßstirnen.[30] Beim Pferd Maximilians setzte er auf den Roßkopf drei unterschiedlich lange sägezahnartige Stacheln, die ihr Pendant an der Mähne des Löwen der Helmzimier finden. Die grob geformten Arm- und Beinzeuge in der Vorlage verfeinerte Dürer durch genaue Wiedergabe der einzelnen Teile. Scharniere, die einzelnen geschobenen Metallfolgen und palmettenförmige Zierstreifen fügte er hinzu. Beim gestürzten Jacob de Neri war der linke grob skizzierte Arm halb verdeckt, Dürer hatte Freude am Detail und zeigt den Arm deshalb ganz in seiner detaillierten Form.

Größere Übereinstimmung herrscht zwischen Vorlage und Holzschnitt beim „Zweikampf zu Fuß" (Abb. 134). Die Fußkampfharnische mit Faltenrock beim Kaiser und mit unten gezaddeltem Rock bei seinem Gegner sowie den unterschiedlichen Harnischschuhen sind auf vielen Fußkampfdarstellungen im Wiener Turnierbuch typisiert. Dürer hat im wesentlichen auch hier Einzelheiten der Harnische genauer ausgearbeitet. Maximilian und Jörg von Weispriach kämpfen mit Dolchen des Typs Scheibendolch.[31] Während bis etwa zur Mitte des 15. Jahrhunderts Fußturniere mit Waffen von Kriegsknechten für den Adel als unritterlich galten, veränderten die Erfolge

Abb. 133 Das welsch Gestech. Turnierbuch mit Miniaturen zum „Freydal", 1512–1515. Aquarell und Deckfarbenmalerei, Bl. 82. Wien, Kunsthistorisches Museum, Hofjagd- und Rüstkammer. Im Holzschnitt, Abb. 132, veränderte Dürer mehrere Details an Stechhelmen, an Arm- und Beinzeug. Die Mähne des Löwen der Helmzimier erhielt als dekoratives Gegenstück am Pferd Maximilians einen gezahnten Roßkopf. Die schwungvoll wehende Helmdecke auf dem Holzschnitt läßt noch den schnellen Anritt des Kaisers erkennen.

der Schweizer und hussitischen Fußtruppen über feudale Reiterheere allmählich diese Vorbehalte. Maximilian hatte den militärischen Wert eines Heeresaufgebotes von Landsknechten erkannt, das er besonders förderte, aber auch die Notwendigkeit der Ausbildung von geharnischten Reitern im Kampf gegen Fußknechte. Im Turnierbuch mit Vorzeichnungen für den Freydal sind Fußturniere mit allen nur möglichen Hand-, Stangen- und Wurfwaffen von Reitern und Fußkämpfern dargestellt: mit Schwertern, Dolchen, Kurz- oder Langspießen, Helmbarten, Cousen, Glefen, Drischel (Dreschflegeln), Ahlspießen, Streitkolben, Streitäxten, Streithämmern, Schefflinen (Wurfspeeren), Wurfkreuzen und Holzstäben. Dabei wurde noch differenziert, ob die Kämpfer mit oder ohne Schild – Pavesen, Rund- oder Faustschilden – ausgerüstet waren. Das Turnierbuch der Leibrüstkammer des Kunsthistorischen Museums Wien ist besonders durch die Aufnahme dieser vielgestaltigen Formen der Fußturniere eine bedeutende Quelle zum Turnierwesen der Zeit unter Maximilian I. Die Holzschnitte Dürers zum Freydal vervollständigen und bereichern die Kenntnisse zu allen vier behandelten Turnierarten.

Mit Fachkenntnis oder Phantasie gestaltete Helme

Geht man von mehreren bekannten Darstellungen, wie Ritter, Tod und Teufel, den „Stechhelmen in drei Ansichten" oder den Turnierszenen im „Freydal" aus, scheint Dürer Helme sehr detailgetreu abzubilden.[32] Die Anzahl der genauestens von ihm nach zeitgenössischen Originalen wiedergegebenen Helme ist gegenüber den Mischformen mit Merkmalen verschie-

Abb. 134 **Der Zweikampf zu Fuß**, *um 1516. Maximilian I. im Kampf mit Jörg von Weispriach. Holzschnitt für den „Freydal". Kaiser Maximilian förderte bei der Aufstellung seiner Heere insbesondere die Fußtruppen der Landsknechte. Deshalb führte er auch für den Adel verstärkt Fußturniere mit zahlreichen Formen von Griff- und Stangenwaffen ein, um ihn mit dieser Kampfweise vertraut zu machen.*

Abb. 135 **Der Zweikampf zu Fuß**. *Turnierbuch mit Miniaturen zum „Freydal", 1512–1515. Aquarell und Deckfarbenmalerei, Bl. 159. Wien, Kunsthistorisches Museum, Hofjagd- und Rüstkammer.*
Auf den zahlreichen Darstellungen im Turnierbuch sind die Fußkämpfer in Kleidung und Rüstung weitgehend typisiert. Dürer hat die Rüstungen auf dem Holzschnitt, Abb. 134, nur geringfügig verändert.

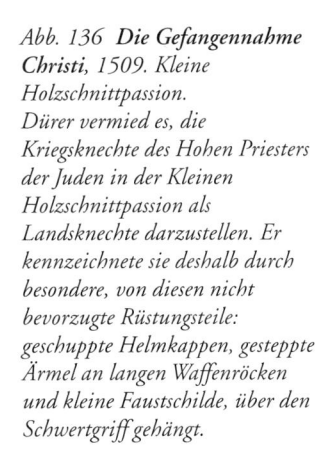

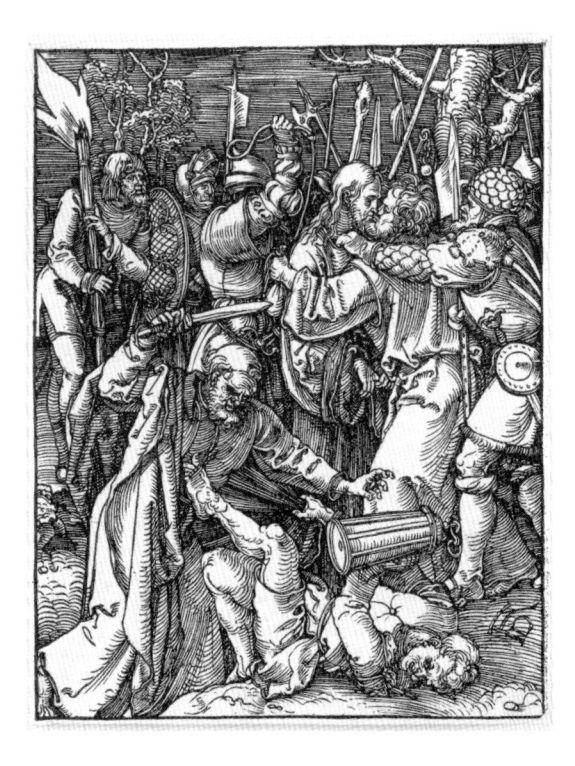

Abb. 136 **Die Gefangennahme Christi**, *1509. Kleine Holzschnittpassion. Dürer vermied es, die Kriegsknechte des Hohen Priesters der Juden in der Kleinen Holzschnittpassion als Landsknechte darzustellen. Er kennzeichnete sie deshalb durch besondere, von diesen nicht bevorzugte Rüstungsteile: geschuppte Helmkappen, gesteppte Ärmel an langen Waffenröcken und kleine Faustschilde, über den Schwertgriff gehängt.*

Abb. 137 **Christus vor Kaiphas**, *1512. Kupferstichpassion. Zur Belebung des Hintergrundes verwendete Dürer neben den Stangenwaffen einen selbst entworfenen Helm mit hoher spitzer Helmglocke, wie er in Osteuropa verbreitet war, und versah ihn mit einem eigenartigen Visier.*
Beide Abb.: Berlin, Staatliche Museen Preußischer Kulturbesitz, Kupferstichkabinett.

Abb. 138 **Spitzhelm**, *Osteuropa, 14./15. Jahrhundert. Fundort: Georgenburgkehlen, Kr. Insterburg (Tschernjachowsk). Berlin, Deutsches Historisches Museum, Zeughaussammlung. Kampftechnisch war diese Helmform sehr gut geeignet, gegnerische Hiebe mit Griffwaffen abgleiten zu lassen.*

denartiger Helmtypen und Phantasiehelmen jedoch gering. Das betrifft vor allem Helme für Fußkrieger. Insbesondere, wenn eine größere Anzahl von Kriegsknechten die Szene beherrscht, wie auf einigen Werken aus den Passionsfolgen. Dort wählte Dürer zur Belebung variable Helmformen aus. Dabei kam es ihm nicht darauf an, daß diese mit zeitgenössischen Exemplaren übereinstimmten. Nur wenige Söldner seiner Zeit trugen überhaupt einen Helm, da sie ihn nach den üblichen Regelungen selbst bezahlen mußten, das Geld dafür aber selten aufbringen konnten, insbesondere nicht für teure Visierhelme. Trotzdem rüstete Dürer Fußkämpfer aus gestalterischen Gründen in Passions- und anderen Szenen oft damit aus. In Passionsszenen ermöglichten Helme, Helmkappen und Rüstungsteile bestimmte Gruppen von Kriegsknechten voneinander, aber auch von bewaffneten Büttel und vom schaulustigen Volk zu unterscheiden. Mehrere Male kennzeichnen geschuppte Helmkappen zum Beispiel Krieger des Hohen Priesters in der Kleinen Holzschnittpassion.[33]

Oft bevorzugte Dürer bei Helmen hohe spitze Helmglocken, wie sie im 14. und Anfang des 15. Jahrhunderts bei Hundsgugeln oder in osteuropäischen Ländern als Spitzhelme üblich waren. Dadurch konnten in einer Menge Größenunterschiede von Menschen, die nebeneinander standen, erreicht und gestalterische Akzente gesetzt werden.[34]

An einem Beispiel soll aufgezeigt werden, wie Dürer auf einem Holzschnitt einerseits Helme originalgetreu im Bildvordergrund, andererseits Mischformen im Hintergrund einsetzt. 10 Helme enthält der Holzschnitt „Die Auferstehung Christi" von 1510 (Abb. 168) der Großen Passion. Der auf dem Boden liegende Helm vor dem Bogenschützen ist ein gesichtsoffener Helm, eine sogenannte Barbuta, mit gerundeter Glocke und Längsgrat sowie Ohrenscheiben. Hinter dem Rücken dieses Mannes liegt ein Eisenhut mit flachem Kamm auf der Glocke und mit breiter gerader Krempe. Von diesem Helm unterscheidet sich der Eisenhut auf dem Kopf des zweiten Mannes rechts im Bild durch eine breite abwärts gerichtete Krempe. Beide Formen sind als erhaltene Originale belegbar.[35] Der Helm des vorn rechts liegenden Mannes ist wegen seiner Kopfhaltung als Typ nicht zu identifizieren. Im Hintergrund links sind zwei Visierhelme und eine gesichtsoffene Haube erkennbar. Einer der Visierhelme hat die erwähnte spitze Helmglocke und ein wie ein menschliches Gesicht wirkendes Visier. Rechts im Bild hinter dem Mann mit Eisenhut hockt ein Krieger mit geschuppter Helmkappe und hinter ihm steht ein weiterer mit einem Helm, dessen Glocke geschweift in eine Spitze ausläuft und mit einem flachen hochgeschlagenen Visier. Wie dieser ist auch der Helm daneben mit hochaufragender Spitze an der Stirnseite und der mit spitzem Gesichtsausschnitt dahinter eine freie Gestaltung des Künstlers. Während also Helme, Panzer und Waffen der vier schlafenden Grabwächter im Vordergrund detailgetreu wiedergegeben werden, sind die Helme der Kriegsknechte im Hintergrund für Dürer nur dekorative Elemente vor schwarzgetönten Flächen.

Bewundernswert und erheiternd zugleich sind die vielen einfallsreich gestalteten Phantasiehelme, die Dürer programmatisch in bestimmte Werke einordnete. So erhielt entsprechend vieler humorvoller Akzente in Szenen der Randzeichnungen zum Gebetbuch Kaiser Maximilians der heilige Georg zu Pferde im Kampf mit dem Drachen einen Helm mit hoher spitztütenförmiger Glocke, die in eine kleine Kugel mit winzigen Zweiglein als Helmzimier endet (Abb. 103). An zwei Seiten der Glocke ragen als Schmuck zwei größere Zweige mit Blättern hervor. Das weit spitz vorspringende Visier ist als Pendant zur spitzen Helmglocke gestaltet.

Hundsgugeln des 14./Anfang des 15. Jahrhunderts besaßen spitze hundeschnauzenförmige Visiere; Schembartvisiere in Vogelschnabelform und flache Spitzvisiere lassen sich für die ersten Jahrzehnte des 16. Jahrhunderts nachweisen.[36] Nur ein Künstler mit durch Helmformen geschultem Blick konnte einen so wirkungsvollen Phantasiehelm gestalten, wie auch weitere Exemplare verdeutlichen werden.

Einen Helm mit Visier in Form eines Vogelschnabels hatte Dürer bereits um 1495 auf einem Studienblatt grob skizziert (Abb. 107). In der Federzeichnung „Verzierung eines Rüstungsteils" (Abb. 64, Berlin, Kupferstichkabinett) gab Dürer dem kuriosen Helm ein Visier mit langem aufgebogenem Schnabel.[37] Daß er sich auch über osteuropäische Helme informiert hatte, geht aus dem Studienblatt mit Schwimmgerät und einem Reiter hervor (W. 683).[38] Er beschriftete die Zeichnung mit dem Reiter eigenhändig wie folgt: „1372 jor noch christ gepurt hat man zu rus (Rußland) also gekämpft." Dieser Helm hat ein spitzes Visier mit Sehschlitzen und eine Mundspalte mit einer Reihe von Stegen, die als dekorative Zähne gedeutet werden können. Diese „Zahnreihen" fügten Helmschmiede oft bei den genannten Hundsgugeln in Mundspalten ein.[39] Zwei bewegliche aufschlächtige Klappvisiere mit Sehschlitzen und Atemlöchern, mit Scharnier an der Stirnwand von Helmen befestigt (W. 698, M. 241), gehen auf Vorbilder von Beckenhauben des 14. Jahrhunderts zurück[40] (Abb. 141, 166).

Es darf angenommen werden, daß Dürer im Nürnberger Zeughaus zahlreiche alte Helme vorfand, die noch gebrauchsfähig waren und mit denen in Zeiten der kriegerischen Bedrohung Bürger der Stadt ausgerüstet wurden. Während er auf Grund seiner hervorragenden Kenntnisse in die von Reitern getragenen Trophäen, für den Triumphzug Kaiser Maximilians bestimmt, zahlreiche typische Waffen und

Abb. 139 Studienblatt mit Schwimmgerät und kämpfendem Reiter, (Ausschnitt) um 1512. Federzeichnung. London, The British Museum. Handschriftlich von Dürer bezeichnet: „1372 jor noch crist gepurt hat man zu rus also gekempft." Der Spitzhelm mit Visier weist zwar auf Rußland hin, die igelartige Pferderüstung mit drei sichtbaren angehängten Stachelkugeln und die vier langen Stacheln am eisernen Roßkopf dürften jedoch nicht der Realität

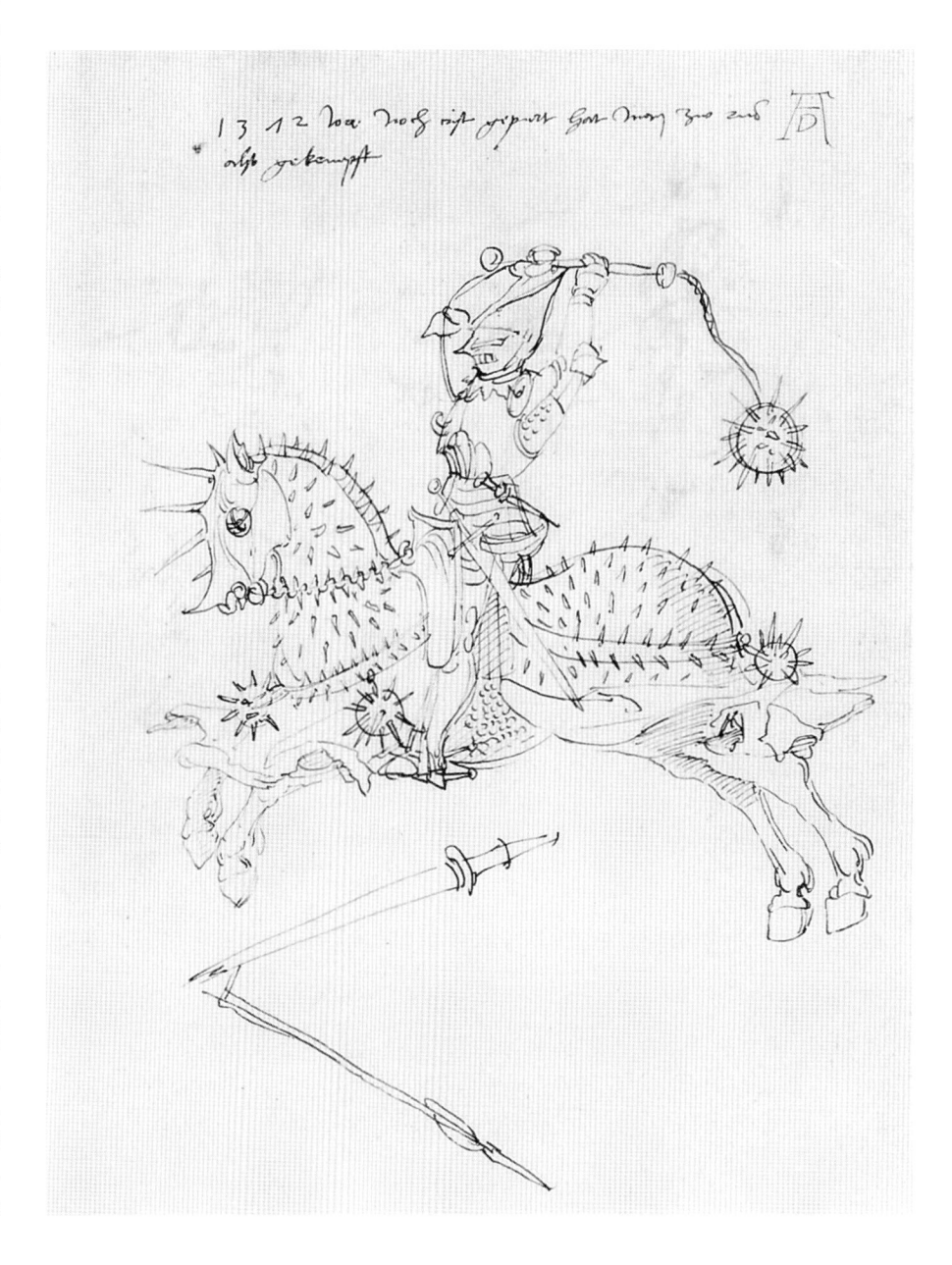

Abb. 140 **Hundsgugel**, *norditalienisch, um 1390. Berlin, Deutsches Historisches Museum, Zeughaussammlung.*
Vielleicht wurde Dürer auch durch diese Helmform mit hundeschnauzenförmigem Visier, das die Atmung des Trägers gegenüber einem flachen Visier erleichterte, bei der Zeichnung, Abb. 139, angeregt. Beide Visiere besitzen eine gitterartige Mundpartie.

Rüstungen der besiegten Länder aufnahm, ist der Helm der „Welschen Trophäe" ein Phantasiegebilde.[41] Das Klappvisier als Gesichtsschutz hat die Form des Visiers der Beckenhaube. Die große Stielscheibe als Zimierträger auf der Schädeldecke erinnert an die gleichartige Stielscheibe, die als Nackenschutz beim italienischen Armethelm üblich war.

Auch auf dem „Teppich von Michelfeld" (M. 241) trägt der Ritter einen Helm mit Klappvisier der Beckenhaube. Die Stielscheibe im Nacken war bei diesem Helmtyp jedoch noch nicht üblich, sondern erst beim Armethelm des 15. Jahrhunderts.⁴² Es handelt sich wiederum um eine von Dürer verwendete Mischform eines Helmes. Beim Helm der „Welschen Trophäe" erregt auch der geflügelte Drache als Helmzimier Zweifel an einer realistischen Wiedergabe. Hans Döring kann jedoch zu dieser Gestaltung durch eine italienische Helmzimier angeregt worden sein. Mailänder und andere italienische Plattner und Spezialisten im Metalltreiben der Renaissance fertigten kunstvolle Prunkharnische, von denen auch Helme mit plastischen Drachen erhalten geblieben sind.⁴³ Diese Drachen hocken jedoch unmittelbar auf der Helmglocke und nicht wie in der Darstellung von Döring auf einem hohen Zimierträger. Durch diese erhöhte Anbringung erhielt der Helm, zumal die Stiel-

Abb. 141 **Das Lebensrad und die Stände. Teppich von Michelfeld**, *1526.*
Holzschnitt (Ausschnitt). Berlin, Staatliche Museen Preußischer Kulturbesitz, Kupferstichkabinett. Der Helm des Ritters ist wiederum eine Mischform von Helmtypen. An die spitze Helmglocke ist ein Klappvisier von einer Beckenhaube aus dem 14. Jahrhundert und eine Stielscheibe im Nacken von einem Armethelm vom Ende des 15. Jahrhunderts angefügt.

Abb. 142 **Beckenhaube mit Klappvisier**, *deutsch, 1350–1370. Berlin, Deutsches Historisches Museum, Zeughaussammlung. Dieser Visiertyp konnte in einen Haken an der Stirnfläche des Helmes ein- und ausgehängt werden oder hing an einem Scharnier und war hochzuklappen, wie auf Abb. 113, 141 und 168.*

*Abb. 143 **Das Kleine Pferd**,
1505. Kupferstich.
Der Begleiter des Pferdes trägt
einen großen phantastischen
Flügelhelm und ein Beinzeug mit
Flügeldekor, das auf den Gott
Merkur hinweist. Das Pferd wurde
auch als das von Alexander dem
Großen, Bukephalos genannt,
gedeutet.*

*Abb. 144 **Das Große Pferd**,
1505. Kupferstich.
Bei dem Helm mit hohem
Helmkamm und Raupe sowie den
Kniekacheln mit getriebenen
grotesken Köpfen nahm Dürer
antike und Rüstungsteile der
Renaissance als Vorbild. Details am
Helm sind aber eigene schöpferische
Gestaltung.
Beide Abb.: Berlin, Staatliche
Museen Preußischer Kulturbesitz,
Kupferstichkabinett.*

scheibe nicht im Zentrum, sondern mehr zum Nacken hin sitzt, ein Übergewicht nach hinten. Vermutlich wollte Döring gegenüber den Helmen anderer Trophäen und dem Hut in der „Ungarischen Trophäe" mit hohen Federbüschen eine abweichende Helmform mit Zimier in die Gruppe aufnehmen.

Ein weiterer Rückgriff auf vergangene Formen des Gesichtsschutzes sind zwei mit Scharnier an der Stirnwand der Helme befestigte, aus Eisenbändern bestehende Gesichtskreuze.[44] Wie die Klappvisiere, ergänzten sie den Gesichtsschutz bei Beckenhauben des 14. Jahrhunderts, wurden jedoch nicht sehr häufig verwendet. In einem Fall ordnet Dürer den Helm mit hochgeschlagenem Kreuz der biblischen Szene, „Simsons Kampf gegen die Philister" (W. 483, 486), zu. Ein zweites Mal trägt ein Krieger des Hohen Priesters den Helm mit spitzer Glocke und Gesichtskreuz in der Szene „Christus vor Pilatus", 1512 (M. 7), der Kupferstichpassion (Abb. 197).

Zu den phantasiereich gestalteten Formen gehören auch die Helme der Männer auf den Kupferstichen „Das Kleine Pferd" (Abb. 143) und „Das Große Pferd" (Abb. 144), beide von 1505. Die Flügel an der Kopfbedeckung und an den Füßen des Mannes auf dem Kleinen Pferd weisen auf Merkur hin. Wie deutlich an den Beinzeugen erkennbar, ist er geharnischt, so daß die Kopfbedeckung nicht als Reisehut, wie beispielsweise auf der „Allegorie der Beredsamkeit" (W. 664) von Dürer, sondern als Helm zu deuten ist. Die großen Flügel sind an den Rändern gezackt und laufen spitz aus. Ein Stirnschirm ist vorn eingerollt. Auch die für Helme unwirklich erscheinenden Flügel sind als Originale erhalten. Eine um 1520 bis 1530 von dem berühmten Augsburger Plattner Kolman Helmschmied gefertigte prunkvolle Sturmhaube mit getriebenem Delphinkopf an der Stirnseite – Wallace Collection London – hat seitlich je einen eisernen Flügel in Form eines Akanthusblattes mit Volute.[45] Zwei gerippte und am Rand gezackte Flügel für einen Paradehelm, ebenfalls mit Voluten, von etwa 1530, gehören zur Waffensammlung des Tower in London.[46] Dieser Helmschmuck aus der Renaissancezeit hat seine Vorläufer bereits in der Antike. Eine erhaltene Sonderform eines phrygisch-chalkidischen Helmes mit gezahntem Greifenkamm hat seitlich je einen Flügel.[47] Zahlreiche griechisch-römische Helme wurden mit Voluten verziert.[48]

Auf zwei weiteren Werken Dürers befinden sich

Abb. 145 **Krieger in antikisierender Rüstung**, 1515. Holzschnitt (Detail) der „Ehrenpforte" Kaiser Maximilians I. Berlin, Staatliche Museen Preußischer Kulturbesitz, Kupferstichkabinett.
Der große Gitterhelm mit seitlich montierten Flügeln und Voluten entspricht etwa dem Helm eines römischen Gladiators. Der übergroße Rundschild unterstreicht die Körperkraft des Mannes. Ungarische Säbel regten zu der Fangschnur am stilisierten Vogelkopf an (siehe Abb. 22 und 180).

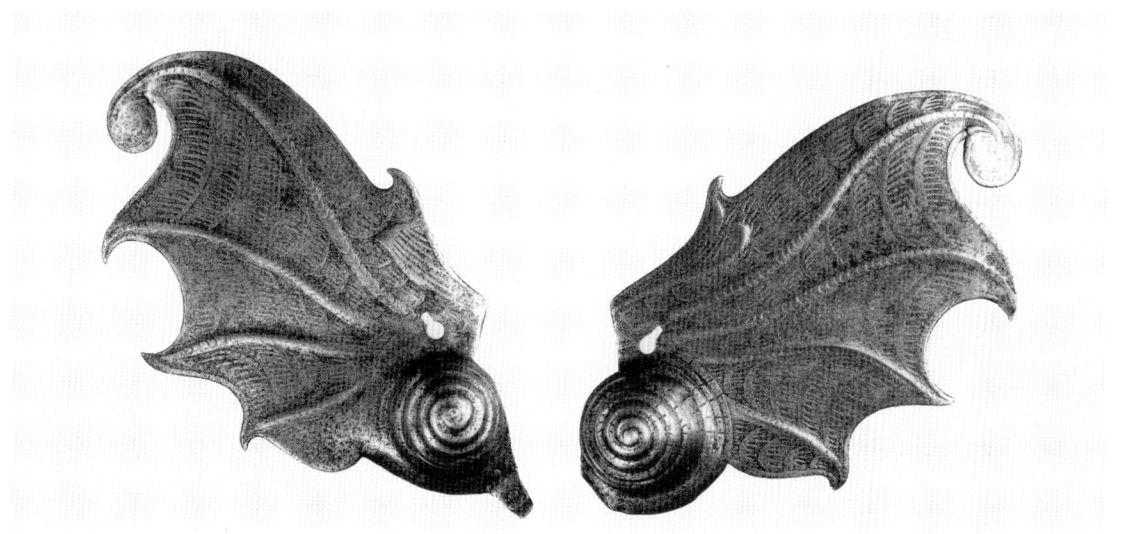

Abb. 146 **Zwei Flügel von einem Prunkhelm**, deutsch, um 1530. London, Royal Armouries H. M. Tower of London.
Die getriebenen und durch Ätzungen verzierten Rüstungsteile bestätigen, daß Flügelhelme mit Voluten in Dürers Werken tatsächlich auch gefertigt wurden.

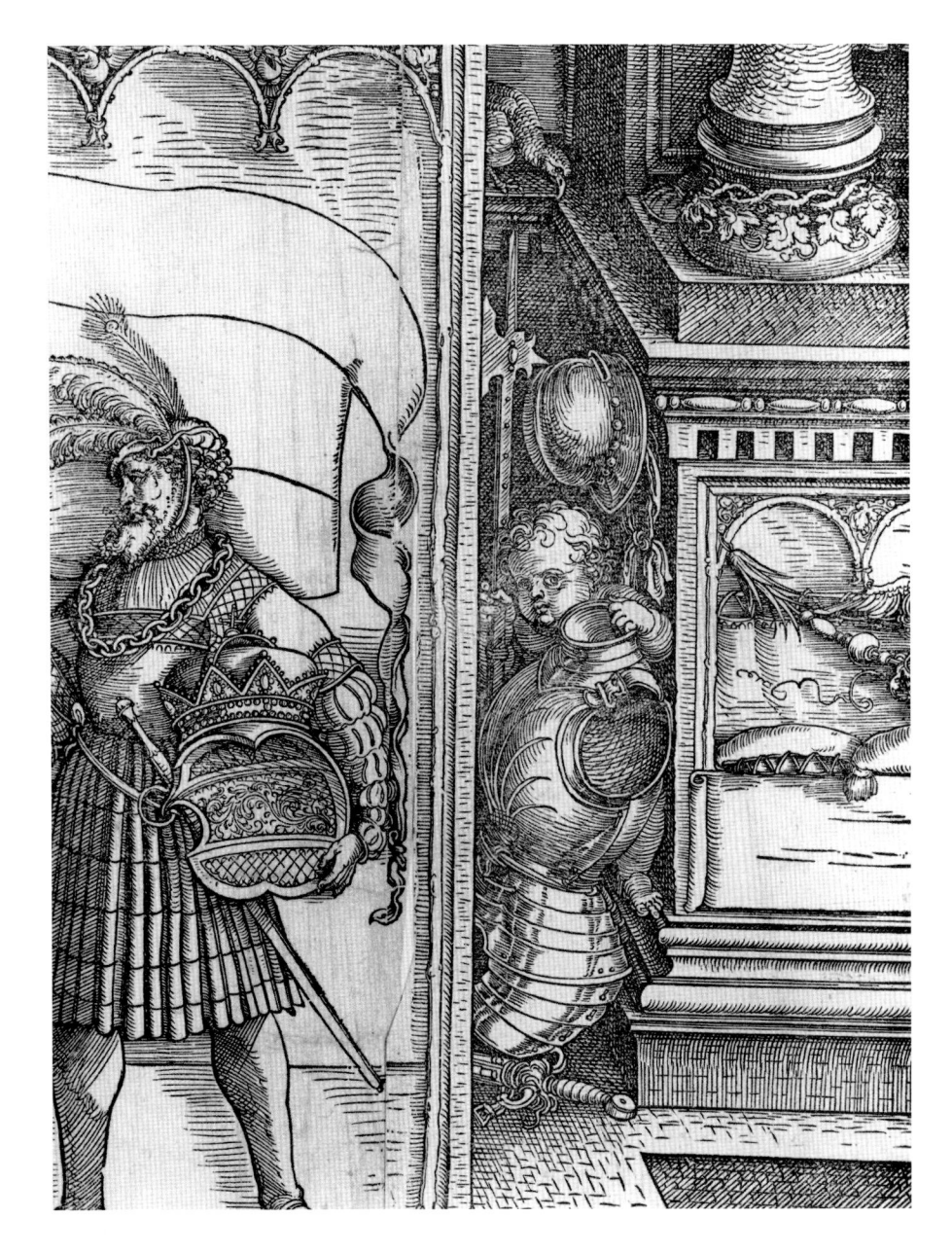

Flügel an den Helmen. Auf dem Holzschnitt „Herkules im Kampf mit den Molioniden", um 1496, (M. 238) – siamesische Zwillinge, Söhne der Molione – liegen diese, schwer gerüstet, am Boden. Der Helm des oben liegenden Zwillings hat an den Seiten der Helmglocke Flügel mit Voluten. Ein weiterer schwer bewaffneter Krieger in antikisierender Rüstung, über dem Trommler in der Ehrenpforte Kaiser Maximilians angeordnet, trägt einen Gitterhelm, ebenfalls mit Flügeln und Voluten.[49] Da es die Absicht des Auftraggebers und seiner kaiserlichen Berater war, die Ehrenpforte in Anlehnung an römische Triumphbogen zu gestalten, hatte Albrecht Dürer diese antikisierende Rüstung mit dem Helmtyp in das Werk eingeordnet. Der Helm des Mannes auf dem Kupferstich „Das Große Pferd" (Abb. 144) hat auch seine antiken Vorbilder.[50] Die gerundete Helmglocke ist zum Schutz gegen Schwerthiebe und als Schmuck mit einem sehr hohen bügelförmigen Haar- oder Wollkamm ausgestattet. Dürer hat ihn gegenüber dem antiken Vorbild phantasievoll ausgeformt und erhöht. Augenschirm und Kamm sind vorn dekorativ nach oben aufgebogen.

Den gesichtsoffenen Helm mit gerundeter Glocke und geschobenem Nackenschutz in der Szene der Kreuztragung Christi (Abb. 164) der Kupferstichpassion versah Dürer als andere Variante mit einem gezahnten Kamm. Mit gewulsteten oder gezahnten Kämmen waren in den ersten Jahrzehnten des 16. Jahrhunderts häufig geschlossene Helme zur Verstärkung der eisernen Schädeldecke versehen. Gesichtsoffene Helme mit drei Kämmen trug später eine Garde Kaiser Karls V.[51] Die vielen Helmvarianten erhellen nicht nur die Gestaltungsfreude, sondern zugleich Dürers einzigartiges Wissen über diesen Körperschutz aus Vergangenheit und Gegenwart.

Tartschen, Pavesen, Faust- und Rundschilde

Auch dieser spezielle Körperschutz ist mit 46 Beispielen verschiedener Typen in Werken Albrecht Dürers vertreten. Darunter befinden sich Tartschen, Pavesen, ovale Langschilde, Ungarische Tartschen, Rundschilde, Faustschilde und antikisierende Schilde. Formen und Dekor verdeutlichen, daß Dürer über Schilde gut informiert war und sie sachkundig für unterschiedliche Motive, für Reiter oder Fußkämpfer sowie personifizierte oder mythologische Darstellungen auswählte.

Durch die Entwicklung des kompletten Harnisches hatten Schilde als Körperschutz zum Feldkampf bei der Reiterei im 15. Jahrhundert immer mehr an Bedeutung verloren. Während Pfeile und Armbrustbolzen in hölzernen, mit Leder überzogenen Schilden der Fußkämpfer steckenblieben, durchschlugen Bleikugeln der Handfeuerwaffen nun auch diesen Körperschutz. Nur kleine, bei Angriffen besonders ge-

Abb. 147 Putto mit Rüstung und Helmbarte, 1515. Holzschnitt (Detail) der „Ehrenpforte". Berlin, Staatliche Museen Preußischer Kulturbesitz, Kupferstichkabinett. Die Waffen und die Rüstung entsprechen originalgetreu zeitgenössischen Vorbildern. Derartige, für den Export bestimmte Helme mit sehr großen Nietköpfen für das Helmfutter stammen beispielsweise aus Plattnerwerkstätten in Mailand.

Abb. 148 **Deutsche Schaller**, norditalienisch (?), um 1480–1490. Berlin, Deutsches Historisches Museum, Zeughaussammlung.
Dieser Helmtyp wurde mit einem in die Vorderwand eingeschnittenen Sehspalt oder mit aufschlächtigem Visier mit Sehspalt hergestellt. Beide Formen gehörten zu spätgotischen Harnischen. Seltenes Exemplar mit großen Nietköpfen, die Dürer in seine Darstellung aufnahm.

Abb. 149 **Pavese, aus dem Nürnberger Zeughaus**, Anfang 15. Jahrhundert. Nürnberg, Germanisches Nationalmuseum.
Mit aufgemaltem Wappen der Stadt Nürnberg. Fußkampfschilde aus Holz waren auf Vorder- und Rückseite mit Leder überzogen und vorn auf Leinwand, auch auf Kreidegrund, mit Wappen, Heiligenfiguren oder Ornamenten bemalt. Gleichartige Schildform auf Abb. 176.

Abb. 150 **Rundschild**, *süddeutsch, um 1530. Berlin, ehemals Zeughaussammlung (Kriegsverlust). Wie beim Riefelharnisch ist die gesamte Oberfläche durch Riefelungen belebt. Dürer bevorzugte auf Schilden neben dichten Linienornamenten (Abb. 145) mehrere zum Zentrum verlaufende, meist geschweifte Grate.*

fährdete Gruppen führten im 16. Jahrhundert noch schwere eiserne Rundschilde. Gestalterisch hervorragend getriebene, geätzte und vergoldete Prunkschilde, im Dekor auf den Prunkharnisch abgestimmt, dienten dem hohen Adel zur Repräsentation. Albrecht Dürer waren die bis in die ersten Jahrzehnte des 16. Jahrhunderts teilweise noch gebräuchlichen oder im Nürnberger Zeughaus vorhandenen Schilde bekannt und er wußte sie bildgestalterisch wirksam in viele Werke einzubinden. Zu berücksichtigen ist auch, daß er zeitlich zurückliegende Kampfhandlungen und antike oder biblische Szenen differenziert darzustellen hatte.

Einen für böhmische Krieger typischen Fußkampfschild, die Pavese, nahm Dürer in die böhmische Trophäe (W. 694) des Triumphzuges Kaiser Maximilians I. auf[52] (Abb. 176). Die hochrechteckige, lederüberzogene Pavese aus Holz wird hier mit der Innenseite wiedergegeben. Deutlich ist die gerundete, stark hervortretende breite Mittelrippe mit einem ledernen Querriemen, in dem der linke Unterarm des Schildträgers lag, zu erkennen. Diese Mittelrippe verhinderte ein seitliches Wegrutschen vom Haltearm.[53] Verdeckt unter dem Armansatz des Ringpanzerhemdes liegt der lederne Handgriff.

Einen weiteren speziellen Typ, der in der Historischen Waffenkunde Ungarischer Schild oder Ungarische Tartsche genannt wird, ordnete Dürer der ungarischen Trophäe (W. 696, Abb. 179) im Triumphzug zu.[54] Dieser Schild ist durch eine starke Längswölbung der Schildwand und einen schrägverlaufenden Oberrand, manchmal in eine Spitze auslaufend, gekennzeichnet. In der Vorzeichnung und in der mit Wasserfarben ausgetuschten Federzeichnung von Döring sind die Schilde weitgehend verdeckt. Die Wölbung ist trotzdem gut zu erkennen.

Auf dem „Studienblatt mit Skizzen verschiedenen Inhalts" (W. 86, Florenz, Uffici) hält der nackte Mann mit der rechten Hand einen nur in Umrissen gezeichneten langen schmalen Schild mit unten ab-

Abb. 151 Der heilige Michael im Kampf mit dem Drachen.
Holzschnitt der Apokalypse, 1497/98. Berlin, Deutsches Historisches Museum.
Engel mit Rundschild. Italienische Schildformen wurden seit dem letzten Jahrzehnt des 15. Jahrhunderts auch in deutschen Werkstätten hergestellt.
Maximilian I. erhielt um 1495 einen Rundschild mit getriebener Wirbelrosette aus Innsbruck.

gesetzter kräftiger Stoßklinge (Abb. 107). Es ist ein italienischer Armschild, wie er zu Kampfspielen am Ende des 15. und in der ersten Hälfte des 16. Jahrhunderts verwendet wurde.[55] Die Figur hat Dürer vermutlich gleichzeitig mit dem geharnischten Reiter gezeichnet. Die lange Spitze ermöglichte einen kräftigen Stoß gegen den Schild oder den Körper des Gegners. Auf einem Blatt der Randzeichnungen zum Gebetbuch Kaiser Maximilians I. (fol. 29 v) trägt ein Fußkämpfer der rechten Gruppe der Kriegsknechte einen etwa ovalen Langschild mit gleichartigem kräftigem Stachel. Der Schild ist im

Abb. 152 Rondartsche, Nürnberg, um 1540–1550. Berlin, Deutsches Historisches Museum, Zeughaussammlung. Nürnberger Schildmacher fertigten für Fußkrieger, die an besonders gefährlichen Brennpunkten einer Schlacht oder Belagerung eingesetzt wurden, schwere Rundschilde, sogenannte Rondartschen. Zur Probe wurden diese aus Hakenbüchsen beschossen. Das Exemplar wiegt 7650 g und trägt die Nürnberger Beschaumarke und L.R. als Meistermarke.

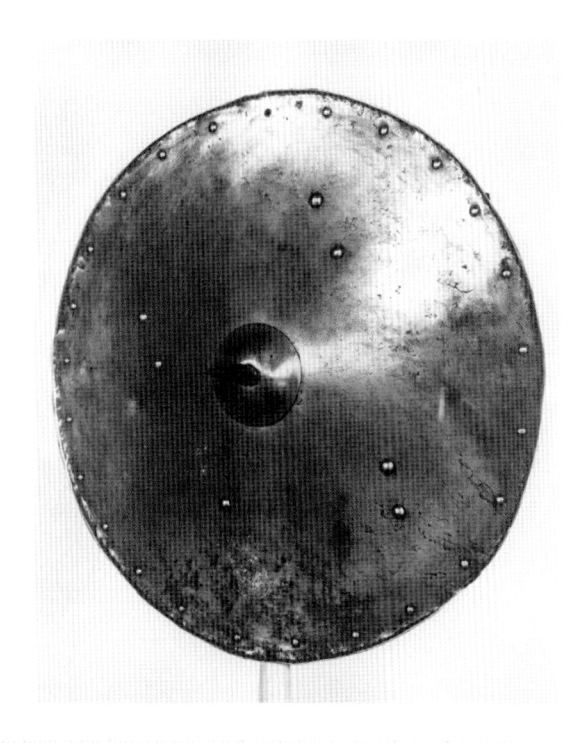

Zentrum mit einem geflügelten menschlichen Kopf und einer Lilie darüber bemalt, besteht demzufolge aus lederüberzogenem Holz. Ähnliche geflügelte Köpfe befinden sich an Stangen unterhalb der Waffenensembles mehrerer Trophäen, für den Triumphzug Kaiser Maximilians gestaltet (Abb. 176, 177, 180 und 181). Die rechten Fußkämpfer auf der oben erwähnten Randzeichnung dürfen deshalb wohl symbolisch ebenfalls als eine gegnerische Partei des Kaisers gewertet werden.

Einen phantastischen, nach einem Original verzerrt wiedergegebenen Schild trägt der heilige Georg zu Pferde (Abb. 103) auf der Randzeichnung zum Gebetbuch (fol. 23 v). Er basiert auf einer besonderen Form der Reitertartsche aus der Mitte des 15. Jahrhunderts. Dieser aus lederüberzogenem Holz bestehende und auf Kreidegrund bemalte Schildtyp ist durch drei vorstehende Längsrippen auf der Schildfläche, die an Ober- und Unterrand in Spitzen auslaufen, und durch eine ausgeschnittene Lanzen- oder Speerruhe an der rechten Seite gekennzeichnet (Abb. 104). Nur wenige Exemplare dieser Tartsche sind als Originale erhalten geblieben.[56] Dürer hat den Schild des heiligen Georg zur Seite hin verdreht und am linken Rand stark eingezogen. Die Lanzenruhe ist oben so weit verengt, daß sich keine Lanze mehr einlegen läßt. Wie beim Helm und dem Roßharnisch hat der Künstler auch beim Schild seine Freude an einer Übertreibung der Form gehabt.[57]

Als Schild für den Fußkämpfer bevorzugte Dürer den flach gewölbten Rundschild, der, römischer Tradition folgend, besonders in Italien verbreitet war und unter dem Einfluß der Renaissance auch in Deutschland gefertigt und gebraucht wurde. Maximilian I. hatte beispielsweise bereits um 1495 einen eisernen Rundschild mit getriebener Wirbelrosette als Verzierung in Innsbruck fertigen lassen.[58] 1497/98 nahm Albrecht Dürer in den Holzschnitt „Michaels Kampf mit dem Drachen" (M. 174) der Apokalypse ein erstes Mal einen dekorativ gestalteten Rundschild auf. Rundum ist dieser eiserne Schild, den der Engel links hinter dem heiligen Michael trägt, mit getriebenen Fischblasenmustern verziert. Ein kantiger spitzer Dorn ist auf eine Mittelrosette des Schildes aufgeschraubt. Damit konnte der Schildträger seinen Gegner gefährlich verletzen. Der Schild, den der Engel rechts im Bild trägt, ist kein Kampfschild sondern eine Dekorform im Renaissancestil.

Auf dem Entwurf zur Verzierung einer Dolchscheide von 1514 (Abb. 83) rüstete Dürer den heiligen Michael im Kampf mit dem Drachen mit einem Rundschild aus. Der sehr stark in eine Spitze ausgetriebene Schild unterstreicht hier, neben dem zum Hieb erhobenen Schwert, daß der Heilige damit eine zweite Waffe gegen das Ungeheuer zur Hand hatte. Einen ähnlichen Effekt erzielt Dürer durch einen in eine Spitze ausgetriebenen Rundschild auf der Federzeichnung für die Verzierung eines Harnischrückens (Abb. 67). Der wild vorstürmende Kentaure mit seitlich aufsitzendem nacktem Weib

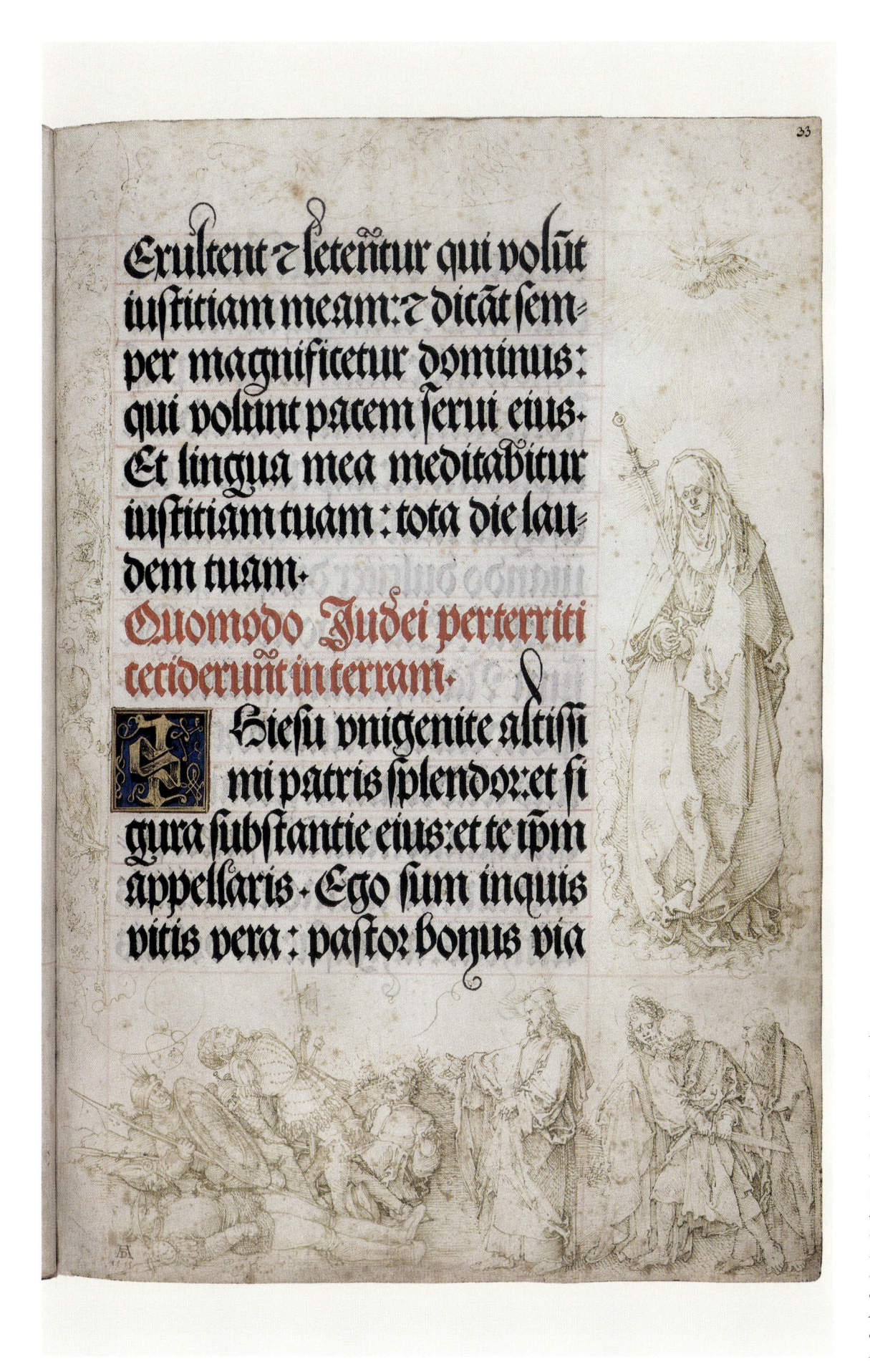

Abb. 153 **Die Auferstehung**, um 1509. Kleine Holzschnittpassion. Berlin, Staatliche Museen Preußischer Kulturbesitz, Kupferstichkabinett.
Auf dem schlafenden Grabwächter mit Spitzhelm liegt ein Rundschild mit flächendeckendem Liniendekor; der Mann mit Schuppenkappe rechts im Vordergrund trägt über dem Schwertgriff einen Faustschild mit Schildbuckel.

Abb. 154 **Szene bei der Gefangennahme Christi.** Randzeichnung zum Gebetbuch Kaiser Maximilians I., um 1515. München, Bayerische Staatsbibliothek.
Schwer gerüstete Kriegsknechte des Hohepriesters schrecken zurück und fallen zu Boden, als Christus sich vor seiner Gefangennahme zu erkennen gibt. Waffen und Rüstungsteile versinnbildlichen hier Angst und Schutzbedürfnis der Häscher gegen die göttliche Ausstrahlungskraft Christi. Eine derartige Szene kommt in Dürers Passionsfolgen nicht vor.

*Abb. 155 **Die vier Windengel und die Versiegelung der Auserwählten**. Holzschnitt der Apokalypse, 1497/98. Berlin, Deutsches Historisches Museum. Am Bildrand links hält der zum Hieb mit dem Schwert ausholende Engel zur Abwehr mit der linken Hand dem blasenden Wind symbolisch einen kleinen Faustschild entgegen.*

hält diesen Schild drohend mit ausgestrecktem Arm nach vorn.

Daß Albrecht Dürer über die italienische Herkunft des Rundschildes informiert war, beweist die 1518 für den Triumphzug Kaiser Maximilians entstandene „Welsche Trophäe" (W. 698), in die er diesen typisch welschen Körperschutz aufnahm. Der Schild ist durch Perllinien, die von der inneren Begrenzung des abgesetzten Randstreifens zum Zentrum verlaufen und durch große dekorative Unterleg-

Abb. 156 **Simsons Kampf gegen die Philister**, *1510. Feder- und Pinselzeichnung. Berlin, Staatliche Museen Preußischer Kulturbesitz, Kupferstichkabinett. Im Zentrum des Bildes streckt ein Krieger einen kleinen Faustschild mit scharfer, weit vorspringender Spitze Simson entgegen. Der Schild wird durch seine Form zur Stoßwaffe.*

scheiben für die Nieten des Innenfutters verziert. Das üblicherweise farbige Futter quillt über den Schildrand hinaus.

Einfache eiserne Rundschilde für Fußkämpfer, sogenannte Rondartschen, hatten eine glatte Oberfläche und einen eingeschraubten Stachel, manchmal auch auf einem einfachen kleinen Mittelschild. Ein kleiner Truppenteil, die Rondartschiere, an Brennpunkten des Angriffs oder der Verteidigung eingesetzt, trugen diese schweren Rundschilde.[59] Mehrere derartige Exemplare, in Nürnberg hergestellt, befinden sich in der Waffensammlung des Deutschen Historischen Museums Berlin (Zeughaussammlung). Sie tragen Meisterzeichen und die Nürnberger Beschaumarke. Einer dieser Schilde wiegt 7650 Gramm.[60]

Auf der Feder- und Pinselzeichnung „Gefangennahme Christi" (Abb. 49) der Grünen Passion von 1504 trägt ein geharnischter Krieger am linken Bildrand einen sehr großen Rundschild mit breitem, abgesetztem Randstreifen. Von diesem Zeitpunkt an wird es typisch, daß Dürer die Schildfläche durch mehrere zum Zentrum verlaufende gerade oder geschweifte Grate verziert.[61] Im Abschnitt über Schwerter in Dürers Werken wurde bereits auf Faustschilde, die mit diesen Waffen kombiniert wurden, hingewiesen.[62] Auf dem Holzschnitt „Die vier Windengel und die Versiegelung der Auserwählten" (Abb. 155) der Apokalypse, um 1497/98, holt ein Engel nicht nur mit einem Schwert zum Hieb gegen den Kopf eines vermenschlichten blasenden Windes aus, sondern er streckt mit dem linken angewinkelten Arm ihm auch seinen runden Faustschild entgegen. Vermutlich hat Dürer die Anregung, einen Engel mit dem Faustschild auszurüsten, durch das Gemälde „Der heilige Michael im Kampf mit dem Drachen" von Antonio Pollaiuolo erhalten.[63]

In dieser Szene hält der heilige Michael ziemlich zwecklos seinen kleinen Schild dem aufgerissenen Rachen des Drachens entgegen. Ebenso symbolisch ist es zu verstehen, wenn der Engel seinen kleinen Faustschild dem personifizierten Wind entgegenstreckt.

In zwei weiteren Fällen hat Dürer die Handhabung des Faustschildes als Stoßwaffe verdeutlicht, und zwar in den beiden Feder- und Pinselzeichnungen „Simsons Kampf gegen die Philister" (W. 483 und 486, dieses Blatt 1510 datiert).[64] Ein Krieger hält in der rechten das zum Stoß bereite Schwert und in der linken ausgestreckten Hand einen kleinen runden Faustschild auf die Brust von Simson gerichtet. Die Schildfläche ist in der Mitte zu einer kegelförmigen Spitze ausgetrieben und somit als Stoßwaffe geeignet. Der Nietkranz läßt erkennen, daß der Schild innen abgepolstert war. Der Faustschild, bereits im Mittelalter weit verbreitet, erhielt durch die nach bestimmten Regeln gelehrte Fechtkunst – erinnert sei an das Fechtbuch von Albrecht Dürer – bis in das 17. Jahrhundert eine neue Zweckbestimmung als Fechtschild.[65]

Anmerkungen

1 Siehe W. Boeheim, 1890, S. 534–542; O. Gamber, Turnierrüstung, 1954, 37–39; V. Norman, 1964, S. 47f; A. von Reitzenstein, 1972, S. 30f; C. Gravett/A. McBride, 1988; M. Pfaffenbichler, 1990, S. 40–47.

2 Eine größere Anzahl von Stechzeugen befindet sich in der Leibrüstkammer des Kunsthistorischen Museums Wien, siehe B. Thomas/O. Gamber, 1976, S. 133 f. In Nürnberg

befinden sich sieben Stechzeuge, siehe Das Germanische Nationalmuseum Nürnberg 1977, Farbtafel: Renn- und Stechzeuge; Germanisches Nationalmuseum Nürnberg, Führer durch die Sammlungen, München 1977, S. 230/31.
3 Siehe W. Boeheim, 1890, S. 538; B. Thomas, Jörg Helmschmied d.J., Jahrbuch Wien, Bd. 52, l956, Abb. 32, 33, 36, 41 und 44.
4 Siehe W. Boeheim, 1890, S. 540/41; B. Thomas/O. Gamber, 1976, S. 152/53, Abb. 72; C. Gravett/A. McBride, S. 30.
5 Original im Musée du Louvre, Département les Arts Graphiques, Paris.
6 Siehe auch A. von Reitzenstein, 1972, S. 36; B. Thomas, Jörg Helmschmied d.J., S. 47, P. Strieder, 1996, S. 53.
7 Siehe B.Thomas, Jörg Helmschmied d.J., S. 44.
8 Siehe B. Thomas, l944; A.von Reitzenstein, 1964; derselbe, 1951, S. 179–194; derselbe, 2/1960, S. 96–100; B. Thomas/O. Gamber, 1954; G. Spitzlberger, 1985; A. von Reitzenstein, Die Nürnberger Plattner, 1967, S. 700–725; derselbe, 1 u. 2/1959, S. 54–85; J. Willers, 1986.
9 Siehe K. Pilz, 1932, S. 74–80.
10 Siehe Literatur zum Germanischen Nationalmuseum in Anm. 2.
11 Siehe B. Thomas, Jörg Helmschmied d.J., Einige Unterschiede, auf die Thomas nicht einging, seien hier erwähnt: Vorderwände laufen bei erhaltenen Exemplaren von Helmschmied nicht in scharfe Spitzen aus; die Kehlungen auf der Scheitelplatte sind nicht abgerundet; die Anzahl der Nietköpfe und die Anzahl der Kehlungen auf der Scheitelplatte ist geringer; bei Helmschmied sind alle Helmzagelschrauben der bei Thomas abgebildeten Stechzeuge gleich, es darf geschlußfolgert werden, daß dieses wichtige Teil typisiert war, die Schraube in Dürers Stechhelm ist in der Form vielgestaltiger. Eine weitere Form siehe H. Müller/F. Kunter, 1984, S. 140.
12 Siehe F. Anzelewsky, 1983, S. 134–141; P. Strieder, 1996, S. 162.
13 Siehe O. Neubecker, 1977, S. 222. O. Neubecker hat in seinem Aufsatz „Heraldik zwischen Waffenpraxis und Wappengraphik, 1971, S. 193–219, alle Wappen Dürers untersucht, die Helme jedoch nicht in ihrer gestalterischen Vielfalt behandelt.
14 Zum Welschen Gestech siehe Literaturangaben in Anm. 1. Albrecht Dürer hatte in Antwerpen wie er in seinem Tagebuch notierte, „... dem von Roggendorff sein Wappen auf Holz gerissen." Siehe H. Rupprich, Bd. 1, S. 156. Das beweist, daß Dürer sich in den Niederlanden mit Wappenhelmen beschäftigt hat. Das „Wappen Wilhelm und Wolfgang von Roggendorfs", 1520, besitzt jedoch keinen Stech-, sondern einen Spangenhelm, siehe M. 290.
15 Siehe G. Oswald, 1984, S. 290; M. Buben, 1987, S. 67, Abb. 3.
16 Siehe H. Klapsia/B. Thomas, Harnischstudien I., 1937, S. 139–158.
17 In einem Allianzwappen von Albrecht Dürer d. Ä. und seiner Ehefrau Barbara Holper aus dem Jahre l490 erscheint bereits die Tür als sprechendes Wappen für die Familie Dürer, siehe P. Strieder, 1996, S. 12. O. Neubecker, 1971, meint, daß Dürer einen Helm der drei Ansichten auch als Vorbild für sein eigenes Wappen von 1523 verwendet hat. Dürer hat jedoch einen stilistisch anderen Stechhelm als Vorlage benutzt. Die drei Löcher auf der Vorderwand des Helmes dienten nicht für Riemen zur Verbindung mit der Stechbrust, sondern für starke Verbindungsschrauben. Beim heraldischen Helm fehlen in der Regel derartige Details.
18 Zum Riefelharnisch siehe G. von Kern, 1982.
19 Siehe H. Klapsia/B. Thomas, Harnischstudien I., S. 155.
20 Siehe J. Weckerle, 1972, S. 176–180.
21 Siehe O. Gamber, Turnierrüstung,1954, S. 38.
22 Siehe Q. von Leitner, Freydal, 1880–1882, Erläuterungen zu Dürers Holzschnitten siehe Bd. 1, S. XXXVII–XXXIX; B.Thomas/O. Gamber, 1976, S. 170/171.
23 Siehe H. Rupprich, Bd. 3, S. 51.
24 Siehe C. Dodgson, 1902, S. 447–450.
25 Zu Stech- und Rennzeugen siehe B. Thomas/O. Gamber, 1976, S. 133–137.
26 Originale Rennzeuge siehe B. Thomas/O. Gamber, 1976, Abb. 74–77.
27 Originale Dilge siehe B.Thomas/O.Gamber, 1976, Abb. 78.
28 Eine besonders effektvolle Turnierart war das „Geschiftscheiben- oder Geschifttartschenrennen", bei dem aufgeschiftete eiserne Dreiecke durch Treffer hoch in die Luft flogen. Besondere Bruststücke hierfür mit mechanischen Vorrichtungen siehe B.Thomas/O. Gamber, 1976, Abb. 82/83, hier Darstellung eines derartigen Rennens aus dem Wiener Turnierbuch, Abb. 85.
29 In Hans Burgkmairs Turnierbuch wird beispielsweise die Bezeichnung „über das Dill" verwendet, siehe Hans Burgkmair, Turnier-Buch, hrsg. Von J. H. v. Hefner-Alteneck, 1853, auch veröffentlicht in Bibliophile Taschenbücher, 3. Aufl., Dortmund 1980, S. 62–69.
30 Siehe W. 86, W. 683, Randzeichnungen zum Gebetbuch fol. 23 v, 55 r und M. 251.
31 Zu Scheibendolchen siehe S. 59.
32 Helme, die zu einem kompletten Harnisch gehören, werden im Kapitel über diese Rüstungen behandelt.
33 Siehe Gefangennahme Christi (M. 136); Christus vor Hannas, vor Kaiphas und vor Herodes (M. 137, 138, 141); die Handwaschung Pilati (M. 145) und ein Krieger in der Auferstehung Christi (M. 154).
34 Siehe beispielsweise den Holzschnitt „Gefangennahme Christi" der Großen Passion (M. 116), Krieger am rechten Bildrand; Szene „Christus vor Kaiphas" (M. 6) der Kleinen Kupferstichpassion, hier ragt der Spitzhelm in die Höhe der Stangenwaffen hinein.
35 Eine Übersicht über die verschiedenen Typen von Eisenhüten in: E. Wagner/Z. Drobná/J. Durdik, 1957, Teil III, Tafel 2 und 3.
36 Zu osteuropäischen Helmen siehe A. N. Kirpičnikov, 1/1976, S. 22–37; zu Hundsgugeln siehe C. Blair, 1958, S. 195, Nr. 72; B. Thomas/O. Gamber, 1976, S. 40, Abb. 8, 9; zu Visieren in Vogelschnabelform siehe Thomas/Gamber, Abb. 118.
37 Siehe Abschnitt über Silbernen Harnisch Kaiser Maximilians, S. 69.
38 Zu Morgensternen siehe auch S. 174.
39 Originale siehe B. Thomas/O. Gamber, 1976, Abb. 9; H. Müller/F. Kunter, 1984, S. 132, Abb. 20.
40 Originale Klappvisiere siehe H. Schneider, 1953, Nr. 4; H. Müller/Kunter, 1984, S. 256, Nr. 18, Abb. 18; A. Geibig, 1996. S. 16/17, Abb. 1–3 (spitz vorgetriebenes Klappvisier); A. R. Dufty, 1968, Tafel LXXIII.
41 Zu den Trophäen siehe S. 157.
42 Originalhelme mit Stielscheibe siehe beispielsweise B. Thomas/O. Gamber, 1976, Abb. 52/53; A. R. Dufty, 1968, Tafel LXXX.
43 Siehe E. Haenel, 1920, S. 58, Abb. 49; P. Martin, 1967, Abb. 178; B. Thomas, Gesammelte Schriften, Bd. 2, S. 1706.
44 Einen hochklappbaren Gesichtsschutz mit fünf Querbändern enthält ein Helm auf dem Gemälde, Auferstehung Christi, um 1380, des Meisters von Wittingau, siehe H. Möbius, 1978, Abb. 148; Abb. auch in Wagner/Drobná/Durdik, Teil III, Tafel 1, Nr. 6.
45 Siehe Sir James Mann, 1962, S. 110/111, A.105, Tafel 61; Farbabb. auch in: D. Edge, 1992, Nr. 6.
45 Siehe A. R. Dufty, 1968, Tafel CXXXIV. Zu Paradehelm mit Flügeln siehe auch St. W. Pyhrr/J. A. Godoy, S. 136–139.
47 Siehe A. Bottini u. a., 1988, S. 147.
48 Ebenda, S. 159, 165, 171, 172 und 177.
49 Siehe Albrecht Dürer 1471–1528, mit Einleitung von W. Hütt, 1971, S. 1641.

Abb. 157 Der heilige Michael, 1470–1480. Antonio del Pollaiuolo. Tafelgemälde. Florenz, Museo Bardini.
Die Anregung, den Wind mit dem Faustschild abzuwehren, (Abb. 155), kann Albrecht Dürer in Italien durch dieses Gemälde erhalten haben. Der hl. Michael streckt einen gleichartigen kleinen Schild, der wohl kaum eine Schutzwirkung gegen das Ungeheuer besitzt, dem offenen Rachen des Drachens entgegen.

50 Korinthische Helme des 6. Jahrhunderts v. Chr. hatten zum Teil sehr hohe Raupenkämme, siehe O. Gamber, 1978, S. 272. M. Mende weist darauf hin, daß es sich um das Pferd Alexanders des Großen, Bukephalos genannt, handeln könnte, siehe SMS, Bd. 1, Nr. 42, siehe auch Nr. 43.

51 Siehe H. Müller/F. Kunter, 1984, S. 158 (Abb.) und S. 263, Nr. 61.

52 Nach Wendelin Boeheim, 1890, S. 180, leitet sich der Name Pavese von der Stadt Pavia ab, „... wo nachweislich schon in antiker Zeit eine weitberühmte Schildfabrik bestand". In neuerer Zeit wird die Wortbildung auch auf das französische „pavois" (= Deckung) zurückgeführt, siehe V. Schmidtchen, 1990, S. 151, Anm. 467.

53 Zu böhmischen Pavesen siehe V. Denkstein, 1962, No 4/5, S. 185–228, 55 Abb., 1964, No 3/4, S. 107–194, 39 Abb., 1965, No 1–5, S. 1–203, 64 Abb. Text auch in englischer Sprache. Zu den Trophäen im Triumpfzug Kaiser Maximilians siehe S. 139.

54 Zu ungarischen Schilden siehe J. Kalmár, 1971, S. 308–331; Abb. von Fußkriegern mit typisch ungarischen Schilden auch im Triumphzug und im Weisskunig.

55 Italienische Armschilde mit Stachel siehe W. Boeheim, 1890, S. 186, Fig. 199. Siehe auch Fackelträgerin mit Schild (W. 170).

56 Erhaltene Tartschen mit gerippter Schildfläche siehe H. Nickel, 1958, S. 62 und 64, Abb. 68; H. Nickel, 1974, S. 35, Abb. einer Tartsche mit Wappen der Nürnberger Patrizierfamilie Behaim von Schwarzbach; H. Müller, 1994, S. 78/79, Abb. 95.

57 Zum Manns- und Roßharnisch siehe S. 106.

58 Siehe B. Thomas/O. Gamber, 1976, S. 116, Abb. 47.

59 Zu Rondartschen siehe G. Quaas, 1997, S. 136/137.

60 Siehe H. Nickel, 1958, S. 71, Abb. 74, Anm. 183; Ausstellungskatalog Waffen und Uniformen, 1957, S. 53/54.

61 Siehe Randzeichnungen zum Gebetbuch Kaiser Maximilians fol. 26 v, 28 r, 29 v (Schild im Hintergrund), 33 r und 41 r; W. 664, 682, 716, 724, 725 und 727; M. 13 (hier ganz dichte Streifen, zum Schildnabel verlaufend) M. 124 sowie der Trommler und der Greif auf der Ehrenpforte.

62 Siehe S. 52.

63 Abb. siehe L. G. Boccia/E. T. Coelho, 1975, Nr. 126–128; hier ist auch der Handgriff auf der Rückseite des Schildes zu erkennen.

64 Siehe auch H. Mielke, 1991, S. 82/83, Abb. von W. 486.

65 Zum Gebrauch als Fechtschild siehe Achille Marozzo, 1536; H. Seitz, Bd. 1, 1965, S. 250ff; Ausstellungskatalog Die Fechtkunst 1500–1900, 1968, S. 5.

WAFFEN UND RÜSTUNGEN VON FUSSKNECHTEN

Idealisierte Landsknechte

Kaiser Maximilian I. hatte das Verhältnis von Reiterei zu Fußkämpfern bei Heeresaufgeboten wesentlich zugunsten angeworbener Fußknechte verändert. Gegenüber den von Kaiser und Reich angeworbenen schweizerischen Knechten wurden die deutschen Söldner Landsknechte genannt. Neue Kampfformen in geschlossenen Haufen, in denen Langspieße als Waffen vorherrschen, Eroberungen, Gefechte, Anwerbung, Ausschreitungen und Gerichtswesen, Versorgung, Lagerleben, auffallende Kleidung und vieles andere boten reichlich Stoff für künstlerische Darstellungen. Durch Hans Burgkmair d.Ä., Albrecht Altdorfer und nicht zuletzt durch Urs Graf, der selbst als Schweizer Söldner gedient hatte, sind zahlreiche Inhalte dieses Landsknechtslebens und ihrer Kämpfe überliefert.

Trotz der angedeuteten Möglichkeiten, all das künstlerisch darstellen zu können, hat Albrecht Dürer sich inhaltlich mit diesen Themen relativ wenig beschäftigt. Kriegerische Handlungen, Gefechte mit brutalen oder Szenen vom freizügigen Leben der Söldner widersprachen wohl dem Empfinden des Künstlers für den Soldatenstand. Diese Gesinnung kommt auch in den Darstellungen von Rittern zum Ausdruck. Wenn Dürer Landsknechte als Einzelpersonen oder Begleitpersonen darstellt, sind es gepflegt aussehende Söldner. In seinen Passionsfolgen, die noch im einzelnen behandelt werden, unterscheidet er oft genau durch Kleidung und Rüstungsteile zwischen brutalen Schergen und Kriegern, die im Äußeren an Landsknechte erinnern. Diese Passionsszenen sind für die Historische Waffenkunde bedeutsame Bildquellen für Waffen und Rüstungen des Fußvolkes.

Die Ausrüstung von Kriegern mit Waffen und Rüstungen in Szenen, die Ereignisse längst vergangener Zeiten betrafen, bereiteten Künstlern stets große Schwierigkeiten. Bis weit in die Neuzeit hinein bevorzugten sie deshalb, wie bei der Kleidung, als Vorbild die zur Zeit ihrer künstlerischen Tätigkeit übliche Bewaffnung für Krieger vergangener Jahrhunderte. Andere fügten Waffen und Teile der Körperpanzerung hinzu, die ihnen durch Originale oder bildliche Darstellungen aus nicht so weit zurückliegenden Zeiten bekannt waren. Eine weitere, ebenfalls häufig praktizierte Methode war es, Waffen und Rüstungsteile phantasievoll zu verändern, um variablere oder effektvollere Formen einsetzen zu können. Nur bei originalgetreu wiedergegebener Bewaffnung aus der Zeit des künstlerisch Schaffenden, können Schlußfolgerungen auf Kampfweise und andere militärische Aspekte gezogen werden. Es muß deshalb davor gewarnt werden, zum Beispiel für die Zeit der Renaissance, aus Szenen, die inhaltlich Jahrhunderte oder Jahrtausende zurückliegen, Taten und Verhaltensweisen von Landsknechten zu interpretieren,

Abb. 159 **Die sechs Kriegsleute**, *um 1495/96. Kupferstich. Berlin, Staatliche Museen Preußischer Kulturbesitz, Kupferstichkabinett. Die Bildkomposition vereint Landsknechte mit einem Reiter – es könnte ein Stradiote, ein leichter albanischer Reiter sein – zu einer der frühesten Gruppenbilder von Landsknechten. Albrecht Dürer setzte die Waffen als Gestaltungsmittel für die Gerade und für die Diagonale ein.*

Abb. 160 **Der große Tischbrunnen**, *um 1500. Federzeichnung mit Wasserfarben getuscht. London, The British Museum.*
Auf dem Brunnenfuß marschieren Landsknechte durch eine friedliche Landschaft mit Bauern und Hirten auf eine Szene zu, in der zwei Türken eine Frau ermorden. Ohne Zweifel wollte Dürer damit auf die Gefahr hinweisen, die durch eine Invasion der Türken drohte. Gestalterisch eine einzigartige Szene mit friedlichem und kriegerischem Inhalt für einen Gegenstand der angewandten Kunst.

Seite 149:

Abb. 158 **Die Schaustellung Christi**, *um 1498. Holzschnitt der Großen Passion. Berlin, Staatliche Museen Preußischer Kulturbesitz, Kupferstichkabinett.*
Der Krieger rechts im Bild ist nicht als Scherge, sondern als Landsknecht repräsentativ gestaltet. Mit hoch aufragender Helmbarte und langem Schwert, die Scheide in Lederschnitt verziert, hebt sich der selbstbewußt blickende Mann als idealisierte Gestalt deutlich von den anderen in der Menge ab.

selbst wenn sie durch Kleidung und Bewaffnung als solche gekennzeichnet sind. Das scheint mir in folgenden Formulierungen der Fall zu sein: „Dem Landsknecht ist in Dürers Lebenswerk, wie in dem nahezu aller bedeutenden Künstler dieser Zeit, eine wenig vorteilhafte Rolle zugewiesen." Nach der Beschreibung zweier Landsknechtsdarstellungen Dürers folgen die Sätze: „Es gibt wenig solcher Zeichnungen. Der Söldner ist nicht Dürers Thema. Wenn er auftritt, dann in der Regel als Scherge, Büttel, Henker und Henkersknecht."[1] Es soll in den folgenden Darlegungen gezeigt werden, daß Dürer häufiger und sehr differenziert Söldner und speziell Landsknechte in seine Werke aufnahm.

Zunächst werden einige Gruppenszenen von Kriegern vom waffengeschichtlichen Standpunkt aus erläutert. Die Federzeichnung von 1489 „Kriegsleute (unter dem Kreuz ?)" (Abb. 201) mit drei Bewaffneten erinnert thematisch an eine Federzeichnung von Michael Wolgemut, Lehrer Dürers, läßt aber gestalterisch bereits die hohe Begabung des jungen Künstlers erkennen.[2] Die Schweizerdegen und der kürzere Schweizerdolch weisen in der Bewaffnung auf Einflüsse aus dieser Region hin.[3] Mehrere Personen auf den Holzschnitten und Entwürfen zu den Komödien des Terenz von Dürer, um 1492, tragen ebenfalls diese Waffen. Eine Zuordnung der Dreiergruppe zu einer Kreuzigungsszene ist durch die Waffen nicht möglich. Die sehr ausgeprägte Klinge der Stangenwaffe hat eine dekorativ übersteigerte Form. In frühen Werken stellt Albrecht Dürer bewaffnete Fußknechte ohne Körperschutz dar. Das entspricht durchaus der Realität, denn Helme, Ringpanzerhemden und Harnischteile waren sehr teuer und angeworbene Söldner, die vorwiegend aus ärmlichen Familien stammten, konnten sie nicht bezahlen.

Die Gruppe auf dem Kupferstich „Die sechs Krieger", um 1495 (M. 81), oder „Landsknechte und ein türkischer Reiter" benannt, wird ebenfalls als Teil einer Kreuzigungsszene angesehen. Hierzu schreibt Friedrich Winkler, weil der religiöse Gehalt hier verweltlicht wurde, „ will man nicht recht glauben, daß die Geschichte vom bekehrten Hauptmann unterm

Kreuz dargestellt ist."⁴ Gegenüber der Federzeichnung mit den drei Kriegern führen hier, auf einer der frühesten Landsknechtsdarstellungen, drei Söldner typische Landsknechtswaffen, nämlich zwei den Langspieß und einer die Helmbarte, der Hauptmann, zweiter von rechts, ein Schwert. Dürer nutzte in dieser Zeichnung die Waffen sehr überlegt als Gestaltungsmittel. Die ungewöhnliche Trageweise eines langen Schwertes an der Vorderseite des Körpers beim rechten Krieger und beim Hauptmann – das untere Drittel des Schwertes ist zwischen seinen Beinen zu erkennen – erklärt sich aus dieser Gestaltungsabsicht. Auf diese Weise getragene lange Schwerter hätten beim Gehen stark behindert. Sie sollten in Dürers Kupferstich gemeinsam mit der Helmbarte und dem Langspieß des dritten Mannes die Senkrechte in der rechten Bildhälfte, der Langspieß des fünften Kriegers und sein Schwert hingegen zwei Diagonalen im linken Bildteil betonen. Der Berittene trägt offensichtlich einen Bogen geschultert und eine Griffwaffe an der linken Körperseite, von der der Griff sichtbar ist.

Für jeden Künstler war es sehr schwer, den oft fünf bis sechs Meter messenden Landsknechtsspieß in ganzer Länge, selbst als Diagonale, im Bild unterzubringen. Beim mittleren Spießträger des Kupferstiches ragt die Spitze des gerade stehenden Spießes deshalb über den oberen und beim linken über den seitlichen Bildrand hinaus.

Eine noch größere Gruppe von Landsknechten mit ihren typischen Waffen nahm Albrecht Dürer in den Entwurf für einen kunsthandwerklichen luxuriösen Gegenstand auf.⁵ In dieser Federzeichnung „Der große Tischbrunnen" von etwa 1500 (W. 233) enthält der Oberbau zunächst einige Einzelfiguren von Kriegern: auf der Brunnenspitze einen Geharnischten mit Fahne und Schild, seitlich am Brunnenbassin als Wasserspeier je einen Türken, der eine mit Bogen und Säbel, der andere nur mit Säbel. Auf dem breiten Brunnenfuß befindet sich eine Szene, in deren Mittelpunkt eine im Marsch befindliche Gruppe von neun Söldnern steht, angeführt von Trommler und Pfeifer. Die Landsknechte sind über den Raum des Brunnenfußes so verteilt, daß jeder als Einzelperson zur Geltung kommt. Sie marschieren offensichtlich durch eine noch friedliche Gegend, wie oben links ein Bauer mit geschulterter Sense und ein Pärchen, der Mann mit geschultertem Rechen, verdeutlichen. Unten im Bild sind ein Dudelsackpfeifer, umgeben von weidenden Ziegen und Schafen, neben ihm ein Hund, rechts unten ein Jäger mit geschulterter Saufeder, begleitet von Jagdhunden, erkennbar.

Oben rechts auf dem Fuß des Tischbrunnens wird jedoch eine bedrohliche Situation angezeigt, in der zwei Türken, der eine mit Spieß, der andere mit Säbel, eine am Boden liegende Frau töten. Auf diese Szene marschieren die Landsknechte zu. Offensichtlich weist Dürer, wie auch in anderen Werken, hiermit auf die Türkengefahr hin. Dieser Aspekt klingt bereits durch den das Werk krönenden Geharnisch-

Abb. 161 Bauern im Kampf mit Landsknechten. Randzeichnung zum Gebetbuch Kaiser Maximilians I., um 1515. München, Bayerische Staatsbibliothek.
Sehr sachkundig und differenziert hat Dürer hier Bewaffnung der Bauern und Landsknechte ausgewählt. Die beiden Häuflein sind gestalterisch so wirkungsvoll gruppiert, daß der Betrachter sich dahinter größere Schlachthaufen vorstellen kann.

ten und die beiden Orientalen am Bassin an. Orientalisch/türkisch gekleidete Bürger und Krieger hat Dürer seit seinem ersten Italienaufenthalt bis in seine späten Lebensjahre häufig dargestellt.[6]

Die Landsknechte tragen Helmbarten, der Fähnrich ein Zweihänderschwert, andere den geschulterten Langspieß, der hier in voller Länge zur Geltung kommt.[7] Zwei der Spießträger führen Schweizer-

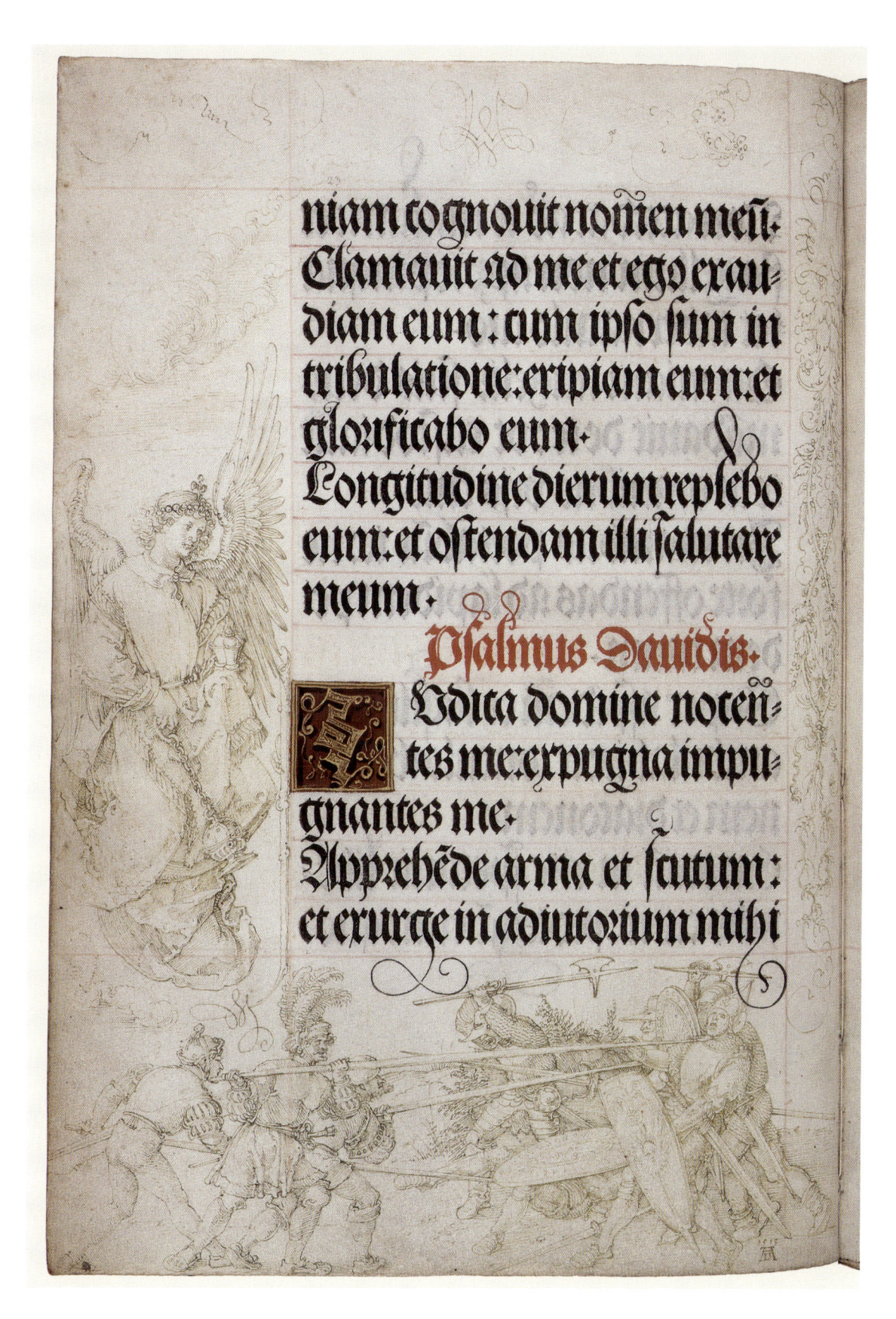

Abb. 162 Landsknechte im Kampf mit schwer gerüsteten Gegnern. Randzeichnung zum Gebetbuch Kaiser Maximilians, um 1515. München, Bayerische Staatsbibliothek.
Drei Landsknechte mit Langspießen, in unterschiedlicher Höhe angeordnet, genügen, um die gefährliche Stoßkraft eines Gewalthaufens kaiserlicher Söldner zu demonstrieren, denen die Gegner in schweren Rüstungen zu unterliegen drohen.

schwerter. Nur zwei Söldner sind durch Harnischbrüste, zwei durch Sturmhauben geschützt. Bei dem Entwurf für ein Prunkstück konnte Dürer seine Kompositionsfreude und handwerkliche Meisterschaft, die er als Goldschmied erlernt hatte, zur Geltung bringen.

Eine herausragende Leistung in künstlerischer Hinsicht und als Buchillustrator sind seine Rand-

Abb. 163 Die Geißelung Christi, um 1496/97.
Holzschnitt der Großen Passion. Auf dem Boden ein kniender Krieger mit gestepptem Waffenrock und antikisierenden Rüstungsteilen, der offensichtlich Christus gepeinigt hatte, seine Tat aber dann bereute. Seine Rute liegt auf dem Boden.

Abb. 164 Die Kreuztragung Christi, 1512. Kupferstichpassion. Zahlreiche Stangenwaffen genügen in diesem Kupferstich, um eine größere Wachmannschaft anzudeuten, ohne daß die Waffenträger sichtbar sind. Nur an den Anfang der Waffenreihe stellte Albrecht Dürer zwei gerüstete Kriegsknechte. Bei einem ragt nur der Spitzhelm an der Dornenkrone Christi hervor, der andere trägt einen Helm mit gerundeter Helmglocke, gezahntem Kamm und geschobenem Nackenschutz sowie einen Halbharnisch.
Beide Abb.: Berlin, Staatliche Museen Preußischer Kulturbesitz, Kupferstichkabinett.

zeichnungen für das von Kaiser Maximilian in Auftrag gegebene Gebetbuch.[8] Von den zahlreichen Illustrationen interessieren im Zusammenhang mit Fußkriegern insbesondere zwei, in denen kleine Gruppen von Kriegern miteinander kämpfen. In der ersten Szene stehen sich ein Häuflein bewaffneter Bauern und vier Landsknechte (Abb. 161) gegenüber (fol. 28r).[9] Mit wenigen Männern auf jeder Seite gelingt es Dürer in einzigartig gestalteter Weise, ein Kampfgeschehen zu veranschaulichen, das hinter den dicht gedrängt angeordneten Männern in der Tiefe wesentlich größere Kriegerhaufen vermuten läßt. Der jeweils hinter der Gruppe etwas abseits stehende Mann deutet auf Krieger hin, die von hinten folgen werden.

Die Bauern führen fast ausschließlich Stangenwaffen, typische Waffen in Bauernaufständen.[10] Jedoch ist nicht auszuschließen, wenn die Kampfszenen sich auf Kriegserfolge Kaiser Maximilians beziehen, daß hier auch eidgenössische Krieger gemeint sein können.[11] Die Saufeder in den Händen des vorderen Mannes läßt mehr auf ein Bauernaufgebot aus deutschen Ländern schließen. Der am Boden liegende Mann hatte offensichtlich seine Streitaxt, bevor er von einer Waffe getroffen wurde, den Feinden entgegengeworfen. Die Form der Axt läßt auf ein Werkzeug schließen, das als Behelfswaffe benutzt wurde. Der hintere Bauer trägt einen Eisenhut, in beiden Händen eine Fußstreitaxt haltend. Es sind zum Teil Waffen, die aufständische Bauern erbeutet haben können. Durch Fernwaffen – Wurfspeer und Bogen – sowie durch Rüstungsteile deutet Albrecht Dürer die waffentechnische Überlegenheit der Söldner an.[12] Der Söldner im Vordergrund ist schwer gerüstet. Er trägt eine Schuppenkappe, eine Panzerjacke und einen Rundschild. Sein Säbel mit einem verzierten Knauf und mit Parierbügel ist vermutlich erbeutet. Er hat seinen gefiederten Speer zum Wurf erhoben.[13] Der folgende Krieger ist zum größten Teil durch den ersten verdeckt. Er führt einen Spieß, mit dem er auf einen zweiten am Boden liegenden Bauern zusticht. Deutlich ist auch der Bogen mit einem aufgelegten Pfeil eines weiteren Mannes sichtbar. Der am Ende der Gruppe stehende Landsknecht hat seine rechte Hand griffbereit am Kurzschwert (Katzbalger), um es aus der Scheide zu ziehen.

In der zweiten Gruppenszene (fol. 29 v) genügen drei Landsknechte, um Kaiser Maximilian in seinem Gebetbuch den dicht und tief gestaffelten Gewalthaufen von Landsknechten mit Langspießen vor Augen zu führen (Abb. 162). Zwei Mann vorn und einer in zweiter Reihe strecken ihren Langspieß, in unterschiedlicher Höhe haltend, den Gegnern entgegen. Auf Lücke stehend, so standen die Spießträger in langen Gliedern nebeneinander und fällten ihre Spieße. Obwohl die Gegner durch Harnische und große Schilde geschützt sind, hat der Betrachter den Eindruck, daß diese kaiserlichen Landsknechte ihn besiegen werden. Albrecht Dürer stand für die Zeichnungen auf den Seiten des Gebetbuches nur geringer Raum zur Verfügung. Ein Vergleich beispielsweise mit den schematischen Kampfszenen von Hans Burgkmair d.Ä. im Weisskunig verdeutlicht die lebendige ausdrucksstarke Darstellung von Albrecht Dürer.

Bei den Gegnern der Landsknechte könnte es sich um französische Krieger handeln. Auf dem ovalen Schild mit Stoßspitze des vorderen Mannes ist im oberen Drittel eine stilisierte Lilie erkennbar, darunter ein menschlicher geflügelter Kopf. Einige Trophäen aus dem Triumphzug Kaiser Maximilians (W. 692, 694, 696) von Albrecht Dürer enthalten ebenfalls diesen geflügelten Kopf. Die Darstellung verdeutlicht, daß auch ein wohlgerüsteter Gegner mit kompletten Harnischen und großen Rundschilden keine Chance auf einen Sieg gegen kaiserliche Landsknechte hatte. Bei den Helmen gestattete sich Dürer einige Übertreibungen in der Formgebung.[14]

In einer weiteren Zeichnung des Gebetbuches hielt Dürer eine Szene fest, die er in den Passionsfolgen nicht gestaltete (fol. 33 r). Als Jesus sich den Kriegern des Hohenpriesters, die ihn gefangennehmen wollten, zu erkennen gab, „...wichen sie zurück und fielen zu Boden" (nach Johannes, Kapitel 18, Vers 6). Da Dürer nur wenige Krieger wegen des geringen Raumes in diese Zeichnung aufnehmen konnte, rüstete er die stürzenden mit gefährlichen Waffen und schwerer Körperpanzerung aus, um die Gefahr, die Christus drohte, zu verdeutlichen. Ein Krieger mit Streitaxt und Schwert trägt eine Schuppenkappe, einen Waffenrock mit innenliegenden Metallspangen und gesteppte wattierte Ärmel. Ein riesiger Rundschild schützt einen Helmbartenträger. Der Körper eines ausgestreckt auf dem Boden liegenden Mannes ist durch einen Eisenhut, einen Halbharnisch mit Schulterscheiben und Lamellen am Oberarm und durch ein Ringpanzerhemd unter Harnischbrust und -rücken geschützt. Die Gefahr, die Christus drohte, wird am rechten Bildrand durch die Gestalt von Maria, auf deren Herz symbolisch ein Schwert gerichtet ist, unterstrichen. Weitere Vergleiche sollen aufzeigen, daß Dürer insbesondere die Körperrüstung von Kriegsknechten immer wieder differenzierte und dadurch diese Söldner nie schematisch darstellte.

Kriegsknechte in Passionsszenen

Bei den Passionsfolgen wird deutlich, daß Dürer den reichen Formenschatz der Waffen und des Körperschutzes für Fußknechte seiner Zeit, aber auch zurückliegender Jahrzehnte und Jahrhunderte ausschöpfte.

An dieser Stelle sollen nur prinzipielle Punkte behandelt werden, Einzelheiten zu Waffen und Rüstungen sind in entsprechenden Kapiteln nachzulesen. Dabei läßt sich feststellen, daß er für die einzelnen Passionswerke in zeitlicher Abfolge sehr unterschiedliche Akzente setzt und sich bei gleichartiger Thematik das äußere Erscheinungsbild der Kriegsknechte nie wiederholt.

Von der frühesten, der sogenannten Albertina Passion, um 1495, sind nur vier Holzschnitte erhalten (M. 109–112). Von den Waffen, die Dürer auch auf anderen Werken einsetzte, lassen sich Schwerter mit Messergriff, ein Anderthalbhänderschwert, ein Bogen und ein Pfeilköcher mit Dachsfell, ein kleiner Faustschild – über den Schwertgriff gehängt – und vier Stangenwaffen feststellen.[15] Nur drei Männer können als Kriegsknechte bezeichnet werden, und zwar auf der Kreuztragung, zwei sind durch gesteppte wattierte Waffenröcke gekennzeichnet, der dritte durch einen Visierhelm.

Im Holzschnitt der Großen Passion, „Die Geißelung Christi" von 1496/97 (M. 117) befindet sich innerhalb einer größeren unbewaffneten Menschenmenge nur ein Krieger, der im Vordergrund kniende Mann. Er trägt einen gesteppten wattierten Waffenrock, unten mit Pelzrand versehen, dazu antikisierende Rüstungsteile: eine Kopfbedeckung mit Augenschirm, Federn, Blattkranz und Volute, Schulterplatten mit Lamellengehänge, geschuppten Oberarm- und längsgesteppten Unterarmschutz, an der rechten Körperseite einen typisch italienischen Ohrendolch. Hier zeigen sich Einflüsse der ersten italienischen Reise Dürers. Auf den Holzschnitten „Die Schaustellung Christi" (M. 118) und die „Kreuztragung" (Abb. 194), beide um 1497/98 entstanden, ist je ein an der rechten Seite des Bildes betont herausgestellter Krieger als Landsknecht durch gepuffte und geschlitzte Kleidung, jedoch ohne Rüstungsteile, und durch je eine hochragende Helmbarte gekenn-

zeichnet. Von nun an wird diese Stangenwaffe vom Künstler zahlreich und in vielen Varianten verwendet. Auf antikisierende Waffen und Rüstungsteile verzichtete er auf diesen Holzschnitten.

Zeitlich folgt nun die Grüne Passion von 1504. Auf dieser Folge von Federzeichnungen auf grüngrundiertem Papier stattete Dürer jetzt Kriegsknechte weitgehend mit Helmen und Harnischteilen aus: Harnischbrust und -rücken über gesteppten Waffenrock (Abb. 49), oder über der Landsknechtskleidung (Abb. 165) oder Halbharnisch mit gesichtsoffenem Helm (W. 310, Kreuztragung).

In der Kleinen Holzschnittpassion, 1509/11, deren Einzelblätter auch für einen größeren Interessentenkreis gedacht waren, stellte Dürer zum besseren Verständnis die jüdischen Kriegsknechte durch auffällige Rüstungsstücke heraus. Sie tragen Schuppenkappen, bis zu den Knien reichende Röcke, runde ei-

Abb. 165 **Ecce homo**, *1504. Grüne Passion. Feder- und Pinselzeichnung. Wien, Graphische Sammlung Albertina. Zwei Kriegsknechte sind durch Kleidung und Waffen – Helmbarten, Schwerter, Harnischbrust und -rücken – deutlich als Landsknechte gekennzeichnet. Albrecht Dürer hat sie, wie auf Abb. 158, von den Schergen und der Volksmenge abgesondert.*

serne Schulterscheiben, gesteppte wattierte Ärmel an Unterarmen und kleine Faustschilde, über den Schwertgriff gehängt. Woher Dürer die Anregung für die Schuppenkappen und für die Trageweise der Faustschilde erhielt, ist schwer nachzuweisen. Beide Formen sind bereits im 14. und 15. Jahrhundert auf Gemälden nachzuweisen.[16] Die Kriegsknechte in der Kleinen Holzschnittpassion sind nicht mehr durch eine Landsknechtstracht gekennzeichnet. Dürer wollte vermutlich das Fremdländische betonen und eine Gleichsetzung mit einheimischen Kriegern vermeiden. Zwei Holzschnitte aus der Großen Passion, 1510 entstanden, „Die Gefangennahme Christi" (Abb. 183) und „Die Auferstehung" (Abb. 168), zeigen eine andere Gestaltungsabsicht. Auf dem zuerst genannten Holzschnitt kommt die Freude Dürers, Szenen mit vielen Kriegsknechten zu gestalten, besonders zum Ausdruck. Ein Wald von hochragenden oder sich kreuzenden Stangenwaffen belebt den Hintergrund der dramatischen Szene. Die Häscher sind als Krieger mit Rüstungsteilen ausgestattet, wie sie in deutschen Landen üblich waren, einige rechts am Bildrand jedoch auch mit Lamellenstreifen an den Schultern und ein Mann mit Renaissanceschild. Wie einzigartig Dürer sich mit der Körperpanzerung von Fußkriegern auskannte, bezeugt die Auferstehungsszene, die weiter unten näher erläutert werden wird.

Als letztes Werk der Passionsfolgen sei auf einige Besonderheiten in der Kleinen Kupferstichpassion hingewiesen. Auf den Blättern ist jeweils nur eine geringe Anzahl von Personen dargestellt. Auch hier werden Kriegsknechte nicht deutlich als Landsknechte gekennzeichnet. Lediglich ein erhobener Arm im Hintergrund auf dem Kupferstich „Die Dornenkrönung Christi" (M. 9) ist in der gepufften und geschlitzten Tracht der Landsknechte ausgeführt. Waffen und Rüstungsteile – Stangenwaffen, Streithammer, Dolche, Helme, Harnischteile und Waffenröcke – entsprechen den Formen, wie sie in deutschen Ländern üblich waren.

Rüstungen und gesteppte Waffenröcke von Fußknechten

Mehrere dieser Passionsfolgen Dürers sind wertvolle Bildquellen für einen textilen Körperschutz, für gesteppte wattierte Waffenröcke und für Waffenröcke, die durch Eisenplatten oder -spangen verstärkt wurden.[17] Da diese Formen des Körperschutzes nur durch wenige Originale überliefert sind, können aus Werken dieses Künstlers wesentliche Erkenntnisse für die Historische Waffenkunde gewonnen werden.

In der Auferstehungsszene Christi der Großen Passion von 1510 (Abb. 168) sind von vier Wächtern drei mit derartigem Körperschutz ausgerüstet. Der Wächter links im Bild trägt zum Schutz der Unterarme, die der Verletzung im Kampf beim Gebrauch der Waffe stark ausgesetzt waren, gesteppte und wattierte Ärmel. Diesen Schutz verwendete Dürer sehr häufig.[18] Da Originale dieser Ärmel wohl überhaupt nicht überliefert sind, kann nach Dürers Darstellungen trotzdem der Schluß gezogen werden, daß dieser Armschutz sehr verbreitet war. Die Brust des im Vordergrund rechts liegenden Mannes bedeckt ein Panzer mit dachziegelartig übereinander greifenden rechteckigen Eisenplättchen, die offensichtlich auf Leder oder eine textile Unterlage aufgenietet sind. In der Regel lagen diese Eisenplättchen unter einem Waffenrock. Zusätzlich trägt der Mann unter dem Panzer ein Kettenhemd. Am rechten Arm des hinter ihm hockenden Wächters ist das Armzeug von einem Harnisch zu erkennen.

*Abb. 166 **Die welsche Trophäe**, 1518. Federzeichnung von Hans Döring, mit Wasserfarben ausgetuscht. Wien, Kunsthistorisches Museum.*
Die Trophäe enthält typische italienische Waffen – Kurzschwert, Ohrendolch, Rundschild – und einen gesteppten Waffenrock. Der Helm ist eine phantasievolle Mischform mit Klappvisier aus dem 14. und einer hohen Helmzimier in Drachenform aus dem 15./16. Jahrhundert.

Während das Bruststück als Harnischbrust mit Palmettendekor oder stoffüberzogener Brustplatte gedeutet werden kann, lassen die senkrechten Reihen mit Nietköpfen des Rückenstückes auf einen Körperschutz aus Stoff schließen, unter den Eisenspangen oder -platten genietet sind.[19] Ein vergleichbares Rückenstück mit neun längsgerichteten Nietreihen ist beim Speerwerfer in der Szene Bauern kämpfen gegen Landsknechte des Gebetbuches Kaiser Maximilians deutlich zu erkennen (Abb. 161).

Einen kompletten wattierten und gesteppten Körperschutz, der bis zu den Knien reicht, trägt der „Ungarische Bogenschütze" auf der Federzeichnung von 1494/95 (Abb. 22). Während gesondert getragene gesteppte Ärmel und manche gesteppte Wämser durch dicht gesetzte rautenförmig verlaufende Steppnähte gekennzeichnet sind, hat der Waffenrock aus Leinen ohne Ärmel aber mit Schoß in der „Welschen Trophäe" (Abb. 166) – ursprünglich wohl für den Triumphzug gedacht – nur dicht nebeneinander liegende Längsnähte. Diese Form des Körperschutzes ist durch zwei Originale vom Ende des 15./Anfang des 16. Jahrhunderts im Museum für Kunst und Kulturgeschichte der Hansestadt Lübeck und ein Exemplar im Altmärkischen Museum Stendal überliefert.[20] Untersuchungen haben ergeben, daß der Stendaler Stepprock aus fünf Textilschichten besteht.[21] Auf der Vorder- und Rückseite liegen je zwei Leinenschichten und als Innenfutter ist Barchent verwendet worden. Zwischen die Leinenschichten wurde fest gepackte Baumwollwattierung gepreßt und danach das Material mit Leinengarn gesteppt. Der Rock hat vorn neun Paar Bindelöcher zum Verschnüren. Auf der „Welschen Trophäe" von Döring wird der Waffenrock mit Knöpfen verschlossen, wie es auch bereits beim vertikal gesteppten Waffenrock König Karls VI. von Frankreich von etwa 1380 der Fall ist.[22] Die gezaddelten Enden des Stendaler Rockes sind aus leichterem Material und wohl nur eine Zierde. Auf der Vorderseite des Rockes konnten Roststellen festgestellt werden, die auf eine darüber getragene Harnischbrust schließen lassen.

Auch diese Form der Trageweise kann durch ein Werk Albrecht Dürers belegt werden. Auf der Zeichnung „Gefangennahme Christi" der Grünen Passion von 1504 (Abb. 49) trägt der Kriegsknecht, der Christus einen umgekehrten Streithammer in den Rücken stößt, über dem rautenförmig gesteppten Waffenrock Harnischbrust und -rücken. In der Szene „Gefangennahme Christi" von 1510 (Abb. 183) der Großen Passion stellt Dürer den Mann vorn links im Bild mit der Rückenpartie eines längs gesteppten

WAFFEN UND RÜSTUNGEN VON FUSSKNECHTEN   159

Abb. 167 **Christus vor Herodes**, *1509. Holzschnitt der Kleinen Passion.*
Neben Schuppenkappen und gesteppten Unterärmeln kennzeichnen auch runde Schulterscheiben die Kriegsknechte des Hohen Priesters.

Abb. 168 **Die Auferstehung Christi**, *1510. Holzschnitt der Großen Passion.*
Es wird auf diesem Holzschnitt besonders deutlich, daß Dürer Freude an der Wiedergabe von Waffen und Rüstungen hatte, wie die unterschiedliche Körperpanzerung und die differenzierten Waffen erkennen lassen. Der Szene fügte er auf schmalstem Raum im Hintergrund zahlreiche bewaffnete Krieger hinzu.
Beide Abb.: Berlin, Staatliche Museen Preußischer Kulturbesitz, Kupferstichkabinett.

Abb. 169 **Gesteppte Waffenröcke** *(Rückansicht), Ende 15. Jahrhundert. Lübeck, Museum für Kunst und Kulturgeschichte der Hansestadt Lübeck.*

Abb. 170 **Gesteppter Waffenrock mit Zaddelsaum**, *(Vorder- und Rückansicht), Ende 15./Anfang 16. Jahrhundert. Stendal, Altmärkisches Museum.*
Nur wenige dieser gesteppten, mit Baumwolle gepolsterten Waffenröcke sind erhalten geblieben. Albrecht Dürers Werke lassen erkennen, daß dieser Körperschutz und auch nur gesteppte Ärmel für den Schutz der Unterarme weit verbreitet waren.

Abb. 171 **Die Drahtziehmühle an der Pegnitz**, 1494. Wasser- und Deckfarbenmalerei. Berlin, Staatliche Museen Preußischer Kulturbesitz, Kupferstichkabinett. Das Bild veranschaulicht eine bedeutende Produktionsstätte in Nürnberg. Hier wurde mit Wasserkraft Draht gezogen, den vor allem Nürnberger Sarwürker für die Fertigung von Ringpanzern benötigten.

Abb. 172 **Detail von einem Ringpanzerhemd**, Ende 15. Jahrhundert. Messingschild mit Wappen der Stadt Nürnberg (Beschau- oder wegen der Größe auch Zeughauszeichen). Nürnberg, Germanisches Nationalmuseum. Ringpanzer aus Nürnberg erhielten nach einer behördlichen Beschau eine Marke mit dem Nürnberger Wappen oder einen in den Maschenpanzer einzuflechtenden Messingring mit der Umschrift: „STAT NVRMBERG".

Rockes dar, dessen Steppwulste pelzartig enden. Am Kragen ist ebenfalls ein Pelzstreifen zu erkennen. Es könnte sich hierbei um ein ziviles modisches Kleidungsstück handeln, das auch bei kalter Witterung schützte. Die gleichen Kennzeichen besitzt ein Stepprock, den der kniende Mann in der Szene der „Dornenkrönung Christi" von 1512 (M. 9) der Kleinen Kupferstichpassion trägt, hier in einer Vorderansicht. Daß Dürer die äußeren Merkmale der Kriegsknechte in seinen Passionen durch Waffen und Rüstungen immer wieder neu variierte entspricht wohl auch dem Bemühen des Künstlers, das Peter Strieder wie folgt formuliert: „Bei der Gestaltung von Themen der christlichen Heilsbotschaft ging es Dürer nicht um ikonographische Neuschöpfungen, sondern um eine Steigerung der Aussagekraft der Form, die andauernden Abwandlungen aus den künstlerischen Erkenntnissen seines gesamten Schaffens unterworfen war."[23]

Das Aquarell „Die Drahtziehmühle an der Pegnitz" (W. 61) weist auf eine für Rüstungsteile bedeutende Nürnberger Produktionsstätte hin. Hier wurde auch der Draht gezogen, den Nürnberger Sarwürker (Ringpanzermacher) für Kettenhemden, Ringpanzerkragen und -ärmel benötigten. Der Bedarf an mechanisch durch Wasserkraft gezogenem Draht war außerordentlich hoch, wenn berücksichtigt wird, daß in einem Kettenhemd 20 000 und mehr einzelne Ringe verarbeitet wurden. Das bedeutet bei der genannten Zahl eine Drahtlänge von etwa 600 Metern.[24] Nach einer Qualitätskontrolle erhielten die Rüstungsteile der berühmten Nürnberger Sarwürker einen in das eiserne Ringgeflecht eingesetzten Messingring mit der Inschrift „STAT NVRNBERG". Es darf angenommen werden, daß sich Dürer bei seinem Interesse für Waffen auch für die Inneneinrichtung der Drahtziehmühle interessierte und auch Sarwürker in ihren Werkstätten aufsuchte.[25] Mehrere dieser Nürnberger Handwerker sind im Mendelschen Hausbuch der Zwölfbrüderstiftung (Stadtbibliothek Nürnberg) bei ihrer Arbeit abgebildet.[26]

Im 12. und 13. Jahrhundert schützten sich viele Ritter von Kopf bis Fuß durch Ringpanzer. Auf dem Holzschnitt „Teppich von Michelfeld" von 1526 (Abb. 141) aus dem Umkreis von Dürer stammend und sich auf vergangene Zeiten beziehend, wird der Adelsstand noch durch diese Rüstung mit Ringpanzerstrümpfen und an verschiedenen anderen Körperteilen durch Harnischteile verstärkte Ringpanzer, charakterisiert. Zur Dürerzeit gehörten Ringpanzerhemden und Ringpanzerkragen vornehmlich zur Ausrüstung von Fußknechten, werden aber auch unter Waffenröcken und Harnischteilen als doppelter Körperschutz, beim kompletten Harnisch, vornehmlich zum Schutz für Achselhöhlen und für den Unterleib, getragen.

In Passionsfolgen Dürers sind zahlreiche Krieger mit Ringpanzerteilen in der genannten unterschiedlichen Form ausgerüstet. Details, wie der gezackte untere Abschluss eines Kettenhemdes (W. 302) und der gleichartige Rand an Ringpanzerkragen, wie in der „Auferstehung Christi" (Abb. 174) der Kupferstichpassion, lassen Dürers Vertrautheit mit diesen Rüstungsteilen erkennen. Beide Formen befinden sich auch am Phantasieharnisch auf der Federzeichnung „Albrecht Graf von Habsburg" (W. 677), deren Zuschreibung an Dürer jedoch fraglich ist.

Nur wenige Einzeldarstellungen von Landsknechten stammen aus der Feder von Albrecht Dürer. Der „Landsknecht von rückwärts gesehen" (Abb. 45) mit geschlitzten und gepufften Ärmeln hat seine Helmbarte mit dem linken Arm seitwärts gestellt. Für ihn wählte der Künstler eine besondere Waffe, das Bohrschwert. Es war vorwiegend zum Stoß geeignet und konnte leichter als ein Schwert mit breiter Klinge beim Gegner zwischen die Lücken des Harnisches eindringen. Der Knauf des Schwertes beim „Landsknecht als Fahnenschwinger", um 1500 (W. 251), läßt als Seitenwaffe auf ein Schweizerschwert schließen. Der zweite „Fahnenschwinger", um 1502/03 (M. 92), trägt ein Schwert mit langer horizontal S-förmig gebogener Parierstange. Der Bogenschütze mit Bogen im Anschlag (Abb. 28) ist mit einem Ohrendolch, wie er vorwiegend in Italien geführt wurde, als Zweitwaffe ausgerüstet. Ein weiterer Landsknecht (W. 254) trägt seine Stangenwaffe geschultert, deren Klinge nur schematisch als Beil ausgeführt ist. Der skizzenhaft gezeichnete Griff und

Seite 161:

Abb. 173 **Figurine eines gerüsteten Nürnberger Bürgers mit Ringpanzerhemd,** *Nürnberg, 14./15. Jahrhundert,* **Harnischbrust,** *deutsch, Ende 15. Jahrhundert und* **Italienischer Schaller,** *15. Jahrhundert Nürnberg, Germanisches Nationalmuseum.*
Für die Herstellung eines Kettenhemdes aus etwa 20000 Ringen wurden etwa 600 Meter Draht benötigt.

Abb. 174 **Die Auferstehung Christi,** *1512. Kupferstichpassion. Berlin, Deutsches Historisches Museum.*
Die Vertrautheit Dürers mit Ringpanzern zeigt sich an mehreren berücksichtigten Details: in Spitzen oder Bogen auslaufende Ränder von Panzerkragen oder Randstreifen aus Messingringen am Ringpanzerhemd (Abb. 112).

Abb. 175 **Ringpanzerkragen,** *süddeutsch, um 1500. Berlin, Deutsches Historisches Museum, Zeughaussammlung.*
Dieser Hals- und Schulterschutz, auch Bischofskragen genannt, wurde vorwiegend von Fußkämpfern zum Halbharnisch oder auch ohne weitere Harnischteile getragen.

Knauf lassen keine genauere Bestimmung des Schwertes zu.

Anderen Personen zugeordnete Landsknechte, wie beispielsweise auf dem Holzschnitt „Reiter und Landsknecht" (Abb. 188) und auf dem Kupferstich „Fräulein zu Pferd und Landsknecht" (M. 84) tragen wie auf vielen anderen Werken Dürers als Hauptwaffe die Helmbarte.[27] Daß ein Landsknecht als Einzel- oder Begleitperson Rüstungsteile trägt, wie beim „Reiter und Landsknecht", ist in Dürers Darstellungen eine Ausnahme und entsprach der Realität.

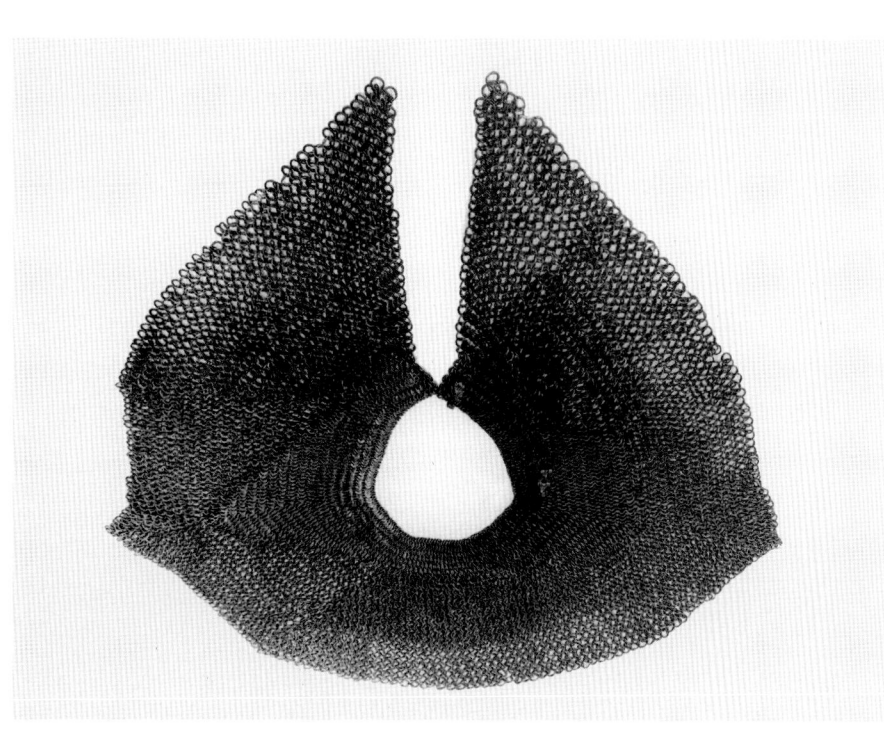

Entwürfe von Trophäenträgern für den Triumphzug Maximilians I.

Wie hervorragend sich Albrecht Dürer auch mit Rüstungen und der Bewaffnung von Kriegsleuten anderer Völker auskannte, wird besonders in den Skizzen der vier Trophäenträger für den Triumphzug von 1518 (W. 692, 694, 696, 698) deutlich, die aber nicht in den Zug aufgenommen wurden. Kolorierte Zeichnungen in einem Wiener Kunstbuch nach Dürers Entwürfen sollen nicht von Dürer, sondern von Hans Döring stammen.[28] Der Verzicht auf detailgetreue Wiedergabe und die neue Anordnung der Kriegswerkzeuge beeinflußten die Gestaltung negativ.

Der Entwurf zur „Böhmischen Trophäe" (W. 694) enthält in genauester Ausführung typische Waffen und Rüstungsteile, wie sie in den hussitischen und böhmischen Heeresaufgeboten des 15. Jahrhunderts üblich waren. Die Handbüchse, die dem Künstler als Querstange diente, um Rüstungsteile aufzuhängen, war eine bereits von den Hussiten besonders für den Kampf aus Wagenburgen heraus bevorzugte Waffe.[29] Auch Ahlspieße und lange Schwerter eigneten sich für die Abwehr feindlicher Reiterangriffe besonders gut.[30] Als typischen Schild wählte Dürer die in diesem Lande hergestellte und auch in andere Länder exportierte böhmische Pavese.[31] Der Helm, eine Schaller mit aufschlächtigem Visier, und das Ringpanzerhemd gehörten hingegen auch zur allgemeinen Bewaffnung in Mitteleuropa.

In der Ausführung mit Wasserfarben veränderte Döring nicht nur die Stellung der Waffen, in dem er Schwert, Ahlspieß und Handbüchse zu einem Dreieck anordnete, sondern auch die äußeren Formen einiger Waffen. Die ursprünglich originalgetreue schlanke vierkantige Klinge des Ahlspießes verbreiterte er, die flache Parierscheibe an dieser Waffe gestaltete er kräftiger und fügte unten einen Wollaufputz hinzu. Eine weitere optische Aufwertung nahm er beim Gefäß des Schwertes vor. Die mit Leder überzogene Rückseite der Pavese gleicht in der Skizze haargenau erhaltenen Exemplaren, in der kolorierten Zeichnung ist sie mit einem Randdekor ausgestattet. Die Schaller mit darunter angefügtem Bart entsprach im Entwurf Dürers genauer dem spätgotischen Stil als der Helm auf der Federzeichnung von Döring.[32]

Auch für „Die ungarische Trophäe" (W. 696) wählte Dürer kenntnisreich Waffen und Kleidung aus. Der Hut mit wulstartiger Krempe und das Wams mit den Verschnürungen lassen sich als typische Bekleidungsstücke ungarischer Reiter nachweisen.[33] Der Schild entspricht der in Ungarn bevorzugten Form, die stark konvex gerundet ist und oben in eine

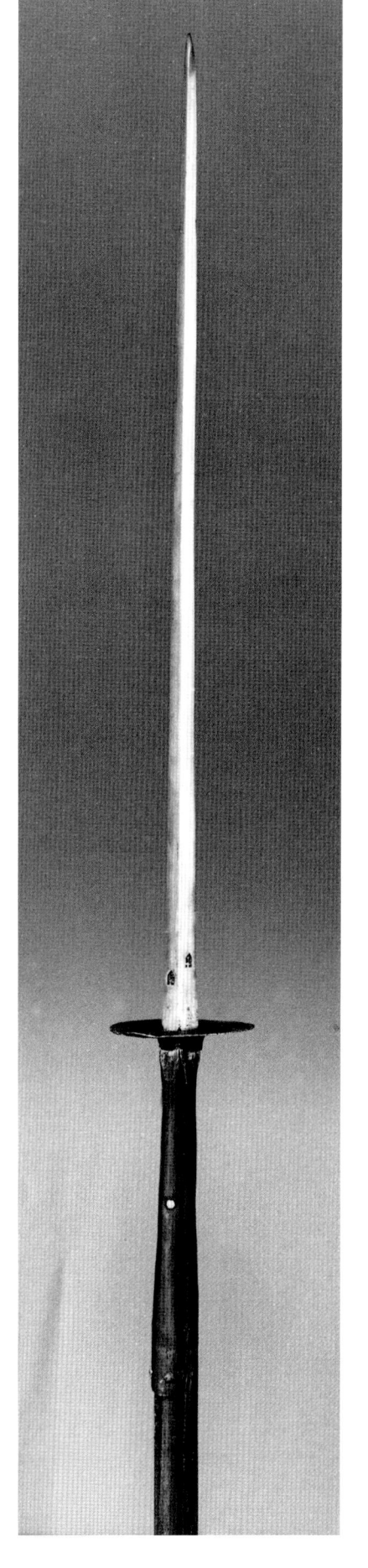

Abb. 176 **Entwurf für „Die böhmische Trophäe"**, 1518. Federzeichnung. Wien, Graphische Sammlung Albertina.
Dürer hatte auch gute Kenntnisse über Waffen und Rüstungen in anderen Ländern. Ahlspieße mit bis zu einem Meter langer Klinge und „böhmische" Pavesen gehörten bereits zur Bewaffnung in hussitischen Heeren.

Abb. 177 **Die böhmische Trophäe**, 1518. Federzeichnung, mit Wasserfarben ausgetuscht. Wien, Kunsthistorisches Museum.
Hans Döring veränderte gegenüber dem Entwurf (Abb. 176) die Gesamtgestaltung, um eine größere dekorative Wirkung zu erzielen, leider auch die realen Vorbilder der Waffen und Rüstungsteile.

Abb. 178 **Ahlspieß**, österreichisch, 1497–1500. Berlin, Deutsches Historisches Museum, Zeughaussammlung.
Die Stangenwaffe ist 243 cm, die Klinge 80 cm lang. In die schmale Klinge ist die Wiener Zeughausmarke eingeschlagen.

Abb. 179 **Entwurf für „Die ungarische Trophäe"**, 1518. Federzeichnung. Wien, Graphische Sammlung Albertina. Eigenhändig von Dürer beschriftet: „Dy ungrisch troffea".

Abb. 180 **Die ungarische Trophäe**, 1518. Hans Döring, Federzeichnung, mit Wasserfarben ausgetuscht. Wien, Kunsthistorisches Museum.
Beide Trophäen enthalten typische ungarische Waffen und Ausrüstungsgegenstände: Hut mit wulstartiger Krempe, Wams mit Verschnürungen, Ungarische Flügeltartsche, Bogen, Pfeilköcher und Säbel mit Fangschnur.

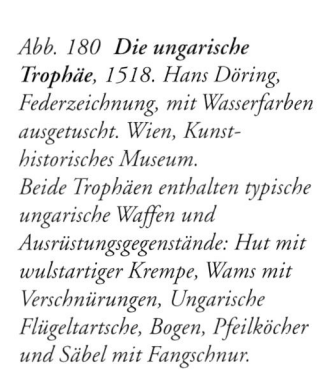

Abb. 181 **Die französische Trophäe**, 1518. Hans Döring, Federzeichnung, mit Wasserfarben ausgetuscht. Wien, Kunsthistorisches Museum. Armethelm, Bogen, Streitaxt und Schwert wurden für die französische Trophäe von Albrecht Dürer und Hans Döring sachgerecht ausgewählt.

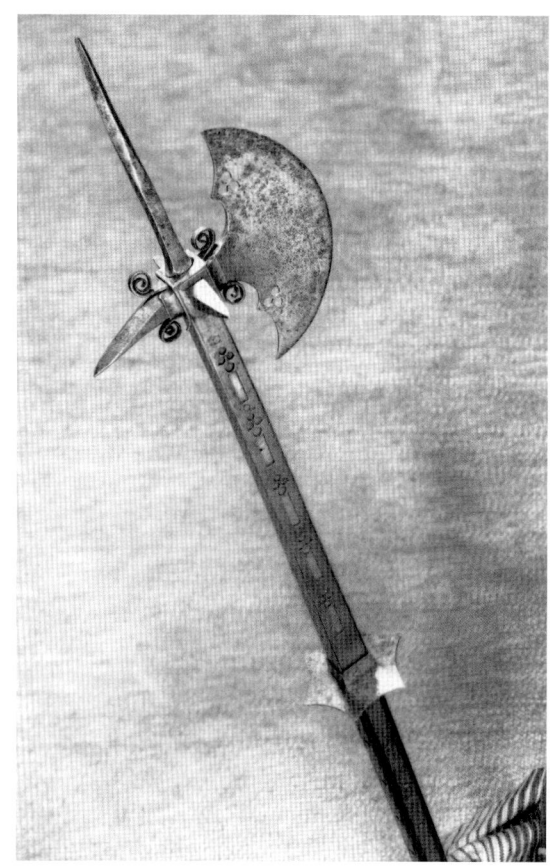

Abb. 182 **Fußstreitaxt**, französisch oder deutsch, 1. Hälfte 16. Jahrhundert. Berlin, Deutsches Historisches Museum, Zeughaussammlung.
Die Waffe stimmt als Typ mit der auf Abb. 181 überein.

Spitze ausläuft. Er wird als Ungarische Tartsche oder als Flügeltartsche bezeichnet.[34] Pfeil und Bogen gehörten wie der Säbel zur traditionellen Reiterbewaffnung der Ungarn. Die Fangschnur am Griff und die Aufhängung des Säbels, die flach auslaufenden Enden des Bogens und der langgestreckte Köcher beweisen die genauen Studien des Künstlers.[35] Die Ungarischen Trophäe von Döring ist gegenüber der Vorzeichnung besonders bei der Pferdeausrüstung verändert. Die Spitze des Schildes ist entgegengesetzt, Waffen und Ausrüstung sind malerischer ausgeführt.

In „Die welsche Trophäe" (W. 698) nahm Dürer einen typischen italienischen prunkvollen Rundschild, ein in Italien bevorzugtes Kurzschwert mit reich verziertem Gefäß und den in diesem Land ebenfalls üblichen Ohrendolch sowie als Fragment eine Reiterlanze auf.[36] Der Helm mit aufschlächtigem Rundvisier und einer großen und kleinen Stielscheibe sind jedoch eine freie Gestaltung des Künstlers, um gegenüber dem Kopfschutz mit Federschmuck der anderen Trophäen eine gestalterische Variante zu erreichen. Döring setzte auf die große Stielscheibe als Helmzimier einen geflügelten Drachen,[37] der gesteppte Waffenrock war ein vorwiegend von Fußkämpfern in vielen europäischen Ländern getragener Körperschutz.

Für „Die französische Trophäe" (W. 692) war es schwieriger, typische Waffen und Rüstungsteile auszuwählen. Sie entsprachen weitgehend den allgemeinen Formen in Mitteleuropa. Der Armethelm und insbesondere die Fußstreitaxt mit kleinem Beil und gerundeter Schneide, mit kurzer Stoßklinge und am Dorn mit zwei Nebenhaken sowie Bogen und Waffenhemd waren jedoch in Frankreich verbreitet.[38] Im Entwurf (W. 692) sind Waffen und Rüstungsteile nur schemenhaft skizziert, aber als Typen erkennbar. In der kolorierten Zeichnung wurden Schwertgriff ergänzt und Federbusch reich ausgeführt.

Albrecht Dürer gelang es durch seine umfassenden Kenntnisse charakteristische landesübliche Waffen und Rüstungsteile auszuwählen, damit durch die Trophäenträger wirkliche ehemalige Kriegsgegner des Kaisers erkennbar waren.

Anmerkungen

1 Siehe J. Uhlitzsch, S. 58. Da diese Formulierungen unmittelbar der kurzen Besprechung der beiden Landsknechte von Dürer folgen, können die zitierten Sätze sich nur auf diesen Künstler beziehen.
2 Siehe auch H. Mielke, 1991, S. 28/29.
3 Zu Schweizerdegen und -dolche siehe S. 43.
4 F. Winkler, 1957, S. 57. Der Reiter wird von John R. Hale als Verbündeter, als Stradiote, leichter albanischer Reiter, gedeutet, siehe hierzu SMS, Bd. 1, Nr. 4.
5 F. Anzelewsky bemerkt zu diesem Gegenstand: „...offenbar sollte Rotwein aus ihm fließen, da die Strahlen, die in einem Becher aufgefangen werden, rot getuscht sind." Siehe Dürer. Werk und Wirkung, Stuttgart 1980, S. 90.
6 Siehe W. 77–79, 81 und 310; M. 80, 81, 111, 119, 120, 180 und 199. In Passionsszenen sind einzelne Juden auch mit Turban gekennzeichnet.
7 Zum Langspieß siehe auch S. 172.
8 Siehe H. C. von Tavel, 1916; H. Sieveking, 1987.
9 Zu der Deutung dieser Szene siehe H. C. von Tavel, S. 105.
10 Siehe auch Abschnitt über Stangenwaffen, S. 167.
11 Siehe H. C. von Tavel, S. 105.
12 Siehe auch Ausführungen über Bogen, S. 33, und über Schilde, S. 138.
13 Zum Wurfspeer siehe S. 182.
14 Siehe auch unter Helme, S. 136.
15 Zu den Waffen siehe unter Schwerter, S. 51 und Bogen, S. 32. Waffenröcke werden auf den folgenden Seiten näher besprochen.
16 Bereits auf dem Gemälde Auferstehung Christi des Meisters vom Altar von Wittingau, um 1380 (Prag, Nationalgalerie) und auch auf dem Englandfahrer-Altar von Meister Francke, um 1425 (Hamburg, Kunsthalle), tragen Kriegsknechte Schuppenkappen und Faustschilde, bei Meister Francke auch über Säbelgriffe gehängt; siehe H. Möbius, 1978, Abb. 148 und 150; Detailabb. mit Faustschilden über Säbelgriffe auf dem Altar von Meister Francke siehe E. Ullmann, 1981, Abb. 249. Noch im 17./18. Jahrhundert waren polnische Reiter mit Schuppenpanzern, Karacena genannt, ausgerüstet, siehe Z. Zygulski, 1982, S. 21–26.
17 Gesteppte Waffenröcke wurden bereits im Altertum als Körperschutz getragen, siehe O. Gamber, 1978, S. 105 u. 116; A. Schröder, 1 u. 2/1991, S. 22, 23.
18 Große Passion M. 117, 124 ; Kleine Holzschnittpassion M. 136–139, 141, 145, 154. Kleine Kupferstichpassion M. 5, 17.
19 Zum Spangenharnisch siehe B. Thordeman, 1939; E. A. Geßler, 1926, S. 27–39 u. 98–102.
20 Siehe R. Bohlmann, 1937–1939, S. 258–261; A. Schröder, S. 56–59.
21 Siehe A. Schröder, S. 56/57.
22 Ebenda, S. 55, Abb. 37.
23 P. Strieder, 1996, S. 261.
24 Siehe A. N. Kirpičnikov, 1/1976, S. 22.
25 Zur Arbeitstechnik der Sarwürker siehe E. M. Burges, S. 48–55 und 193–202; A. von Reitzenstein, 1964, S. 33–36.
26 Siehe Das Hausbuch der Mendelschen Zwölfbrüderstiftung zu Nürnberg, hrsg. von W. Treue u. a., 2 Bde., München 1965.
27 Zur Helmbarte in Dürers Werken siehe S. 167.
28 Mitteilung des Kunsthistorischen Museums Wien, Kunstbuch, KK 5127.
29 Siehe E. Wagner/Z. Drobná/J. Durdik, 1957; J. Durdik, 1961 und J. Durdik/M. Mudra/M. Sáda, S. 13 ff.
30 Zu Ahlspießen siehe S. 163.
31 Zu böhmischen Pavesen siehe S. 140.
32 Siehe C. Blair, 1958, Tafel S. 201; H. Müller/F. Kunter, 1984, S. 136.
33 Siehe W. Koschatzky/A. Strobl, Nr. 107; F. Anzelewsky, 1980, S. 174, meint, daß die Reinzeichnung vielleicht „von den Gesellen in Dürers Werkstatt ausgeführt" wurde.
34 Siehe S. 140.
35 Siehe Dürers „Ungarischer Bogenschütze", W. 80, und S. 34.
36 Zum Rundschild siehe Abschnitt Schilde, S. 142, zum Ohrendolch siehe S. 59.
37 Siehe Abschnitt Helme, S. 133.
38 Siehe unter Streitaxt, S. 164, 179.

STANGEN- UND SCHLAGWAFFEN

Szenen mit Gruppen von Kriegern zu Fuß werden auf Gemälden und Graphiken des späten Mittelalters und der Renaissance wesentlich durch Stangenwaffen charakterisiert und belebt. Die Hauptmasse der angeworbenen Söldneraufgebote trug diese langschäftigen Waffen. Neben militärischen Sujets sind auch Darstellungen zu den Stationen der Leidensgeschichte Christi oft mit zahlreichen Kriegern und Henkersknechten, die derartige Waffen führen, gestaltet. Knechte und Waffen unterstreichen die gefahrvollen Situationen, die dem leidenden Christus drohen. Die Waffen sind in den Händen dieser Männer Zeichen des Herrschers, der den Auftrag zur Festnahme erteilte. Als Gestaltungsmittel ermöglichen sie dem Künstler, vielfältige Akzente zu setzen. Konzentriert angeordnet, verstärken sie die Masse in der Szenerie. Manchmal sind die hinter einer Menschengruppe aufragenden Stangenwaffen nur Staffage, ohne daß sie einem Träger zugeordnet werden können. Sie sollen aber den Hintergrund beleben – wie auch für Darstellungen von Albrecht Dürer noch aufgezeigt werden wird. Zur Betonung einer Senkrechten, einer Diagonalen oder eines Kreuzungspunktes als Spannungsmoment eigneten sich langschäftige Waffen besonders gut. Mit unwirklichen, phantastischen Stoßklingen, Beilformen, Schlagköpfen oder Schlagdornen der Stangenwaffen versuchen manche Künstler die Variabilität und optische Wirkung zu erhöhen.[1]

Langspieße von vier bis fünf Metern Länge waren zwar in den Kriegshaufen der Landsknechte die am häufigsten eingesetzten Waffen, doch wegen dieser Länge eigneten sie sich in den wenigsten Fällen für bildliche Darstellungen. Da die Zahl unterschiedlicher Formen der zum Hieb und zum Stoß ausgebildeten Stangenwaffen für Fußkämpfer im 15. Jahrhundert wesentlich zunahm, konnten Künstler Szenen mit diesen Waffen variabler gestalten.[2]

Vierzig verschiedene Helmbartentypen in Dürers Werken

Zu den bevorzugten langschäftigen Waffen gehörten bei Albrecht Dürer die Helmbarten, auch Halbarten oder Hellebarden genannt. Sie hatten sich seit dem 13./14. Jahrhundert bis zur Dürerzeit in der Klingenform wesentlich verändert.[3] Beil und Stoßklinge variierten in ihrer Form, ein Schlagdorn kam hinzu, Tülle und Schaftfedern verstärkten den Halt am Schaft. Es ist erstaunlich, daß sich diese Entwicklung an etwa 40 verschiedenartigen Helmbarten aus Dürers Werken vom 14. bis in die ersten beiden Jahrzehnte des 16. Jahrhunderts aufzeigen läßt. Nicht nur in unterschiedlichen Holzschnitten oder Kupferstichen, sondern auf einem Blatt nebeneinander stehen Helmbarten mit alten und mit neuartigen Klingenformen. Das ist beispielsweise der Fall in der Grünen Passion von 1504 bei den Szenen Christus vor Kaiphas (W. 302), Christus vor Pilatus (W. 304) und der Kreuznagelung Christi (W. 311) sowie bei der Kreuzannagelung, um 1509 (M. 148), der Kleinen Holzschnittpassion. Das beweist die Vertrautheit des Künstlers mit dieser Waffenart. Er dürfte sowohl alte als auch die neuesten Typen von Helmbarten im Nürnberger Zeughaus vorgefunden und an der unterschiedlichen Formgebung seine Freude zum Skizzieren und zur weiteren Verwendung in seinen Werken gehabt haben. Gegenüber der schmalen Klinge beim Langspieß und beim Ahlspieß, aber auch der etwas breiteren der Partisane, wie auf dem Holzschnitt „Christus vor Kaiphas" (Abb. 202), war die Helmbartenklinge durch ihr großes Beil mit gegenüberliegendem Schlagdorn und oben herausragender Stoßklinge bildwirksamer einzusetzen. Um die Unterschiede der Klingen besser erkennen zu können, sollen nachstehend die wesentlichen Formvarianten aufgeführt werden:

1. etwa hochrechteckiges Beil, mit zwei Ohren am Klingenrücken für den Schaft, Stoßklinge in Verlängerung des Schaftes oder ohne Stoßklinge, 14. Jahrhundert, wie auf dem Kupferstich „Christus vor Pilatus" (Abb. 197).

2. Form wie Nr. 1, zusätzlich an dem oberen Ohr ein gerader Schlagdorn angeschmiedet, 14./1. Hälfte 15. Jahrhundert, wie auf der „Kreuzannagelung" der Kleinen Holzschnittpassion (M. 148) und der Randzeichnung zum Gebetbuch Kaiser Maximilians I. (Abb. 161).

3. langgestreckte, hochrechteckige Beilklinge, geschweift in Stoßklinge übergehend und mit geradem oder abwärtsgerichtetem Schlagdorn am Beilrücken, Schaft von unten her in die Klingentülle hineinragend, mit Schaftfedern, 15. Jahrhundert, wie auf dem Holzschnitt der Kleinen Passion „Christus vor Kaiphas" (Abb. 202) und auf der Randzeichnung zum Gebetbuch Kaiser Maximilians I. (fol 48 v).

4. kürzeres, zur Schneide hin verbreitertes Beil mit etwa gerade verlaufender Schneide, von einer Basis abzweigender kurzer gerader oder leicht abwärts ge-

*Abb. 183 **Die Gefangennahme Christi**, 1510. Holzschnitt der Großen Passion. Berlin, Staatliche Museen Preußischer Kulturbesitz, Kupferstichkabinett.*
Dürer steigerte die dramatische Szene der Gefangennahme durch eine Vielzahl unterschiedlicher, zum Teil sich kreuzender Stangenwaffen, die eine größere Anzahl von Häschern vortäuschen. Fast alle Typen von Stangenwaffen der Zeit sind in der Darstellung enthalten. In der Mitte, gekreuzt mit einer langen blanken Klinge, ein seltener Dolchstreitkolben.

neigter Schlagdorn, Schaft ragt von unten her in die Klingentülle hinein, mit Schaftfedern, 2. Hälfte 15. Jahrhundert, wie auf dem Holzschnitt „Die Gefangennahme Christi" der Großen Passion (Abb. 183) und „Christus am Kreuz" der Kleinen Kupferstichpassion (M. 13).

5. breites Beil mit gerader oder schräggestellter Schneide, oberer und unterer Rand des Beiles stark schräg oder konkav zugeschnitten, kräftige Stoßklinge, abwärts gerichteter Schlagdorn, Schaftfedern, Ende 15. und erste Jahrzehnte des 16. Jahrhunderts, wie auf der Feder- und Pinselzeichnung „Ecce homo" der Grünen Passion (Abb. 165) und wie auf den Holzschnitten der Großen Passion „Die Schaustellung" und „Die Kreuztragung Christi" (Abb. 158 und Abb. 194).

STANGEN- UND SCHLAGWAFFEN 169

Abb. 184 **Unterschiedliche Formen und Gestaltungsvarianten von Helmbarten** *in Werken Albrecht Dürers (Auswahl). Ausschnitte von Abb.: 197, 161, –, –, 136, 46, 165, 137, 183, 167, 183, –, 203, 164, 147, 144, 143, 159, 153 und 188. Etwa 40 verschiedene Klingenformen von Helmbarten, die die Entwicklung dieser Waffe vom 14. bis in die ersten Jahrzehnte des 16. Jahrhunderts erkennen lassen, verdeutlichen die umfangreichen Kenntnisse des Künstlers und sein Bestreben, auch bei Waffen immer neue Akzente zu setzen.*

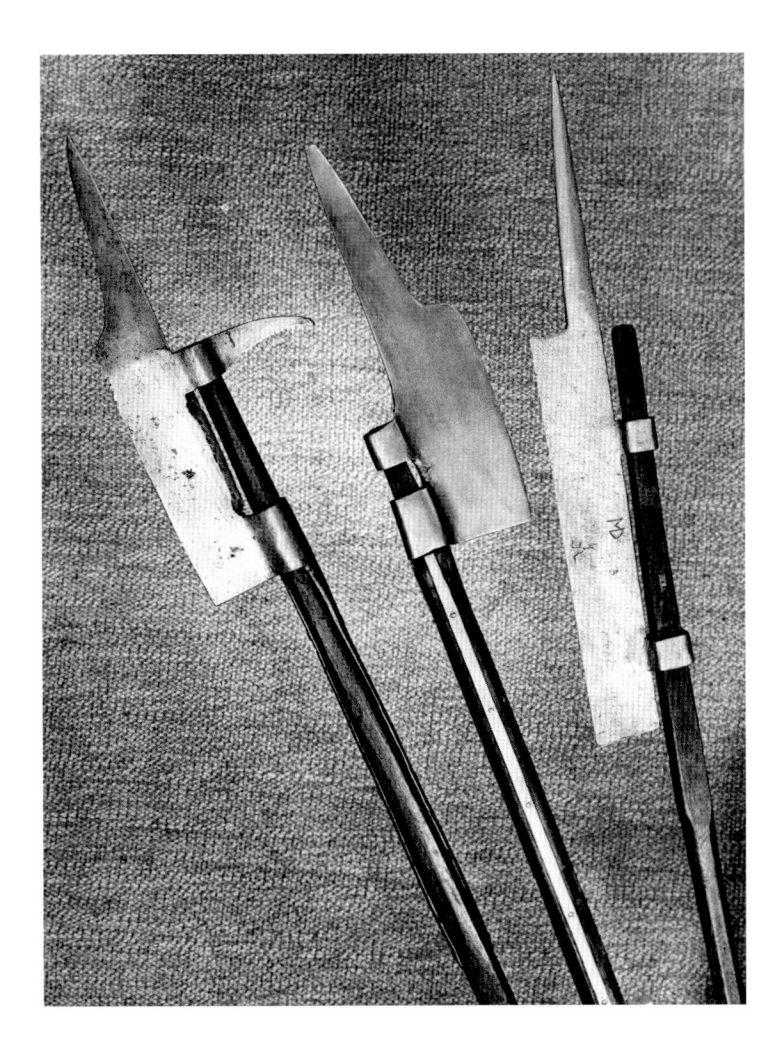

*Abb. 185 Helmbarten,
14./15. Jahrhundert. Berlin,
Deutsches Historisches Museum,
Zeughaussammlung.
Charakteristische Merkmale:
Hochrechteckige Klingen, in eine
Spitze zum Stoß übergehend, mit
zwei Öhren am Schaft befestigt;
frühe Form eines Schlagdorns.*

*Abb. 186 Helmbarten,
1. Drittel 16. Jahrhundert. Berlin,
Deutsches Historisches Museum,
Zeughaussammlung.
Charakteristische Merkmale:
Kurzes breites Beil mit gerader
oder schräg gestellter Schneide,
Stoßklinge in Verlängerung des
Schaftes, Schlagdorn am
Beilrücken, Schafttülle und lange
aufgenagelte Schaftfedern.*

Die aufgeführten frühen Helmbartenformen blieben auch in den folgenden Jahrhunderten als Gebrauchswaffen kriegstauglich und wurden deshalb in Zeughäusern weiterhin aufbewahrt. Einfache Klingen ohne angeschweißte Stahlschneiden ließen sich in Notzeiten, wie in Bauernaufständen, auch in Dorfschmieden leicht herstellen.

Frühe Formen der Helmbarten vom 14. und Anfang des 15. Jahrhunderts nahm Albrecht Dürer in Szenen mit Gruppen von Kriegern auf, um deren Bewaffnung mit zeitgenössischen und mit veralteten Typen variabler gestalten zu können. Dazu gehören Szenen, wie bereits aufgezeigt, der Grünen Passion, der Kleinen Holzschnittpassion und der Kleinen Kupferstichpassion. Auf Holzschnitten der Großen Passion, erschienen 1511, die höchsten Ansprüchen von Käufern genügen sollten, blieb Dürer bei zeitgenössischen Waffen, verzichtete also auf Helmbartenformen des 14. und der ersten Hälfte des 15. Jahrhunderts.

Betont herausgestellte Kriegsknechte auf Einzeldarstellungen tragen ebenfalls zeitgenössische Helmbarten. Hingewiesen sei auf den Kupferstich „Das Fräulein zu Pferd und der Landsknecht", um 1497 (M. 84), den Holzschnitt „Reiter und Landsknecht", um 1496/97 (Abb. 188), die Federzeichnung „Landsknecht von rückwärts gesehen", 1500–1502 (Abb. 45), den Helmbartenträger auf dem Kupferstich „Das Große Pferd", 1505 (Abb. 144), „Tod und Landsknecht" auf dem Holzschnitt von 1510 (P. 352) und auf die Randzeichnung im Gebetbuch Kaiser Maximilians I., in der ein Fußkämpfer seine Helmbarte gegen einen anspringenden geharnischten Reiter richtet (Abb. 187). Auch zwei im Bildvordergrund angeordnete, in ein Gespräch vertiefte Landsknechte der Zeichnung „Ecce homo" (Abb. 165) der Grünen Passion sind mit zeitgenössischen Helmbarten bewaffnet.

Nur in Randzeichnungen zum Gebetbuch ist die Handhabung der Helmbarte von Dürer dargestellt: zweimal als Hiebwaffe mit dem Beil und ein anderes Mal als Stoßwaffe. Die Zeichnung (Abb. 161) läßt die ungeübte Handhabung der Waffe durch einen Bauern erkennen. Er erfaßt den Schaft mit beiden Händen oberhalb der Schaftmitte, wodurch er sich oder einen seiner Nebenmänner beim Zuschlagen durch das zurückweichende Schaftende gefährdete.[4] Der Landsknecht auf der Zeichnung (Abb. 187) hat zur schwierigen Abwehr des anspringenden geharnischten Reiters die richtige Beinstellung mit weit zurückgestelltem rechtem Bein eingenommen. Die linke Hand hält im Unter-, die rechte im Obergriff

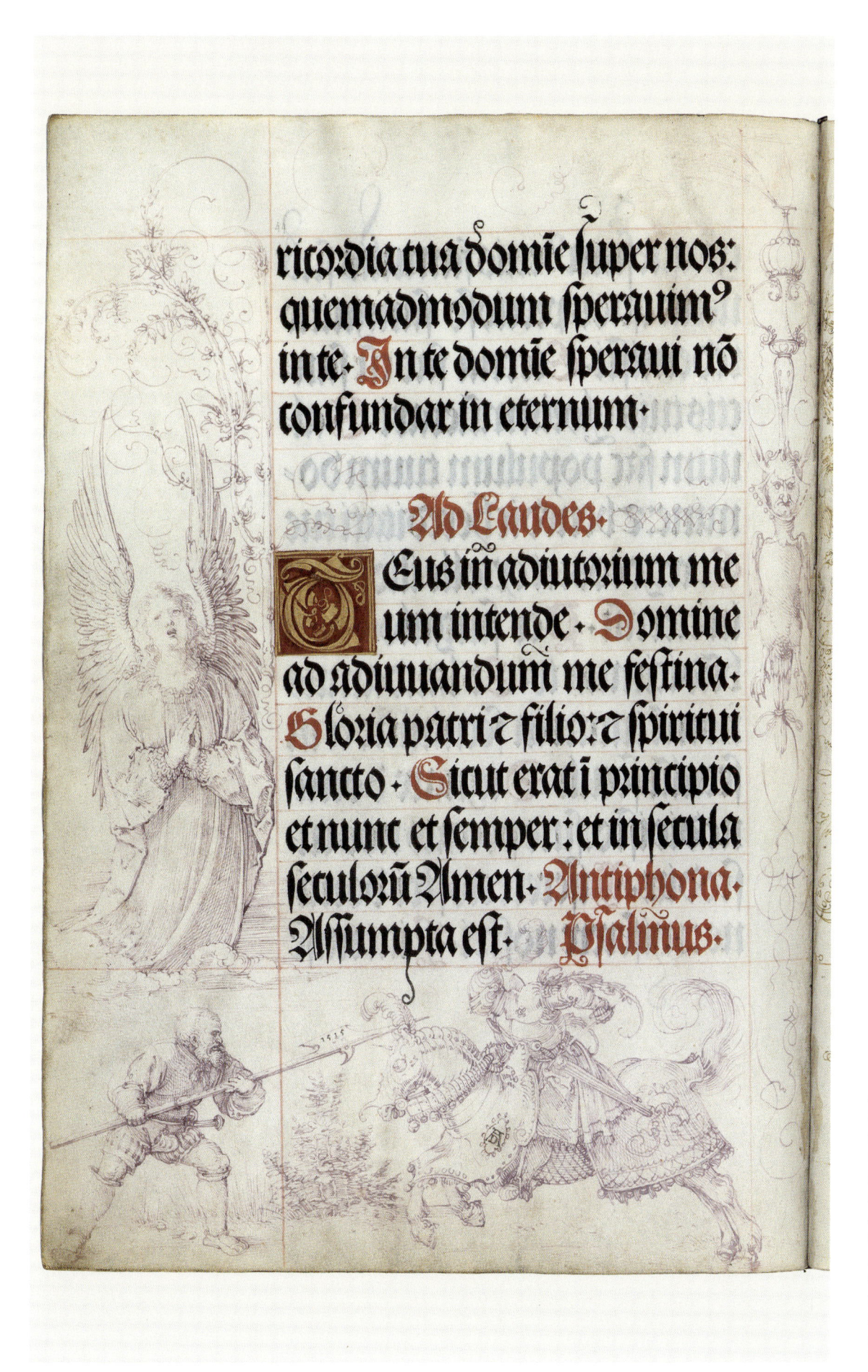

Abb. 187 **Landsknecht im Kampf mit geharnischtem Reiter**, um 1515. Randzeichnung zum Gebetbuch Kaiser Maximilians I. München, Bayerische Staatsbibliothek.
Dürer hat auch die Handhabung von Waffen genau studiert. Der Landsknecht, in zweckmäßiger standfester Beinstellung, umfaßt den Schaft mit der linken Hand im Unter- und mit der rechten Hand im Obergriff, damit er die Waffe sicher führen kann.

Abb. 188 **Reiter und Landsknecht**, *1496/97. Holzschnitt. Berlin, Deutsches Historisches Museum. Die Helmbarte wurde unter den Stangenwaffen von Albrecht Dürer bevorzugt. Sie eignete sich durch ihre breite, gegenüber der schmalen Klinge eines Spießes, besonders gut als Gestaltungsmittel.*

den Schaft und der Landsknecht richtet die Helmbartenspitze gegen den Oberkörper des Reiters. Hier, wie an mehreren anderen Werken, zeigt sich die Kenntnis des Künstlers über die zweckvolle Handhabung von Waffen.[5]

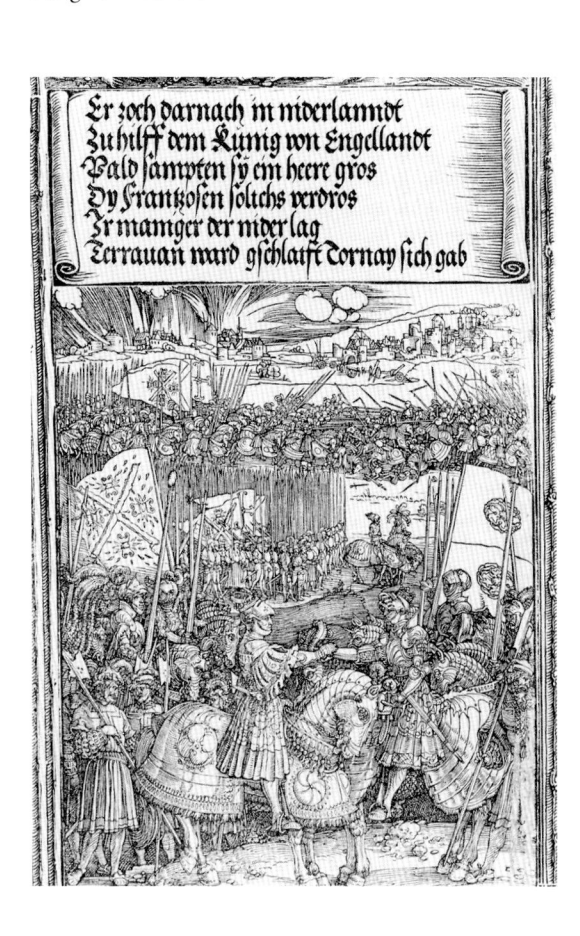

Abb. 189 **Die Zusammenkunft Maximilians I. mit Heinrich VIII. von England.** *Holzschnitt aus der „Ehrenpforte", 1515. Berlin, Staatliche Museen Preußischer Kulturbesitz, Kupferstichkabinett. Vereint im Kampf gegen Frankreich trafen sich die beiden Herrscher 1513 bei Terouanne in Artois. Maximilian zu Pferde links im Bild. Es ist eine der wenigen Darstellungen Albrecht Dürers mit großen Aufgeboten von Kriegern.*

Auf einige von Dürer gut beobachtete Feinheiten der Gestaltung von Helmbarten sei noch hingewiesen. Der Schlagdorn der Helmbarte auf dem Kupferstich „Das Große Pferd" (Abb. 144) hat die Form eines Vogelschnabels, wie es auch bei anderen Waffen üblich war. Ein Streithammertyp wird deshalb auch Papageien- oder Rabenschnabel genannt.[6] Sehr häufig hat Dürer die Beilfläche der Helmbarte, wie es vom Ende des 15. bis in die ersten Jahrzehnte des 16. Jahrhunderts üblich war, mit einem Dreipaßdurchbruch versehen. Statt des Schlagdornes besitzt eine Helmbarte auf dem Holzschnitt „Narrenprügelei" (1494) ein nach vorn sich verbreiterndes Hammereisen.[7]

Stangenwaffen als gestalterisches Element

Der unhandliche, vier bis fünf Meter lange Spieß war keine Waffe, die der Landsknecht täglich mit sich führte, wie beispielsweise das Schwert. Zweimal kennzeichnete Dürer diesen Söldnertyp in der kleinen Gruppe „Die sechs Krieger", um 1495/96 (Abb. 159), mit dieser Waffe. Ein Mann trägt sie auf der rechten Schulter, der zweite hat sie gerade gestellt und dabei ragt der Spieß über den oberen Bildrand hinaus. Diese Variante macht deutlich, daß der Langspieß sehr wirksam als Diagonale einzusetzen war, sich jedoch in gerade gestreckter Form zur Charakterisierung eines Landsknechtes oder einer kleinen Gruppe weniger eignete.

Die taktische Aufstellung von Landsknechten mit Langspießen hat Dürer auf dem Holzschnitt der Ehrenpforte „Die Zusammenkunft Maximilians I. und Heinrich VIII. von England" (M. 251) veranschaulicht. Im Mittelpunkt des Bildes steht der geschlossene Haufen mit gerade gestellten Spießen, der nach dem Fällen der Waffen nach allen Seiten wie ein abwehrbereiter Igel aussah.

Die Handhabung des Langspießes hat Dürer in einer Randzeichnung des Gebetbuches Kaiser Maximilians, Abb. 162, veranschaulicht.[8] Aus gestalterischen Gründen ordnete er die Langspieße der zustoßenden Krieger in verschiedenen Höhen an, so daß alle drei Waffen sichtbar sind. Die Schäfte werden vorn mit der linken, hinten am Ende mit der rechten Hand umfaßt. Die Stoßkraft erhöhte sich bei dieser Haltung der Waffe und die Distanz zum Gegner war groß genug, um bei Verlust des Spießes noch schnell zum Schwert greifen zu können. Der Landsknecht vorn im Bild hält seinen Spieß in Schulterhöhe, wie es beim Angriff gegen Fußvolk üblich war, mit der linken Hand im Ober- und der rechten Hand im Untergriff.

Es wird wieder deutlich, daß Dürer nicht nur genaue Kenntnisse über Waffen und Rüstungen, sondern auch über ihre Handhabung besaß. Deshalb kann auch den Zweiflern zugestimmt werden, daß

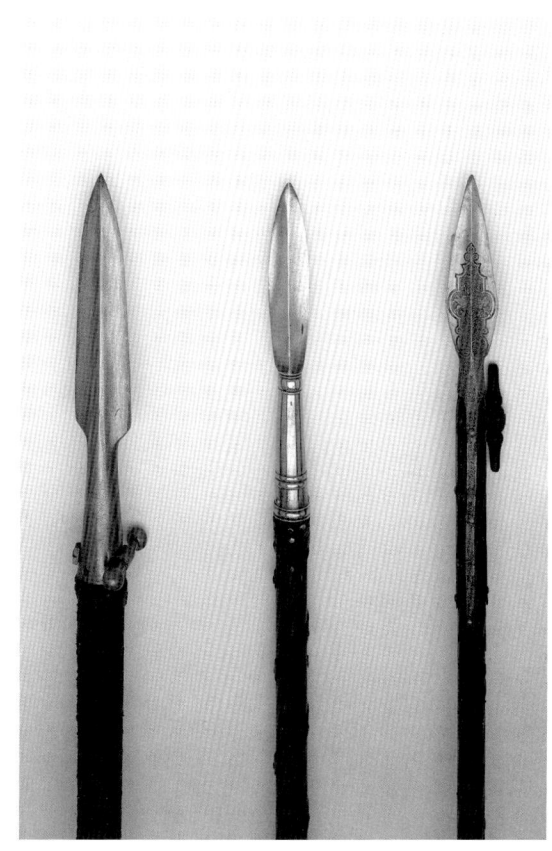

Abb. 190 **Der Apostel Thomas**,
1514. Kupferstich.
Berlin, Staatliche Museen
Preußischer Kulturbesitz, Kupferstichkabinett.
Dürer wählte für den Apostel statt einer Lanze, mit der dieser als Märtyrer durchbohrt wurde, als Attribut eine Saufeder (Jagdspieß), die er detailgetreu mit kräftiger Gratklinge, Knebel und griffigem gebuckeltem Schaft wiedergibt.

Abb. 191 **Saufedern**,
16./17. Jahrhundert. Berlin, Deutsches Historisches Museum, Zeughaussammlung.
Saufedern dienten zum Abfangen von Wildschweinen. Sie haben kräftige Klingen mit einem Querknebel, der ein zu tiefes Eindringen in den Körper des Wildes verhinderte, und griffige genoppte oder mit Lederstreifen umwickelte Schäfte.

der Holzschnitt „Holofernes im Kampf gegen die Juden" nicht von eigner Hand Dürers stammt.[9] Der Langspieß wird hier von Fußkämpfern in der Mitte des Schaftes erfaßt, obwohl bei einem Angriff von feindlicher Reiterei der Schaft mit dem zurückgestellten rechten Fuß abgestützt wird. Auch die Haltung der Helmbarte in der vorderen Hälfte des Schaftes durch einen Mann im Vordergrund des Bildes erscheint in dieser Gefahrensituation unglaubwürdig.

Spieße mit nur zwei bis drei Meter langen Schäften für Fußkrieger eigneten sich für graphische Blätter wesentlich besser. 18 kurze Spieße tragen neben anderen Stangenwaffen zu der spannungsreichen und bewegenden Szene auf dem Holzschnitt „Die Gefangennahme Christi" von 1510 (Abb. 183) aus der Großen Passion wesentlich bei. Dabei fällt auf, daß für viele Stangenwaffen keine Söldner als Träger festzustellen sind, die Waffen beleben den Hintergrund und täuschen eine größere Anzahl von Männern vor.

Gegenüber einem zeichnerischen Entwurf ergänzte Dürer gelegentlich auch in der Ausführung des Werkes die Anzahl der Stangenwaffen. Auf der Vorzeichnung zur „Gefangennahme Christi" der Grünen Passion (W. 299) sind hinter dem Häscher, der mit dem Streitkolben Christus in den Rücken stößt, keine Spieße eingezeichnet. In der Ausführung von 1504 (Abb. 49) setzte Dürer zur Belebung vor dem großen Baum noch vier Spieße, eine Helmbarte und einen Kettenmorgenstern, fügte aber auch einige behelmte Köpfe hinzu. Wegen der schmalen Klingen an den kurzen Spießen brachte Dürer zur größeren optischen Wirkung sehr oft unterhalb der Tülle schmale Stoffstreifen, Fransen, Puschel oder Quasten an. Chargen von Landsknechten, wie Profos (zuständig für die Gerichtsbarkeit), Proviantmeister oder Hurenweibel waren durch derartige Verzierungen an den Spießen gekennzeichnet. Dürer hat sie auf fast alle einfachen Spieße und auch auf einige andere Stangenwaffen übertragen.[10]

Daß diese Ergänzungen aus gestalterischen Gründen erfolgten, beweisen auch Vorzeichnung und ausgeführte Federzeichnung der böhmischen Trophäe (Abb. 176, 177) des Triumphzuges Kaiser Maximilians.[11] Im Entwurf hat Dürer einen Ahlspieß originalgetreu wiedergegeben, dessen Klinge Döring dann verbreiterte und an der Unterseite der Parierscheibe Fransen anbrachte. Ahlspieße hatten sehr lange schmale vierkantige Klingen und eine runde eiserne Parierscheibe am Ende. Sie waren im 15. Jahrhundert besonders in Böhmen, aber auch in Österreich, wie erhaltene Bestände des Wiener Bürgerlichen Zeughauses belegen, verbreitet.[12] Die Form mit verbreiteter Klinge hat Dürer in mehreren anderen Werken bevorzugt.[13] Es bleibt ungewiß, ob in allen Fällen, wie bei der böhmischen Trophäe, die Waffe aus den gleichen Gründen immer vom Originaltyp abwich oder auch breitere Klingen mit Parierscheibe und Fransen im Gebrauch waren.

Abb. 192 **Kettenmorgenstern und Morgenstern**, *deutsch, 16./17. Jahrhundert. Berlin, Deutsches Historisches Museum, Zeughaussammlung.*
Im Volksmund wurde die Waffe wegen der strahlenförmigen Eisenstacheln Morgenstern oder Igel, in England Holywatersprinkler (Weihwassersprenger) genannt. Sie ließ sich einfach herstellen und wurde deshalb als Behelfswaffe auch in Bauernaufständen eingesetzt.

Der mittlere der drei Kriegsknechte auf der Federzeichnung „Kriegsleute" (Abb. 201) hält beispielsweise in der rechten Hand einen Spieß mit langer, nach unten sich verbreiternder, dann in einen eingezogenen Hals übergehende Klinge und eine Parierscheibe mit Fransen. Dieser Typ muß nicht als veränderter Ahlspieß angesehen werden, sondern als besondere Spießform. Der von Dürer einem kämpfenden Bauern in die Hand gegebene Spieß in der Randzeichnung (Abb. 161) des Gebetbuches Kaiser Maximilians hat keine Fransen an der Parierscheibe und darf trotz der etwas breiteren Klinge als Ahlspieß gelten.[14]

Auf der gleichen Randzeichnung führt der im Bild vorn postierte Bauer eine Saufeder, die er gegen einen Landsknecht richtet. Auf einer weiteren Randzeichnung (Abb. 154) liegt sie neben einem Kriegsknecht. Die Saufeder ist gekennzeichnet durch ein kräftiges Spießeisen, unterhalb der Tülle ist ein Knebel an den Schaft aufgebunden, um ein zu tiefes Eindringen der Waffe in den Körper des angreifenden Wildschweines zu verhindern. Zweidrittel des Schaftes sind bei der Saufeder auf der Randzeichnung (Abb. 161) schräglängs mit Lederstreifen umwickelt, damit die Waffe sicherer in der Hand liegt. Auf der Federzeichnung „Der große Tischbrunnen" (Abb. 160) rechts im Bild trägt ein Jäger, begleitet von Hunden, die Saufeder auf der rechten Schulter.[15] Dürer hat diese Jagdwaffe nicht nur als Behelfswaffe eines Bauern oder Kriegsknechtes, sondern auch als Attribut des Apostel Thomas (Abb. 190) eingesetzt. Mit dieser Waffe vermittelt er eine durch Originale bestätigte andere Form des Schaftes. Dieser ist naturgewachsen, gebuckelt und gekerbt, damit die Waffe sicherer in der Hand liegt.

Eine martialisch wirkende Stangen- oder Schlagwaffe war der Morgenstern, dessen ovaler, runder oder kantiger hölzerner Schlagkopf mit Eisenstacheln bespickt war. Wegen dieser strahlenförmig eingesetzten Spitzen erhielt die Waffe im Volksmund diesen Namen. In der Volkssprache der Engländer wurde sie „Holywater sprinkler" (Weihwassersprenger) genannt.[16] Dürer hat diese Waffe nie eingesetzt, um damit besondere Bildeffekte zu erzielen. Sie erscheint immer unter vielen Stangenwaffen, meist im Bildhintergrund, beispielsweise auf den Holzschnitten Gefangennahme und Kreuztragung Christi (W. 116, und Abb. 196), der Kreuztragung der Albertina Passion (M. 111), Christus vor Kaiphas und Kreuztragung der Kleinen Kupferstichpassion (M. 6, und Abb. 164).

Der Morgenstern mit nicht zu langem Schaft war vorwiegend eine Waffe für Fußkämpfer. Vereinzelt führten auch Reiter kurzschäftige Morgensterne. Auf einer Handzeichnung ist Albrecht Graf von Habsburg, in einem seltsamen Phantasieharnisch, mit einem kurzschäftigen Morgenstern ausgestattet (W. 815), die Zeichnung stammt vielleicht nicht von Dürer. In dem ovalen Schlagkopf stecken lange Stacheln, der Schaft besitzt, wie bei einem Streitkolben üblich, einen durch Handteller abgesetzten Griff.

Bei Kettenmorgensternen und Kettenkugeln hing der Schlagkopf an einer Gliederkette, vorn an der Stirnfläche des Schaftes in einer Öse befestigt. Die Schäfte waren meist noch kürzer als bei Morgensternen, denn bei einem Schlag mit langem Schaft wäre der Mann nach vorn gerissen worden. Albrecht Dürer hat in Szenen mit Kriegsknechten, die Stangenwaffen tragen, diese Kurzschäftigkeit berücksichtigt. Der stachlige Holzkopf oder die runde eiserne Schlagkugel sind meistens nicht einmal sichtbar. Nur als spitzwinkliges Dreieck, gebildet aus oberem Schaftende und einem Teil der Gliederkette sind diese Waffen auf den Bildern zu erkennen. Zwischen zwei schlanke, gleichförmig wirkende Schäfte von Stangenwaffen gesetzt, beleben diese Formen den Bildhintergrund. Kettenmorgensterne mit stacheligem Schlagkopf nahm Dürer in drei Szenen der Grünen Passion auf (Abb. 49, W. 304, 310). In der Schaustellung Christi (Abb. 158) der Großen Passion hängt hingegen als Schlagkopf an der Waffe eine Kugel ohne Stacheln. Schlagköpfe der Kettenmorgensterne sind nicht sichtbar auf dem Holzschnitt. Das Martyrium des heiligen Johannes der Apokalypse (Abb. 199), der Gefangennahme, der Kreuztragung und der Auferstehung Christi der Großen Passion (Abb. 168, 183, 194). Auch am Beispiel dieses Waffentyps wird deutlich, daß Dürer selbst beim kleinsten Detail gegenüber einer bisherigen Form in seinen Werken stets eine neue Gestaltungsweise anstrebte.

Das eingehende Waffenstudium Dürers, das schon die vielgestaltigen Helmbarten erkennen ließen, aber auch die differenzierte Auswahl der Stangenwaffen bestätigt besonders der Holzschnitt „Die Gefangennahme Christi" (Abb. 183) der Großen Passion. Unter den 35 derartigen Waffen sind elf verschiedenartige Waffentypen und unter diesen variieren bei mehreren die Klingenformen. Dieser Formenreichtum und die parallel gestellten, sich kreuzenden, hoch hinausragenden oder kurz über den Köpfen der Krieger endenden Waffen erzeugen neben den an Christus zerrenden Häschern die spannungsgeladene Atmosphäre im Kunstwerk.

Typen von Stangenwaffen, die mit nur einem oder mit wenigen Beispielen in Dürers Werk enthalten sind, wie Knebelspieß, Runka, Couse, Partisane, Spetum, Glefe und Roßschinder, werden im Glossar des Anhangs erläutert.

In Holzschnitten und Kupferstichen von Albrecht Dürer zur Passionsgeschichte lassen sich zum Gebrauch von Waffen durch Kriegsknechte einige Besonderheiten feststellen. Das gilt vor allem für die Szenen der Gefangennahme und für die der Kreuztragung. Statt mit den gebräuchlichen Leidenswerkzeugen, beispielsweise einer Geißel, einer Keule, einem Morgenstern oder einer von anderen Künstlern außerdem bevorzugten Schlagwaffe, läßt Dürer einen besonders herausgestellten Schergen mit einem Streithammer einen Stoß gegen Christus ausführen. Diese Waffe wurde als kurzschäftige Handwaffe oder als lange Stangenwaffe vorwiegend vom 15. bis 17. Jahrhundert verwendet. Das Hammereisen besteht aus dem Schlagkopf, dem Schlagdorn und oft zusätzlich aus einer Stoßklinge und ist mit eisernen Schaftfedern, die vom Hammereisen abzweigen, an einem Holzschaft befestigt. Bei kurzen Reiterhämmern besteht der Schaft vorwiegend aus Metall. Insbesondere der vierkantige spitze Schlagdorn konnte bei einem kräftigen Hieb auch Rüstungsteile durchdringen.[17] In der Szene der Gefangennahme Christi aus der Grünen Passion von 1504 (Abb. 49) hat Dürer den Mann mit dem Streithammer noch mehr in den Mittelpunkt des Bildes gerückt. Die diagonal angeordnete Waffe ist für einen Handstreithammer etwas zu lang

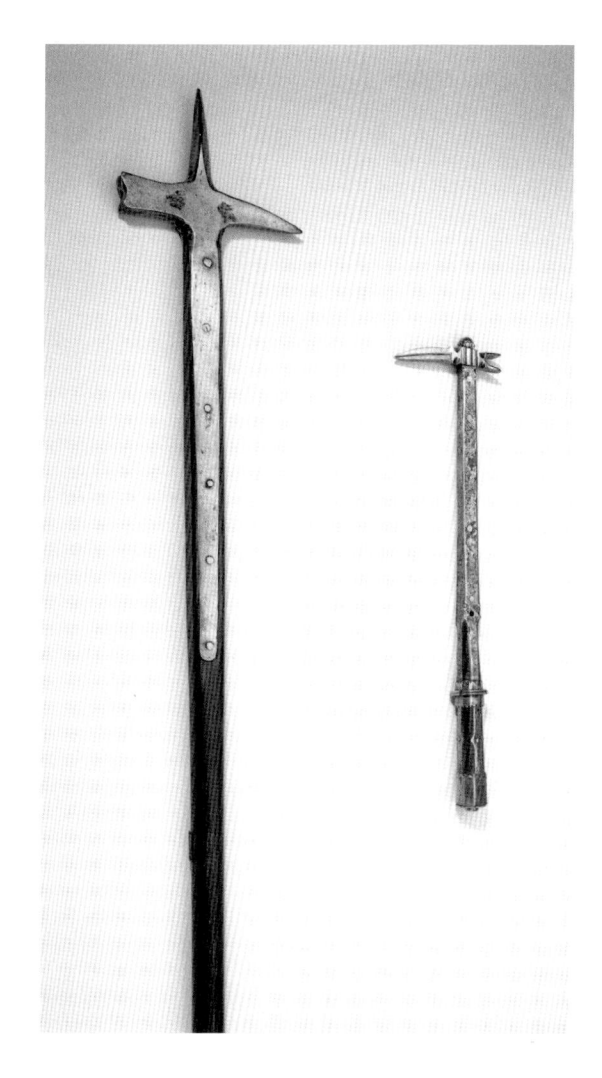

Abb. 193 Streithämmer, deutsch, 1. Hälfte 16. Jahrhundert. Berlin, Deutsches Historisches Museum, Zeughaussammlung. Streithämmer für Reiter mit kurzem Schaft und mit abgesetztem Handgriff sowie Fußstreithämmer mit langem Schaft ohne Handgriff sind in unterschiedlichen Formen mehrfach von Dürer in Passionsszenen verwendet worden.

geraten. Der abgesetzte Handgriff unterscheidet ihn von einem Fußstreithammer, der als Stangenwaffe eingesetzt wurde. Dürer wollte durch den längeren Schaft dem Stoß eine größere Wucht verleihen. Deshalb muß der Kriegsknecht ihn statt am Hammereisen im oberen Drittel des Schaftes erfassen. Durch die Länge der Waffe wirkt der Stoß gegen den Rücken tatsächlich kräftiger.

Eine weitere Steigerung erfährt der Stoß mit dem Streithammer in der Szene der Kreuztragung der „Großen Passion" (Abb. 194). Auf diesem 1497/98 ausgeführten Holzschnitt umfaßt der Peiniger mit der rechten Hand das Hammereisen des zu langen Handstreitkolbens, wodurch er die Stoßkraft weiterhin erhöht. Da die Kreuzigung beschlossen war, konnte sich die Aggression der Büttel steigern. Das wird auch dadurch deutlich, daß der Stoß nicht gegen den Rücken, sondern gegen den empfindlicheren Kopf von Christus gerichtet ist. Dabei läßt der Scherge den Schaft über seine linke Hand, die er auf einen Kreuzarm legt, hinweggleiten. Das Instrument der Gewalt ist in diesem Fall besonders reich verziert. Der spiralförmig gewundene Schaft des Streithammers ist mit gewundenen Eisenbändern beschlagen, die den Holzschaft gleichzeitig verstärken.[18]

176   STANGEN- UND SCHLAGWAFFEN

*Abb. 194 **Die Kreuztragung Christi**, 1497/98. Holzschnitt der Großen Passion. Dürer läßt einen Schergen mit einem kunstvoll gestalteten Streithammer einen Stoß gegen den Kopf mit Dornenkrone des gestürzten Christus führen. Der Schaft ist spiralförmig gewunden und mit Eisenbändern beschlagen.*

Abb. 194–197: Berlin, Staatliche Museen Preußischer Kulturbesitz, Kupferstichkabinett.

*Abb. 195 **Ecce homo**, um 1509. Kleine Holzschnittpassion. Obwohl auch hier ein Kriegsknecht mit Streithammer in Wartestellung dargestellt ist, läßt Dürer bei der Kreuztragung in dieser Passion (Abb. 196) den Stoß gegen Christus mit einem langen naturgewachsenen Stock ausführen.*

*Abb. 196 **Die Kreuztragung**, um 1509. Kleine Holzschnittpassion.*

Während in den bisher erwähnten Werken Dürers die Handlung mit dem Streithammer im Mittelpunkt des Bildes angeordnet ist, stellt der Künstler in der Gefangennahme Christi von 1508 (M. 5) aus der Kupferstich-Passion den Mann mit dem Streithammer etwas in den Hintergrund des Bildes. Die Waffe ist von einfachster Form mit einem sehr schlanken glatten Holzschaft, der für das schwere Hammereisen etwas zu leicht wirkt. Der Mann hat den Schaft kurz unterhalb des Hammereisens, das eine lange Stoßklinge besitzt, ergriffen und richtet den Schaft gegen die rechte Schulter von Christus. Die Spannung im Bilde liegt mehr in der Tat von Petrus, der sein Schwert gegen Malchus hoch erhoben hat.

Daß die Auswahl des Streithammers durch Albrecht Dürer als Peinigerwaffe zielgerichtet erfolgte, scheint auch durch die Szene der Schaustellung Christi, „Ecce homo", (Abb. 195) aus der Kleinen Passion hervorzugehen. Ein Kriegsknecht mit Fußstreithammer sitzt zentral unterhalb der Mauerwölbung durch die der mit Dornenkrone gepeinigte Christus vorgeführt wird. Bei der Kreuztragung (M. 146) dieser Passion läßt Dürer jedoch einen Büttel mit einem gewachsenen langen Stock den Stoß gegen Christus ausführen, vermutlich eine Entscheidung, um gegenüber anderen gleichartigen Szenen einen neuen Akzent zu setzen. Der im Zentrum stehende Scherge stößt den Stock, in ähnlicher Weise wie auf der Kreuztragung der Großen Passion, über seinen auf den Längsbalken des Kreuzes aufgelegten linken Arm hinweg gegen den Kopf des zusammengesunkenen Christus. Auch im Bild Christus vor Pilatus von 1512 (M. 7) aus der Kupferstichpassion steht rechts von Christus mit dem Rücken zum Betrachter ein Mann, der ihn mit der durch einen Eisenhandschuh bedeckten linken Hand an der Kleidung zerrt und der seinen auf den Boden gestellten Streithammer am Schaft unterhalb des Hammereisens umfaßt.

Die Streithämmer in seinen Werken machen wiederum deutlich, welche umfangreichen Kenntnisse Albrecht Dürer über die vielen Formvarianten besaß. Die Waffe auf dem Kupferstich (M. 7) ist ein Exem-

Abb. 197 Christus vor Pilatus, 1512.
Kupferstichpassion.
Kriegsknecht im Vordergrund mit Streithammer für Reiter. Der Schlagdorn hat die oft bevorzugte Form eines Papageienschnabels, der Schaft ist mit Eisenbändern beschlagen, der Griff durch zwei Handteller begrenzt. In der Kreuztragung dieser Passion erfolgt kein Stoß eines Schergen gegen Christus.

*Abb. 198 **Dolchstreitkolben**, 15. Jahrhundert. Zürich, Schweizerisches Landesmuseum. Selbst eine sehr seltene Waffe, wie den Dolchstreitkolben, hat Dürer in ein Ensemble von Waffen eingefügt (Abb. 49, 167 und 183). In eine zur Faust gebildete Bronzehand ist eine eiserne Dolchklinge eingeschoben. Der Dolch wurde dadurch zur Schlagwaffe.*

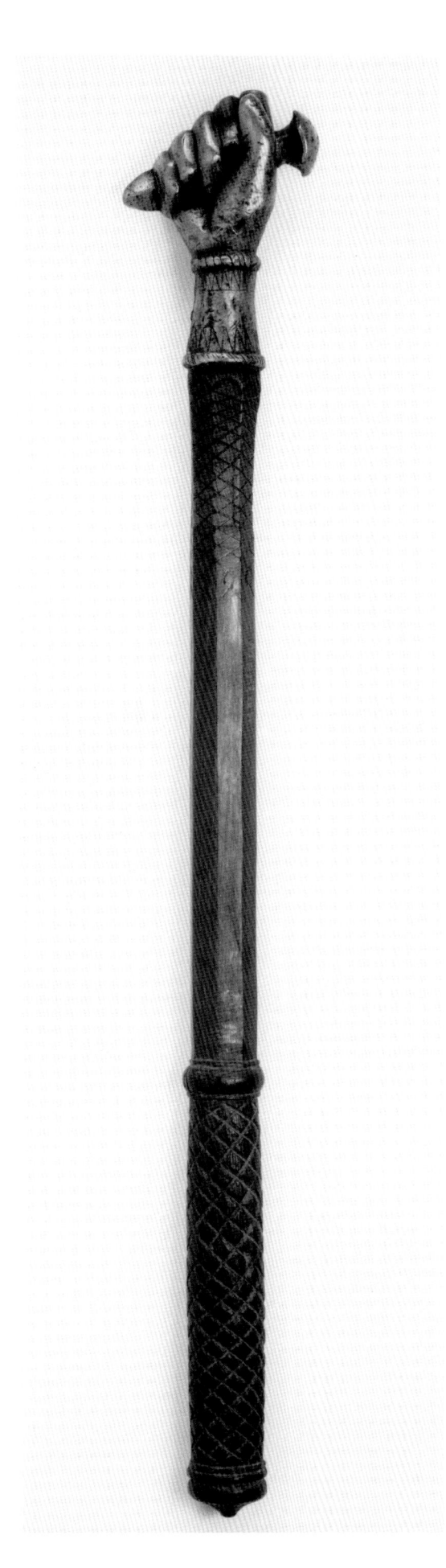

plar mit Schlagdorn in Form eines Rabenschnabels, wie er bei Originalwaffen überliefert ist. Detailgetreu sind auch der kurze knaufartige Abschluß vorn am Hammereisen, die den ganzen Schaft bedeckenden eisernen Schaftfedern und der durch zwei Handteller abgegrenzte Griff wiedergegeben.[19] Die Bewaffnung eines Kriegers und die vom gewöhnlichen Gebrauch abweichende Handhabung einer Waffe können bei strittigen Zuschreibungen eines Kunstwerkes an einen bestimmten Künstler weitgehend zur Identifizierung beitragen.

Zwischen typischen Waffen seltene Exemplare

In zwei der bereits erwähnten Werke zur Gefangennahme Christi aus der Grünen (W. 299, 300) und der Großen Passion (M. 116) sowie auf dem Holzschnitt Christus vor Herodes (M. 141) der Kleinen Passion reihte Albrecht Dürer unter den Stangenwaffen der Kriegsknechte auch eine seltsam anmutende Form ein, die als Original nur in wenigen Exemplaren erhalten geblieben ist. Der Waffentyp wird als Dolchstreitkolben bezeichnet.[21] Typisch sind beim Schlagkopf eine zur Faust gebildete Hand aus Bronze, in der ein Dolch mit bronzener oder eiserner Klinge steckt. Die Hand ist zu einer Tülle mit äußerlich nachgeahmter Ärmelmanschette erweitert. In die hohle Öffnung wird der Holzschaft eingefügt und mit zwei Querstiften befestigt. Dolchgriff und Tülle sind ebenfalls aus Bronze.

Der Dolch als Stoßwaffe wurde durch die Einbindung in eine nachgeahmte menschliche Faust zu einer wirkungsvollen Schlagwaffe umfunktioniert. Erhaltene Exemplare sind vorwiegend kurzgeschäftete, etwa armlange Schlagwaffen. Innerhalb einer dargestellten Personengruppe angeordnet und hoch herausgehoben wirken sie manchmal wie Stangenwaffen. So auch auf dem Gemälde „Die Gefangennahme Christi" von Dieric Bouts, aus dem dritten Viertel des 15. Jahrhunderts, in der Alten Pinakothek in München.[22]

Das gleiche gilt für die drei Darstellungen von Albrecht Dürer, auf denen sie ebenfalls hoch über die Menschenköpfe hinausragen. Hierbei ist zu berücksichtigen, daß der Künstler in Szenen mit vielen Kriegsknechten oft Waffen ohne den dazugehörigen Träger einfügt. Stangenwaffen sind hier an bestimmten Stellen gebündelt, um die Gefahr und Unruhe im Bild zu steigern oder einen bewegten Hintergrund zu erhalten. Das ist besonders in der Gefangennahme Christi von 1510 aus der „Großen Passion" der Fall.

Bei dieser Gestaltungsweise wird Dürer beispielsweise von Albrecht Altdorfer weit übertroffen. Auf seinem Gemälde „Kreuzigung" von 1520 (Budapest, Museum der Bildenden Künste) stehen 55 Stangenwaffen, dicht beieinander angeordnet oder sich kreuzend, vor gold- und braungetöntem Hintergrund.[23]

Abb. 199 **Das Martyrium des heiligen Johannes**, *um 1497/98. Holzschnitt der Apokalypse. Berlin, Deutsches Historisches Museum.*
Der vordere Kriegsknecht rechts am Bildrand hält eine deutlich herausgestellte Fußstreitaxt mit kräftiger Stoßklinge, Axteisen mit gerundeter Schneide und lilienförmigem Schlagdorn. Die gleiche Axtform ordnete Albrecht Dürer der „Französischen Trophäe" von 1518 zu.

Sie vergrößern optisch die ohnehin zahlreiche, dicht das Kreuz umringende Menschenmenge.

Ob Dürer diese seltsame Waffe in einer der berühmten Gelbgießerwerkstätten Nürnbergs oder als ausgesonderten Typ im Zeughaus der Stadt kennenlernte, ist wohl nicht nachzuweisen. Da der Dolchstreitkolben vor allem im 14./15. Jahrhundert verbreitet war, kann die Aufnahme in die Szene auch durch die Absicht bestimmt gewesen sein, eine altertümliche Bewaffnung und Ausrüstung der Kriegsknechte zur biblischen Geschichte anklingen zu lassen, wie es der Künstler in vielen Fällen vornahm.

Abb. 200 **Wurfbeil**, Nürnberg, Ende 15. Jahrhundert. Fundort: Nürnberger Stadtgebiet. Nürnberg, Germanisches Nationalmuseum. Wurfbeile hatten einen kurzen, oft spitz zulaufenden Handgriff, damit die Waffe eine günstige Drehbewegung erhielt (siehe Albrecht Dürers Darstellung, Abb. 162). Andere Wurfbeile besaßen einen Handgriff aus Holz, wie auf Abb. 201.

Abb. 201 **Drei Kriegsleute**, 1489. Federzeichnung. Berlin, Staatliche Museen Preußischer Kulturbesitz, Kupferstichkabinett. Die Stangenwaffen sind in der Form dekorativ überzeichnet. Als Griffwaffen führen zwei Männer Schweizerdegen der dritte einen Schweizerdolch. Beim mittleren Krieger steckt am Rücken ein Wurfbeil im Leibgurt. Der rechte Kriegsknecht führt einen Speer mit Wurfleine.

Die drei Darstellungen in Werken Dürers bestätigen, daß es sich beim Dolchstreitkolben wirklich um eine Waffe und nicht um ein Amtszeichen, beispielsweise für einen Richter, handelt, wie auch vermutet wurde. Sogenannte Gerichtshände in ähnlicher Form mit einem Nagel in der Faust und Gerichtsstäbe mit Schwurhand sind als Originale überliefert.[24]

Auf der Kreuztragung der Großen Passion (M. 119) hat Dürer einen weiteren Mann mit einem auf der linken Schulter getragenen Gegenstand ausgerüstet, der den Schluß auf ein Gerichtszeichen zuläßt (Abb. 194). In der plastisch gestalteten Faust befindet sich offensichtlich statt eines Dolches ein großer Nagel, wie es bei Gerichtshänden üblich war, der auf eine Kreuzannagelung hinweist. Das geradeaus gerichtete strenge Antlitz des der Menschenmenge voranschreitenden Mannes bestätigt offensichtlich seine gerichtsamtliche Funktion.

Differenziert und mit Freude am Detail wurde von Dürer in mehreren Werken die Fußstreitaxt eingesetzt. Der französischen Trophäe (W. 692) des Triumphzuges Kaiser Maximilians ordnete er eine derartige Schlagwaffe zu, wie sie in dieser Form in Frankreich wirklich geführt wurde: lanzettförmige Stoßklinge, konvex gebogene, schräggeschliffene Axtschneide, das Blatt mit Dreipaßdurchbruch, lilienförmiger Schlagdorn und Rosettendekor auf dem Kreuzstück.[25] Den gleichen Typ, als Waffe deutlich sichtbar herausgestellt, trägt ein geharnischter Kriegsknecht bereits auf dem Holzschnitt von 1497/98 „Das Martyrium des heiligen Johannes" (Abb. 199). Gut sichtbar sind die langen Schaftfedern, die mit etwa 20 Nägeln an einer Seite befestigt sind. Zepter, Schöpfeimer mit langem Stiel und Streitaxt bilden in der Linienführung ein wirkungsvolles Gestaltungselement.

Auf dem Kupferstich „Das Kleine Pferd" (Abb. 143) trägt der Pferdeknecht, mit Flügeln an Kopfbedeckung und Füßen – Hermes oder Perseus – wiederum eine durch besondere Merkmale gekennzeichnete Fußstreitaxt: einen sehr kleinen, abwärts gerichteten Schlagdorn auf breiter rechteckiger Basis und im Kreuzteil auf jeder Seite einen Dorn, wie ein Querknebel angeordnet.

Zwar entspricht die Fußstreitaxt, die der Ritter als Vertreter des Adels auf dem Holzschnitt des Teppichs von Michelfeld trägt, einem bekannten Typ um 1500, jedoch muß angemerkt werden, daß ein Reiter – auf dem Bild trägt der Ritter Sporen – nie eine langschäftige Fußstreitaxt als Waffe führte. Die Wucht beim Schlag mit der langen Waffe auf den Gegner hätte ihn vom Pferd gerissen. Auf die genauen Kenntnisse Dürers über die Handhabung von Waffen wurde bereits hingewiesen. Deshalb bestätigt wohl diese falsch ausgewählte Waffe für einen Reiter, daß dieses Werk nicht unmittelbar von dem Nürnberger Meister stammt. Die runde Parierscheibe am Schaft auf dieser Darstellung findet sich an mehreren erhaltenen Originalen wieder.[26] Auf der Randzeichnung (Abb. 162) des Gebetbuches Kaiser Maximilians schwingt ein Kriegsknecht mit beiden Händen eine Fußstreitaxt, bei der dicht über der rechten Hand des Mannes die Parierscheibe zu erkennen ist.

Im Hintergrund dieses Bildes ist eine Beilklinge, also ohne Schaft, zu erkennen, die ein Krieger mit einer Hand wirft. Hier wird nicht etwa eine unfertige Waffe als Behelf verwendet, sondern derartige Wurfbeile sind auch in verschiedenen Formen überliefert.[27] Sie wurden im 15. Jahrhundert besonders bei den Hussiten, aber auch in Deutschland, Österreich, der Schweiz und in Ungarn als Wurfwaffe verwendet. Der Handgriff war schmal und spitz ausgeschmiedet, damit die Waffe im Flug eine günstige Drehbewegung erhielt. In der Dürerschen Darstellung ist auch die Spitze der Waffe für einen besseren Flug besonders lang ausgeschmiedet. Viele erhaltene Wurfbeile besitzen nur eine kurze Spitze. Doch auch diesen Typ kannte Dürer. Er rüstete bereits 1489 den mittleren Krieger in seiner Federzeichnung „Drei Kriegsleute" (W. 18) mit diesem Waffentyp aus. Der Mann mit dem langen Spieß trägt das Beil als Zweitwaffe in den Leibgurt gesteckt in Hüfthöhe auf dem Rücken. Das kurz herausstehende verdickte Ende läßt auf einen Holzstiel schließen, der bei Wurfbeilen seltener vorkam. In dieser Form konnte die Waffe auch als Hiebwaffe und als Werkzeug benutzt werden. Ein Krieger des Hohenpriesters trägt bei der Vorführung von Christus vor Hannas (Abb. 46) in der Kleinen Holzschnittpassion eine kurzschäftige Streitaxt, hindurchgesteckt durch eine Schlaufe am Leibgurt.

STANGEN- UND SCHLAGWAFFEN

*Abb. 202 **Christus vor Kaiphas**, um 1509.*
Kleine Holzschnittpassion.

*Abb. 203 **Die Handwaschung des Pilatus**, um 1509.*
Kleine Holzschnittpassion.
Auf beiden Holzschnitten trägt der Krieger mit Schuppenkappe eine Streitaxt. Wie genau Dürer Einzelheiten an Waffen beachtete, zeigt die Fangschnur am Schaftende (Abb. 203) zwischen den Beinen des Mannes, die wohl kaum an einer erhaltenen Waffe dieses Typs überliefert ist.
Beide Abb.: Berlin, Staatliche Museen Preußischer Kulturbesitz, Kupferstichkabinett.

Albrecht Dürer scheint bei den Arbeiten für die Randzeichnungen zum Gebetbuch eine besondere Freude an der Wiedergabe mannigfaltiger, aber auch seltener Waffen und Rüstungen – wie an mehreren Stellen aufgezeigt wurde – gehabt zu haben. So auch in einem weiteren Fall. Beim Kampf von Bauern gegen Landsknechte (Abb. 161) schwingt der Kriegsknecht im Vordergrund rechts einen Wurfspeer mit langer bärtiger Spitze und am Ende gefiedertem Schaft. Dabei ist eine außergewöhnliche Handhabung zu erkennen. In der Wurfhand hält der Mann zusätzlich einen Ring, der mit einer am Schaftende befestigten doppelten Leine verbunden ist. Da die Leine bei der Wurfhaltung durch den Landsknecht lose herabhängt, ist diese Waffe als eine Art Harpune gedeutet worden, die der Werfer wieder zurückholen kann.[28] Wenn die bärtige Spitze in den Körper des Gegners eindrang, war sie jedoch schwer wieder herauszuziehen und der Werfer hierbei durch andere gegnerische Krieger gefährdet. Deshalb darf geschlußfolgert werden, daß es sich nicht um eine Handhabung der Harpune handelt, sondern die Leine zur Wurfverstärkung und zur Erreichung einer Rotation des Speeres angebracht wurde. Das wird durch die Befiederung am Schaftende unterstrichen. Albrecht Dürer ließ vermutlich die Leine der Wurfvorrichtung deshalb leicht herabhängen, weil er sie für den Betrachter sichtbar machen wollte.

Bereits 1489 hat der Künstler in der Federzeichnung „Drei Kriegsleute" (W. 18) einen der drei Männer mit einem Wurfspeer bewaffnet. Die metallene Spitze ist ein sehr großes bärtiges Eisen und die Federn sind ebenfalls sehr lang. Vermutlich hat Dürer sie bewußt übertrieben dargestellt, wie auch die Stangenwaffe des linken Kriegers. Um den linken Arm des Speerwerfers ist ein langes Band geknotet. Das unten hängende Ende dieses Bandes läuft einfach, das obere in zwei Enden aus. Offensichtlich handelt es sich hier ebenfalls um ein Wurfband, das der Krieger, wenn er es nicht gebrauchte, am linken Arm befestigte. Als Wurfhand darf die rechte angenommen werden, mit der er auch das Band löste. Am zweigeteilten Ende des Bandes befindet sich offensichtlich eine Öse, die zum Wurf über das Ende des Schaftes geschoben wurde.

Einen Wurfspeer als Attribut trägt auch die personifizierte Philosophie auf der Federzeichnung (W. 123), die Dürer nach einem ferraresischen Kupferstich von etwa 1470 kopierte. Die Speerspitze ist hier fast ein spitzes Dreieck, die Federn wesentlich kürzer als bei der vorgenannten Wurfwaffe des Kriegers. Sie reichen fast bis zum Ende des Schaftes.

Auf ein besonderes Detail an einer Waffe sei noch hingewiesen. Ein Krieger trägt auf dem Holzschnitt „Christus vor Kaiphas" (Abb. 202) der Kleinen Passion am Gurt eine Streitaxt. Der gleiche Mann verläßt bei der „Handwaschung Pilati" (Abb. 203) die Szene. Hierbei ist zu erkennen, daß am Ende des Axtstieles durch eine Öse eine Fangschnur hindurchgezogen ist. Dieses Detail dürfte an keiner originalen Streitaxt und durch keine weitere bildliche Darstellung überliefert sein. Die Fangschnur sollte, ähnlich wie bei Säbeln, bei einem Hieb verhindern, daß die Waffe aus der Hand entglitt.

Anmerkungen

1 Ein treffendes Beispiel hierfür ist das Gemälde „Kreuzigung Christi" von Hans Multscher (um 1400–1467) im Kunstmuseum Bukarest. Die weit über die Köpfe der Kriegsknechte in stahlblauen Rüstungen hoch hinausragenden Stangenwaffen stehen vor einem goldfarbenen teppichartigen Hintergrund. Sie besitzen überzeichnete stark anschwellende Formen mit dicken kegelförmigen Spitzen.
2 Zur Entwicklung der Stangenwaffen siehe H. Seitz, 1965, 1968; H. Müller/H. Kölling, 1990.
3 Siehe H. Müller-Hickler, 1909-l911, S. 199–203, 273–286; E. A. Geßler, l939/40, S. 144–156, 205–217; H. Schneider, 1959, S. 60–65; J. A. Meier, 2/1971, S. 40–43; H. Müller/H.Kölling, 1990, S. 41–44, 84/85, 181–183 u. 252/53.
4 Die Handhabung der Streitaxt durch einen Kriegsknecht auf dem nächsten Blatt der Randzeichnungen, fol. 29 v, ist bei dem etwas kürzeren Schaft dieser Waffe nicht so gefährlich. Mit dem Hieb sollten höchstwahrscheinlich die Schäfte der Langspieße zerschlagen werden.
5 Siehe auch Abschnitt über Schwerter, S. 46.
6 Originale Waffen siehe E. A. Geßler, 1941, Tafel 11; H. Müller/H. Kölling, 1990, S. 273 u. 397.
7 In: Sebastian Brant, Das Narrenschyff, Basel 1494, Schramm 1164.
8 Zur Entwicklung und Handhabung des Langspießes siehe H. Müller-Hickler, 1906–1908, S. 293–305.
9 In: Der beschlossen Gart des Rosenkrantz Mariae. Gedruckt für Dr. Ulrich Pinder, Nürnberg 1505; Abb. in: W. Hütt, (Hrsg), Albrecht Dürer 1471–1528, Bd. 2, 1971, S. 1834.
10 Siehe besonders Szenen der Kleinen Holzschnittpassion M. 137, 140, 146, 148 und 149 (148 auch Partisane) sowie der Kleinen Kupferstichpassion, M. 6 (hier auch Ahlspieß), M. 7, M. 12 (hier auch Partisane).
11 Siehe auch allgemeine Ausführungen zu den Trophäen, S. 162.
12 Siehe Ausstellungskatalog Das Wiener Bürgerliche Zeughaus, 1979, 77, Nr. 59, Abb. 55; H. Müller/H. Kölling, 1990, S. 180, Abb. u. S. 368, Nr. 71.
13 Siehe Federzeichnungen „Kriegsleute", 1489, W. 18; „Der Große Kalvarienberg", 1505, W. 317; Randzeichnung zum Gebetbuch Kaiser Maximilians, um 1515, fol. 28 r.
14 Siehe auch Randzeichnung, fol. 29 v, auf der ein Kriegsknecht der rechten Gruppe einen Ahlspieß mit sehr langer Stoßklinge führt.
15 Erhaltene originale Saufedern siehe H. Müller/H. Kölling, 1990, S. 242 (Abb.) u. 387/88; G. Quaas, 1997, S. 5 u. 32.
16 W. Boeheim, 1890, S. 384/85, weist daraufhin, daß eine stachlige Schlagwaffe im zylindrischen Kolben vier Läufe von Handfeuerwaffen besaß und diese Waffe, vorwiegend in England im Gebrauch, ursprünglich als Weihwassersprenger bezeichnet wurde. Der Begriff wird aber heute noch für den üblichen Morgenstern verwendet, siehe H. L. Blackmore, l965, S. 81; W. Reid, 1976, S. 44.
17 Über Streithämmer siehe W. Boeheim, 1890, S. 363; H. Seitz, Bd. 1, S. 409f; H. Müller/H. Kölling, 1990, S. 46f, 268, 273/74.
18 In einem Altarentwurf mit der Kreuztragung Christi von Lucas Cranach d.Ä., um 1515/20, hält ein Kriegsknecht ebenfalls einen umgekehrten Streithammer bereit zum Stoß gegen Christus; siehe Lucas Cranach d.Ä. 1472–1553, 1972, S. 54 und 56 (Rosenberg 30). In der Kreuztragung der Holzschnitt-Passion von Cranach, 1509, hält ein Knecht einen Morgenstern mit den Stacheln nach vorn gegen Christus gerichtet; siehe ebenda, S. 236/37 (Geisberg IV, 18). Eine andere Variante ist der Stoß mit dem Schwertknauf gegen das Haupt Christi auf dem Gemälde Christus fällt unter dem Kreuz, um 1495, Monogrammist LCz, siehe Germanisches Nationalmuseum Nürnberg, Führer 1977, Nr. 119.
19 Siehe H. Müller/H. Kölling, 1990, S. 273/74.
20 Der Stoß mit umgekehrtem Spieß auf der Federzeichnung von Dürer, Die Kreuztragung Christi, 1520, (W. 793), richtet sich offensichtlich gegen Simon von Kyrene, der gezwungen werden soll, Christus beim Tragen des Kreuzes zu helfen.
21 Bei W. 299, 300 befindet sich der Dolchstreitkolben links neben dem großen Baum; bei M. 116 kreuzt er sich in der Bildmitte mit der langen, breiten hellen Klinge einer Partisane. Über Dolchstreitkolben siehe R. Forrer, 1909–1911, S. 79–83; R. Forrer, 1916/17, S. 322/23; E. A. Geßler, 1926–1928, S. 287–289. Originaler Dolchstreitkolben siehe auch E. A. Geßler, 1928, S. 144 u. Tafel 11, Nr. 1.
22 Alte Pinakothek München, Inv. Nr. 990.
23 Budapest, Museum der Bildenden Künste, Inv. Nr. 5892.
24 Siehe O. Lauffer, Dolchstreitkolben oder Gerichtshand; E. A. Geßler, 1940–1942, S. 25–27.
25 Streitäxte dieses Typs siehe Ausstellungskatalog Waffen und Uniformen, 1957, Abb. 47; H. Nickel, 1974, S. 216; Sir James G. Mann, Bd. 2, 1962, Taf. 150, S. 441/42, Nr. 926.
26 Wie Anm. 25.
27 Zu Wurfbeilen siehe W. Rose, 1900–1902, S. 239–246 und 355–356; W. Rose, 1923–1925, S. 151–168; H. Stöcklein, 1926–1928, S. 249–252; E. A. Geßler, 1926–1928, S. 249–252; J. Kalmár, 1971, S. 31–34, Abb. von ungarischen Wurfbeilen.
28 Siehe kurze Fachnotiz über einen Vortrag von Max Dreger 1923–1925, S. 144.

LITERATURVERZEICHNIS

Werkverzeichnisse mit verwendeter Abkürzung:

A: Anzelewsky, Fedja: Albrecht Dürer. Das malerische Werk, 2 Bde., Berlin 1991.
B: Bartsch, Adam von: Le Peintre-Graveur, Bd. 1–21, Wien 1803–1821; Bd. 1–3, Neuauflage Leipzig 1854 (A. Dürer: Bd. 7, 1808).
H: Hollstein, Friedrich Wilhelm Heinrich: German Engravings, Etchings and Woodcuts, ca. 1400–1700, Bd. 1–8, Amsterdam 1954–1968.
K: Knappe, Karl-Adolf: Dürer. Das graphische Werk, Wien, München 1964.
M: Meder, Joseph: Ein Handbuch über Albrecht Dürers Stiche, Radierungen, Holzschnitte, deren Zustände, Ausgaben und Wasserzeichen, Wien 1932.
P: Panowsky, Erwin: Albrecht Dürer, 2 Bde., 3. Aufl., Princeton 1948.
SMS: Albrecht Dürer. Das druckgraphische Werk, Bd. 1, Kupferstiche, Eisenradierungen und Kaltnadelblätter. Bd. 2, Holzschnitte. Bearbeitet von Rainer Schoch, Matthias Mende und Anna Scherbaum, München, London, New York 2001 und 2002.
St: Strauss, Walter L.: The Complete Drawings of Albrecht Dürer, 6 Bde., New York 1974. Suppl. 1, New York 1977.
W: Winkler, Friedrich: Die Zeichnungen Albrecht Dürers, 4 Bde., Berlin 1936–1939.

Albrecht Dürers Umwelt. Festschrift zum 500. Geburtstag (Nürnberger Forschungen, Bd. 15), Nürnberg 1971.
Alte Pinakothek München. Erläuterungen zu den ausgestellten Gemälden. Bayerische Staatsgemäldesammlungen, München 1983.
Anzelewsky, Fedja: Erzherzog Maximilians schwerer Roßharnisch von 1480. In: Waffen- und Kostümkunde, 2/1963, S. 77–88.
– Dürer-Studien. Untersuchungen zu den ikonographischen und geistesgeschichtlichen Grundlagen seiner Werke zwischen den beiden Italienreisen, Berlin 1983.
– Ein unbekannter Entwurf Hans Burgkmairs für das Reiterdenkmal Kaiser Maximilians. In: Festschrift für Peter Metz, hrsg. von Ursula Schlegel und Claus Zoege von Manteuffel, Berlin 1965, S. 295–304.
– Dürer. Werk und Wirkung, Stuttgart 1980.
– Eine unbekannte Zeichnung Dürers. In: Jahrbuch der Berliner Museen, 28/1986, S. 67–73.
Anzelewsky, Fedja/Hans Mielke: Kritischer Katalog der Zeichnungen. Staatliche Museen Preußischer Kulturbesitz (Die Zeichnungen alter Meister im Berliner Kupferstichkabinett), Berlin 1984.
Ausstellungskataloge: 1471 Albrecht Dürer 1971, Germanisches Nationalmuseum Nürnberg, München 1971.
– Das Wiener Bürgerliche Zeughaus, Rüstungen und Waffen aus fünf Jahrhunderten. Schloß Schallaburg bei Melk, Wien 1977.
– Deutsche Kunst der Dürerzeit, Staatliche Kunstsammlungen Dresden, Dresden 1971.
– Die Fechtkunst 1500–1900, Kunstsammlungen der Veste Coburg, Coburg 1968.
– Im Lichte des Halbmonds. Das Abendland und der türkische Orient, Staatliche Kunstsammlungen Dresden, Albertinum, Dresden Bonn 1995.
– Maximilian I., Innsbruck 1969.
– Waffen und Uniformen in der Geschichte. Museum für Deutsche Geschichte Berlin, Berlin 1957.

Baarmann, Oskar: Die Entwicklung der Geschützlafette bis zum Beginn des 16. Jahrhunderts und ihre Beziehungen zu der des Gewehrschaftes. In: Beiträge zur Geschichte der Handfeuerwaffen (Festschrift Moritz Thierbach), Dresden 1905.
Bäumel, Jutta: Die Rüstkammer zu Dresden. Führer durch die Ausstellung im Semperbau, München, Berlin 1995.
Bechtold, Arthur: Zu Dürers Radierung „Die große Kanone". In: Georg Habich zum 60. Geburtstag, München 1928.
Beiträge zur Geschichte der Handfeuerwaffen. Festschrift zum 80. Geburtstag von Moritz Thierbach, Dresden 1905.
Betthausen, Peter u. a.: Europäische Kunst in Daten, Dresden 1984.
Białostocki, Jan: Czy Dürer Nasladowal „Bitwe pod Orsza". In: Biuletyn Historii Sztuki (Instytut Sztuki Polskiej Akademii Nauk), 1/1969, Warschau.

Blackmore, Howard L.: Arms and Armour, London 1965.
- The Armouries of the Tower of London, I Ordnance, London 1976.

Blair, Claude: European Armour circa 1066 to circa 1700, London 1958.
- The Emperor Maximilian's Gift of Armour to King Henry VIII. and the Silvered and Engraved Armour at the Tower of London. Communicated to the Society of Antiquaries of London. In: Archaeologia, Bd. 99, S. 1–56, Oxford 1965.

Boccia, Lionello G./Eduardo T. Coelho: Armi Bianche Italiane, Mailand 1975.

Boeheim, Wendelin: Handbuch der Waffenkunde, Leipzig 1890 (Nachdruck Graz 1966).
- Album hervorragender Gegenstände aus der Waffensammlung des Allerhöchsten Kaiserhauses, Wien 1894.
- Meister der Waffenschmiedekunst vom XIV. bis ins XVIII. Jahrhundert. Ein Beitrag zur Geschichte der Kunst und des Kunsthandwerks, Berlin 1897.
- Augsburger Waffenschmiede. In: Jahrbuch der Kunsthistorischen Sammlungen des Allerhöchsten Kaiserhauses, Bd. 12/1, Wien 1891.

Bohlmann, Robert: Ein gesteppter Waffenrock des 15. Jahrhunderts in Stendal. In: Zeitschrift für Historische Waffenkunde, NF., Bd. 6, Berlin 1937–1939, S. 258–261.

Bottini, Angelo u. a.: Antike Helme. Sammlung Lipperheide und andere Bestände des Antikenmuseums Berlin (Monographien des Römisch-Germanischen Zentralmuseums, Bd. 14), Mainz 1988.

Brant, Sebastian: Das Narrenschyff, Basel 1494.

Brinckmann, Justus: Das Hamburgische Museum für Kunst und Gewerbe. Ein Führer durch die Sammlungen – zugleich ein Handbuch der Geschichte des Kunstgewerbes, Hamburg 1894.

Bruck, Robert (Hrsg.): Das Skizzenbuch von Albrecht Dürer in der Königl. Öffentl. Bibliothek zu Dresden, Straßburg/Elsaß 1905.

Bruhn-Hoffmeyer, Ada: Middelalderens Tveaeggede Svaerd, 2 Bde., Kopenhagen 1954.

Buben, Milan: Heraldik, Prag 1987.

Burges, E. Martin: The Mail-Maker's Technique. In: The Antiquaries Journal. Being the Journal of the Society of Antiquaries of London, Bd. 33, London, S. 48–55 und 193–202.

Burgkmair, Hans: siehe v. Hefner-Alteneck.

Cederström, Rudolf: Dürers Kanonenwinde. In: Zeitschrift für Historische Waffenkunde, Bd. 5, Dresden 1909–1911, S. 258.

Chmelarz, Eduard: Die Ehrenpforte des Kaisers Maximilian I. In: Jahrbuch der Kunsthistorischen Sammlungen des Allerhöchsten Kaiserhauses, Bd. 4, Wien 1886, S. 289–319.

Colacicchi, Giovanni: Antonio del Pollaiuolo. Eingeleitet und übersetzt von Eckart Peterich, Florenz 1943.

Cranach, Lucas d.Ä. 1472–1553. Das gesamte graphische Werk. Einleitung von Johannes Jahn, Berlin 1972.

Das Germanische Nationalmuseum Nürnberg. Ein Bildband zum Wiederaufbau 1945–1977, Nürnberg 1977.

Das Hausbuch der Mendelschen Zwölfbrüderstiftung zu Nürnberg, hrsg. von W. Treue u. a., 2 Bde., München 1965.

Das Königliche Zeughaus. Führer durch die Ruhmeshalle und die Sammlungen, Berlin 1914.

Denkstein, Vladimir: Pavézy Ceského Typu. In: Sbornik Národniho Muzea V Praze (Acta Musei Nationalis Pragae, Series A), Bd. 16, 1962, No 4/5, S. 185–228, Bd. 18, 1964, No 3/4, S. 107–194, Bd. 19, 1965, No 1–5, S. 1–203.

Deroko, Aleksandar: Quelques mots sur les plus anciens gros canons turcs. In: Armi Antiche, Bolletino dell‹ Accademia di S. Marciano, Turin 1963, S. 169–178.

Der Ritter vom Turn. Von den Exempeln der Gotsfurcht un Erberkeit. Gedruckt bei Michael Furter, Basel 1493.

Dodgson, Campbell: Catalogue early German and Flemish woodcuts preserved in the Department of prints and drawings in the British Museum, Bd. 1, 2, London 1903–1911.
- Die Freydal-Holzschnitte Dürers. In: Repertorium für Kunstwissenschaft, XXV, Berlin 1902.
- Guide to the woodcuts, drawings and engravings of Albrecht Dürer in the Department of prints and drawings. British Museum. Ausstellung, London 1928.

Dreger, Max: Zu Zeichnungen im Gebetbuch Kaiser Maximilians. In: Zeitschrift für Historische Waffenkunde, NF, Bd. 1, Berlin, 1923–1925, S. 144.

Dresdener Rüstkammer. Historisches Museum. Meisterwerke aus vier Jahrhunderten. Staatliche Kunstsammlungen Dresden, Leipzig 1992.

Dückers, Alexander (Hrsg.): Das Berliner Kupferstichkabinett. Ein Handbuch der Sammlung. Staatliche Museen Preußischer Kulturbesitz, 2. Aufl., Berlin 1994.

Dufty, Arthur Richard: European Armour in the Tower of London, London 1968.

Dürer, Albrecht: Siehe auch Albrecht Dürers Umwelt.
- Etliche vnderricht zu befestigung der Stett Schlosz vnd flecken, Nürnberg 1527.
- Etliche Underricht zu befestigung der Stett,

Schloß vnd flecken, Faksimileausgabe mit Kommentar von Alvin E. Jaeggli, Dietikon-Zürich 1971.
– Schriftlicher Nachlaß, siehe H. Rupprich.
– Skizzenbuch, siehe R. Bruck.
– Vnderweysung der messung mit dem zirckel und richtscheyt, in linien ebnen und gantzen corporen, durch Albrecht Dürer zusammen gezogen und zu Nutz allen Kunstliebhabenden mit zugehörigen Figuren in Truck gebracht im Jar MDXXV, Nürnberg bei Hieronymus Andreae, 1525.

Eckardt, Werner/Otto Morawietz: Die Handwaffen des brandenburgisch-preußisch-deutschen Heeres 1640–1945, 2. Aufl., Hamburg 1973.
Edge, David: The Wallace Collection. European Arms and Armour, London 1992.
Egg, Erich: Maximilian I. Ausstellungskatalog Innsbruck, Innsbruck 1969.
– Der Tiroler Geschützguß 1400–1600 (Tiroler Wirtschaftsstudien. Schriftenreihe der Jubiläumsstiftung der Kammer der gewerblichen Wirtschaft für Tirol, 9. Folge), Innsbruck 1961.
Eichler, Anja-Franziska: Albrecht Dürer 1471–1528, Köln 1999.
Essenwein, August: Siehe Quellen zur Geschichte der Feuerwaffen.

Feuerwerksbuch von 1420, siehe W. Hassenstein.
Fillitz, Hermann: Katalog der Weltlichen und Geistlichen Schatzkammer, Kunsthistorisches Museum Wien, Wien 1954.
Flechsig, Eduard: Albrecht Dürer, 2 Bde., Berlin 1928/31.
Fraenger, Wilhelm: Der Teppich von Michelfeld. In: Deutsches Jahrbuch für Volkskunde, 1/1955, S. 183–211.
– Dürers Gedächtnis-Säule für den Bauernkrieg. In: Beiträge zur sprachlichen Volksüberlieferung, Berlin 1953, S. 126–140.
Franz, Günther: Geschichte des deutschen Bauernstandes, Stuttgart 1978.
Freytag, Gustav: Bilder aus der deutschen Vergangenheit, 5 Bde., Leipzig o.J.
Forrer, Rudolf: Die Dolchstreitkolben eine Hussitenwaffe? In: Zeitschrift für Historische Waffenkunde, Bd. 7, Leipzig 1916/17, S. 322/23.
– Die frühgotischen Dolchstreitkolben. In: Zeitschrift für Historische Waffenkunde, Bd. 5, Dresden 1909–1911, S. 79–83.

Gamber, Ortwin: Der Harnisch im 16. Jahrhundert. In: Waffen- und Kostümkunde, Sonnefeld 2/1999, S. 97–120.
– Der Plattner Kunz Lochner – Harnische als Zeugnisse habsburgischer Politik. In: Jahrbuch der Kunsthistorischen Sammlungen, Wien 1984.
– Geschichte der mittelalterlichen Bewaffnung. In: Waffen- und Kostümkunde, Jg. 1992, S. 57–70, 1993, S. 1–22, 1994, S. 77–79, 1995, S. 1–26, 1997, S.10–24 und 1998, S. 33–62.
– Harnischstudien 5 und 6 (1300–1440, 1440–1510). In: Jahrbuch der Kunsthistorischen Sammlungen, Bd. 50 und 51, Wien 1953 und 1955.
– Kolman Helmschmied, Ferdinand I. und das Thun'sche Skizzenbuch. In: Jahrbuch der Kunsthistorischen Sammlungen, Bd. 71, Wien 1975, S. 9–38.
– Turnierrüstung und Harnischgarnitur. In: B. Thomas/O. Gamber, Die Innsbrucker Plattnerkunst, Innsbruck 1954, S. 37–39.
– Waffe und Rüstung Eurasiens. Frühzeit und Antike (Bibliothek für Kunst und Antiquitätenfreunde, Bd. 51), Braunschweig 1978.

Geibig, Alfred: Gefährlich und schön (Kunstsammlungen der Veste Coburg). Coburg 1996.
Geisberg, Max: Der deutsche Einblatt-Holzschnitt in der ersten Hälfte des XVI. Jahrhunderts. 10., München 1924.
– The German Single Leaf Woodcut: 1500–1550, hrsg. und bearbeitet von Walter L. Strauss, New York 1974.
Gelbhaar, Axel: Mittelalterliches und frühneuzeitliches Reit- und Fahrzubehör aus dem Besitz der Kunstsammlungen der Veste Coburg. Documenta Hippolocica, Hildesheim 1997.
Germanisches Nationalmuseum Nürnberg. Führer durch die Sammlungen, München 1977.
Geschützbuch Kaiser Karls V., Discvrso del Artilleria del Invictiss. Emperador Carolo V., Handschrift Herzog August Bibliothek, Wolfenbüttel, Cod. Guelf, 31, Helmst. 2°.
Geßler, Eduard Achilles: Das Aufkommen der Halbarte und ihre Entwicklung von der Frühzeit bis in das 15. Jahrhundert. In: Revue internationale d' Histoire militaire, 1939/40, S. 144–156 und 205–217.
– Die Spangenharnische von Küßnacht. In: Anzeiger für Schweizerische Altertumskunde, NF 28/1926, S. 27–39 und 98–102.
– Dolchstreitkolben. Waffe oder Amtszeichen? In: Zeitschrift für Historische Waffenkunde, NF, Bd. 7, Berlin 1940–1942, S. 25–27.
– Ein Beitrag zum Dolchstreitkolben. In: Zeitschrift für Historische Waffenkunde, NF, Bd. 2, Berlin 1926–1928, S. 287–289.
– Schweizerisches Landesmuseum. Führer durch die Waffensammlung. Ein Abriß der Schweizerischen Waffenkunde, Aaarau 1928.
– Vom Wurfbeil des 15. Jahrhunderts. In: Zeitschrift für Historische Waffenkunde, NF, Bd. 2, Berlin 1926–1928, S. 249–252.

Giehlow, Karl (Hrsg.): Kaiser Maximilians I. Gebetbuch. Mit Zeichnungen von Albrecht Dürer und anderen Künstlern, Wien 1907.

Goldberg, Gisela/Bruno Heimberg/Martin Schawe: Albrecht Dürer. Die Gemälde der Alten Pinakothek, hrsg. von den Bayerischen Staatsgemäldesammlungen, München 1998.

Graf, Urs: Federzeichnungen (Insel-Bücherei Nr. 664), Leipzig 1960.

Gravett, Christopher/Angus McBride: Knights at Tournament, London 1988.

Haenel, Erich: Alte Waffen, Berlin 1920.

Harmuth, Egon: Die Armbrust. Ein Handbuch, Graz 1986.

Hassenstein, Wilhelm: Das Feuerwerksbuch von 1420. 600 Jahre deutsche Pulverwaffen und Büchsenmeisterei. Neudruck des Erstdruckes aus dem Jahre 1529 mit Übertragung ins Hochdeutsche und Erläuterungen, München 1941.

Hefner-Alteneck, Johann Heinrich von (Hrsg.): Hans Burgkmair. Turnier-Buch, Frankfurt 1853.

Heyk, E.: Kaiser Maximilian I. (Monographien zur Weltgeschichte 5), Bielefeld und Leipzig 1998.

Hiltl, Georg: Waffen-Sammlung Sr. Königlichen Hoheit des Prinzen Carl von Preußen. Mittelalterliche Abteilung, Berlin 1876.

Hummelberger, Walter: Das Wiener bürgerliche Zeughaus. Gotik und Renaissance. Historisches Museum der Stadt Wien, Wien 1960.

Hutchison, Jane C. (Hrsg.): siehe The illustrated Bartsch.

Hütt, Wolfgang (Hrsg.): Albrecht Dürer, Das gesamte graphische Werk, 2 Bde., München 1971.

– Deutsche Malerei und Graphik der frühbürgerlichen Revolution, Leipzig 1973.

Jacobeit, Sigrid und Wolfgang: Illustrierte Alltagsgeschichte des deutschen Volkes 1550–1810, Leipzig Jena Berlin 1985.

Jaeggli, Alvin E.: Siehe Albrecht Dürer, Etliche Underricht.

Jahn, Johannes: Siehe Cranach d.Ä.

Jähns, Max: Geschichte der Kriegswissenschaften vornehmlich in Deutschland, Bd. 1, Altertum, Mittelalter, XV. und XVI. Jahrhundert, München und Leipzig 1889.

Kalmar, János: Régi magyar fegyverek, Budapest 1971.

Kautzsch, R.: Die Holzschnitte zum Ritter vom Turn (Studien zur deutschen Kunstgeschichte 44), Straßburg 1903.

Kern, Georg von: Die Stilentwicklung des Riefelharnisches. Phil. Diss., München 1982.

Kirpičnikov, A.N.: Russische Körper-Schutzwaffen des 9.– 16. Jahrhunderts. In: Waffen- und Kostümkunde, München Berlin, 1/1976, S. 22–37.

Klapsia, Heinrich/Bruno Thomas: Harnischstudien I. Stilgeschichte des deutschen Harnisches 1500–1530. In: Bruno Thomas, Gesammelte Schriften zur Historischen Waffenkunde, 2 Bde., Graz 1977.

Koreny, Fritz: „Ottoprecht Fürscht". Eine unbekannte Zeichnung von Albrecht Dürer. Kaiser Maximilian I. und sein Grabmal in der Hofkirche zu Innsbruck. In: Jahrbuch der Berliner Museen, Berlin 31/1989, S. 127–148.

Koschatzky, Walter/Alice Strobl: Die Dürerzeichnungen der Albertina, Salzburg 1971.

Koetschau, Karl: Die Nürnberger Ätzmaler der ersten Hälfte des 17. Jahrhunderts (Fachnotiz). In: Zeitschrift für Historische Waffenkunde, Bd. 2, Dresden 1900–1902, S. 323.

Krenn, Peter: Heerwesen, Waffe und Turnier unter Kaiser Maximilian I. In: Maximilian I. Ausstellungskatalog, Innsbruck 1969, S. 86–92.

Laking, Sir Guy Francis: A Record of European Armour and Arms through seven centuries, 5 Bde., London 1920–1922.

LaRocca, Donald J.: The Fico-Armours. A study in connoisseurship and secular iconography. In: The Journal of the Arms and Armour Society, London 1/1989, S. 1–72.

Laube, Adolf/Max Steinmetz/Günter Vogler: Illustrierte Geschichte der frühbürgerlichen Revolution, Berlin 1974.

Lauffer, Otto: Dolchstreitkolben oder Gerichtshand, Waffe oder Amtszeichen? Ein Beitrag zur Geschichte der deutschen Rechtsaltertümer. In: Jubiläumsschrift des Museums für Hamburgische Geschichte 1839–1939, Hamburg 1939.

Lauts, Jan: Alte deutsche Waffen. Burg b.M. 1938.

Leitner, Quirin von: Freydal. Des Kaisers Maximilian I. Turniere und Mummereien, 3 Bde., Wien 1880–1882.

Lexer, Matthias: Mittelhochdeutsches Taschenwörterbuch, 24. Aufl., Leipzig 1944.

Lexikon der Kunst, Bd. 5, Leipzig 1978.

Lippmann, Friedrich: Zeichnungen von Albrecht Dürer in Nachbildungen, Bd. 1–7, Berlin 1883–1929.

Lüdecke, Heinz (Hrsg.): Lucas Cranach d. Ä.. Der Künstler und seine Zeit, Berlin 1953.

Lusar, Rudolf: Riesengeschütze und schwere Brummer einst und jetzt, München 1972.

Mann, Sir James G.: A Further Account of the Armour preserved in the Sanctuary of the Madonna delle Grazie near Mantua (Society of Antiquaries of London), Oxford 1938.

– Wallace Collection Cataloques. European Arms and Armour, 2 Bde., London 1962.

Marozzo, Achille: Opera nova chiamata duello overo fiore dell' armi, Modena 1536.

Martin, Paul: Waffen und Rüstungen von Karl dem Großen bis zu Ludwig XIV., Fribourg 1967.

McEwen, Edward/Robert L. Miller/Christopher A. Bergman: Die Geschichte von Pfeil und Bogen. In: Spektrum der Wissenschaft, August 1991, S. 118–125.

Meier, Jürg A.: Sempacher Halbarten. Die schweizerische Halbartenrenaissance im 17. Jahrhundert. In: Karl Stüber/Hans Wetter (Hrsg.), Festschrift Hugo Schneider, Stäfa 1982, S. 223–250.

– Verbreitung und Herkunft der Halbarte im alten Zürich. In: Zürcher Chronik 2/1971, S. 40–43.

Mende, Matthias: Dürer-Bibliographie. Germanisches Nationalmuseum Nürnberg. Zur 500. Wiederkehr des Geburtstages von Albrecht Dürer (Bibliographie der Kunst in Bayern, Sonderband Dürer-Bibliographie), Wiesbaden 1971.

– Albrecht Dürer – ein Künstler in seiner Stadt, hrsg. von den Museen der Stadt Nürnberg und der Albrecht-Dürer-Haus-Stiftung e.V. Nürnberg, Nürnberg 2000.

– Das alte Nürnberger Rathaus. Baugeschichte und Ausstattung des großen Saales und der Ratsstube. Ausstellungskatalog, Nürnberg 1979.

– Dürer in Dublin. Kupferstiche und Holzschnitte Albrecht Dürers aus der Chester Beatty Library, Nürnberg 1983.

Mielke, Hans: Albrecht Dürer. 50 Meisterzeichnungen aus dem Berliner Kupferstichkabinett. Ausstellungskatalog, Berlin Düsseldorf 1991.

Mitius, O.: Die Landschaft auf Dürers „großer Kanone". In: Mitteilungen des Germanischen Nationalmuseums Nürnberg, Nürnberg 1911.

Möbius, Helga: Passion und Auferstehung in Kultur und Kunst des Mittelalters, Berlin 1978.

Müller, Heinrich: Das Berliner Zeughaus. Vom Arsenal zum Museum, Berlin 1994.

– Deutsche Bronzegeschützrohre 1400–1750, Berlin 1968.

– Gewehre, Pistolen, Revolver. Europäische Jagd- und Kriegswaffen des 14. bis 19. Jahrhunderts, 2. Aufl., Berlin 1997.

– Waffenschmiedekunst. In: Kunsthandwerk der Dürerzeit und der deutschen Renaissance. Ausstellungskatalog anläßlich des 500. Geburtstages von Albrecht Dürer. Kunstgewerbemuseum Schloß Köpenick, Berlin 1971, S. 54–61, Abb. 72–83.

Müller, Heinrich/Hartmut Kölling: Europäische Hieb- und Stichwaffen aus der Sammlung des Museums für Deutsche Geschichte, 5. Aufl., Berlin 1990.

Müller, Heinrich/Fritz Kunter: Europäische Helme aus der Sammlung des Museums für Deutsche Geschichte, 2. Aufl., Berlin 1984.

Müller-Hickler, Hans: Studien über die Helmbarte. In: Zeitschrift für Historische Waffenkunde, Bd. 5, Dresden 1909–1911, S. 199–203 und 173–186.

– Studien über den langen Spieß. In Zeitschrift für Historische Waffenkunde, Bd. 4, Dresden 1906–1908, S. 293–305.

Nagler, G.K.: Die Monogrammisten, fortgesetzt von A. Andresen und C. Clauss. 5 Bde., München Leipzig 1876–1880.

Neubecker, Ottfried: Heraldik. Wappen – Ihr Ursprung, Sinn und Wert, Frankfurt am Main 1977.

– Heraldik zwischen Waffenpraxis und Wappengraphik. Wappenkunst bei Dürer und zu Dürers Zeit. In: Albrecht Dürers Umwelt. Festschrift zum 500. Geburtstag Albrecht Dürers am 21. Mai 1971 (Nürnberger Forschungen, Bd. 15), Nürnberg 1971, S. 193–219.

Neuhaus, August: Der Nürnberger Geschützgießer Endres Pegnitzer der Ältere. In: Anzeiger des Germanischen Nationalmuseums, Jg. 1932/33, Nürnberg 1933, S. 128–161.

– Die Zeichen der Nürnberger Messerer. In: Zeitschrift für Historische Waffen- und Kostümkunde, NF., Bd. 4, Berlin 1932–1934, S. 128–132 und 160–164.

Neumann, Hartwig: Festungsbaukunst und Festungsbautechnik. Deutsche Wehrbauarchitektur vom XV. bis XX. Jahrhundert (Architectura militaris, Bd. 1), 2. Aufl., Bonn 1994.

Nickel, Helmut: Der mittelalterliche Reiterschild des Abendlandes. Phil. Diss., Berlin 1958.

– Ullstein Waffenbuch. Eine kulturhistorische Waffenkunde mit Markenverzeichnis, Berlin Frankfurt/M., Wien 1974.

Norman, Vesey: Waffen und Rüstungen, Frankfurt a.M. 1964.

Oettinger, Karl: Die Bildhauer Maximilians am Innsbrucker Kaisergrabmal (Erlanger Beiträge zur Sprach- und Kunstwissenschaft, Bd. 23), Nürnberg 1966.

Ossbahr, C. A.: Das Fürstliche Zeughaus in Schwarzburg, Rudolstadt 1895.

Oswald, Gert: Lexikon der Heraldik, Leipzig 1984.

Panowsky, Erwin: Conrad Celtis and Kunz von der Rosen: Two Problems in Portrait identification. In: Art Bulletin 24/1942, S. 8–18.

Pappenheim: Dürer als Artillerist und Festungsbauer. In: Mitteilungen der Gesellschaft für Kostüm- und Waffenkunde, 6/1958, S. 17–21.

Petrasch, Ernst: Die Karlsruher Türkenbeute. Badisches Landesmuseum Karlsruhe, München 1991, S. 216–260.

Pfaffenbichler, Matthias: Die Ritter im Turnier und Krieg. In: Die Ritter. Burgenländische Landesausstellung Burg Güssing (Burgenländische Forschungen, Sonderband VIII), Eisenstadt 1990, S. 40–47.
Pfister, K.: Der Ritter vom Turn, München 1912.
Pilz, Kurt: Das Gesellenstechen in Nürnberg am 3. März 1561 von Jost Ammann. In: Zeitschrift für Historische Waffen- und Kostümkunde, NF, Bd. 4, Berlin 1932, S. 74–80.
Post, Paul: Das Kostüm und die ritterliche Kriegstracht im deutschen Mittelalter von 1000 bis 1500, 23 Tafeln mit 215 Abb., Berlin 1928/29.
– Das Zeughaus. Die Waffensammlung. Erster Teil. Kriegs-, Turnier- und Jagdwaffen vom frühen Mittelalter bis zum Dreißigjährigen Krieg, Berlin 1929.
– Die französisch-niederländische Männertracht einschließlich der Ritterrüstung im Zeitalter der Spätgotik, 1350–1475. Ein Rekonstruktionsversuch auf Grund der zeitgenössischen Darstellungen. Diss., Halle 1910.
– Zum „Silbernen Harnisch" Kaiser Maximilians I. von Coloman Kolman mit Ätzentwürfen Albrecht Dürers. In: Zeitschrift für Historische Waffen- und Kostümkunde, NF, Bd. 6, Berlin 1937–1939, S. 253–258.
Přchoda, Rudolf: Zur Typologie und Chronologie mittelalterlicher Pfeilspitzen und Armbrustbolzeneisen. In: Sudeta VIII, 3/1932, S. 43–67.
Prinzler, Heinz W.: Pyrobolia. Von griechischem Feuer, Schießpulver und Salpeter, Leipzig 1981.
Pyhrr, Stuart W./José-A. Godoy: Heroic Armor of the Italien Renaissance Filippo Negroli and his Contemporaries. The Metropolitan Museum of Art, New York 1998.

Quaas, Gerhard: Das Handwerk der Landsknechte. Waffen und Bewaffnung zwischen 1500 und 1600 (Militärgeschichte und Wehrwissenschaften, Bd. 3), Osnabrück 1997.
– (Hrsg.): Eisenkleider. Plattnerarbeiten aus drei Jahrhunderten aus der Sammlung des Deutschen Historischen Museums, Berlin 1992.
– Jagdwaffen aus der Sammlung des Deutschen Historischen Museums (DHM Magazin 19/1997), Berlin 1997.
Quellen zur Geschichte der Feuerwaffen, hrsg. vom Germanischen Museum (August Essenwein), Leipzig 1872 (Nachdruck Graz 1969).

Rathgen, Bernhard: Das Geschütz im Mittelalter. Quellenkritische Untersuchungen, Berlin 1928.
Rebel, Ernst: Albrecht Dürer. Maler und Humanist, München 1999.
Rees, Gareth: The longbow's deadly secrets. In: New Scientist, Nr. 1876, 5. Juni 1993, S. 24/25.
Reid, William: Buch der Waffen. Von der Steinzeit bis zur Gegenwart, Düsseldorf Wien 1976.
Reitzenstein, Alexander von: Der Waffenschmied. Vom Handwerk der Schwertschmiede, Plattner und Büchsenmacher, München 1964.
– Die Augsburger Plattnersippe der Helmschmied: In: Münchner Jahrbuch der bildenden Kunst, 3. Folge, Bd. 2, München 1951, S. 179–194.
– Die Nürnberger Plattner. In: Beiträge zur Wirtschaftsgeschichte Nürnbergs, Bd. II, Nürnberg 1967, S. 700–725.
– Die Ordnung der Augsburger Plattner. In: Waffen- und Kostümkunde, München Berlin, 2/1960, S. 96–100.
– Die Ordnung der Nürnberger Plattner. In: Waffen- und Kostümkunde, München Berlin, 1 u. 2/1959, S. 54–85.
– Etliche Vnderricht/Zu Befestigung der Stett/ Schlosz/Vnd Flecken. Albrecht Dürers Befestigungslehre. In: Albrecht Dürers Umwelt. Festschrift zum 500. Geburtstag (Nürnberger Forschungen, Bd. 15), Nürnberg 1971, S. 178–192.
– Rittertum und Ritterschaft (Bibliothek des Germanischen Nationalmuseums Nürnberg zur deutschen Kunst- und Kulturgeschichte, Bd. 32), München 1972.
Rohde, Fritz: Über die Zusammensetzung der spätmittelalterlichen Armbrust. In: Zeitschrift für Historische Waffen- und Kostümkunde, NF, Bd. 7, Berlin 1940–1942, S. 53–58.
Roemer, Erich: Dürers ledige Wanderjahre. In: Jahrbuch der Preußischen Kunstsammlungen, Bd. 47/48, Berlin 1926/27.
Rose, Walther: Das mittelalterliche Wurfbeil. In: Zeitschrift für Historische Waffenkunde, Bd. 2, Dresden 1900–1902, S. 239–246.
– Das mittelalterliche Wurfbeil und verwandte Wurf-Waffen. In: Zeitschrift für Historische Waffen- und Kostümkunde, NF, Bd. 1, Berlin 1923–1925, S. 151–168.
Rowlands, John: Drawings by German Artists and Artists from German-Speaking Regions of Europe in the Department of Prints an Drawings in the British Museum. The Fifteenth Century and the Sixteenth Century by Artists born before 1530, 2 Bde., London 1993.
Royal Armouries at the Tower of London. Official Guide, London 1986.
Rupprich, Hans: Dürer. Schriftlicher Nachlaß, Bd. 1–3, Berlin 1956–1969.

Schaal, Dieter: Die Kurfürsten von Sachsen. Repräsentation in Bildnis und Rüstung. Ausstellungskatalog, Staatliche Kunstsammlungen Dresden, Dresden 1991.
Schalkhäußer, Erwin: Die „Alte Abteilung" des Bayerischen Armeemuseums. In: Waffen- und

Kostümkunde, München Berlin, 1/1981, S. 5–26.
Schauerte, Thomas Ulrich: Die Ehrenpforte für Kaiser Maximilian I. Dürer und Altdorfer im Dienste des Herrschers (Kunstwissenschaftliche Studien, Bd. 95), München Berlin 2001.
Schmid, W.M.: Passauer Waffenwesen. In: Zeitschrift für Historische Waffenkunde, Bd. 8, Leipzig 1910, S. 317–342.
Schmidtchen, Volker: Bombarden, Befestigungen, Büchsenmeister. Von den ersten Mauerbrechern des Spätmittelalters zur Belagerungsartillerie der Renaissance. Eine Studie zur Entwicklung der Militärtechnik, Düsseldorf 1977.
– Kriegswesen im späten Mittelalter. Technik, Taktik, Theorie, Weinheim 1990.
Schneewind, Wolfgang: Historisches Museum Basel. Die Waffensammlung, Basel (Schriften des Historischen Museums III), Basel 1958.
Schneider, Hugo: Der Schweizer Dolch, Zürich 1977.
– Schutzwaffen aus sieben Jahrhunderten, Bern 1953.
– Zur Fabrikation der Halbarte. In: Zeitschrift für Schweizerische Archäologie und Kunstgeschichte, Bd. 19, 1959, S. 60–65.
Schneider, Hugo/Karl Stüber: Waffen im Schweizerischen Landesmuseum. Griffwaffen I, Zürich 1980.
Schnitter, Helmut: Soldatenbild und Kriegstechnik im Schaffen Albrecht Dürers. In: Zeitschrift für Militärgeschichte, Berlin 4/1971, S. 445–453.
– Zu einigen Aspekten der Kriegstechnik und der Kriegskunst in der Renaissance. In: Zeitschrift für Militärgeschichte, Berlin 4/1975, S. 401–410.
Schöbel, Johannes: Prunkwaffen. Waffen und Rüstungen aus dem Historischen Museum Dresden, Leipzig 1973.
Schramm, Albert: Der Bilderschmuck der Frühdrucke, Bd. 1–23, Leipzig 1923–1943.
Schröder, Almuth: Gesteppt und wattiert. Zur Geschichte der Bifunktionalität der Stepparbeit. In: Waffen- und Kostümkunde, Hildesheim 1 u. 2/1991, S. 15–92.
Schuder, Rosemarie: Hieronymus Bosch, Berlin 1975.
Seehase, Hagen: Galloglas – irische Krieger des 13.–16. Jahrhunderts. In: Zeitschrift für Heereskunde, Potsdam, Jg. 2001, Nr. 402, S. 135–143.
Seifert, Gerhard: Der Hirschfänger, Schwäbisch Hall 1973.
– Der Katzbalger. In: Deutsches Waffenjournal, Schwäbisch Hall 7/1972, S. 460–462.
– Einführung in die Blankwaffenkunde – bezogen auf die europäischen blanken Trutzwaffen, Haiger 1982.
– Fachwörter der Blankwaffenkunde. Deutsches Abc der europäischen blanken Trutzwaffen – (Hieb-, Stoß- Schlag- und Handwurfwaffen), Haiger 1981.
Seitz, Heribert: Blankwaffen. Geschichte und Typenentwicklung im europäischen Kulturbereich von der prähistorischen Zeit bis zum 19. Jahrhundert (Bibliothek für Kunst- und Antiquitätenfreunde, IV), 2 Bde., Braunschweig 1965 und 1968.
Spitzlberger, Georg: Unvergängliche Harnischkunst, Landshut 1985.
Staigmüller, H.: Dürer als Mathematiker. In: Programm des Königl. Realgymnasiums in Stuttgart 1890/91, S. 30/31.
Stefańska, Zofia: Dzialo „Orszanskie". In: Muzealnietwo Woiskowe, Bd. 1, Warschau 1959, S. 359–366.
Stöcklein, Hans: Die Wurfbeile des Bayerischen Armeemuseums. In: Zeitschrift für Historische Waffen- und Kostümkunde, NF, Bd. 2, Berlin 1926–1928, S. 249–252.
Strieder, Peter: Dürer, Augsburg 1996.

Tavel, Hans Christoph von: Die Randzeichnungen zum Gebetbuch Kaiser Maximilians. In: Münchner Jahrbuch der bildenden Kunst, hrsg. von den Staatlichen Kunstsammlungen und dem Zentralinstitut für Kunstgeschichte in Nürnberg, 3. Folge, Bd. 16, München 1916.
Temesváry, Ferenc: Waffenschätze. Prunkwaffen (Kunstschätze des Ungarischen Nationalmuseums), Budapest 1982.
The illustrated Bartsch 8. Formely Volume 6 (Part 1). Early German Artists, edited by Jane C. Hutchison, New York 1980.
Thieme/Becker: Allgemeines Lexikon der bildenden Künstler von der Antike bis zur Gegenwart, Bd. 10, Leipzig 1914.
Thomas, Bruno: Der Roßharnisch Kaiser Friedrich III. (mit einem heraldischen Beitrag von Alphons Lhotzky) In: Belvedere, Bd. 13, Heft 5–8, Wien 1938/43, S. 191–203 (auch in B. Thomas, Gesammelte Schriften, Bd. 2, S. 1101–1113 und 1582–1585).
– Deutsche Plattnerkunst, München 1944.
– Gesammelte Schriften zur Historischen Waffenkunde, 2 Bde., Graz 1977.
– Jörg Helmschmied d.J. Plattner Maximilians I. in Augsburg und Wien. In: Jahrbuch der Kunsthistorischen Sammlungen in Wien, Bd. 52, Wien 1956, S. 33–50 (auch in B. Thomas, Gesammelte Schriften, Bd. 2, S. 1127–1146).
– Konrad Seusenhofer – Studien zu seinen Spätwerken zwischen 1511 und 1517 (mit einem Beitrag von Ortwin Gamber). In: Kunsthistorisk Tidskrift, Bd. 18, Stockholm 1949, S. 37–70 (auch in B. Thomas, Gesammelte Schriften, Bd. 1, S. 541–576).

Thomas, Bruno/Ortwin Gamber: Die Innsbrucker Plattnerkunst. Ausstellungskatalog, Tiroler Landesmuseum Ferdinandeum, Innsbruck 1954.
– Katalog der Leibrüstkammer, I. Teil. Der Zeitraum von 500 bis 1530 (Kunsthistorisches Museum Wien, Waffensammlung), Wien 1976.
Thomas, Bruno/Ortwin Gamber/Hans Schedelmann: Die schönsten Waffen und Rüstungen aus europäischen und amerikanischen Sammlungen, Heidelberg München 1963.
Tietze, H./E. Tietze-Conrat: Kritisches Verzeichnis der Werke Albrecht Dürers, Bd. 1–2, 2, Augsburg 1928; Basel Leipzig 1937/38.
Thordeman, Bengt: Armour from the Battle of Wisby 1361, 2 Bde., Uppsala 1939.
Treue, W. (Hrsg.) u. a.: Das Hausbuch der Mendelschen Zwölfbrüderstiftung zu Nürnberg, München 1965.
Troso, Mario: Italia ! Italia ! 1526–1530. La prima guerra d'indipidenza Italiana co gli assedi di Milano, Napoli, Firenze, il sacco di Roma e le battaglie di Capo d'Orso e Gavinana, Parma 2001.

Uhlitzsch, Joachim: Der Soldat in der bildenden Kunst. 15. bis 20. Jahrhundert, Berlin 1987.
Ullmann, Ernst (Hrsg.): Geschichte der deutschen Kunst 1350–1470, Leipzig 1981.
Ullmann, Konrad: Dolchmesser, Dolche und Kurzwehren des 15. und 16. Jahrhunderts. In: Waffen- und Kostümkunde, Bd. 3, München Berlin 1961, S. 1–13 und S. 114–127.

Végh, János: Deutsche Tafelbilder des 16. Jahrhunderts, Budapest 1972.

Wagner, Eduard/Zoroslava Drobná/Jan Durdik: Tracht, Wehr und Waffen des späten Mittelalters (1350–1450), Prag 1957.
Waetzoldt, Wilhelm: Dürers Befestigungslehre, Berlin 1916.
– Dürer und seine Zeit, 3. Aufl., Leipzig 1936.

Waldburg-Wolfegg, Johannes von: Das mittelalterliche Hausbuch, München 1957.
Weckerle, J.: Neue Forschungen zur Herkunft Albrecht Dürers. In: Südostdeutsche Vierteljahresblätter, Folge 3, 21/1972, S. 176–180.
Weyersberg, Albert: Der Wolf als Klingenzeichen und im Klingenhandel. In: Zeitschrift für Historische Waffen- und Kostümkunde, NF, Bd. 6, Berlin 1937–1939, S. 42–44.
Wiesflecker-Friedhuber, Inge: Quellen zur Geschichte Maximilians I., Darmstadt 1996.
Willers, Johannes Karl Wilhelm: Bemerkungen zu Albrecht Dürers Interesse an Waffen, Kriegstechniken und Festungsbau. In: Anzeiger des Germanischen Nationalmuseums 1976, S. 72–76.
– Kaiserburg-Museum des Germanischen Nationalmuseums. Mit Beiträgen von Manfred Nawroth und G. Ulrich Großmann. Führer durch die Schausammlungen, Nürnberg 2001.
– Nürnberger Harnische. In: Nürnberg 1300–1550. Kunst der Gotik und Renaissance, München 1986.
Winkler, Friedrich: Albrecht Dürer. Leben und Werk, Berlin 1957.
– Dürer und die Illustrationen zum Narrenschiff. Die Baseler und Straßburger Arbeiten des Künstlers und der Altdeutsche Holzschnitt, Berlin 1951.
Wirtgen, Rolf: Kanone „Greif" an Koblenz zurückgegeben. In: Deutsches Waffen-Journal, Schwäbisch Hall, 12/1984, S. 1504–1507.
Wölfflin, Heinrich: Die Kunst Albrecht Dürers, München 1963.

Żygulski, Zdzislaw: Stara broń w polskich zbiorach, Warschau 1982.
– The Battle of Orsha. An explication of the arms, armour, costumes, accoutrements and other matters for consideration portrayed in the approximately contemporary painting of a battle fought in Byelorussia in 1514. In: Robert Held (Hrsg.), Art, Arms and Armour. An International Anthology, Bd. 1, 1979/80, Chiasso 1979, S. 108–143.

Konkordanz der untersuchten Zeichnungen zwischen einem Werkverzeichnis
in deutscher und in englischer Sprache

Winkler	Strauss	Winkler	Strauss	Winkler	Strauss	Winkler	Strauss
12	1489/1	213	XW 213	440	1507/8	694	1518/6
17	1489/5	215	XW 215	473	1517/17	695	1518/7
18	1489/7	217	XW 217	483	1510/20	696	1518/8
20	1489/6	225	1500/6	486	1510/21	697	1518/9
41	1493/22	233	1499/1	489	1516/16	698	1518/10
50	1493/18	241	1500/1	504	1510/6	699	1518/11
61	1494/3	250	1500/8	505	1510/8	700	1517/40
74	1495/9	251	1502/17	591	1514/16	705	1518/63
77	1495/18	252	XW 252	592	1514/17	712	1517/9
78	1495/12	253	1502/18	617	1513/1	716	1514/19
79	1495/13	254	XW 254	618	1513/2	724	1517/39
80	1495/16	255	1502/15	626	1519/10	725	1517/40
81	1495/15	264	XW 264	628	XW 628	727	1517/38
83	1495/1	299	1504/22	629	1510/28	729	1517/30
86	1495/17	300	1504/24	654	XW 654	782	1521/46
87	1494/16	302	1504/26	664	1514/35	783	1521/25
123	1494/21	304	1504/28	671	1512/13	793	1520/37
129	1495/64	306	1504/33	677	XW 677	797	1520/39
149	1496/14	308	1504/36	678	1517/4	815	1521/33
164	1496/16	310	1504/38	679	1517/3	825	1521/36
167	1496/15	311	1504/40	680	1517/5	878	1523/11
170	XW 170	312	1504/41	681	1517/7	903	1523/8
174	1517/8	317	1505/3	682	1517/6	922	1522/12
176	1495/48	329	1503/2	683	1512/11	935	1524/6
177	1495/49	342	1504/54	685	1518/1	938	1526/24
197	1499/9	377	1505/24	691	1518/3	945	1527/2
204	XW 204	435	1508/21	692	1518/4	- - -	1527/29
209	XW 208	436	1508/20	693	1518/5		

Konkordanz der untersuchten Druckgraphik zwischen Werkverzeichnissen in deutscher oder englischer Sprache

Meder	Panofsky	Hollstein	Meder	Panofsky	Hollstein
5	112	5	137	248	137
6	113	6	138	249	138
7	114	7	139	250	
9	116		140	251	140
10	117		141	252	
12	119	12	144	255	144
13	120	13	145	256	145
17	124	17	146	257	146
37	160	55	147		
47			148	259	
50	155	50	149	260	149
55	160	55	154	265	154
56	161	56	164	281	164
60	164	60	165	282	165
61	163	61	167	284	167
62	162	62	169	286	169
64	175	64	171	288	171
73	186		174	291	174
74	205	74	180	279	
80	192	80	196	399	
81	195	81	199	307	
83	201	83	218	337	218
84	189	84	219	336	219
86	190	86	225	331	225
87	193	87	231	345	
88	197		238	347	238
90	198		239	352	239
92	194	92	241	391	241
93	203	93	246	392	
94	204	94	247	420	247
96	206	96	248	421	248
97	207	97	249	422	249
98	208	98	250	393	
109	423		251	296	251
110	385		252	359	252
111	424	111	260	365	260
112	425		265	351	265
115			269	362	269
116	227	116	271	364	271
117	228	117	280	395	280
118	229	118	282	313	282
119	230	119	287	373	287
120	231	120	288	374	288
124	235	124	290	411	
127	238	127	293	330	293
136	247	136	294	383	294
				352	

GLOSSAR – FACHWÖRTER DER HISTORISCHEN WAFFENKUNDE

ACHSELSCHEIBE: auch Schwebescheibe; mit Lederriemen an die Achselstücke eines Harnisches angebundene runde Eisenplatten zum Schutz der Achseln.

AHLSPIESS: Stangenwaffe des 15./Anfang des 16. Jahrhunderts für Fußkämpfer mit bis zu einem Meter langer schlanker vierkantiger Stoßklinge; mit Schafttülle, Schaftfedern und runder Parierscheibe.

ANDERTHALBHÄNDER: Schwert des 14. bis 16. Jahrhunderts, bei dem der Griff ursprünglich anderthalb Hand lang war und bei der Handhabung mit zwei Händen die linke Hand zum Teil auch den Knauf umfaßte.

ANGEL: bei Griffwaffen von der Klinge ausgeschmiedeter oder angeschweißter Teil; die schmale Spitzangel führt durch die Griffhülse hindurch, auf der breiteren Flachangel werden Griffschalen befestigt.

ANTENNENDOLCH: Dolchtyp mit sichelförmig nach oben gebogenen Knaufenden. Knaufform bereits in der Bronzezeit, auch im 13./14. Jahrhundert und später gebräuchlich.

ANZOGENRENNEN: Turnierart zur Zeit Kaiser Maximilians I., bei der der Schild, die Renntartsche, mit je einer großen Schraube am eisernen Kinnstück, dem Rennbart, und an der Harnischbrust fest verschraubt – angezogen – war.

ARMBRUST: von der Antike bis in die heutige Zeit verwendete Handfernwaffe für Krieg, Jagd und Sport; bestehend aus Bogen, Sehne, Säule (Schaft) und Abzugsvorrichtung; der Bogen war aus verleimten Schichten von Horn, Fischbein und Tiersehnen zusammengesetzt, seit Ende des 14. Jahrhunderts bestand er auch aus Stahl. Die Reichweite der Armbrustbolzen betrug 300–400 Meter.

ARMBRUSTBOLZEN: etwa 40 cm langes Geschoß, bestehend aus einem hölzernen Schaft (Zain), auf den mit einer Tülle oder einem Stift das Bolzeneisen aufgepreßt wurde. Schräg in Rillen des Zains eingesetzte Federn (siehe Befiederung) verliehen dem Bolzen eine Drehbewegung, den Drall. Gebräuchlich waren rhombische, bärtige, gabelförmige und für die Jagd auf Nieder- und Haarwild stumpfe Bolzeneisen.

ARMBRUSTWINDE: gespannt wurde die Armbrust ursprünglich mit der Körperkraft und einem Gürtelhaken oder einem Spannhebel; die zunehmende Starrheit des Bogens erforderte seit dem 14./15. Jahrhundert spezielle Winden, Seil- (Flaschenzug-) oder Zahnstangenwinden, die auf die Armbrust aufgeschoben wurden. Die Sehne mußte hinter eine drehbare und zu arretierende Nuß aus Bein zurückgezogen werden. Zum Schießen nahm der Schütze die Winde ab.

ARMET: Visierhelm des 15./Anfang des 16. Jahrhunderts mit zweiteiligem, durch Haken zu verschließendem Kinnreff und oft hinten am Helm mit Stielscheibe zum Schutz des Nackens.

ARMRÖHREN: geschlossener oder aus zwei Teilen mit Scharnieren und Hakenverschlüssen bestehender Ober- oder Unterarmschutz des Harnisches.

ARMSCHILD: schmaler länglicher, oft bemalter Holzschild zum Schutz des linken Armes und gleichzeitig durch eine unten herausragende Stoßklinge als Waffe zu gebrauchen; insbesondere bei Kampfspielen in Italien verwendet.

BARBUTA: auch „venezianische Schaller" genannt; aus einem Stück getriebener, bis zum Halsansatz reichender Helm mit etwa T-förmigem Seh- und Atemausschnitt; in der Renaissance nach dem Vorbild des antiken korinthischen Helmes nachgeahmt.

BART: Harnischteil zum Schutz des Kinns und der vorderen Halspartie; auf der Harnischbrust befestigt; wurde mit Eisenhut, Schaller und Rennhut (Turnierhelm) kombiniert getragen.

BAUCHREIFEN: unten an der Harnischbrust angenietete drei oder vier dachziegelartig übereinandergreifende schmale Metallstreifen (= Folgen eines Geschübes).

BAUERNWEHR: auch Hauswehr genannt; einschneidige bis 50 cm lange Griffwaffe mit aufgenieteten Griffschalen aus Holz, Bein oder Hirschhorn; im 15./16. Jahrhundert Standeszeichen von Bauern, denen untersagt war, lange Wehren (Schwerter) zu tragen.

BECKENHAUBE, BACINET: gesichtsoffener, bis zum Hals reichender Helm des 13. bis 15. Jahrhunderts; auch mit Helmbrünne aus Ringgeflecht oder mit Klappvisier kombiniert.

BEFIEDERUNG: aus Holz, Leder oder Naturfedern längs in Rillen des Schaftes von Pfeil und Armbrustbolzen zur Flugstabilisierung und zur Erzeugung des Dralles eingesetzte Federn.

BEINRÖHREN: den Unterschenkeln angepaßte, zum An- und Ablegen mit Scharnieren und Hakenverschlüssen versehene Harnischteile.

BEINZEUG: aus folgenden Harnischteilen zusammengesetzt: Diechlingen (Oberschenkelschutz), Kniekacheln, Beinröhren und Harnischschuhen.

BESTECK: in besonderen Öffnungen auf der Vorderseite der Scheiden von Kriegs- und Jagdgriffwaffen mitgeführte Gebrauchsgegenstände, wie Messer, Pfriem und Wetzstahl.

BLANKWAFFEN: alle Hieb-, Stoß-, Schlag- und Wurfwaffen mit blanken Klingen.

BLOCKLAFETTE: Lafette des 15./16. Jahrhunderts, bei der das Geschützrohr halb eingelassen in einem hinten geschlossenen Holzblock ruhte, der den Rückstoß des Rohres abfing.

BODENFELD: Teil der Oberfläche des Hinterstücks von Geschützrohren, auf dem sich in Relief häufig das Wappen des Auftraggebers befand.

BOGEN: mechanische Fernwaffe aus Bogen und Sehne, mit der ein Pfeil abgeschossen wird; bereits in der mittleren Steinzeit bekannt; Bogen aus gewachsenem Holz hatten oft eine Länge von 160 bis 180 cm, Pfeile von 70 bis 75 cm. Die wirksame Reichweite betrug etwa 200 Meter. Kleinere Komposit- oder Reflexbogen (siehe diesen), wurden in den ersten Jahrhunderten n. Chr. in Innerasien entwickelt und waren gefürchtete Waffen von Reitervölkern, später der Türken.

BOGENTASCHE: geschulterte oder am Leibgurt befestigte Tragevorrichtung, in der manche Reflexbogen, etwa zur Hälfte sichtbar, getragen wurden.

BOHRSCHWERT: Stoßschwert mit starrer, kräftiger drei- oder vierkantiger Klinge; als Waffe gegen die starke Harnischpanzerung des 15./16. Jahrhunderts entwickelt.

BRECHRÄNDER: auf den Harnischschultern befestigte, schräg-längs und senkrecht stehende Eisenbleche zum Abfangen von gegnerischen Hieben.

BRECHSCHEIBE: auf die Lanze aufgeschobener kegelstumpfförmiger Schutz für die rechte Hand; auf einen rechten Panzerhandschuh konnte deshalb im Turnier (Gestech) verzichtet werden.

BRECHSCHILD: auf die Lanze aufgeschobener großer, etwa halbkreisförmiger Schild für den Schutz des rechten Armes im speziellen Turnier „Rennen".

BÜCHSE: allgemeine Bezeichnung für jede Feuerwaffe des 14./15. Jahrhunderts; differenziert in Hand-, Haken-, Karren-, Steinbüchsen etc.

BÜCHSENMEISTER: vom 14. bis 17. Jahrhundert vertraglich, oft nur für einen bestimmten Feldzug, gegen Sold verpflichteter Handwerker, der sich mit dem Einsatz von Geschützen in Feldschlachten und bei Belagerungen auskannte. Stückgießer wurden wegen ihrer Kenntnisse hierfür bevorzugt angeworben.

CINQUEDEA: zweischneidiger Schwert- und Dolchtyp von etwa Mitte 15. bis Mitte 16. Jahrhundert, an der Klingenbasis etwa fünf Finger (cinque dita) breit, nach vorn gleichmäßig sich verjüngend. Vornehmlich in Italien, aber auch in Spanien und Frankreich verbreitet.

COUSE: auch Kuse; Stangenwaffe des 15./16. Jahrhunderts mit messerartiger, konvex gebogener Klinge. Besonders in Italien, Burgund und Frankreich verbreitet.

DEGEN: Griffwaffe mit langer, schmaler, gerader ein- oder zweischneidiger Klinge; besonders für den Stoß geeignet. Meist mit Parierelementen als Handschutz.

DEUTSCHES GESTECH: siehe Gestech.

DIECHLING: Harnischteil zum Schutz von Oberschenkel und Knie.

DILGE: am Sattel befestigter Oberschenkelschutz in der Turniertart Rennen.

DILL: siehe Palia.

DOLCH: ein- oder zweischneidige kurze Stoßwaffe. In Europa im Gegensatz zum Messer mit geradem symmetrischem Griff und Knauf.

DOLCHSTREITKOLBEN: kurzschäftige Schlagwaffe des 15. Jahrhunderts; Schlagstück aus Bronze, das wie eine menschliche Faust geformt und in das eine eiserne Dolchklinge eingearbeitet ist.

EISENHUT: vom hohen Mittelalter bis ins 16. Jahrhundert weit verbreiteter Helm, besonders für Fußkämpfer, mit gerundeter Helmglocke und breiter Krempe; manchmal auch mit eingeschnittenem Sehschlitz.

ELLENBOGENKACHEL: beim Harnisch Teil des Armzeugs zum Schutz der Ellenbogen, bestehend aus gerundeter Mäusel und flacher Muschel.

FALTENROCKHARNISCH: nach dem modischen Faltenrock der Zeit gearbeiteter eiserner Schoßrock am Harnisch; für das Fußturnier bestimmt, durch Abstecken von einem Vorder- und Hinterstück war der Harnisch auch zum Reiten geeignet.

FAUSTRIEMEN: (Fangschnur); an Griffwaffen befestigtes Band; sollte, um das Handgelenk gelegt, den Verlust der Waffe verhindern.

FAUSTSCHILD: kleiner, meist runder Schild aus Eisen oder Holz mit Leder überzogen; im ganzen Mittelalter verbreitet, auch bei Sarazenen.

FELDSCHLANGE: langes, schlankes Feldgeschütz des 15. bis 17. Jahrhunderts, das sechs- bis zehnpfündige Eisenkugeln verschoß.

FLÜGELTARTSCHE: als Typ auch Ungarische F. genannt. Stark bauchige Schildfläche, oben in eine seitliche Spitze auslaufend; besonders im 15./16. Jahrhundert auch in anderen Ländern verbreitet.

FOLGEN: schmale übereinander liegende Metallstreifen in Form von Geschüben an Kragen, Arm- und Beinzeug, Bauch- und Gesäßreifen des Harnischs.

FÜRBUG: Schutz für die Brust des Pferdes am Roßharnisch.

FUSSKAMPFHARNISCH: seit etwa 1510 völlig geschlossener Spezialharnisch, auch an Arm- und Beinzeug.

GARDEBRAS: großes Verstärkungsstück auf dem linken Ellenbogen beim Harnisch für das Plankengestech.

GEFÄSS: (von fassen); alle Teile des Griffes und des Handschutzes bei Griffwaffen für Hieb und Stoß.

GESTECH, ALTES DEUTSCHES: Zweikampf zu Pferd im Stechzeug auf freier Bahn, mit stumpfen Lanzen ausgetragen. Gegner sollte aus dem Sattel gestoßen werden und dabei die eigene Lanze des Treffenden zerbrechen.

GESTECH: siehe Plankengestech.

GESTEPPTER WAFFENROCK: als Körperschutz getragenes, dicht mit Baumwolle ausgefüttertes gestepptes Leinenwams.

GLEFE: auch Gläfe; Stangenwaffe des 14.–16. Jahrhunderts für Hieb und Stoß mit großer schwert- oder messerartiger Klinge mit Schlagdorn oder Klingenfänger und kleinen Parierhaken.

GNADGOTT: Panzerstecher in Dolchform; Klinge auch mit verstärkter Spitze, für den Kampf gegen Geharnischte bestimmt, 14./15. Jahrhundert.

GRAND BACINET: westeuropäischer Visierhelm der ersten Hälfte des 15. Jahrhunderts mit spitzer, später runder Helmglocke, mit Rund- oder Kantenvisier sowie mit Halsreifen.

GRIFFBÜGEL: Faustschutz an Griffwaffen, verläuft vom Knauf bis zur Parierstange oder zum Stichblatt.

GRIFFWAFFE: am Körper getragene Hieb- und Stoßwaffe mit Griff für eine oder zwei Hände: Schwert, Degen, Dolch, Säbel, Hirschfänger, Griffbajonett, Seitengewehr u. a.

HALBHARNISCH: Harnisch ohne Unterbeinzeug.

HANDBÜCHSE: Handfeuerwaffe des 14./15. Jahrhunderts, Vorderlader, wurde mit Loseisen (glühendem Draht) oder mit Lunte aus der Hand gezündet.

HANDHABE: Zapfen oder plastische Figur am Stoßboden des Geschützrohres; diente zum Dirigieren beim Einlegen des Rohres mit Flaschenzug in die Lafette oder beim Herausnehmen; auch zum Untersetzen einer Winde zur Einstellung der Höhenrichtung geeignet.

HANDSCHUTZ: Teile zum Schutz der Hand an Griffwaffen.

HARNISCH: Körperschutz für Krieg und Turnier aus miteinander durch Lederriemen oder Nieten verbundenen, dem Körper angepaßten Stahl- und Eisenplatten; vom Ende des 14. bis zum 17. Jahrhundert in unterschiedlicher Konstruktion und Form im Gebrauch.

HARNISCHHANDSCHUH: gefingerter Handschuh im Gegensatz zur Hentze mit geschlossener Fingerdecke.

HARNISCHKRAGEN: aus zwei oder mehreren Teilen bestehender Halsschutz, mit Scharnier beweglich zu öffnen; um 1500 entstanden.

HAUSWEHR: siehe Bauernwehr.

HEBHAKEN: auf der Oberseite von Geschützrohren des 15./Anfang 16. Jahrhunderts im Schwerpunkt angebrachte, meist plastisch geformte Haken zum Anbinden von Seilen eines Flaschenzuges.

HELM, GESCHLOSSENER: mit aufschlächtigem Visier, unmittelbar an den Harnischkragen anschließend, auch mit ihm drehbar verbunden.

HELM, OFFENER: gesichtsoffen, ohne Visier.

HELMBARTE, HELLEBARDE: Helm (Halm) = Schaft, Barte = Beil; Stangenwaffe für Fußkämpfer mit Beil, Stoßklinge und seit dem Ende des 14. Jahrhunderts auch mit Schlagdorn.

HELMHAUBE: unter dem Stechhelm zum Schutz getragene Haube aus Leinen, mit Werg dick ausgepolstert; Riemen und Bänder der Haube wurden durch Schlitze und Löcher des Helmes nach außen gezogen und dort verschnallt oder verknotet.

HELMZAGELSCHRAUBE: röhrenartige Verschraubung an der Rückwand des Stechhelmes mit dem Harnischrücken.

HELMZIMIER: Schmuck und Erkennungszeichen auf Helmen, oft den Wappenbildern entsprechend; Material: Leder, gefestigtes Leinen oder Pergament.

HENKEL: auf der Oberfläche von Geschützrohren im Schwerpunkt angebracht, um das Rohr mit Flaschenzug heben zu können; als Kleinplastik in vielerlei Gestalt geformt.

HENTZE: siehe Harnischhandschuh.

HINTERFLUG: von der Schulter ausgehender Rückenschutz am Harnisch.

HIRSCHFÄNGER: vom Jäger zum Abfangen (tödlicher Stich ins Herz) des Rot- und Schwarzwildes verwendete kurze Griffwaffe mit gerader zwei- oder einschneidiger Klinge; seit Mitte des 17. Jahrhunderts gebräuchlich, vorher wurde der Dolch dazu benutzt.
HOHLKEHLE: Hohlschliff; rillenartige Vertiefung auf beiden Seiten der Klingenfläche von Griffwaffen.
HUNDSGUGEL: Helm des 14. und der ersten Hälfte des 15. Jahrhunderts mit hundeschnauzenförmigem aufschlächtigem Visier; die spitze Helmglocke entsprach in der Form der Gugel, einer zipfelartigen zivilen Kopfbedeckung.

JAGDBESTECK: in der Scheide des Jagdschwertes und Hirschfängers mitgeführte Besteckteile: Messer, Gabel, Pfriem und Spicknadel.

KANONE: Flachbahngeschütz zum direkten Beschuß.
KANZ: Halsschutz des Pferdes vom Roßharnisch.
KARTAUNE: Viertelbüchse, von italienisch quartana, ein Viertel vom hundertpfündigen Geschoßgewicht.
KATZBALGER: von katzbalgen = raufen; Landsknechtsschwert der ersten Hälfte des 16. Jahrhunderts, meist mit nach oben fächerartig verlaufendem Griff und mit 8- oder brillenförmiger Parierstange.
KETTENHEMD: siehe Ringpanzerhemd.
KETTENKUGEL: Schlagwaffe mit kugelförmigem Schlagkopf, mit Kette am Schaft befestigt.
KETTENMORGENSTERN: Schlagwaffe mit stacheligem Schlagkopf, mit Kette am Schaft befestigt.
KINNREFF: Teil eines Helmes zum Schutz der Kinn- und vorderen Halspartien; entweder zweiteilig und seitlich in Scharnieren aufklappbar oder einteilig, in zwei Bolzen drehbar aufschlächtig.
KLAPPVISIER: an der Stirnfläche der Beckenhaube des 14. Jahrhunderts einhängbares oder in Scharnier bewegliches hochklappbares flaches oder spitz vorspringendes Visier.
KLINGE: Hauptbestandteil der Hieb- und Stoßwaffen, auch einiger Wurfwaffen; bei Griffwaffen aus Blatt und Angel bestehend, bei geschäfteten Waffen meist mit Tülle und Schaftfedern.
KNAUF: oberer Griffabschluß bei Griffwaffen; diente auch als Gegengewicht zur Klinge.
KNEBELSPIESS: Stangenwaffe für Krieg und Jagd mit zwei dreieckförmigen Knebeln an der Tülle.
KNIEKACHEL: Teil des Harnisches zum Schutz des Knies.
KÖCHER: Am Körper des Schützen getragener länglicher Behälter für Pfeile des Bogens und für Armbrustbolzen, als Bogenköcher auch für den Bogen.
KOMPOSITBOGEN: siehe Reflexbogen.
KOSTÜMHARNISCH: Prunkharnische der ersten Hälfte des 16. Jahrhunderts mit in Metall getriebenen modischen Merkmalen, beispielsweise der gepufften und geschlitzten Kleidung der Landsknechte.
KRÖNIG: Lanzeneisen des 13. bis 16. Jahrhunderts mit drei oder vier kronenartig aussehenden abgestumpften Spitzen, für die Turnierart „Stechen" verwendet.
KRUPPTEIL: den hinteren Körper des Pferdes schützender Teil des Roßharnisches.
LADE: Holzblock, in dem im 14./15. Jahrhundert das Geschützrohr halb eingelassen ruhte.
LADESCHAUFEL: Gerät mit langer Stange zum Laden des Geschützrohres mit Schwarzpulver.
LAFETTE: Schieß- und Fahrgestell (Räderlafette) bei Geschützen.
Siehe Block- und Wandlafette.
LANDSKNECHT: im Gegensatz zum oft angeworbenen Schweizer Knecht, aus deutschen Landen stammender Söldner vom Ende des 15. und des 16. Jahrhunderts.
LANDSKNECHTSSCHWERT: siehe Katzbalger.
LANGES FELD: Oberfläche des Vorderstückes eines Geschützrohres, begrenzt vom Halsband und Zapfenfeld.
LANGSPIESS: vier bis sechs Meter langer Spieß von Fußkämpfern, bis zum Ende des 17. Jahrhunderts gebraucht.
LANZE: Stoßwaffe des Reiters in Krieg und Turnier, etwa vier Meter lang.
LANZENRUHE: auch Speerruhe; Ausschnitt im Reiterschild, der Tartsche, zum Einlegen der Lanze.
LEGSTÜCK: schweres Geschütz des 14./15. Jahrhunderts, das beim Schießen auf einer Holzbettung oder auf dem gewachsenen Boden lag.
LINKEHANDDOLCH: vorwiegend beim Fechten mit Degen zur Abwehr von Hieb und Stoß bestimmt.

MALCHUS: kurzes einschneidiges Hiebschwert mit gekrümmter oder gerader Klinge, vor dem Ort (Spitze) am Rücken mit konkaver Einbuchtung. Benennung vermutlich nach Malchus, dem Petrus ein Ohr abschlug (Joh. 18, 10).
MESSERGRIFF: asymmetrischer Griff, oberes Ende leicht nach vorn gebogen; Angel meist mit Griffschalen belegt.
MORGENSTERN: Schlagwaffe mit Kolbenkopf, in den eiserne Stacheln eingesetzt sind.
MÖRSER: Steilfeuergeschütz zum Beschuß von verdeckten Zielen hinter Verteidigungsanlagen oder in Gräben. Hängende Mörser hatten die Schildzapfen zur Lagerung in der Lafette etwa in der Mitte, stehende am Rohrende.
MUNDBLECH: bei Lederscheiden aus Metall

bestehende flache Hülse zum Schutz des Scheidenmundes von Griffwaffen.

MÜNDUNGSGESIMS: Gliederung eines Mündungskopfes an Geschützrohren durch Rundstäbe, Platten, Plättchen und Karniese.

MÜNDUNGSKOPF: kräftige Verstärkung des Geschützrohres an der Mündung wegen größerer Belastung des Materials beim Verlassen des Geschosses aus dem Rohr.

NIERENDOLCH: Dolchtyp des 14. bis beginnenden 16. Jahrhunderts mit zwei am unteren Griffstück symmetrisch angeordneten Verdickungen in Nierenform.

NOTBÜCHSE: in Befestigungsanlagen auf einem Schießgestell ohne Räder ruhendes Geschütz des 15./16. Jahrhunderts.

NUSS: drehbare, im Faden laufende Walze aus Bein mit Einkerbung zur Aufnahme der gespannten Armbrustsehne; die arretierte Nuß wird durch Drücken gegen den Abzug freigegeben und die Sehne schleudert den Bolzen nach vorn.

OHRENDOLCH: Dolchtyp des 14. bis 16. Jahrhunderts mit zwei in Höhe des Knaufes im Winkel von 45 Grad zur Längsachse angeordneten Ohren. Vornehmlich in Italien verbreitet.

ORTBAND: zum Schutz der Scheide auf die Spitze (ORT) aufgeschobene Metallhülse.

PALIA: auch Pallia, Dill; Planke zwischen den Anreitenden in der Turnierart Welschgestech oder Plankengestech.

PARIERSTANGE: an Griffwaffen für Hieb und Stoß auf dem Auflager der Klinge ruhende oder am Gefäß sitzende Stange zum Schutz der Hand.

PARTISANE: Stangenwaffe des 15. bis 18. Jahrhunderts mit breiter langer Stoßklinge, Tülle und oft Schaftfedern; seit dem 16. Jahrhundert mit zwei seitlichen Ohren an der Klingenbasis.

PAVESE: Name vermutlich vom altfranzösischen pavoir = Deckung oder von der Stadt Pavia abgeleitet. Hoher Fußkampfschild aus Holz mit Leder überzogen des 13. bis 16. Jahrhunderts, oft von Armbrustschützen als Deckung benutzt.

PFEIL: Geschoß für den Bogen, bestehend aus Pfeilspitze mit Tülle oder Dorn, Zain (Schaft) und Befiederung zur Flugstabilisierung.

PLANKENGESTECH: siehe Palia.

PLATTNER: Handwerker der einzelne Platten für die Körperpanzerung oder ganze Harnische fertigte. Bedeutende Zentren der Plattnerkunst waren Augsburg, Greenwich, Innsbruck, Landshut, Mailand und Nürnberg.

PROTZE: Fahrgestell mit zwei Rädern und Deichsel für Pferdebespannung, an das ein Geschütz mit dem Lafettenschwanz zum Transport angehängt wurde.

QUARTSEITE: Innenseite der am Körper getragenen Seitenwaffe.

RASTHAKEN: Gegenstück zum Rüsthaken beim deutschen Stech- und Rennzeug als Widerlager bei aufgelegter schwerer Lanze.

REFLEXBOGEN: auch Kompositbogen; Bogen aus Holz-, Horn- und Sehnenschichten bestehend; bei aufgelegter Sehne war der Bogen um 180 Grad überspannt, so daß er ständig unter Spannung stand und diese beim Zurückziehen der Sehne weiter erhöht wurde.

RENNEN: Zweikampf mit scharfen Lanzen auf freier Bahn im Rennzeug.

RENNTARTSCHE: lederüberzogener angeschraubter Eisenschild des Rennzeugs zum Schutz von Kinn und Brust.

RENNZEUG: Halbharnisch zum Rennen, bestehend aus Rennhut, Bruststück mit Rüst- und Rasthaken, Rückenstück, Brechschild auf der Lanze, Renntartsche und Dilgen – kein Armzeug.

RICHTHÖRNER: zwei bogenförmige Holzstangen mit zahlreichen Löchern durch die zur Einstellung der Höhenrichtung eines Geschützes des 15. Jahrhunderts ein Eisenstab geschoben wurde.

RICHTSCHWERT: zur Hinrichtung bei Todesstrafe verwendetes, mit beiden Händen zu handhabendes Schwert mit breiter zweischneidiger Klinge, am Ort abgerundet. Oft mit Symbolen des Strafvollzugs und mit Inschriften versehen.

RIEFELHARNISCH: die Oberfläche der Harnischteile ist durch dicht nebeneinander gesetzte herausgetriebene Leisten, beiderseits von Linien eingefaßt, verziert; modische Besonderheit beim deutschen Harnisch des ersten Drittels des 16. Jahrhunderts.

RINGPANZERHEMD: auch Kettenhemd; beweglich dem Körper angepaßter aus kleinen Ringen bestehender Panzer; jeweils vier verschweißte oder vernietete Ringe greifen ineinander. Bereits im keltischen und römischen Heer und bis ins 16. Jahrhundert in Europa getragen.

RINGPANZERKRAGEN: Hals- und Schulterschutz aus Ringgeflecht.

RONDARTSCHE: schwerer eiserner Rundschild der Rondartschiere des 16. Jahrhunderts, die an besonders gefährlichen Brennpunkten einer Schlacht eingesetzt wurden; der Schild ist zur Probe mit einer Kugel aus schwerer Handfeuerwaffe beschossen.

ROSSHARNISCH: Körperschutz des Pferdes aus dem 15./16. Jahrhundert, bestehend aus Roßkopf oder Roßstirn, Kanz, Fürbug, Sattel mit metallenem Vorder- und Hintersteg, Flankenblechen sowie Kruppteil mit Schweifhülse.

ROSSKOPF: Teile des Roßkopfes: Stirnplatte mit Stirnschildchen und Federhülse, Scheitelplatte, Ohren- und Augenbecher und Backenstücke.

ROSSSCHINDER: auch Italienische Helmbarte; Stangenwaffe mit Stoßklinge, langezogenem Beil, daran vorn sichelförmige Abzweigung und etwa in der Mitte des Beiles ein Schlagdorn und zwei Parierhaken am Ende der Klinge.

ROSSSTIRN: ohne Backenstücke; auch halbe Roßstirn gebräuchlich, sie schützte nur die obere Hälfte des Roßkopfes.

RÜCKENKLINGE: einschneidige Klinge von Griffwaffen.

RÜCKENSCHNEIDE: am Rücken der Klinge kurzer Anschliff hinter der Spitze.

RUGGER: schweizerischer Begriff für Bauernwehr.

RUNKA: Stangenwaffe des 15./16. Jahrhunderts mit breiter Gratklinge, kurzem Hals und zwei Nebenspitzen, die schräg nach oben gerichtet sind.

RÜSTHAKEN: an der Harnischbrust befestigtes bewegliches Auflager für die Reiterlanze.

SÄBEL: Griffwaffe mit einschneidiger gekrümmter, spitz auslaufender Klinge, oft mit kurzer Rückenschneide, leicht zur Schneidenseite hin gebogener oder abgeknickter Griff.

SARWÜRKER: von Sarwat = Ringpanzer; Handwerker, der aus Draht kleine Ringe fertigte, sie miteinander verband und schneidermäßig nach Schablonen zu Teilstücken verarbeitete und diese zu einem Panzer zusammensetzte.

SAUFEDER: Stangenwaffe für die Jagd mit Spießklinge und Auflaufknebel, der Schaft lag durch Lederumwicklung, Noppen oder Buckel besonders fest in den Händen.

SCHAFTFEDERN: zwei schmale, an die Tülle angeschweißte Eisenbänder zum festeren Halt der Klinge am Schaft angenagelt, diente auch zum Schutz des Schaftes vor gegnerischen Hieben.

SCHALLER, DEUTSCHE: schalenförmiger Helm des 15./Anfang 16. Jahrhunderts mit eingeschnittenem Sehschlitz oder aufschlächtigem Visier und langgestrecktem, spitz auslaufendem Nackenschirm; in Verbindung mit einem eisernen Kinnstück (Bart), das auf der Harnischbrust verankert wurde, getragen.

SCHARFRENNEN: im Rennzeug ausgetragenes Turnier mit spitzen scharfen Lanzeneisen.

SCHEFFLIN: Wurfspeer des 15./16. Jahrhunderts mit hohlgeschmiedeter Klinge.

SCHEIBENDOLCH: Waffe des 14.–16. Jahrhunderts mit zwei runden Begrenzungsscheiben am Dolchgriff.

SCHEIBENKNAUF: flacher runder Eisenknauf an Schwertern des 13. bis Anfang 16. Jahrhunderts.

SCHEMBARTVISIER: Maskenvisier, vornehmlich der ersten Hälfte des 16. Jahrhunderts.

SCHILDZAPFEN: an beiden Seiten des Geschützrohres sitzende zylindrische Zapfen, mit denen das Rohr in Schildzapfenlagern der Lafettenwände ruht; sie ermöglichen das vertikale Richten und übertragen den Rückstoß auf die Lafette.

SCHLAGWAFFEN: Sammelbezeichnung für kurz- und langschäftige Waffen mit zertrümmernder Wirkung: Keulen, Streitkolben, Streithämmer, Morgensterne, Kettenmorgensterne; oft kombiniert mit spitzen oder spaltenden Teilen, wie Schlagdorn, Beil oder Eisenspitzen.

SCHRAUBSTÜCK: schwere Bronzegeschützrohre, die in zwei Teilen transportiert, zum Schießen dann zusammengeschraubt wurden.

SCHURZ: aus Ringgeflecht gefertigter Schutz des Unterleibes, zum Reiterharnisch getragen.

SCHWANZRIEGEL: hinterstes Querholz zur Verbindung der Lafettenwände, mit Protzenloch zur Verbindung mit der Protze.

SCHWEIFHÜLSE: aufgewölbter Teil am Ende des Roßharnisches, durch den der Pferdeschweif hindurchragte.

SCHWEIZERDEGEN: nur in der Schweiz oder von Schweizer Söldnern in anderen Heeren geführte Griffwaffe mit 40 bis 70 cm Länge für Hieb und Stoß; Vollgriff aus Buchs-, Birn- oder Kirschholz mit zueinander gebogenem Knaufbalken und Parierstück.

SCHWEIZERDOLCH: mit zweischneidiger Gratklinge, zwischen 30 bis 40 cm lang; Charakteristika des Griffes wie beim Schweizerdegen.

SCHWERT: Griffwaffe für Hieb und Stoß, ein- oder zweihändig zu handhaben; mit breiter, gerader, meist zweischneidiger Klinge; Gefäß mit Knauf, Griff und Parierstange.

SCHWERT ZU ANDERTHALB HAND: siehe Anderthalbhänder.

SEHNE: Teil des Bogens und der Armbrust aus Darm, Leder oder Pflanzenfasern. Die Armbrustsehne bestand aus 60 bis 80 gedrehten Hanffäden, hatte an den beiden Enden je eine Sehnenschlinge zum Einlegen in die Sehnenlager des Armbrustbogens.

SPANGENHARNISCH: aus schmalen, dem Oberkörper angepaßten Eisenspangen bestehender Körperschutz von der Mitte des 13. bis 15. Jahrhunderts, oft in den Waffenrock eingenäht. Spangen auch als Verstärkung des Ringpanzerhemdes verwendet.

SPEER: schlanke Wurfwaffe mit Speerspitze und Schaft.

SPETUM: auch Friauler Spieß genannt; Stangenwaffe mit Stoßklinge und mit zwei aus der Tülle abzweigenden, nach unten gerichteten Nebenspitzen.

SPIESS: Stoßwaffe des Fußkämpfers mit schmaler Eisenspitze und langem Holzschaft.

STANGENWAFFEN: langschäftige Hieb-, Stoß- und Schlagwaffen, den Träger meist überragend.

STECHHAUBE: siehe Helmhaube.

STECHHELM: schwerer geschlossener Helm mit Sehschlitz des 15. und der ersten Hälfte des 16. Jahrhunderts zur Turnierart „Gestech"; ruhte auf den Schultern; anfangs an Brust- und Rückenharnisch festgebunden, später verschraubt. Helm des Bürgerwappens.

STECHZEUG: Spezialrüstung für das Alte deutsche Gestech. Teile: Stechhelm, Brust mit Rüst- und Rasthaken, kurze Schöße, Rücken mit Schwänzel, Achseln mit Scheiben, rechtes Armzeug mit Stauche – ohne Handschuh – linkes Armzeug mit Stechtatze, Stechtartsche.

STIELSCHEIBE: runde Eisenscheibe mit Stiel als Nackenschutz an Helmen, besonders am Armet aus dem 15./16. Jahrhundert.

STREITAXT: zweihändig als Stangenwaffe, einhändig als Reiterwaffe zu handhaben.

STREITHAMMER: Schlagwaffe des 15. bis 17. Jahrhunderts, als Stangenwaffe und als kurzschäftige Reiterwaffe verwendet.

STREITKOLBEN: kurzschäftige Schlagwaffe, mit einer Hand zu handhaben; Kolbenkopf meist in Schlagblätter gegliedert.

STÜCKGIESSER: Gießer von Geschützrohren, oft gleichzeitig Glockengießer.

STURMHAUBE: im 16. Jahrhundert weit verbreiteter gesichtsoffener Helm mit gerundeter Glocke, auch mit Helmkamm, mit Augenschirm, Wangenklappen und kurzem Nackenschutz.

TARTSCHE: Reiterschild in unterschiedlicher Form, jedoch einheitlich mit Lanzenausschnitt (Speerruhe), 14./15. Jahrhundert.

TERZSEITE: Außenseite der am Körper getragenen Seitenwaffe.

UNTERBEINZEUG: Beinröhren und Harnischschuhe.

VISIER: beweglicher Gesichtsteil eines Helmes mit Sehschlitz, oft auch mit Atmungslöchern, durch seitlich an der Helmglocke angebrachte Drehbolzen aufschlächtig, d. h. hochzuschlagen; aufschlächtige Visiere können ein-, zwei- (mit Stirnstulp) oder dreiteilig sein.

WAFFENROCK: siehe gesteppter Waffenrock.

WANDLAFETTE: seit dem beginnenden 16. Jahrhundert vorherrschende Lafettenform für Geschützrohre, bei der das Rohr mit zwei Schildzapfen in den Schildzapfenlagern der Lafettenwände ruht.

WECHSELSTÜCKE: Teile einer Harnischgarnitur, die für verschiedene Zwecke des Feld- und Turnierkampfes ausgewechselt werden konnten.

WELSCHES GESTECH: auch Plankengestech; siehe Palia.

ZAHNSTANGENWINDE: zum Spannen der Armbrust; durch eine Kurbel, die Zahnräder in einem Gehäuse in Drehung versetzte, wurde die Zahnstange bewegt, die Klaue am vorderen Ende erfaßte die Sehne und zog sie hinter eine Haltevorrichtung zurück; siehe Nuß.

ZAPFENFELD: Feld der Oberfläche des Geschützrohres in Höhe der Schildzapfen, in dem auch die Geschützhenkel stehen.

ZIMIER: siehe Helmzimier.

ZWEIHÄNDER: auch Bidenhänder genannt; zweischneidiges Schwert, etwa 150 bis 200 cm lang; mit beiden Händen zu handhaben; Waffe des Verlorenen Haufens der Landsknechte, der eine Bresche in den Wall der Spieße des Gegners schlagen sollte.

ZÜNDFELD: schmales Feld der Oberfläche des Geschützrohres, in dem das Zündloch liegt.

ABBILDUNGSVERZEICHNIS

1. Nürnberger Kanone, 1518. Eisenradierung, 21,7 : 32,2 cm. DHM, K 53/675, Lit.: M. 96; SMS, Bd. 1, 85; A. Bechtold, 1928.
2. Kanone (Schraubstück), Türkei, gegossen von Munir Ali für Sultan Mohammed II. Fatih (1432, 1451, 1481). Bronze. Gesamtlänge 530 cm, Gewicht 18,6 t, Kaliber 60 cm. London, Royal Armouries H.M. Tower of London. Lit.: H.L. Blackmore, 1976, S. 172.
3. Titelholzschnitt des 1529 bei Christian Egenolph (1502–1555) zu Straßburg gedruckten Feuerwerksbuches von 1420. Repro nach W. Hassenstein, 1941, S. 90.
4. Schlacht bei Orsza zwischen polnisch-litauischen und russischen Truppen am 8. September 1514. Unbekannter Meister, Ölgemälde auf Holz, 162 : 232 cm. Warschau, Muzeum Narodowe. Lit.: Z. Stefańska, 1959; J. Białostocki, 1/1969; Z. Zygulski, 1982.
5. Das Einreiten Kaiser Karls V. in Augsburg, 1530. Zehn ungarische Lanzenreiter. Jörg Breu d.Ä. (um 1475–1537). Holzschnitt, Bl. 4. 30 : 40,1 cm. Braunschweig, Herzog Anton Ulrich-Museum. Lit.: M. Geisberg, 10, 1924, Nr. 360.
6. Gedächtnissäule auf den Sieg über „mechtig leut". Holzschnitt aus Dürers Werk „Vnderweysung der messung mit dem zirckel und richtscheyt...", Nürnberg bei Hieronymus Andreae, 1525, fol. H VI v. Lit.: H. Rupprich, Bd. 3, S. 344; M. Mende, 2000, S. 404/05.
7. Entwurf zur Gedächtnissäule auf den Sieg über „mechtig leut",um 1525, Federzeichnung, 26,8 : 21,8 cm. Bamberg, Staatsbibliothek, I. A. 13. Lit.: H. Rupprich, Bd. 3, S. 344; M. Mende, 2000, S. 404/05.
8. Halbe Schlange des Markgrafen Kasimir von Brandenburg-Ansbach-Bayreuth (1481–1527), gegossen von Endres Pegnitzer d.Ä., Nürnberg 1526. Vorderlader aus Bronze. L 300 cm, Kaliber 8,5 cm, G 731,6 kg. Berlin, Deutsches Historisches Museum, Zeughaussammlung, Inv.Nr. W 440. Lit.: A. Neuhaus, 1933; H. Müller, 1968, S. 62/63.
9. Detail von Abb. 8.
10. Kartaune der Stadt Augsburg. Bronzerohr von Endres Pegnitzer d.Ä., Nürnberg 1522. Zeichnung im Geschützbuch Kaiser Karls V. 1587, 111 Bl., 40 : 28,5 cm, fol. 55b. Wolfenbüttel, Herzog August Bibliothek, Cod. Guelf [2)] 31 Helmst. 2°. Lit.: A. Neuhaus, 1933; E. Egg, 1961, S. 106 f.
11. Ein Mörser. Albrecht Dürer, Skizzenbuch der Niederländischen Reise 1520/21, 1521. Silberstift, 12,6 : 19,1 cm. Bremen, Kunsthalle, Inv.Nr. 22. Lit.: W. 783; H. Rupprich, Bd. 1, S. 173; E. Flechsig, Bd. 2, S. 222.
12. Kartaune als Festungsgeschütz in Wandlafette. Konstruktion von Albrecht Dürer. Holzschnitt in seinem Buch „Etliche vnderricht zu befestigung der Stett, Schloß vnd flecken", Nürnberg 1527. Berlin, Deutsches Historisches Museum, Bibl. RA 92/2551. Lit.: W. Waetzoldt, 1916; A.E. Jaeggli, 1971.
13. Profilzeichnung des Verteidigungsgürtels einer Stadt. Holzschnitt aus Dürers Buch „Etliche vnderricht zu befestigung...", Nürnberg 1527. Berlin, Deutsches Historisches Museum, RA 92/2551.
14. Entwurfsskizzen für Geschützwinden zu Dürers Festungsgeschütz, Abb. 12., um 1527. Federzeichnung, 21,2 : 9,1 cm. London, The British Library, Department of Manuscripts, Sloane album 5229/47 r. Lit.: St. 1527/29; H. Rupprich, Bd. 3, S. 422.
15. Entwurfzeichnung eines Geschützes; vor 1527. Albrecht Dürers Skizzenbuch, Bl. 181 b. Dresden, Sächsische Landesbibliothek. Staats- und Universitätsbibliothek, Mscr. R. 147 f. Lit.: H. Rupprich, Bd. 3, S. 423.
16. Belagerung von Hohenasperg, 1519. Federzeichnung in Schwarz, 31,2 : 43,6 cm. Berlin, Staatliche Museen Preußischer Kulturbesitz (SMPK), Kupferstichkabinett, KdZ 31. Lit.: W. 626; F. Anzelewsky / H. Mielke, 1984, Nr. 92.
17. Venusnarren. Holzschnitt in Sebastian Brant, Das Narrenschyff, Bergmann von Olpe, Basel 1494; 114 Holzschnitte von Albrecht Dürer u. a., 158 Bl., 4°. Berlin, SMPK, Kupferstichkabinett, Nr. 2574. Lit.: Schramm, 1124; W. Winkler, 1951.
18. Kreuztragung Christi. Albertina Passion, um 1495. Holzschnitt, 24,7 : 17,5 cm. Wien, Graphische Sammlung Albertina, Inv.Nr. 1934/0180. Lit.: M. 111; SMS, Bd. 2, A 10.
19. Armbrustbolzen, Eisen, Holz, L 37 cm, Bolzenspitze 6,8 cm. Zahnstangenwinde mit gotischen Maßwerkeinlagen aus Messing, Eisen, Holz, Hanf, L der Zahnstange 40,6 cm, G 3350 g.

Armbrust mit Bogen aus verleimten Schichten von Bein, Fischbein und Tiersehnen, Strickverankerung, Sehne aus Hanfschnüren, Holzschaft mit Beineinlagen, Bogenweite 72 cm, L der Säule 71,5 cm. Köcher für Armbrustbolzen mit in Eisen getriebenem Beschlag mit Blattwerk und Löwen, H 44,5 cm, B unten 18,2 cm, G 736 g. Berlin, Deutsches Historisches Museum, Zeughaussammlung, Inv.Nr.n: W 1493, W 1380, W 3966, W 3968.

20. Scheibenriß mit reitendem Tod, 1502. Federzeichnung, 38,8 : 31,3 cm. Hannover, Niedersächsisches Landesmuseum, Z. 5. Lit.: W. 213; Ausstellungskatalog Nürnberg 1971, S. 390/91.

21. Komposit- oder Reflexbogen, türkisch, 16. Jahrhundert. (Nach W. Boeheim, 1890). Lit.: E. Petrasch, 1991.

22. Ungarischer Bogenschütze zu Pferd, 1494/95. Federzeichnung, 20,4 : 23,3 cm. Mailand, Bibliotheca-Pinacoteca Ambrosiana, F 264 inf. 32. Lit.: W. 80; E. Flechsig, Bd. 2, S. 111.

23. Orientalischer Bogenschütze zu Pferd, 1494/95. Federzeichnung, 25,0 : 26,5 cm. Mailand, Bibliotheca-Pinacoteca Ambrosiana, F 264, inf. 35. Lit.: W. 81; E. Flechsig, Bd. 2, S. 111.

24. Apollo und Diana, um 1503/04. Kupferstich, 10,5 : 7,0 cm. SMPK, 4537-1877. Lit.: M. 64; Ausstellungskatalog Nürnberg 1971, S. 104–106; SMS, Bd. 1, 38.

25. Herkules tötet die stymphalischen Vögel, 1500. Ölgemälde auf Leinwand, 84,3–84,7 : 107,5–107,1 cm. Nürnberg, Germanisches Nationalmuseum, Gm 166 (Bayerische Staatsgemäldesammlungen 1855/5379). Lit.: A. Nr. 67; Ausstellungskatalog Nürnberg 1971, S 276, Nr. 518; P. Strieder1996, S. 189; G. Goldberg, S 366–381.

26. Herkules tötet die stymphalischen Vögel, um 1500. Federzeichnung, mit Bister leicht getuscht, 21,3 : 29,0 cm.Vorzeichnung zum Gemälde Abb. 25. Darmstadt, Hessisches Landesmuseum, Graphische Sammlung, AE 383. Lit.: W. 250; H. Wölfflin, 1963, S. 122; Ausstellungskatalog Nürnberg 1971, Nr. 519; M. Mende, 2000, S. 350/51.

27. Irische Kriegsleute und Bauern, 1521. Federzeichnung mit Wasserfarben ausgetuscht, 21,0 : 28,2 cm. Berlin, SMPK, Kupferstichkabinett, KdZ 37. Lit.: W. 825; H. Mielke, 1991, S. 112/13, Nr. 44.

28. Bogenschütze, 1500–1502. Federzeichnung, 23,2 : 17,2 cm. Ehemals in der Sammlung Oppenheimer, 1936 versteigert. Lit.: W. 252.

29. Apollo, um 1500. Federzeichnung in Graubraun, 32,3 : 23,2 cm. Zürich, Kunsthaus, N 40. Lit.: W. 264; Ausstellungskatalog Nürnberg 1971, S. 246/47, Nr. 482.

30. Heiliger Sebastian, wohl Bayern, um 1410–1420. Einblatt-Holzschnitt, 27,0 : 20,1 cm. München, Staatliche Graphische Sammlung, Inv.Nr. 171505.

31. Das Martyrium des heiligen Sebastian, 1495. Holzschnitt, 39,5 : 29,0 cm. SMPK, 309-2. Lit.: M. 196; Ausstellungskatalog Nürnberg 1971, Nr. 189; SMS, Bd. 2, A 6.

32. Das Martyrium des heiligen Sebastian. Mitteltafel des Sebastianaltars von Hans Holbein d.Ä., 1516. Lindenholz, 153 : 107 cm. München, Alte Pinakothek, 5352. Lit.: Alte Pinakothek, 1983, S. 250–252. Zur Handhabung der Armbrust siehe H. Müller, 1997, S. 14 u. 26.

33. Davus, Pamphilus und Charinus diskutierend. Buchillustration zu der geplanten Ausgabe der Komödien des Terenz: Andria. Basel, um 1492. Holzschnitt, 14,5 : 8,9 cm. Basel, Öffentliche Kunstsammlung, Kupferstichkabinett. Lit.: Roemer, Taf. 9.

34. Schweizerdolch mit Scheide, 1564. Griff Kirschbaumholz; Knauf und Parierstück Eisen; Scheide in Teilen aus Messing gegossen und vergoldet. Relieferte Darstellung der Apfelschußszene mit Wilhelm Tell. Inschrift: „EST VOGTS VWER URI". Datiert 1564. L des Dolches 38,8 cm. Berlin, Deutsches Historisches Museum, Zeughaussammlung, W 1064 a,b. Lit.: H. Schneider, 1977, S. 72; H.Müller/H. Kölling, 1990, S. 381.

35. Aeschinus, Demea und Micio (26), Illustration zu Adelphi, Abdruck vom Holzstock zu den Komödien des Terenz, um 1492. Feder auf Birnbaumholz, 14,7 : 8,9 : 2,2 cm. Basel, Öffentliche Kunstsammlung, Kupferstichkabinett, Inv.Nr. Z 513. Lit.: Roemer, Taf. 28.

36. Demea und Micio (19) nun unterrichtet. Illustration zu Adelphi. Abdruck vom Holzstock zu den Komödien des Terenz, um 1492. Feder auf Birnbaumholz, 14,6 : 9,1 : 2,3 cm. Basel, Öffentliche Kunstsammlung, Kupferstichkabinett, Inv. Nr. Z 506. Lit.: Roemer, Taf. 27,21.

37. Der Seiler findet den Mönch wieder bei seiner Frau und ersticht beide. Aus: „Der Ritter vom Turn/von den Exempeln der/gotsforcht vnd erberkeit", Michel Furter, Basel 1493. Buchholzschnitt, 10,6 : 10,7 cm. Berlin, SMPK, Kupferstichkabinett, 2385 b. Lit.: Schramm 1017.

38. Johannes erblickt die sieben Leuchter, um 1497/98 (Die Apokalypse, 1498), Holzschnitt 39,5 : 28,1 cm. DHM, Gr. 55/1052. Lit.: M. 165; Ausstellungskataloge Nürnberg 1971, Nr. 596 und Dresden 1971, Nr. 208–223; SMS, Bd. 2, 113.

39. Schwerter zu anderthalb Hand, deutsch, 1. Viertel 15. Jahrhundert und um 1520. 1. Klinge: Reichsapfel in Messing tauschiert. Flacher Scheibenknauf mit runden Vertiefungen in der Mitte. L 126,5 cm. 2. Klinge: Wolfszeichen, Blume, Stern. Gedrehter birnförmiger

Knauf; Griffleder mit geschnittenen Ranken. L 124,5 cm. Berlin, Deutsches Historisches Museum, Zeughaussammlung, W 899 und W 911. Lit.: H. Müller/H. Kölling, 1990, S. 364, Nr. 29.

40. Heilige Katharina kniend nach links, um 1495. Federzeichnung in Schwarz, 23,4 : 16,6 cm. Berlin, SMPK, Kupferstichkabinett, KdZ 11765. Lit.: W. 74; F. Anzelewsky/H. Mielke, 1984, S. 18, Nr. 13.

41. Die vier Euphratengel, um 1498. (Die Apokalypse, 1498), Holzschnitt, 39,3 : 28,3 cm. DHM, Gr. 55/1060. Lit.: M. 171; Ausstellungskataloge Nürnberg 1971, Nr. 596 und Dresden 1971, Nr. 217; SMS, Bd. 2, 119.

42. Die vier apokalyptischen Reiter, um 1498. (Die Apokalypse, 1498), Holzschnitt, 39,5 : 28,1 cm. DHM, Gr. 55/1055. Lit.: M. 166; Ausstellungskataloge Nürnberg, 1971, Nr. 596 und Dresden 1971, Nr. 212; SMS, Bd. 2, 115.

43. Das Liebespaar und der Tod (Der Spaziergang), um 1498. Kupferstich, 19,5 : 12,1 cm. SMPK, 4567-1877. Lit.: M. 83; SMS, Bd. 1, 19.

44. Jagdschwert mit Scheide und drei Besteckteilen, Ende 15. Jahrhundert. Vermutlich Hans Sumersperger, Hall in Tirol. Klinge: Stahl. Gefäßteile aus Messing, hohl gearbeitet. Knauf und Knäufchen der Besteckteile (zwei Messer, ein Pfriem) graviert: Basilisk, nagende Hasen, Einhorn, Löwe, Fruchtstand. Am Scheidenmund großes „M" (Maria ?). L des Schwertes 73,4 cm. Berlin, Deutsches Historisches Museum, Zeughaussammlung, W 1077. Lit.: H. Müller/H. Kölling, 1990, S. 365, Nr. 35.

45. Landsknecht von rückwärts gesehen, 1500–1502. Federzeichnung in Schwarz, 27,7 : 17,4 cm. Berlin, SMPK, Kupferstichkabinett, KdZ 12307. Lit.: W. 253; F. Anzelewsky/H. Mielke, 1984, S. 25/26, Nr. 22.

46. Christus vor Hannas, um 1509 (Die Kleine Holzschnittpassion, 1511), ca. 12,7 : 9,7 cm. SMPK, AM 40-1964 Lit.: M. 137; Ausstellungskatalog Nürnberg 1971, Nr. 603; P. Strieder, 1996, S. 278–283; SMS, Bd. 2, 199.

47. Bohrschwert, deutsch, 1. Drittel 16. Jahrhundert. Klinge aus Stahl mit kräftiger Mittelrippe; schräg gefurchter birnförmiger Holzknauf; horizontal S-förmige Parierstange mit Kugelknäufchen, Holzgriff mit Resten des gerillten Griffleders. L 126 cm. Berlin, Deutsches Historisches Museum, Zeughaussammlung, W 905. Lit.: H. Müller/H. Kölling, 1990, S. 374, Nr. 109.

48. Landsknechtsschwert (Katzbalger), Gefäß süddeutsch, Klinge norditalienisch, 1. Viertel 16. Jahrhundert. Drei Züge in Klingenmitte; drei Meistermarken; Eisengriff mit Querstreifen aus Messing; Parierstange mit zwei geschnittenen Fischköpfen und Rautenmustern. L 79 cm. Berlin, Deutsches Historisches Museum, Zeughaussammlung, W 909. Lit.: H. Müller/ H. Kölling, S. 371, Nr. 95.

49. Gefangennahme Christi, 1504 (Grüne Passion). Feder- und Pinselzeichnung auf grün grundiertem Papier, weiß gehöht, schwarz laviert, 28,2 : 18,0 cm. Wien, Graphische Sammlung Albertina, 3085 D 58. Lit.: W. 300; W. Koschatzky/A. Strobl, Nr. 36.

50. Das kaiserliche Zeremonienschwert (Reichsschwert), um 1510. Federzeichnung in Blau, aquarelliert, 42,8 : 28,5 cm. Nürnberg, Germanisches Nationalmuseum, Hz 2575. Lit.: W. 505; Ausstellungskatalog Nürnberg, 1971, Nr. 256; M. Mende, 2000, S. 356.

51. Idealbildnis Kaiser Karls des Großen, um 1512. Gemälde auf Lindenholz, ohne Rahmen 188 : 87,6 cm, mit Rahmen 215 : 115,3 cm. Nürnberg, Germanisches Nationalmuseum, Gm 167, Leihgabe der Stadt Nürnberg. Lit.: Ausstellungskatalog Nürnberg, 1971, Nr. 251; F. Anzelewsky, Nr. 123.

52. Friedrich III., der Andächtige, 1515. Detail der „Ehrenpforte" Kaiser Maximilians I., Holzschnitt gedruckt von 192 Stöcken, Albrecht Dürer u. a., Gesamtansicht 3510 : 3043 cm. Berlin, SMPK, Kupferstichkabinett, 541–22. Lit.: E. Chmelarz, Bd. 4, 1886, S. 289–319; Ausstellungskatalog Nürnberg 1971, Nr. 261.

53. Die Verlobung Maximilians I. mit Maria von Burgund, 1515. Detail der Ehrenpforte, siehe Nr. 52.

54. Scheiben-, Nieren- und Ohrendolch, 15. Jahrhundert. 1. deutsch, Rückenklinge, Griff aus Horn, L 41,4 cm. 2. niederdeutsch oder flämisch, Rückenklinge, Griff aus braun gefärbtem Bein, zylindrisches Eisenstück mit zwei blasenartigen Nieren, L 31,5 cm. 3. italienisch, rautenförmiger Klingenquerschnitt; Griffschalen aus schwarzem Horn, Ohren aus Bein mit Bronzeknöpfen, L 31 cm. Berlin, Deutsches Historisches Museum, Zeughaussammlung, W 925, W 932, W 926. Lit.: H. Müller/ H. Kölling, 1990, S. 365–367, Nr. 36, 49 u. 56.

55. Der heilige Eustachius, um 1500–1502. Kupferstich, 35,6 : 26,0 cm. SMPK, 51-2. Lit.: M. 60, SMS, Bd. 1, 32.

56. Der Zeichner der Laute. Holzschnitt in Albrecht Dürers Werk „Vnderweysung der messung mit dem zirckel vnd richtscheyt…", Nürnberg 1525, 13,0 : 18,2 cm. SMPK, 528-2. Lit.: M. 269; H. Rupprich, Bd. 2, S. 369 u. 385, Nr. 2; Ausstellungskatalog Nürnberg 1971, Nr. 642.

57. Der Zeichner des liegenden Weibes. Holzschnitt in Albrecht Dürers Werk „Vnderweysung der messung…" Ausgabe 1538, 7,6 : 21,2 cm. Berlin, SMPK, Kupferstichkabinett, 4687-1877.

Lit.: M. 271; H. Rupprich, Bd. 2, S. 370, Nr. 4; Ausstellungskatalog Nürnberg 1971, Nr. 645.
58. Bauern- oder Hauswehren, deutsch, 15./16. Jahrhundert. 1. Rückenklinge; Angel mit drei Röhrennieten, flacher eiserner Knebel, L 38 cm. 2. Rückenklinge; flache Angel mit vier Durchlochungen, L 43 cm. 3. Rückenklinge; Angel mit zwei Durchlochungen; Reste eines Knebels; L 39 cm. 4. Rückenklinge; zwei Nietlöcher, lilienförmiger Knebel, L 39 cm. 5. Mit 8 cm langer Rückenschneide; schnabelförmige Griffkappe, Knebel, L 37,5 cm. Berlin, Deutsches Historisches Museum, Zeughaussammlung, W 3477, W 3476, W 3472, W 3475, W 3479. Lit.: H. Müller / H.Kölling, 1990, S. 384/85, Nr. 186–190.
59. Drei Marktbauern und ein Bauernpaar, 1495/96. Federzeichnung in schwärzlichem Braun, 19,0 : 22,3 cm. Berlin, SMPK, Kupferstichkabinett, KdZ 4270. Lit.: W. 164; F. Anzelewsky/H. Mielke, 1984, S. 24, Nr. 19.
60. Drei Bauern im Gespräch, um 1497. Kupferstich, 10,8 : 7,8 cm. SMPK 430-2. Lit.: M. 87; SMS, Bd. 1, 15; Ausstellungskatalog Nürnberg 1971, Nr. 191.
61. Mann mit Hahn und Glas auf einem Fäßchen, 1504. Federzeichnung in Braungrau, 24,9 : 17,8 cm. Berlin, SMPK, Kupferstichkabinett, KdZ 1280. Lit.: W. 342; F. Anzelewsky/H. Mielke, 1984, S. 49, Nr. 46.
62. Fußturnierharnisch aus Silber für Kurfürst Christian I. von Sachsen, Dresden 1590. Dresden, Staatliche Kunstsammlungen, Rüstkammer, M 63. Lit.: H. Schöbel, 1973, S. 29, Nr. 9; J. Bäumel, 1995, S. 63/64.
63. Entwurf zur Verzierung eines Brechrandes für den silbernen Harnisch Kaiser Maximilians I., um 1517. Federzeichnung, 19,5 : 27,6 cm. Wien, Graphische Sammlung Albertina, 3152 D 123. Lit.: W. 678; P. Post, 1937–1939, S. 253–258; W. Koschatzky / A. Strobl, Nr. 103.
64. Entwurf für die Verzierung der Harnischbrust (?) des silbernen Harnisches Kaiser Maximilians I., um 1517. Federzeichnung, 20,8 : 26,0 cm. Berlin, SMPK, Kupferstichkabinett, KdZ 29. Lit.: W. 681; F. Anzelewsky/H. Mielke, Nr. 87.
65. Faltenrockharnisch, wohl für Albrecht, Markgraf von Brandenburg, Herzog von Preußen (1490–1568), niederdeutsch (Braunschweig), um 1526. Wien, Kunsthistorisches Museum, Hofjagd- und Rüstkammer, A 78. Lit.: B. Thomas/O. Gamber, 1976, S. 218/19.
66. Entwurf zur Verzierung eines aufschlächtigen Visiers für den silbernen Harnisch Kaiser Maximilians I., um 1517. Federzeichnung, 19,4 : 27,5 cm. Wien, Graphische Sammlung Albertina, 3151 D 124. Lit.: W. 679; P. Post, 1937–1939, S. 253–258; W. Koschatzky/ A. Strobl, Nr. 104.
67. Entwurf für die Verzierung von zwei Rüstungsteilen (Harnischbrust und -rücken) für den silbernen Harnisch KaiserMaximilians I., um 1517. Federzeichnung in Braun, 21,1 : 30,1 cm. Berlin, SMPK, Kupferstichkabinett, KdZ 1559. Lit.: W. 682; F. Anzelewsky/H. Mielke, 1984, S. 89/90, Nr. 88.
68. Entwurf für die Verzierung eines Rüstungsteiles des silbernen Harnisches Kaiser Maximilians I., um 1517. Federzeichnung, 22,1 : 28,3 cm. New York, Pierpont Morgan Library. Lit.: W. 680.
69. Wilder Mann als Wappenhalter in einer Ranke. Entwurf für die Verzierung eines Rüstungsteiles des silbernen Harnisches Kaiser Maximilians I., um 1517. Federzeichnung, ca. 18,0 : 14,0 cm. Paris, Louvre, 1871 während des Kommuneaufstandes in den Tuillerien verbrannt. Lit.: W. 174.
70. Die Verleumdung des Apelles. Entwurf für die Bemalung an der Nordwand des großen Rathaussaales in Nürnberg, 1522. Federzeichnung, 15,2 : 43,3 cm. Wien, Graphische Sammlung Albertina, 3177 D 187. Lit.: W. 922; W. Koschatzky/A. Strobl, Nr. 136; M. Mende, 1979.
71. Die Verleumdung des Apelles. Wandgemälde im großen Nürnberger Rathaussaal, 1613 und 1621 überarbeitet, Neufassung von 1904/05. Fotoaufnahme, um 1935. Museen der Stadt Nürnberg. Lit.: M. Mende, 1979.
72. Detail von Abb. 73.
73. Schwert, vermutlich Nürnberg, um 1530–1540. Ätzmalerei auf der Terzseite der Klinge mit der Apelles-Szene in Anlehnung an das Gemälde im Nürnberger Rathaussaal. L 85 cm, L der Klinge 72 cm. Berlin, Deutsches Historisches Museum, Zeughaussammlung, W 572. Lit.: M. Mende, 1979; H. Müller/H. Kölling, 1990, S. 375/76, Nr. 122.
74. Schwert (wie Abb. 73). Ätzmalerei auf der Quartseite der Klinge mit einem Landsknechtszug und der Szene mit Caius Mucius Scaevola, nach einer Vorlage von Sebald Beham.
75. Schwertklinge, süddeutsch, um 1530–1550. Ätzmalerei auf der Terzseite mit der Apelles-Szene in Anlehnung an das Gemälde im Nürnberger Rathaussaal. L 95,5 cm, L der Klinge ohne Angel 78,8 cm. Berlin, Deutsches Historisches Museum, Zeughaussammlung, W 2891.
76. Schwertklinge, wie Abb. 75, Ätzmalerei auf der Quartseite mit dem Großen Triumpfwagen Kaiser Maximilians I., in Anlehnung an eine Federzeichnung von Albrecht Dürer und dem Gemälde im großen Rathaussaal in Nürnberg.
77. Inschrifttafel von Abb. 76.
78. Der Große Triumpfwagen Kaiser Maximilians I., 1522. Holzschnitt, besteht aus acht einzelnen Holzstöcken, 38 : 424 cm. SMPK, 209/10-2. Lit.: M. 252; M. Mende, 1979; SMS, Bd. 2, 239.
79. Detail zu Abb. 78 mit den ersten vier Pferden des Triumpfwagens.

80. Der Große Triumpfwagen Kaiser Maximilians I., 1518. Federzeichnung, mit Wasserfarben ausgetuscht, 46 : 253 cm. Wien, Graphische Sammlung Albertina, 15423 D 126. Lit.: W. 685; W. Koschatzky/A. Strobl, Nr. 114; M. Mende, 1979.
81. Ungarische Flügeltartsche Kaiser Maximilians I. Plattner Hans Laubermann, Innsbruck 1515. Mit Ätzungen nach Motiven Albrecht Dürers. Wien, Kunsthistorisches Museum, Hofjagd- und Rüstkammer, A 344. Lit.: B. Thomas/O. Gamber, 1954, S. 61; 1976, S. 209/10.
82. Entwurf für die Verzierung einer Säbelscheide, um 1517. Federzeichnung, Hintergrund unten mit Schwarz abgedeckt, figürliche Teile leicht gelbgrün angetuscht, 42,8 : 8,3 cm. London, The British Museum, 5218/73. Lit.: W. 712; J. Rowlands, Nr. 199.
83. Entwurf zur Verzierung einer Dolch- oder Schwertscheide mit dem heiligen Michael, 1514. Federzeichnung, 17,9 : 8,8 cm. London, The British Museum, 1910-2-12-102. Lit.: W. 716; Dodgson, 1928, Nr. 238.
84. Menschliche Figur aus geometrischen Flächen gebildet. Dresdener Skizzenbuch Albrecht Dürers, 78 Bl., 29,4 : 20,6 cm. Dresden, Sächsische Landesbibliothek, Staats- und Universitätsbibliothek, Mscr. R 147, Taf. 63 (Bl. 144 b). Lit.: R. Bruck, 1905; H. Rupprich, Bd. 3, 1969, S. 163–217.
85. Fechtende Reiter, 1484–1490. Federzeichnung, 19,8 : 31,1 cm. London, The British Museum, 1915-8-23-1. Lit.: W. 17; J. Rowlands, Nr. 117 r.
86. Eine Römerin kämpft an Stelle ihres Mannes in einem Zweikampf. Aus: „Der Ritter vom Turn/von den Exempeln der/gotsforcht vnd erberkeit", Michel Furter, Basel 1493. Buchholzschnitt, 10,7 : 10,5 cm. Berlin, SMPK, Kupferstichkabinett, 2328 b. Lit.: Schramm 1026.
87. Der Ritter befiehlt zwei Schreibern und zwei Priestern, sein Buch der Exempel aufzuschreiben. Titelholzschnitt „Der Ritter vom Turn…", Michel Furter, Basel 1493, 10,6 : 11,0 cm. Berlin, wie Nr. 86. Lit.: Schramm 998.
88. Ein Reiter im Harnisch, 1498. Federzeichnung auf Papier, mit Wasserfarben getönt, 41,0 : 32,4 cm. Wien, Graphische Sammlung Albertina, 3067 D 47. Lit.: W. 176; W. Koschatzky/A. Strobl, Nr. 17; P. Strieder, 1996, S. 176–178.
89. Küriß, vermutlich Maximilians I. Plattner Lorenz Helmschmied (erw. 1467, gest. 1515), Augsburg, um 1485. Maximilian verschenkte vermutlich den Harnisch an seinen Onkel, den Erzherzog Siegmund von Österreich (1417–1439–1496). Wien, Kunsthistorisches Museum, Hofjagd- und Rüstkammer, A 62. Lit.: B. Thomas/O. Gamber, 1976, S. 108–110.
90. Küriß (Reiterharnisch), Friedrichs I., des Streitbaren, Kurfürst von der Pfalz (1425–1451–1476). Plattner Tomaso Missaglia (erw. 1430–1452) und Werkstatt, Mailand, um 1450. Wien, Kunsthistorisches Museum, Hofjagd- und Rüstkammer, A 2. Lit.: B. Thomas/O. Gamber/H. Schedelmann, Taf. 6; B. Thomas/O. Gamber, 1976, S. 56–58, Nr. 10.
91. Der Reiter (Ritter, Tod und Teufel), 1513. Kupferstich, 24,4 : 18,8 cm. DHM, K 53/366. Lit.: M. 74; H. Wölfflin, 1963, S. 212–215; SMS, Bd. 1, S. 169–173, Nr. 69.
92. Der heilige Georg. Linker Flügel, Innenseite, des Altars der Familie Paumgartner, um 1498. Gemälde auf Tannenholz, 157 : 67 cm. München, Bayerische Staatsgemäldesammlungen, 701. Lit.: Alte Pinakothek, 1983, S. 170/71; F. Anzelewsky, Nr. 51; G. Goldberg, Nr. 176–191.
93. Der heilige Eustachius. Rechter Flügel, Innenseite, des Altars der Familie Paumgartner, um 1498, Gemälde auf Tannenholz, 157 : 61 cm. München, Bayerische Staatsgemäldesammlungen, 702. Lit.: Alte Pinakothek, 1983, S. 170/71; F. Anzelewsky, Nr. 52; G. Goldberg, Nr. 176–191.
94. Kostümharnisch des Reichsfreiherrn Wilhelm von Roggendorf (1481–1541). Plattner Kolman Helmschmied (1471–1532), Augsburg, um 1525. Wien, Kunsthistorisches Museum, Hofjagd- und Rüstkammer, A 374. Lit.: O. Gamber, 1975, S. 9–38; B. Thomas/O. Gamber, 1976, S. 227/28.
95. Der heilige Georg zu Fuß, um 1502/03. Kupferstich, 11,4 : 7,2 cm. SMPK 411-2. Lit.: M. 55; SMS, Bd. 1, 34.
96. Der heilige Georg zu Pferd, 1502/03. Holzschnitt, 21,0 : 14,2 cm. SMPK, 480-2. Lit.: M. 225; SMS, Bd. 2, 138.
97. Kleine Pavese, Bemalung mit heiligem Georg im Kampf mit dem Drachen und mit Wappen der Stadt Nürnberg, süddeutsch, um 1480. Holz, Lederüberzug, Öl auf Kreidegrund, 75,5 : 43,5 cm, G 4900 g. Berlin, Deutsches Historisches Museum, Zeughaussammlung, W 1053. Lit.: H. Müller, 1994, S. 78.
98. Die Anbetung der Heiligen Dreifaltigkeit (Landauer Altar), 1511 (Ausschnitt). Gemälde auf Pappelholz, 135 : 123,4 cm. Wien, Kunsthistorisches Museum, 838. Lit.: F. Anzelewsky, Nr. 118.
99. Der heilige Georg zu Pferd, 1505–1508. Kupferstich, 10,6 : 8,3 cm. SMPK, 4519-1877. Lit.: M. 56; SMS, Bd. 1, S. 116/17, Nr. 41.
100. Die Schutzheiligen von Österreich, 1515. Holzschnitt, 17,5 : 35,9 cm (Ausschnitt). SMPK, 184-2. Lit.: M. 219; Ausstellungskatalog Nürnberg 1971, Nr. 358; SMS, Bd. 2, 236.
101. Der heilige Georg, um 1515. Randzeichnung zum Gebetbuch Kaiser Maximilians I. Lederband, Federzeichnung auf Pergament, fol. 9 r, Blattgröße ca. 28,0 : 19,5 cm. München,

Bayerische Staatsbibliothek, Cod. 2⁰ L. impr. membr. 64. Lit.: St. 1515/4; H. C. Tavel, 16/1916, S. 98.

102. Riefelharnisch, süddeutsch, 1510–1520. Berlin, Deutsches Historisches Museum, Zeughaussammlung, W 2319. Lit.: G. v. Kern, 1982; H. Müller/F. Kunter, 1984, S. 260, Nr. 40.

103. Der heilige Georg zu Pferd, um 1515. Randzeichnung zum Gebetbuch Kaiser Maximilians I. Lederband, Federzeichnung auf Pergament, fol. 23 v, Blattgröße ca. 28,0 : 19,5 cm. München, Bayerische Staatsbibliothek, Cod. wie Nr. 101. Lit.: St. 1515/16; H. C. v. Tavel, 16/1916, S. 102.

104. Tartsche für die Turnierart „Rennen", deutsch, um 1450. Holz, mit Leder und Leinen überzogen, auf Kreidegrund bemalt, erkennbar: Frauengestalt, Federbusch, Blattwerk. 57 : 46,5 cm, G 2070 g. Berlin, Deutsches Historisches Museum, Zeughaussammlung, W 1054. Lit.: H. Müller, 1994, S. 79, Abb. 95.

105. Mann im Harnisch, umgeben von Waffen und Rüstungsteilen, Detail der „Ehrenpforte" Kaiser Maximilians I. Holzschnitt gedruckt von 192 Stöcken, Detail nicht von Albrecht Dürer. Gesamtansicht 3510 : 3043 cm. SMPK, Holl. 251. Lit.: E. Chmelarz, Bd. 4, 1886, S. 289–319; Ausstellungskatalog Nürnberg 1971, Nr. 261.

106. Drei Reiter mit Manns- und Roßharnischen und drei Helmentwürfe, um 1520. Vermutlich von Hans Burgkmair d.Ä. Federzeichnung in Braun, 31,4 : 42.8 cm. Berlin, SMPK, Kupferstichkabinett, KdZ 65. Lit.: W.Boeheim, 1897, S. 63/64; F. Anzelewsky, Festschrift für Peter Metz, 1965.

107. Studienblatt mit Skizzen verschiedenen Inhalts, um 1495. Federzeichnung, 37,0 : 25,5 cm. Florenz, Galeria degli Uffici, 4412. Lit.: W. 86; E. Flechsig, Bd. 2, 1931, S. 406.

108. Manns- und Roßharnisch für ein Mitglied der Familie von Freyberg, Schloß Hohenaschau, süddeutsch (Landshut), um 1475–1485. London, The Wallace Collection, A 21. Lit.: Sir James Mann, 1962, Bd. 1, S. 9–15.

109. Fabelwesen auf dem Kruppteil des Roßharnisches, vermutlich von Waldemar von Anhalt-Zerbst (1450–1508), süddeutsch, Ende 15. Jahrhundert. London, Royal Armouries H. M. Tower of London, VI. 379. Lit.: A. R. Dufty, 1968, Taf. II/III.

110. Kruppteil mit getriebenem geflügeltem Drachen vom Roßharnisch Kaiser Friedrichs III. (1415–1493). Plattner Lorenz Helmschmied, Augsburg 1477. Wien, Kunsthistorisches Museum, Hofjagd- und Rüstkammer, A 69. Lit.: B. Thomas/O. Gamber 1976, S. 104/05; B. Thomas, 1977, Bd. 2, S. 1101–1113 u. 1582–1585.

111. Schweifhülse von einem Roßharnisch. Plattner Kunz Lochner (um 1510–1567). Nürnberg, 1530–1540. London, Royal Armouries H. M. Tower oft London, VI.319. Lit.: A.R. Dufty, 1968, Taf. CLVI.

112. Ottoprecht, 1515. Federzeichnung in Braun, 25,2 : 15,6 cm. Berlin, SMPK, Kupferstichkabinett, KdZ 26812. Lit.: H. Mielke, 1991, S. 96/97.

113. Theoderich der Große. Bronzeplastik in der Hofkirche zu Innsbruck. Visierung von Albrecht Dürer, gegossen von Peter Vischer d.Ä., Nürnberg 1513. Lit.: K. Oettinger, 1966, Taf. 26–28.

114. Stechzeug mit Tartsche, Nürnberg, Ende 15. Jahrhundert, teilweise modernisiert vom Nürnberger Plattner Valentin Siebenbürger (um 1510–1564). Nürnberg, Germanisches Nationalmuseum, W 1316. Lit.: Germanisches Nationalmuseum Nürnberg, 1977, S. 230/31.

115. Helmhaube aus der Turnierkammer Erzherzog Siegmunds von Tirol (1427–1437–1496), Innsbruck 1484. Gestepptes Leinen, mit Werg ausgepolstert. Wien, Kunsthistorisches Museum, Hofjagd- und Rüstkammer, B 47. Lit.: B. Thomas/O. Gamber, 1976, S. 152/53.

116. Stechhelme in drei Ansichten, 1498. Wasser- und Deckfarbenmalerei auf Papier, 42,2 : 26,8 cm. Paris, Musée du Louvre, Département les Arts Graphiques, R.F. 5.640. Lit.: W. 177; B. Thomas, 1956, S. 33–50; P. Strieder, 1996, S. 53.

117. Stechhelm, süddeutsch, Anfang 16. Jahrhundert. L 42, B 29, H 45 cm, G 9250 g. Berlin, Deutsches Historisches Museum, Zeughaussammlung, W 985. Lit.: H. Müller/F. Kunter, 1984, S. 259, Abb. 33.

118. Stechzeug (Fragment) Kaiser Maximilians I. Plattner Jörg Helmschmied d.J., Augsburg 1494. Wien, Kunsthistorisches Museum, Hofjagd- und Rüstkammer, S. XV. Lit.: B. Thomas, Jb. 1956, S. 38/39; B.Thomas/O. Gamber, 1976, S. 145.

119. Das Wappen mit Totenkopf, 1503. Kupferstich, 22,0 : 16,0 cm. SMPK, AM 104-1987. Lit.: M. 98, SMS, Bd. 1, 37; F. Anzelewsky, 1983, S. 134–141; P. Strieder, 1996, S. 162.

120. Das Löwenwappen mit dem Hahn, 1502/03. Kupferstich, 18,2 : 11,9 cm. SMPK, 4578-1877. Lit.: M. 97; SMS, Bd. 1, 35.

121. Wappen mit Mann hinter dem Ofen, 1493/94. Federzeichnung, 23,0 : 18,5 cm. Rotterdam, Museum Boymans van Beuningen, MB 1987, T. 29 r. Lit.: W. 41; M. Mende, 2000, S. 328/29.

122. Wappen des Nürnberger Ratsherrn Michael Behaim, um 1520. Holzschnitt, 19,9 : 17,2 cm. SMPK, 4699-1877. Lit.: M. 287; SMS, Bd. 2, 250.

123. Wappen des Mathematikers und Architekten am Hofe Kaiser Maximilians I., Johann Tscherte, um 1521. Holzschnitt,

18,5 : 14,2 cm. SMPK, 249-2. Lit.: M. 294; SMS, Bd. 2, 251.

124. Das Familienwappen der Dürer, 1523. Holzschnitt, 35,5 : 26,6 cm. SMPK, 240-2. Lit.: M. 288; Ausstellungskatalog Nürnberg 1971, Nr. 3; SMS, Bd. 2, 258.

125. Wappen des Nürnberger Patriziers Lorenz Staiber, um 1520/21. Holzschnitt, 31,6 : 23,8 cm. SMPK, H 293. Lit.: M. 293 IIa; SMS, Bd. 2, 256.

126. Das Angezogenrennen, um 1516. Freydal (Kaiser Maximilian) hat Niclas von Firmian aus dem Sattel gehoben. Holzschnitt zum Freydal, 22,3 : 24,3 cm. Lit.: M. 246; Repro aus: Q. v. Leitner, 1880–1882; Ausstellungskatalog Nürnberg 1971, S. 148.

127. Das Angezogenrennen. Miniatur im Turnierbuch mit Entwürfen zum „Freydal", 1512–1515. Aquarell und Deckfarbenmalerei, Bl. 97. Wien, Kunsthistorisches Museum, KK 5073. Lit.: Repro aus: Q. v. Leitner, Bd. 2, Bl. 97; B. Thomas/O. Gamber, 1976, S. 170/71.

128. Rennzeug Kaiser Maximilians I. Plattner Jörg Treytz (erw. 1466–1499), Innsbruck, um 1495–1499. Wien, Kunsthistorisches Museum, Hofjagd- und Rüstkammer, R. I. Lit.: B. Thomas/O. Gamber, 1976, S.161/62 (hier noch um 1485–1490 datiert).

129. Rennzeug des Kurfürsten August von Sachsen (1553–1586). Plattner Hans Rosenberger, Dresden 1550–1560. Dresden, Staatliche Kunstsammlungen, Rüstkammer, M. 14. Lit.: Dresdener Rüstkammer, 1992, S. 79.

130. Das Scharfrennen, um 1516. Kaiser Maximilian I. im Kampf mit Antonio di Caldonazo. Holzschnitt zum „Freydal", koloriert, 22,3 : 24,3 cm. Berlin, SMPK, Kupferstichkabinett, 4724-1877. Lit.: M. 247; Repro aus: Q. v. Leitner, Bd. 1, S. XI, Bl. 101; Ausstellungskatalog Nürnberg 1971, S. 148.

131. Das Scharfrennen. Miniatur im Turnierbuch mit Entwürfen zum „Freydal", 1512–1515. Aquarell und Deckfarbenmalerei, Bl. 101. Wien, Kunsthistorisches Museum, KK 5073. Repro aus: Q. v. Leitner, Bd. 2, Bl.101. Lit.: wie Nr. 127.

132. Das welsch Gestech, um 1516. Kaiser Maximilian I. besiegt Jacob de Neri. Holzschnitt zum „Freydal", 22,5 : 24,0 cm. Lit.: M. 248; Repro aus Q. v. Leitner, Bd. 1; Ausstellungskatalog Nürnberg 1971, S. 148.

133. Das welsch Gestech. Miniatur im Turnierbuch mit Entwürfen zum „Freydal", 1512–1515. Aquarell und Deckfarbenmalerei, Bl. 82. Wien, Kunsthistorisches Museum, Inv. Nr. KK 5073. Lit.: wie Nr. 127.

134. Der Zweikampf zu Fuß, um 1516. Maximilian I. im Kampf mit Jörg von Weispriach. Holzschnitt zum „Freydal", 22,4 : 23,8 cm. Lit.: M. 249 und wie Nr. 132.

135. Der Zweikampf zu Fuß. Miniatur im Turnierbuch mit Entwürfen zum „Freydal", 1512–1515. Aquarell und Deckfarbenmalerei, Bl. 159. Wien, Kunsthistorisches Museum, KK 5073. Repro aus: Q. v. Leitner, Bd. 3, Bl. 159. Lit.: wie Nr. 127.

136. Die Gefangennahme Christi, 1509 (Die Kleine Holzschnittpassion 1511), ca. 12,7 : 9,7 cm. SMPK, AM 40-1964. Lit.: M. 136; Ausstellungskatalog Nürnberg 1971, Nr. 603; P. Strieder, 1996, S. 278–283; SMS, Bd. 2, 197.

137. Christus vor Kaiphas, 1512. (Kupferstichpassion), 11,6 : 7,3 cm. SMPK, Beuth 309, B 124. Lit.: M. 6; SMS, Bd. 1, 48; P. Strieder, 1996, S. 272–276.

138. Spitzhelm, Osteuropa, 14./15. Jahrhundert. Fundort: Georgenburgkehlen, Kr. Insterburg (Tschernjachowsk). L 23, B 21, H 32,5 cm, G 1010 g. Berlin, Deutsches Historisches Museum, Zeughaussammlung, W 4696. Lit.: H. Müller/F. Kunter, 1984, S. 263, Nr. 57.

139. Studienblatt mit Schwimmgerät und kämpfendem Reiter, um 1512. Federzeichnung, 30,8 : 42,6 cm. London, The British Museum, 5218/58. Lit.: W 683; J. Rowlands, Nr. 187 r.

140. Hundsgugel, norditalienisch, um 1390. Glocke und Visier ursprünglich nicht zusammengehörig. L der Glocke 24, B 18,7, H 30 cm, G 2890 g. Berlin, Deutsches Historisches Museum, Zeughaussammlung, W 1013. Lit.: H. Müller/F. Kunter, 1984, S. 257, Nr. 20.

141. Der Teppich von Michelfeld. Allegorie sozialer Ungerechtigkeit. Holzschnitt, 16,7 : 88,6 cm, Ausschnitt: Das Lebensrad und die Stände. SMPK, 286-2. Lit.: M. 241; W. Fraenger, 1955, S. 183–211; Ausstellungskatalog Nürnberg 1971, S. 223, Nr. 441; SMS, Bd. 2, A 22.

142. Beckenhaube mit Klappvisier, deutsch, 1350–1370. Ursprünglich nicht zusammengehörig. Beckenhaube: L 21,5, B 18,5, H 22,5 cm, G 960 g; Visier H 15,6, B 14,2, G 180 g. Berlin, Deutsches Historisches Museum, Zeughaussammlung, W 612, W 4439. Lit.: H. Müller /F. Kunter, 1984, S. 256, Nr. 17/18.

143. Das Kleine Pferd, 1505. Kupferstich, 16,3 : 11,8 cm. SMPK, 425-2. Lit.: M 93; SMS, Bd. 1, 42; Ausstellungskatalog Nürnberg 1971, S. 257, Nr. 500.

144. Das Große Pferd, 1505. Kupferstich, 16,6 : 11,9 cm. SMPK, 426-2. Lit.: M. 94; SMS, Bd. 1, 43; Ausstellungskatalog Nürnberg 1971, S. 257 u. 260, Nr. 501.

145. Krieger in antikisierender Rüstung, 1515. Detail der „Ehrenpforte" Kaiser Maximilians I. Holzschnitt gedruckt von 192 Stöcken, Albrecht Dürer u. a. Gesamtansicht 3510 : 3043 cm. SMPK. Lit.: E. Chmelarz, Bd. 4, 1886, S. 289–319; Ausstellungskatalog Nürnberg 1971, Nr. 261.

146. Zwei Flügel von einem Prunkhelm, deutsch, um 1530. London, Royal Armouries H. M. Tower of London, IV. 520. Lit.: A. R. Dufty, 1968, Taf. CXXXIV.
147. Putto mit Rüstung und Helmbarte, 1515. Detail der „Ehrenpforte", wie Abb. 145.
148. Deutsche Schaller, norditalienisch (?), um 1480–1490. L 37 cm, B 20,5 cm, H 26 cm, G 3460 g. Berlin, Deutsches Historisches Museum, Zeughaussammlung, W 626. Lit.: H. Müller/F. Kunter, 1984, S. 258, Nr. 26.
149. Pavese aus dem Nürnberger Zeughaus mit Wappen der Stadt, Anfang 15. Jahrhundert. Holz, mit aufgeleimter Textilschicht und Leder überzogen, mit Wappen bemalt. Nürnberg, Germanisches Nationalmuseum, Inv.Nr. W 977. Lit.: J. Willers, 2001, S. 34.
150. Rundschild, süddeutsch, um 1530. Berlin, ehemals Zeughaussammlung (Kriegsverlust). Aus: J. Lauts, Alte Deutsche Waffen, Taf. 31.
151. Der heilige Michael im Kampf mit dem Drachen, um 1498 (Die Apokalypse, 1498), Holzschnitt, ca. 39,8 : 28, 9 cm. DHM, Gr. 55/1063. Lit.: M. 174; Ausstellungskataloge Nürnberg 1971, Nr. 596 und Dresden 1971, Nr. 220; SMS, Bd. 2, 122.
152. Rondartsche, Nürnberg, um 1540/50. Meistermarke „L.R." und Nürnberger Beschauzeichen. D 57 cm, G 7650 g. Berlin, Deutsches Historisches Museum, Zeughaussammlung, W 753. Lit: Ausstellungskatalog Waffen und Uniformen, 1957, Nr. 254; H. Nickel, 1958, S. 71.
153. Die Auferstehung, um 1509 (Die Kleine Holzschnittpassion, 1511), ca. 12,7 : 9,7 cm. SMPK, 4604-1877. Lit.: M. 154; Ausstellungskatalog Nürnberg 1971, Nr. 603; P. Strieder, 1996, S. 278–283; SMS, Bd. 2, 215.
154. Szene bei der Gefangennahme Christi. Randzeichnung zum Gebetbuch Kaiser Maximilians I., um 1515. Lederband, fol. 33 r, Federzeichnung auf Pergament, Blattgröße ca. 28,0 : 19,5 cm. München, Bayerische Staatsbibliothek, Cod. 2⁰ L. impr. membr. 64. Lit.: St. 1515/24; H. C. v. Tavel, 16/1916, S. 106.
155. Die vier Windengel und die Versiegelung der Auserwählten, 1498 (Die Apokalypse, 1498), Holzschnitt, ca. 40,8 : 28,7 cm. DHM, Gr. 55/1957. Lit.: M. 169; Ausstellungskatalog Nürnberg 1971, Nr. 596; SMS, Bd. 2, 117.
156. Simsons Kampf gegen die Philister, 1510. Feder- und Pinselzeichnung in Schwarz, 32,1 : 15,6 cm. Berlin, SMPK, Kupferstichkabinett, KdZ 18. Lit.: W. 486; Anzelewsky/H. Mielke, 1984, S. 63; H. Mielke, 1991, S. 82/83.
157. Der heilige Michael im Kampf mit dem Drachen, 1470–1480. Antonio del Pollaiuolo, Tafelbild. Florenz, Museo Bardini. Lit.: G. Colacicchi, 1943, Nr. 54; L.G. Boccia/E.T. Coelho, 1975, Nr. 126–128.

158. Die Schaustellung Christi, um 1498 (Die Große Passion, 1511), Holzschnitt, 39,2 : 28,4 cm. SMPK, 4600-1877. Lit.: M. 118; Ausstellungskatalog Nürnberg 1971, Nr. 597; SMS, Bd. 2, S. 159.
159. Die sechs Kriegsleute, 1495/96. Kupferstich, 13,1 : 14,5 cm. SMPK, 4559-1877. Lit.: M. 81; SMS, Bd. 1, 4; Ausstellungskatalog Dresden 1971, Nr. 185.
160. Der große Tischbrunnen, um 1500. Federzeichnung leicht mit Wasserfarben getuscht, 56,0 : 35,8 cm. London, The British Museum, 5218/83. Lit.: W. 233; Ausstellungskatalog Nürnberg 1971, Nr. 691 (Kopie); J. Rowlands, Nr. 146.
161. Bauern im Kampf mit Landsknechten. Randzeichnung zum Gebetbuch Kaiser Maximilians I., Lederband, Federzeichnung auf Pergament, fol. 28 r, Blattgröße ca. 28,0 : 19,5 cm. München, Bayerische Staatsbibliothek, Cod. 2⁰ L. impr. membr. 64. Lit.: St. 1515/22; H. C. v. Tavel, 16/1916, S. 105.
162. Landsknechte im Kampf mit schwer gerüsteten Gegnern. Randzeichnung zum Gebetbuch Kaiser Maximilians I., Lederband, Federzeichnung auf Pergament, fol. 29 v, Blattgröße ca. 28,0 : 19,5 cm. München, Bayerische Staatsbibliothek, Cod. wie Nr. 161. Lit.: St. 1515/23; wie Nr. 161.
163. Die Geißelung Christi, um 1496/97 (Die Große Passion, 1511), Holzschnitt, ca. 39,0 : 28,0 cm. SMPK, 360-3. Lit.: M. 117; Ausstellungskatalog Nürnberg 1971, Nr. 597; SMS, Bd. 2, 158.
164. Die Kreuztragung Christi, 1512 (Kupferstichpassion), Kupferstich, 11,7 : 7,4 cm. SMPK, 112-1898. Lit.: M. 12, SMS, Bd. 1, 54.
165. Ecce homo, 1504 (Grüne Passion). Feder- und Pinselzeichnung auf grün grundiertem Papier, weiß gehöht, schwarz laviert, 29,1 : 18,3 cm. Wien, Graphische Sammlung Albertina, 3090 D 63. Lit.: W. 308; W. Koschatzky/A. Strobl, Nr. 43.
166. Die welsche Trophäe, 1518. Hans Döring. Federzeichnung, mit Wasserfarben ausgetuscht, 43,7 : 31,6 cm. Wien, Kunsthistorisches Museum, KK 5127. Lit.: W. 699; W. Koschatzky/A. Strobl, Nr. 108.
167. Christus vor Herodes, 1509 (Die Kleine Holzschnittpassion, 1511), Holzschnitt, 12,7 : 9,7 cm. SMPK, AM 40-1964. Lit.: M. 141.; Ausstellungskatalog Nürnberg 1971, Nr. 603; P. Strieder, 1996, S. 278–283; SMS, Bd. 2, 202.
168. Die Auferstehung Christi, 1510 (Die Große Passion, 1511), Holzschnitt, ca. 39,0 : 28,0 cm. SMPK, 4600-1877. Lit.: M. 124; Ausstellungskatalog Nürnberg 1971, Nr. 597: SMS, Bd. 2, 165.
169. Zwei gesteppte Waffenröcke (Rückansicht), Ende

15. Jahrhundert. Lübeck, Museum für Kunst und Kulturgeschichte der Hansestadt Lübeck, 2898 a,b. Lit.: A. Schröder, 1/1991, S. 56.

170. Gesteppter Waffenrock mit Zaddelsaum (Vorder- und Rückansicht), Ende 15./Anfang 16. Jahrhundert. Stendal, Altmärkisches Museum, VI e-391. Lit.: R.Bohlmann, S. 258–261; A. Schröder, 1/1991, S. 57 f. Repro aus: Waffen- und Kostümkunde 1991, S. 57.

171. Die Drahtziehmühle an der Pegnitz, 1494. Wasser- und Deckfarbenmalerei, 28,6 : 42,6 cm. Berlin, SMPK, Kupferstichkabinett, KdZ 4. Lit.: F. Anzelewsky/H. Mielke, 1984, Nr. 9, Taf. III.

172. Detail von einem Ringpanzerhemd, Ende 15. Jahrhundert. Messingschild mit Wappen der Stadt Nürnberg (Beschau- oder Zeughauszeichen). Nürnberg, Germanisches Nationalmuseum, W 2944.

173. Figurine eines gerüsteten Nürnberger Bürgers mit Ringpanzerhemd, Nürnberg, 14./15. Jahrhundert, mit Harnischbrust, deutsch, Ende 15. Jahrhundert und Italienischer Schaller, 15. Jahrhundert. Nürnberg, Germanisches Nationalmuseum, W 1045, W 2187, W 1000. Lit.: J. Willers, 2001, S. 36.

174. Die Auferstehung Christi, 1512 (Kupferstichpassion), Kupferstich, 11,5 : 7,0 cm. DHM, Gr. 54/1744. Lit.: M. 17, SMS, Bd. 1, 59.

175. Ringpanzerkragen, süddeutsch, um 1500. G 1750 g. Berlin, Deutsches Historisches Museum, Zeughaussammlung, W 140.

176. Entwurf für „Die böhmische Trophäe", 1518. Federzeichnung, 43,4 : 30,5 cm. Wien, Graphische Sammlung Albertina, 4850 D 129. Lit.: W. 694; W. Koschatzky/A. Strobl, Nr. 110.

177. Die böhmische Trophäe, 1518. Hans Döring. Federzeichnung mit Wasserfarben ausgetuscht, 41,7 : 27,0 cm. Wien, Kunsthistorisches Museum. KK 5127. Lit.: W. 695.

178. Ahlspieß, Piesting, Niederösterreich, 1497–1500. Mit eingeschlagener Wiener Zeughausmarke. L 243 cm, L der Klinge ohne Tülle 80 cm. Berlin, Deutsches Historisches Museum, Zeughaussammlung, W. 1. Lit.: W. Hummelberger, 1960, S. 77, Nr. 59; H. Müller/H. Kölling, 1990. S. 368, Nr. 71.

179. Entwurf für „Die ungarische Trophäe", 1518. Federzeichnung, 43,5 : 32,0 cm. Wien, Graphische Sammlung Albertina, 3156 D 128. Lit.: W. 696; W. Koschatzky/A. Strobl, Nr. 107.

180. Die ungarische Trophäe, 1518. Hans Döring. Federzeichnung mit Wasserfarben ausgetuscht, 41,0 : 27,0 cm. Wien, Kunsthistorisches Museum, KK 5127. Lit.: W. 697.

181. Die französische Trophäe, 1518. Hans Döring. Federzeichnung mit Wasserfarben ausgetuscht, 41,7 : 27,3 cm. Wien, Kunsthistorisches Museum, KK 5127. Lit.: W. 693; W. Koschatzky/A. Strobl, Nr. 109.

182. Fußstreitaxt, französisch oder deutsch, 1. Hälfte 16. Jahrhundert. L 197 cm, L der Stoßklinge 19 cm. Berlin, Deutsches Historisches Museum, Zeughaussammlung, W 59. 218. Lit.: H. Müller/H. Kölling, 1990, S. 387, Nr. 214.

183. Die Gefangennahme Christi, 1510 (Die Große Passion, 1511), Holzschnitt, ca. 39,0 : 28,0 cm. SMPK, 4600-1877. Lit.: M. 116; Ausstellungskatalog Nürnberg 1971, Nr. 597; SMS, Bd. 2, 157.

184. Klingen von Helmbarten in Werken Albrecht Dürers (Auswahl). Detailausschnitte von Nr. 197, 161, M. 148, W. 304, 136, 46, 165, 137, 183, 167, 183, R. 13, 203, 164, 147, 144, 143, 159, 153 und 188.

185. Helmbarten, 14./15. Jahrhundert. Von rechts nach links: 1. 14./Anf. 15. Jahrhundert, Schaft erneuert; L der Klinge 63 cm. 2. Anf. 15. Jahrhundert, L 226,5 cm, L der Klinge 39 cm. 3. 1. Hälfte 15. Jahrhundert, L 218 cm, L der Klinge 44 cm. Berlin, Deutsches Historisches Museum, Zeughaussammlung, W 59. 241, W 2826, W 59. 203 (letzte Waffe als dortiges Eigentum abgegeben an Rüstkammer Dresden). Lit.: H. Müller/H. Kölling, 1990, 368/69, Nr. 73–75.

186. Helmbarten, 1. Hälfte 16. Jahrhundert. 1. Schaft erneuert; Klingenlänge mit Schaftfedern 77,5 cm. 2. Holzschaft verkürzt; Klingenlänge mit Schaftfedern 110 cm. 3. L 218 cm, Klingenlänge mit Schaftfedern 90 cm; 4. L 203,5 cm, L der Beilschneide 25,5 cm. Berlin, Deutsches Historisches Museum, Zeughaussammlung, W. 64, W 16, W 62, W 59. 206. Lit.: H. Müller/H. Kölling, 1990, S. 390/91, Nr. 244–247.

187. Landsknecht im Kampf mit geharnischtem Reiter, um 1515. Randzeichnung zum Gebetbuch Kaiser Maximilians I. Lederband, Federzeichnung auf Pergament, fol. 55 v, Blattgröße ca. 28,0 : 19,5 cm. München, Bayerische Staatsbibliothek, Cod. 2^0 L. impr. membr. 64. Lit.: St. 1543; H. C. v. Tavel, 16/1916, S. 114/15.

188. Reiter mit Landsknecht, 1496/97. Holzschnitt, 37,8 : 28,2 cm. DHM, K 53/220. Lit.: M. 265; Ausstellungskatalog Dresden 1971, Nr. 202; SMS, Bd. 2, 106.

189. Die Zusammenkunft Kaiser Maximilians I. mit Heinrich VIII., König von England. Detail der „Ehrenpforte" Kaiser Maximilians I., Holzschnitt gedruckt von 192 Stöcken, Albrecht Dürer u. a. Gesamtansicht 3510 : 3043 cm. Berlin, SMPK, Kupferstichkabinett, 118–118. Lit.: wie Nr. 145.

190. Der Apostel Thomas, 1514. Kupferstich, 11,7 : 7,5 cm. SMPK, 4515-1877. Lit.: M. 50; SMS, Bd. 1, S. 193; Ausstellungskatalog Nürnberg 1971, S. 209, Nr. 410.

191. Saufedern, 16.–18. Jahrhundert. 1. 18. Jh., L 205,5 cm, L der Klinge mit Tülle 38,5 cm. 2. Um 1700, L 157,3 cm, L der Klinge mit Tülle 33 cm. 3. 2. Hälfte 16. Jh., L 164 cm, L der Klinge mit Tülle 21,5 cm. Berlin, Deutsches Historisches Museum, Zeughaussammlung, W 418, W 414, W 405. Lit.: H. Müller/H. Kölling, 1990, S. 387/88, Nr. 218, 220, 222; G. Quaas, Berlin 1997, S. 5 und 32.
192. Kettenmorgenstern und Morgenstern 16/17. Jahrhundert. 1. Eiserne Kugel mit 11 dreikantigen Stacheln; Holzschaft im hinteren Drittel in vier Reihen mit Messingnägeln beschlagen. L des Schaftes mit Tülle 85 cm. 2.ovaler Schlagkopf aus Holz mit acht Stacheln, L des Schaftes mit Stoßklinge 204 cm, L des Schlagkopfes mit Stoßklinge 30 cm. Berlin, Deutsches Historisches Museum, Zeughaussammlung, W 59. 242, W 59. 222. Lit.: H. Müller/H. Kölling, 1990, S. 394, Nr. 277.
193. Fußstreithammer und Reiterhammer, 1. Hälfte 16. Jahrhundert. 1. Stoßklinge, Hammer und Schlagdorn; L 175 cm, L des Hammers mit Schlagdorn 21,5 cm. 2. Hammerbahn mit zwei lappenartigen Fortsätzen, vierkantiger Schlagdorn, Schaft mit Eisen beschlagen, abgesetzter Handgriff. L 60,8 cm. Berlin, Deutsches Historisches Museum, Zeughaussammlung, W 803, W 1850. Lit.: H. Müller/H. Kölling, 1990, S. 395, Nr. 187.
194. Die Kreuztragung Christi, 1497/98 (Die Große Passion, 1511), Holzschnitt, ca. 39,0 : 28,0 cm. SMPK 4601-1877. Lit.: M. 119; Ausstellungskatalog Nürnberg 1971, Nr. 597; SMS, Bd. 2, 160.
195. Ecce homo, um 1509 (Die Kleine Holzschnittpassion, 1511), Holzschnitt, 12,8 : 9,7 cm. SMPK, AM 40-1964. Lit.: M. 144; Ausstellungskatalog Nürnberg 1971, Nr. 603; P. Strieder, 1996, S. 278–283; SMS, Bd. 2, 205.
196. Die Kreuztragung Christi, 1509 (Die Kleine Holzschnittpassion, 1511), Holzschnitt, 12,7 : 9,7 cm. SMPK, AM 40-1964. Lit.: M. 146 und wie Nr. 195; SMS, Bd. 2, 207.
197. Christus vor Pilatus, 1512 (Kupferstichpassion), 11,7 : 7,4 cm. SMPK, Beuth 310, B-125. Lit.: M. 7; SMS, Bd. 1, 49; P. Strieder, 1996, S. 272–276.
198. Dolchstreitkolben, 15. Jahrhundert. Hand und Dolchknauf Bronze, Klinge Eisen (verkürzt), Schaft Holz, L 54,5 cm, L der Hand mit Tülle 10,7 cm. Zürich, Schweizerisches Landesmuseum, Inv. Nr. IN 103/200. Lit.: E. A. Geßler, 1926–1928, S. 287–289, 1940–1942, S. 25–27.
199. Das Martyrium des heiligen Johannes, um 1498 (Die Apokalypse, 1498), Holzschnitt, 38,9 : 27,9 cm. DHM, Gr. 55/1052. Lit.: M. 164; Ausstellungskatalog Nürnberg 1971, Nr. 596; SMS, Bd. 2, 112.
200. Wurfbeil, Nürnberg, Ende 15. Jahrhundert. Fundort: Nürnberger Stadtgebiet. Eisen, geschmiedet. Nürnberg, Germanisches Nationalmuseum, W. 2930. Lit.: H. Stöcklein, 1926–1928, S. 249–252; J. Willers, 2001, S. 36.
201. Drei Kriegsleute, 1489. Federzeichnung in Schwarz-braun, 22,0 : 16,0 cm. Berlin, SMPK, Kupferstichkabinett, KdZ 2. Lit.: W. 18; F. Anzelewsky/H. Mielke, 1984, S. 8/9, Nr. 2; H. Mielke, 1991, S. 28/29, Nr. 2.
202. Christus vor Kaiphas, um 1509 (Die Kleine Holzschnittpassion, 1511), Holzschnitt, 12,7 : 9,7 cm. SMPK, AM 40-1964. Lit.: M. 138; Ausstellungskatalog Nürnberg 1971, Nr. 603; P. Strieder, 1996, S. 278–283; SMS, Bd. 2, 199.
203. Die Handwaschung des Pilatus, um 1509 (Die Kleine Holzschnittpassion, 1511), Holzschnitt, 12,8 : 9,7 cm. SMPK, AM 40-1964. Lit.: M. 145 und wie Nr. 202; SMS, Bd. 2, 206.

PERSONEN- UND ORTSREGISTER

Drei angegebene Zahlen bedeuten: 1. Geburtsjahr, 2. Regierungsantritt, 3. Todesjahr.

Aijtos (Ungarn) 123
Albrecht I., deutscher König (1255, 1298, 1308) 57, 101
Albrecht, Markgraf von Brandenburg, Herzog von Preußen (1490–1568) 70, 72
Aldegrever, Heinrich, Maler und Kupferstecher (um 1502 bis nach 1555) 86
Alexander der Große, König von Makedonien (356, 336, 323 v. Chr.) 74, 136
Alfons V., König von Aragonien (1396, 1416, 1458) 71
Altdorfer, Albrecht, Maler und Kupferstecher (1480–1538) 66, 105, 149, 178
Antwerpen 37
Anzelewsky, Fedja, Autor 108, 109, 115
Apelles, griechischer Maler (4. Jh. v. Chr.) 74, 75
Augsburg 10, 18, 21, 22, 64, 69, 70, 93, 94, 98, 100, 112, 113, 118, 120, 124, 136
August, Kurfürst von Sachsen (1526, 1553, 1586) 126
Bamberg 20
Barbari, Jacopo de', Maler und Kupferstecher (1440/50–1516) 34, 35
Basel 19, 31, 43, 44, 45, 46, 64, 90, 91
Bechtold, Arthur, Autor 15
Behaim, Lorenz, Geistlicher, Festungsingenieur (1457–1521) 10
Behaim, Michael IV., Ratsherr und Bürgermeister (1473–1522) 122
Beham, Sebald, Maler und Kupferstecher (1500–1550) 64, 74, 78
Bellini, Gentile, Maler (um 1429–1507) 29
Berlin 13, 18, 20–22, 24, 27, 31, 33, 35, 37, 40, 46, 47, 49, 50–53, 57–65, 71, 73, 74, 77–79, 83, 91, 95–97, 99–101, 103–105, 107–109, 113, 120–125, 128, 129, 131, 132, 134–146, 150, 154, 159, 160, 162–164, 168, 170–177, 179, 180, 182
Bete(n), Martin, Stückgießer (tätig etwa 1525–1545) 29
Białostocki, Jan, Autor 16
Boeheim, Wendelin, Autor 9, 33, 70–73, 89, 108, 148
Boltraffio, Giovanni Antonio, Maler (1467–1516) 40
Borgia, Rodrigo de, als Papst Alexander VI. (1430?, 1492, 1503) 10
Bouts, Dieric, Maler (1410/20–1475) 178

Brant, Sebastian, Jurist und Dichter (1457–1521) 31
Braunschweig 18
Bremen 23
Breu, Jörg d. Ä., Maler und Zeichner (um 1475–1537) 18, 34, 110
Bruck, Robert, Autor 27
Burgkmair, Hans d. Ä., Maler und Zeichner (1473–1531) 108–110, 149, 154
Caldonazo, Antonio di, Turniergegner Kaiser Maximilians I. 125, 128
Carl siehe Karl
Celtis, Conrad, Dichter und Humanist (1459–1508) 57
Christian I., Kurfürst von Sachsen (1560, 1586, 1591) 69, 70
Christian I., Fürst von Anhalt-Bernburg (1568–1630) 69
Colleoni, Bartolomeo, Condottiere (1400–1475) 101, 103
Colman, Kolman siehe Helmschmied
Cranach, Lucas d. Ä., Maler und Kupferstecher (1472–1553) 46, 57, 110, 183
Darmstadt 36
Diokletian, römischer Kaiser (um 245, 284–305, 313) 39
Döring, Hans, Maler (1. Hälfte 16. Jh.) 114, 135, 136, 140, 157, 158, 162–165, 173
Dresden 26, 27, 41, 69, 70, 89, 90, 126
Dürer, Familie 123
Ebner, Hieronymus, Nürnberger Patrizier (1477–1532) 122
Egenolff, Christian, Buchdrucker (1502–1555) 14, 15
Ferdinand I. (1503–1564, dt. König 1530, Kaiser 1558) 123
Firmian, Niclas von, Turniergegner Kaiser Maximilians I. 124, 125
Flechsig, Eduard von, Autor 10, 110
Florenz 110, 140, 147
Flötner, Peter, Bildschnitzer und Zeichner (gest. 1546) 65
Freyberg, von, Adelsfamilie 110, 111
Friedrich II. (1194–1250, Römischer König 1196, Kaiser 1220) 56
Friedrich III. (1415–1493, dt. König 1440, Kaiser 1452) 57, 71, 112
Friedrich I., Kurfürst von Sachsen (1370, 1423, 1428) 57
Friedrich III., der Weise, Kurfürst von Sachsen (1463, 1486, 1525) 57

Friedrich I., Kurfürst von der Pfalz (1425, 1452, 1475) 95
Friedrich II., Kurfürst von der Pfalz (1482, 1544, 1556) 101
Friedrich Wilhelm III., König von Preußen (1770, 1797, 1840) 74
Frundsberg, Georg von, Feldhauptmann (1473–1528) 28
Gamber, Ortwin, Autor 85
Gengenbach, Pamphilius, Dichter und Drucker (1480–1524/26) 64
Georgenburgkehlen (Tschernjachowsk) 132
Graf, Urs, Zeichner und Kupferstecher (um 1485–1527/28) 64, 66, 149
Gregor IX., Papst (um 1170–1241) 56
Grünewaldt, Hans, Plattner (gest. 1503) 89, 108
Guldenmund, Hans, Maler und Zeichner (1. Hälfte 16. Jh.) 65
Hall in Tirol 51, 66
Haller, Wilhelm, Nürnberger Patrizier 102
Hannover 33
Harder, Matern, Stückgießer und Zeugmeister (gest.1525) 29
Hauer, Hans, Nürnberger Ätzmaler (1. Hälfte 17. Jh.) 87
Heinrich VIII., König von England (1491, 1509, 1547) 69, 100, 105, 172
Helmschmied, Jörg d. J., Plattner (erw. 1467, gest. 1504) 118, 120, 147
Helmschmied, Kolman, Plattner (1471–1532) 69, 70, 98, 100, 136
Helmschmied, Lorenz, Plattner (erw. 1467, gest. 1515) 93, 94, 112, 124
Hohenasperg 27, 28
Holbein, Hans d. J., Maler und Zeichner (1497–1543) 39, 41
Hopfer, Daniel, Radierer und Ätzmaler (um 1470–1536) 100
Ingolstadt 96
Innsbruck 69, 84, 85, 94, 99, 113, 114, 118, 119, 124, 126, 142
Jerusalem 96
Kalmár, Janos, Autor 18
Karl der Große (747–814, König 768, Kaiser 800) 54, 56
Karl IV., Kaiser (1316, 1355, 1378) 56
Kar lV. (1500–1558, König 1519, Kaiser 1530–1556) 18, 20, 22, 69, 84, 100, 123, 138
Karl VI., König von Frankreich (1368, 1380, 1422) 158
Karl, Prinz von Preußen (1801–1883) 74
Kasimir, Markgraf von Brandenburg-Ansbach-Bayreuth (1481–1527) 21, 22
Knappe, Karl Adolf, Autor 19
Koblenz 14
Köln 22
Konstantinopel 14
Koreny, Fritz, Autor 113
Landau, Patrizierfamilie 102

Landauer, Matthäus, Nürnberger Handelsherr (gest. 1515) 102
Landshut 94, 110, 111, 118
Laubermann, Hans, Plattner (erw. 1479–1521) 84, 85
Leonardo da Vinci, Maler und Bildhauer (1452–1519) 24, 110
Lochner, Kunz d. J., Plattner (um1510–1567) 112, 113
London 2, 14, 26, 86, 87, 90, 110–113, 122, 133, 136, 137, 150
Lübeck 158, 159
Ludwigsburg 28
Luise, Königin von Preußen (1776–1810) 74
Luther, Martin, Reformator (1483–1546) 64
Lyfan, Anthoni von, Turniergegner Kaiser Maximilians I. 128
Mailand 34, 90, 94, 95
Manuel (Deutsch), Niklaus, schweizerischer Maler (um 1484–1530) 64, 67
Maria von Burgund, Gemahlin Kaiser Maximilians I. 58
Maximilian I. (1459–1519, dt.König 1486, Kaiser 1508) 9, 10, 14, 15, 18, 28, 31, 37, 40, 56–58, 62, 69, 70–73, 78, 81, 83, 84, 86, 92–94, 104–106, 108–110, 112–115, 118, 120, 123–126, 128–131, 133, 137, 140–144, 149, 152–154, 158, 162, 168, 170–174, 180
Mechelen 22, 23
Meister Francke, Maler (1. Drittel 15. Jh.) 66, 165
Meldemann, Niclas 27
Mende, Matthias, Autor 9, 64, 74, 87
Mennel, Jakob, Hofhistoriograph Kaiser Maximilians I. 113
Missaglia, Tomaso da Ello, Plattner (erw. 1430, gest. 1452) 95
Mohács 19
Mulich, Peter, Stückgießer 23
Multscher, Hans, Bildhauer und Maler (um 1400–1467) 183
München 28, 39, 41, 59, 96, 104, 106, 110, 143, 152, 153, 171, 178
Neri, Jacob de, Turniergegner Kaiser Maximilians I. 125, 129, 130
Neubecker, Ottfried, Autor 174
New York 73
Nürnberg 9, 10, 13–15, 18, 20–25, 27, 34–36, 39, 40, 52, 54, 56, 63, 64, 74–79, 81, 83, 84, 89, 94, 96, 99–101, 108, 112–114, 118, 122, 124, 133, 139, 140, 142, 146, 160–162, 179, 180
Oppenheimer, Kunstsammlung 38
Orsza 16, 29
Ottoprecht, Graf zu Habsburg 113–115
Palermo 56
Paris 119
Passau 74, 75
Paumgartner, Nürnberger Patrizierfamilie 96, 99, 100
Paumgartner, Lukas, Patrizier 96
Paumgartner, Stephan, Patrizier, Stadtrichter 96, 115

Pegnitzer, Endres d. Ä., Stückgießer (1. Drittel 16. Jh.)   9, 18, 20–23, 26
Petrarca-Meister, Holzschneider (1. Viertel 16. Jh.)   64
Peutinger, Konrad, Humanist (1465–1547)   69
Philipp I., der Schöne, König von Kastilien (1478–1506)   113
Pirckheimer, Willibald, Ratsherr, Humanist (1470–1530)   10, 19, 28, 38, 76, 78, 82, 84, 122
Pollaiuolo, Antonio del, Maler (um 1430–1498)   35, 48, 55, 146, 147
Popenreuter, Hans, Stückgießer in Mecheln   22, 23, 28
Porsenna, König der Etrusker   78
Post, Paul, Autor   70, 72, 87
Rebel, Ernst, Autor   76
Roggendorf, Wilhelm, Reichsfreiherr von, Obrist (1481–1541)   98, 100, 147
Rom   10, 56
Rosen, Kunz von der, Freund Kaiser Maximilians I.   18
Rosenberger, Hans, Plattner (um 1500, gest. vor 1570)   126
Rotterdam   122
Rudolstadt   20
Sachs, Hans, Schumacher, Meistersinger (1494–1576)   65
Scaevola, Caius Mucius, römischer Krieger   74, 78, 79, 82
Scheurl, Christoph, Jurist, Humanist (1481–1542)   122
Schmidtchen, Volker, Autor   148
Schongauer, Martin, Maler und Kupferstecher (um 1440/50–1491)   57, 64, 65
Schopper, Nürnberger Patrizierfamilie   56
Schwarz, Hans, Bildschnitzer, Medailleur (um 1492 nach 1532)   13, 18
Seitz, Heribert, Autor   87
Seusenhofer, Konrad, Plattner (erw. 1500, gest. 1517)   69, 100, 124
Siebenbürger, Valentin, Plattner (um 1510–1564)   118
Siegmund, Erzherzog von Österreich (1427–1496)   94, 117, 119
Siegmund (1368–1437, dt. König 1410, Kaiser 1433)   56, 57
Springinklee, Hans, Maler (um 1490/95 – etwa 1540)   105

Staiber, Lorenz, Patrizier   124
Staigmüller, H., Autor   23
Stefańska, Zofia, Autorin   16
Stendal   158, 159
Stockholm   87
Straßburg   14, 112, 113
Strieder, Peter, Autor   29, 115, 160
Suleiman II., Sultan (1494–1566)   19
Sumersperger, Hans, Messerschmied (erw. 1492–1498)   51, 66
Tell, Wilhelm, schweizerischer Volksheld   44
Terenz, Komödiendichter (um 195–159 v. Chr.)   43–45
Theoderich der Große, König der Ostgoten (451?, 474, 526)   113–115
Theodopertus, König von Burgund   113
Thomas, Bruno, Autor   85, 116, 118, 123, 147
Traut, Wolf, Maler (um 1485–1520)   105
Treytz, Jörg, Plattner (erw. 1466–1499)   126
Tscherte, Johann, Baumeister (um 1480–1552)   123
Tucher, Martin, Nürnberger Kaufmann   28
Uhlitzsch, Joachim, Autor   64
Ulrich, Herzog von Württemberg (1487–1550)   28
Venedig   34, 101, 102, 113
Verrocchio, Andrea de, Maler, Bildhauer, Bronzegießer (um 1435/36–1488)   103
Vischer, Peter d. Ä., Erzgießer (um 1460–1529)   113, 114
Vischer, Peter d. J., Erzgießer (1487–1528)   57
Waetzoldt, Wilhelm, Autor   10, 64
Waldemar VI., Fürst von Anhalt-Zerbst (1450–1508)   111, 112
Warschau   16
Weispriach, Jörg von, Turniergegner Kaiser Maximilians I.   129, 131
Wien   19, 31, 32, 54, 56, 57, 70–72, 75, 84, 85, 92, 93, 95, 98, 102, 112, 117–120, 124–126, 128–131, 156, 157, 163, 164, 173
Willers, Johannes, Autor   15, 28
Winkler, Friedrich, Autor   13, 44, 65, 70, 86, 118, 150
Witz, Konrad, Maler (um 1400 – um 1445/46)   66
Wolfenbüttel   22
Wölfflin, Heinrich, Autor   9, 10
Wolgemut, Michael, Maler und Zeichner (1434–1519)   150
Worms   84
Zürich   27, 28, 39, 198

BILDNACHWEIS

Bamberg, Staatsbibliothek: Abb. 7.

Basel, Öffentliche Kunstsammlung, Kupferstichkabinett: 33, 35, 36.
Aufnahmen: Martin Bühler.

Belgrad, Prof. Dr. Alexander Deroko: 2.

Berlin, Deutsches Historische Museum: 1, 4, 6, 8, 9, 12, 13, 19, 34, 38, 39, 41, 42, 44, 47, 48, 54, 58, 72 -77, 79, 91, 97, 102, 104, 117, 138, 140, 142, 148, 150–152, 155, 174, 175, 178, 182, 185, 186, 188, 191–193, 199.

Berlin, Staatliche Museen Preußischer Kulturbesitz, Kupferstichkabinett: 16, 17, 24, 27, 31, 37, 40, 43, 45, 46, 52, 53, 55–57, 59–61, 64, 67, 78, 86, 87, 95, 96, 99, 100, 105, 106, 112, 119, 120, 122–125, 130, 136, 137, 141, 143–145, 147, 153, 156, 158, 159, 163, 164, 167, 168, 171, 183, 189, 190, 194–197, 201–203.
Aufnahmen: Photoatelier Jörg P. Anders.

Berlin, Staatliche Museen Preußischer Kulturbesitz, Kunstbibliothek, Lipperheide: 127, 131, 135.
Aufnahmen: Dietmar Katz.

Braunschweig, Herzog Anton Ulrich-Museum: 5.
Aufnahme: Bernd Peter Keiser.

Bremen, Kunsthalle: 11.

Darmstadt, Hessisches Landesmuseum: 26.

Dresden, Sächsische Landesbibliothek. Staats- und Universitätsbibliothek: 15, 84. Aufnahmen: Rabirch und Körner.

Dresden, Staatliche Kunstsammlungen, Rüstkammer: 62, 129.
Aufnahmen: Jürgen Karpinski und GFF-Studio Krull, Dresden.

Florenz, Galleria degli Uffici: 107.

Florenz, Museo Bardini: 157.

Hannover, Niedersächsisches Landesmuseum: 20.

Innsbruck, Tiroler Volkskundemuseum: 113.
Aufnahme: Hubert Claus Hatzl.

London, Royal Armouries H. M. Tower of London: 109, 111, 146.

London, The British Library, Department of Manuscripts: 14.

London, The British Museum: 82, 83, 85, 139, 160.

London, The Wallace Collection: 108.

Lübeck, Museum für Kunst und Kulturgeschichte: 169.

Mailand, Biblioteca-Pinacoteca Ambrosiana: 22, 23.

München, Bayerische Staatsbibliothek: 101, 103, 154, 161, 162, 187.

München, Bayerische Staatsgemäldesammlungen, Alte Pinakothek: 32, 92, 93.

München, Staatliche Graphische Sammlung: 30.
Aufnahme: Engelbert Seehuber.

New York, Pierpont Morgan Library: 68.

Nürnberg, Germanisches Nationalmuseum: 25, 50, 51, 114, 149, 172, 173, 200.

Nürnberg, Museen der Stadt Nürnberg: 71.

Paris, Musée du Louvre, Département des Arts Graphiques: 116. Aufnahme: Michèle Bellot.

Rotterdam, Museum Boymans van Beuningen: 121.

Stendal, Altmärkisches Museum: 170 (Repro aus: Waffen- und Kostümkunde, 1991, S. 57).

Warschau, Muzeum Narodowe W Warszawie: 4.

Wien, Graphische Sammlung Albertina: 18, 49, 63, 66, 70, 80, 88, 165, 176, 179.

Wien, Kunsthistorisches Museum: 65, 81, 89, 90, 94, 98, 110, 115, 118, 128, 133, 166, 177, 180, 181.

Wolfenbüttel, Herzog August Bibliothek: 10.

Zürich, Kunsthaus: 29.

Zürich, Schweizerisches Landesmuseum: 198.